Wirtschaftspolitik zur Steigerung
der internationalen Wettbewerbsfähigkeit
der Republik Korea

Europäische Hochschulschriften
Publications Universitaires Européennes
European University Studies

Reihe V
Volks- und Betriebswirtschaft

Série V Series V
Sciences économiques, gestion d'entreprise
Economics and Management

Bd./Vol. 2619

PETER LANG
Frankfurt am Main · Berlin · Bern · Bruxelles · New York · Oxford · Wien

Hyuk-Cheol Kwon

Wirtschaftspolitik zur Steigerung der internationalen Wettbewerbsfähigkeit der Republik Korea

PETER LANG
Europäischer Verlag der Wissenschaften

Die Deutsche Bibliothek - CIP-Einheitsaufnahme

Kwon, Hyuk-Cheol:

Wirtschaftspolitik zur Steigerung der internationalen Wettbewerbsfähigkeit der Republik Korea / Hyuk-Cheol Kwon. - Frankfurt am Main ; Berlin ; Bern ; Bruxelles ; New York ; Oxford ; Wien : Lang, 2000
(Europäische Hochschulschriften : Reihe 5, Volks- und Betriebswirtschaft ; Bd. 2619)
Zugl.: Köln, Univ., Diss., 2000
ISBN 3-631-36489-X

D 38
ISSN 0531-7339
ISBN 3-631-36489-X

Inhaltsverzeichnis

Abbildungsverzeichnis

Tabellenverzeichnis

Abkürzungsverzeichnis

Art.	Artikel
Aufl.	Auflage
Bd.	Band
Bill.	Billion(en)
BIP	Bruttoinlandsprodukt
BRD	Bundesrepublik Deutschland
BSP	Bruttosozialprodukt
bspw.	beispielsweise
BZfPB	Bundeszentrale für Politische Bildung
bzw.	beziehungsweise
ca.	circa
c.p.	ceteris paribus
CMS	Constant-Market-Shares
d.h.	das heißt
DIN	Deutsche Industrienorm
EG	Europäische Gemeinschaft
EPB	Economic Planing Board of Korea
etc.	et cetera
EU	Europäische Union
EZB	Europäische Zentralbank
FAZ	Frankfurter Allgemeine Zeitung
FKI	The Federation of Korean Industries
FN	Fußnoten-Nummer
FuE	Forschung und Entwicklung
GATT	General Agreement on Tariff and Trade
HdWW	Handwörterbuch der Wirtschaftswissenschaft
HESRI	Hyundai Economic and Social Research Institute
Hrsg.	Herausgegeben (von)
i.V.m.	in Verbindung mit
IWF	Internationaler Währungsfonds
Jg.	Jahrgang (-gänge)
KDI	Korea Development Institute
KOTRA	Korea Trade Promotion Corporation
KSY	Korea Statistical Yearbook
lfd.	laufende
M.a.W.	Mit anderen Worten
Mill.	Million(en)

Mrd.	Milliarde(n)
NBER	National Bureau of Economic Research
NBSK	National Bureau of Statistics of Korea
N.F.	Neue Folge
No.	Number
Nr.	Nummer
NSOK	National Statistical Office of Korea
OECD	Organisation for Economic Cooperation and Development
PatG	(Deutsches) Patentgesetz
PKW	Personenkraftwagen
R&D	Research and Development
RCA	Revealed-Comparative-Advantage
S.	Seite
SITC	Standard International Trade Classification
SVR	Sachverständigenrat zur Begutachtung der gesamtwirtschaftlichen Entwicklung
u.a.	und andere
UN	United Nations
usw.	und so weiter
Vgl.	Vergleiche
vH	von Hundert
Vol.	Volume
WiSt	Wirtschaftswissenschaftliches Studium
WISU	Das Wirtschaftsstudium
WTO	World Trade Organization
z.B.	zum Breispiel
zfbf	Schmalenbachs Zeitschrift für betriebswirtschaftliche Forschung
ZWS	Zeitschrift für Wirtschafts- und Sozialwissenschaften

I Einleitung

Südkorea (im folgenden Korea) hat mit seiner wirtschaftlichen Dynamik die Öffentlichkeit beeindruckt. Dem durch den Koreakrieg völlig zerstörten Land ist es in den vergangenen drei Jahrzehnten gelungen, die absolute Armut zu überwinden und sich durch Industrialisierung in die Weltwirtschaft zu integrieren.[1] Im Jahr 1996 wurde Korea als 29. Mitgliedsland in die OECD aufgenommen. Diese glänzenden Wirtschaftserfolge beruhen bislang weitgehend auf Faktorbedingungen vor allem billige aber qualifizierte Arbeitskräfte sowie extrem hohe Spar- und Investitionsquote, und auch auf aktiver Beteiligung an der internationalen Arbeitsteilung.

Seit Ende der achtziger Jahre aber bestehen in diesem Land Befürchtungen in bezug auf die künftige Wirtschaftsentwicklung. Nach einem spektakulären Wachstumserfolg zwischen 1986 und 1989, wo Korea erstmalig in seiner Geschichte Leistungsbilanzüberschüsse erzielte, sieht sich das Land allmählich schwächer werdender Wirtschaftsdynamik gegenüber.[2] Ab 1989 verlieren Wachstum und Exportleistung im Vergleich zu Importen an ihrer Aufstiegskraft. Trotz der großen Bemühungen der Regierung, Exporte und Wachstum wieder anzukurbeln und das Leistungsbilanzdefizit zu vermindern,[3] nahm die Wachstumsrate weiter ab und betrug das Leistungsbilanzdefizit im Jahr 1996 ca. 23 Mrd. Dollar und macht etwa 4,9 vH des BSP Koreas aus. Im Jahr 1997 ist Korea schließlich in die Wirtschaftskrise geraten.

Wie überall, insbesondere in Zeiten der abgeschwächten Wirtschaftsdynamik und der negativen Leistungsbilanzsalden rückt der Begriff internationaler Wettbewerbsfähigkeit in den Mittelpunkt der wirtschaftspolitischen Diskussion.[4] So wird auch in Korea seit Anfang der neunziger Jahre der Aufruf zur Verstärkung der internationalen Wettbewerbsfähigkeit der koreanischen Wirtschaft mit zunehmender Besorgnis über die künftige Wirtschaftsentwicklung immer lauter. Anlaß zur Befürchtung ist unter anderem die jüngste Entwicklung der Weltwirtschaft. Von der Globalisierung der Märkte, dem immer härter werdenden internationalen Wettbewerb und dem sich atemberaubend entwickelnden technologischen Fortschritt ist die Rede.[5] Der Beschluß der Uru-

---

1 Vor vierzig Jahren gehörte Korea mit Ghana zusammen zu den ärmsten Ländern der Welt. Vgl. World Bank, 1999, S. 1. Im Jahr 1953 betrug das Pro-Kopf-Einkommen Koreas 67 US-Dollar (im folgenden Dollar). Vgl. auch Tabelle A-1.

2 Vgl. Tabelle A-2.

3 Im Jahr 1993 hat die Regierung den Neuökonomischen-Fünfjahres-Wirtschaftsplan (Vgl. EPB, 1993) angekündigt, danach das Leistungsbilanzdefizit in Höhe von 4,5 Mrd. Dollar des Jahres 1992 über Leistungsbilanzausgleich im Jahr 1994 und zu Überschüsse geführt werden sollte, was allerdings weit verfehlt ist.

4 Vgl. etwa Zweifel, 1985, S. 407.

5 Zu dem Globalisierungsprozeß siehe Donges/Freytag, 1998.

guay-Runde und die Errichtung der neuen Welthandelsorganisation (WTO)[6] verstärkt diese Tendenz noch weiter und schneller. All dies bedeutet, daß koreanische Unternehmen nun dem härteren internationalen Wettbewerb ausgesetzt sind, sowohl auf ausländischen Exportmärkten als auch auf importkonkurrierenden Binnenmärkten.[7]

Eine häufig zu hörende Klage ist dabei, daß sich Korea als ein semi-industrialisiertes Land in diesem Globalisierungsprozeß unter dem besonders schweren Druck von allen Seiten gestellt sieht, und zwar von anderen Schwellen- und Entwicklungsländern einerseits und von den hochentwickelten Industriestaaten andererseits:[8]

Auf den Weltmärkten neben den Hauptkonkurrenten Taiwan, Hongkong und Singapur treten auch neue Entwicklungsländer als scharfe Herausforderer Koreas auf, insbesondere China, Indien sowie Indonesien. Diese Länder verstehen die Vorteile zu nutzen, welche Korea in seiner Entwicklungsphase zum Erfolg verholfen haben. Korea ist zudem mittlerweile kein Niedriglohnland mehr. Seine Konkurrenzfähigkeit bei den arbeitsintensiven Industrien ist verlorengegangen aufgrund der seit der Demokratiebewegung 1987 außerordentlich stark gestiegenen Löhne und letztlich wegen der intensiven Integration der sogenannten „Second Generation of Newly Industrialising Countries“ in die weltwirtschaftliche Arbeitsteilung. Immer mehr koreanische Unternehmen verlagern ihren Produktionsort bereits ins Ausland, vor allem in andere ostasiatische Länder.

Korea ist jedoch noch nicht auf dem Niveau eines technologiereifen Landes, auf das Korea mit verstärkter Bemühung vordringen will. Es existieren nach wie vor riesige Technologierückstände gegenüber den Industrieländern als Konkurrenten in diesen Bereichen. Allerdings gibt es einige kapital- und technologieintensive Industrien, in denen die asiatischen Schwellenländer aber auch Korea im zunehmenden Maße durch die Industrieländer als Konkurrenten eingeschätzt werden, so z.B. bei der Eelektroindustrie und Teilbereichen des Fahrzeugbaus.[9] Die Konkurrenzfähigkeit beruht jedoch gewiß auf preislichen Vorteilen. Problematisch ist zudem, daß Korea in solchen Bereichen selbst stark von der Einfuhr zentraler Komponenten aus fortgeschrittenen Indu-

---

6 Zu den detaillierten Darstellung über den Beschluß der Uruguay-Runde siehe etwa Hauser/Schanz, 1995.

7 Der Binnenmarktöffnungsdruck von Ausländern hat in den letzten Jahren außerordentlich zugenommen, nicht zuletzt mit dem Eintritt in die OECD. Korea ist verpflichtet, die von ihm in der OECD vorgelegten Außenhandelsliberalisierungsvorhaben zu erfüllen.

8 Diese koreanische Lage wird in der Literatur als „Sandwich-Situation“ oder auch als „Nußknacker-Situation“ genannt. Vgl. Hillebrand, 1991, S. 122 und Booz Allen & Hamilton, 1997, S. 93-100.

9 Vgl. etwa SVR, 1993, S. 43, Ziffer 19.

strieländern abhängig.[10] Bei darüber hinausgehenden sogenannten „Zukunftsindustrien"[11] hat Korea weder preisliche noch nicht-preisliche Wettbewerbsfähigkeit. Hinzuzufügen ist, daß der durch den immer schärferen internationalen Wettbewerb erzwungene Anpassungsdruck die Industrieländer dazu führt, durch kräftigere Anstrengungen die ursprünglichen technologischen Vorsprünge gegenüber Entwicklungs- und Schwellenländern beizubehalten und weiter auszubauen.[12]

Alle die oben beschriebenen Situationen bedeuten, daß „the country is losing comparative advantage in labor-intensive industries before it can establish advantage in technology-intensive sectors"[13] wegen seines verzögerten Strukturwandels. Um den verzögerten Strukturwandel und den Aufbau neuen Exportpotentials zu beschleunigen, versucht die koreanische Regierung seit einigen Jahren unter der Überschrift strategische Industrie- und Handelspolitik die Wirtschaftsstruktur in die Richtung der technologieintensiven Industrien aktiv neu zu gestalten, mit der Zielsetzung, bis zum Anfang des 21. Jahrhunderts dieses Land in die Gruppe der sieben hochentwickelten Technologie-Industrieländer eintreten zu lassen.[14] Durch staatliche Selektion und intensive Förderung von einigen förderungswürdig und in der Zukunft erfolgversprechend angesehenen Industrien soll es erreicht werden, so die koreanische Regierung, die internationale Wettbewerbsfähigkeit dieses Landes zu stärken und damit das anhaltende Wachstum sowie Beschäftigung sicherzustellen.

Die strategische Industrie- und Handelspolitik basiert auf dem Grundgedanken, daß die internationale Wettbewerbsfähigkeit einer Volkswirtschaft und damit der Wohlstand durch staatliche Eingriffe in den Marktprozeß zur Förderung von Hightech-Industrien erhöht werden kann. Dieser Grundgedanke seinerseits geht davon aus, daß wichtige Hightech-Industrien durch monopolistisch bzw. oligopolistisch organisierten Märkte und/oder durch externe Effekte bei technologischer Entwicklung zu charakterisieren sind, so daß strategisch motivierte Staatsunterstützung die internationale Wettbewerbsfähigkeit bei der Entwicklung der Hochtechnologie und dem Absatz der Hightech-Exportgüter und damit den Wohlstand eigenes Landes erhöhen kann. Vor diesem Hintergrund ist zu fragen, ob und inwieweit eine solch protektionistische, staatlich aktiv fördernde staatliche Industrie- und Handelspolitik im Hinblick auf effiziente Allokation und Wohlfahrtserhöhung gerechtfertigt werden kann. Darüber hinaus ist auch zu fragen, ob eine konsistente wirtschaftspolitische Empfehlung aus der ana-

---

10 Zu der überblickenden Darstellung über die Technologieabhängigkeit in diesen Industriesektoren siehe Küchle, 1988, S. 22-23.

11 Zukunftsindustrien werden in der Literatur auch als Hochtechnologie-, Sunrise-, Hightech-, technologieintensive Industrien sowie Schlüsseltechnologien genannt.

12 Vgl. Lindecke, 1993, S. 1.

13 Cho, 1994, S. 105.

14 Vgl. EPB, 1993, S. 177.

lytischen Konsequenz der strategischen Industrie- und Handelspolitik abgeleitet werden kann.

Die Auffassung, durch staatliche Markteingriffe sowie staatlich gezielte Förderung selektierter, in der Zukunft erfolgversprechender Industrien die internationale Wettbewerbsfähigkeit und die Wohlfahrt einer Volkswirtschaft erhöhen zu können, ist im Grunde genommen darauf zurückzuführen, daß der Wettbewerb zwischen Nationen aus dem Wettbewerb zwischen Unternehmen abzuleiten ist. Demzufolge ist die internationale Wettbewerbsfähigkeit eines Landes dadurch abzulesen, wieviel das Land ins Ausland verkauft, also: die internationale Wettbewerbsfähigkeit einer Volkswirtschaft ist der Absatzfähigkeit dieser Volkswirtschaft vergleichbar, genau wie die eines Unternehmens. Die Abwertung eigener Währung ist daher nicht selten als eine wirksame Maßnahme zur Unterstützung der Wettbewerbsfähigkeit einheimischer Unternehmen auf den Weltmärkten anzusehen. Man betrachtet auch etwa den Handelsbilanzüberschuß als Beleg für die Stärke der internationalen Wettbewerbsfähigkeit einer Volkswirtschaft, der in Theorie und Praxis jedoch als ein Zeichen der Schwäche der internationalen Wettbewerbsfähigkeit sein könnte.[15] Die Veränderung von Weltmarktanteilen inländischer Unternehmen wird als die veränderte internationale Wettbewerbsfähigkeit interpretiert.

Fraglich ist, ob bei solcher Übertragung vom Wettbewerb zwischen Unternehmen auf den Wettbewerb zwischen Volkswirtschaften die Zusammenhänge zwischen Faktor- und Produktmärkten und zwischen verschiedenen Sektoren sowie die enge Verflechtung internationaler Arbeitsteilung vernachlässigt würden. Zu überprüfen ist daher, ob die auf der Absatzfähigkeit einer Volkswirtschaft beruhenden Indikatoren als die Indikatoren der internationalen Wettbewerbsfähigkeit „einer Volkswirtschaft" oder als der „eines Unternehmens" angesehen werden können und daher diese Indikatoren aus dem gesamtwirtschaftlichen Blickwinkel erstrebende Ziele sein können. Wenn sie es nicht sind, kann eine Gefahr einer Ziel-Mittel-Verwechselung bestehen, eine Gefahr, die die Erreichung von gesamtwirtschaftlich nicht sinnvollen Zielvorstellungen wie Leistungsbilanzüberschuß, Erhöhung von Weltmarktanteilen oder von Indexzahlen in den Vordergrund der Wirtschaftspolitik stellt, was das eigentliche Ziel „Erhöhung des Wohlstandes" beeinträchtigen kann.

Die Frage nach der Erhöhung des Wohlstandes bzw. des Lebensstandards einer Volkswirtschaft hängt letztendlich davon ab, ob knappe Ressourcen effizient und produktiv einsetzt werden. Dies gilt unabhängig davon, ob eine Volkswirtschaft geschlossen oder offen ist, also ohne daß der „internationalen" Wettbewerbsfähigkeit besondere Bedeutung beigemessen wird. Die Teilnahme an der weltwirtschaftlichen Arbeits-

---

15 Vgl. Krugman, 1996, S. 6.

teilung bedeutet nichts anderes als die erweiterten Möglichkeiten, knappe Ressourcen effizienter und produktiver einzusetzen als in einer geschlossenen Volkswirtschaft. Wie sich die Geschichte der ehemaligen kommunistischen Länder zeigt, spielt die in einer Volkswirtschaft praktizierte Wirtschaftsordnung für die effiziente Ressourcenallokation und somit für ein langfristig anhaltendes Wachstum eine entscheidende Rolle. Freier Wettbewerb und damit ein funktionsfähiges Preis- und Marktsystem sind die unabdingbaren Voraussetzungen für die effiziente Allokation, und zwar intersektoral, international und auch intertemporal. In diesem Zusammenhang ist die internationale Wettbewerbsfähigkeit einer Volkswirtschaft der Fähigkeit einer Volkswirtschaft gleichzusetzen, die geeignete Wirtschaftsordnung für effiziente Ressourcenallokation zu schaffen und zu bewahren.

Die koreanischen Wirtschaftserfolge in der Vergangenheit zeigen jedoch, daß der staatliche Dirigismus die Wirtschaftsentwicklung fördern könnte. In den bisherigen Entwicklungsprozessen hat die koreanische Regierung intensiv in den Marktprozeß interveniert. Die verzerrte Ressourcenallokation und somit die Effizienzverluste in Korea sind die unvermeidbaren Folgen, wie auch in allen anderen dirigistischen Volkswirtschaften. Zu fragen ist daher zunächst, welche Faktoren aber trotz der aus der Verzerrung von Ressourcenallokation sich ergebenden Effizienzverluste in Korea dessen Wirtschaftserfolge in der Vergangenheit ermöglicht hat. Und darüber hinaus ist auch zu fragen, ob solche bisherigen Erfolgsfaktoren auch in Zukunft ihre Beiträge zum Wachstum dieses Landes leisten können. Wenn dies nicht zu erwarten ist, bleibt für Korea nur als Möglichkeit zur Sicherung weiterer Wirtschaftsentwicklung übrig, die noch nicht ausgeschöpften Effizienzgewinnchancen bei der Nutzung von Ressourcen zu verwirklichen, indem der Staat in die freien Marktprozesse nicht mehr interveniert, sondern eine geeignete Wirtschaftsordnung schafft.

Die Arbeit besteht aus fünf Kapiteln. Im Kapitel II werden die Argumente für die strategische Industrie- und Handelspolitik dargestellt und im Hinblick auf ihre Robustheit und somit die Ableitbarkeit wirtschaftspolitisch konsequenter Empfehlungen analysiert. Im Mittelpunkt stehen dabei die Theorie der strategischen Handelspolitik und die neue Wachstumstheorie. Das Kapitel III dient der Untersuchung von in der Literatur häufig erscheinenden, auf den Absatzfähigkeitsansatz beruhenden Indikatoren für die internationale Wettbewerbsfähigkeit hinsichtlich ihrer Aussagekraft. In die Untersuchung einbezogen sind dabei Wechselkurse, Leistungsbilanzen, RCA- und CMS-Analyse. Anschließend wird versuchen, die internationale Wettbewerbsfähigkeit einer Volkswirtschaft im Zusammenhang mit dem eigentlichen Ziel des Wirtschaftens, nämlich der Erhöhung des Wohlstandes und des Realeinkommens zu definieren. Im Kapitel IV wird zunächst die Bedeutung von Wirtschaftsordnungen für wirtschaftliche Entwicklung und langfristig anhaltendes Wachstum dargestellt, indem die zwei ordnungspolitischen Prinzipien, die Zentralverwaltungswirtschaft und die Marktwirtschaftsordnung gegenübergestellt werden. Danach wird die ordnungspolitische Beurteilung der koreanischen Wirtschaft angedeutet. Nachdem trotz der ordnungspolitischen Probleme die koreanischen Wachstumserfolge der Vergangenheit ermöglichenden Erfolgsfaktoren identifiziert werden, werden die Gründe dafür betrachtet, daß ein auf diesen Erfolgsfaktoren beruhendes Wachstum in der Zukunft nicht mehr zu erwarten ist. Anschließend daran wird die Hauptaufgabe der Wirtschaftspolitik vorgestellt, die im Fall Korea als Grundvoraussetzung für das Schaffen weiteren Wachstumspotentials und internationaler Wettbewerbsfähigkeit unausweichlich erledigt werden muß. Abschließend im Kapitel V erfolgt ein Fazit der zentralen Ergebnisse.

II Strategische Industrie- und Handelspolitik als Rechtfertigung?

1 Das Konzept der strategischen Industrie- und Handelspolitik

1.1 Neubelebung des Interventionismus

Unter Industrie- und Handelspolitik versteht man eine Reihe wirtschaftspolitischer Maßnahmen, mit denen der Staat aktiv in den Marktprozeß sowie in die Ressourcenallokation eingreift, um damit sowohl die Wettbewerbsfähigkeit eigener Unternehmen auf den Weltmärkten als auch die Wohlfahrt betreffender Volkswirtschaft zu erhöhen.[1] Charakteristisch ist dabei, daß Ressourcen zugunsten der spezifischen Sektoren durch staatliche industrie- und handelspolitische Intervention in den Marktprozeß gezielt alloziiert werden.[2]

Die Überlegung, durch staatliche Eingriffe in die Marktprozesse die Wohlfahrt einer Volkswirtschaft zu erhöhen, ist allerdings nicht neu. Die Wurzeln des Interventionismus reichen bis in das siebzehnten Jahrhundert zurück, wo die Wirtschaftspolitik Europas vom Merkantilismus ausgeprägt war.[3] Obwohl die Wirtschaftslehren des Merkantilismus zwar keine geschlossene Theorie darstellten und nur als eine kaum überschaubare Ansammlung von wirtschaftspolitischen Empfehlungen blieben, gilt als gemeinsames Leitbild für sie: „das Streben nach politischer und militärischer Macht durch die Entwicklung der Wirtschaftskraft des eigenen Landes auf Kosten des wirt-

---

1 Vgl. Eaton/Grossman, 1986, S. 383. Vgl. auch Oberender/Daumann, 1995, S. 3; Komiya, 1988, S. 2. Nach Patrick (1986, S. 4-5) unterscheidet man in der Industriepolitik Makro- und Mikroebene. Bei der Makroebene handelt es sich um generelle Auswirkungen auf der Angebotsseite, d.h. um die Erhöhung kumulierter Produktionsfähigkeit einer Volkswirtschaft als ganze, wobei Ressourcen durch Marktkräfte alloziiert werden, während es bei der Mikroebene der Industriepolitik um die Selektion und Diskriminierung je nach Industrien, also „Industrialtargeting" geht, woran ist diese Arbeit interessiert.

2 Traditionell wurden Industriepolitik und deren Maßnahmen – unter anderem Subventionen und Steuern bei der Produktion, beim Konsum und beim Faktoreinsatz, FuE-Unterstützungen von Staaten – allein im Hinblick auf binnenwirtschaftliche Ziele betrachtet und damit von den außenhandelspolitischen Maßnahmen, die willentlich und direkt die grenzüberschreitenden Handelsströme beeinflussen – zu denen vor allem Zölle, mengenmäßige Handelsbeschränkungen sowie weitere nicht-tarifäre Handelshemmnisse zählen –, getrennt angesehen. In einer offenen Volkswirtschaft vor allem aufgrund der zunehmenden weltwirtschaftlichen Integration ist es jedoch beinahe unmöglich und auch unsinnig, die beiden wirtschaftspolitischen Bereiche und ihre Wirkungen getrennt zu betrachten. Vielmehr wird die Wirtschaftsstruktur einer Volkswirtschaft durch die traditionellen handelspolitischen Maßnahmen neben den industriepolitischen Maßnahmen nicht unwesentlich beeinflußt und umgekehrt. Zudem bei der Handelspolitik selbst wird nicht nur die Haltung des außenwirtschaftlichen Gleichgewichts sondern im zunehmenden Maße die langfristige Wirkung auf Wirtschaftsstruktur mehr betont. Vgl. dazu Welzel, 1991, S. 14-15; Krugman, 1986, S. 9; Han, 1996, S. 430.

3 Zu der detaillierten Darstellung über Merkantilismus siehe etwa Blaich, 1988.

schaftlichen Wachstums in allen anderen Ländern,"[4] und zwar mit einer bunten Palette von Instrumenten. Die merkantilistische Spielart „Beggar my Neighbour-Politik" erreichte ihren Höhepunkt in der Weltwirtschaftskrise der dreißiger Jahre dieses Jahrhunderts.[5]

Trotz der Mißerfolge und der schrecklichen Erfahrungen mit dem merkantilistischen Verhalten sowie der weltweit umfangreichen Liberalisierungsbemühungen lebt die Diskussion um Notwendigkeiten und Inhalten des Protektionismus immer wieder auf. Vielmehr verstärkt sich nun die Forderung nach staatlichen Eingriffen in den Marktprozeß mit der neuen Konzeption des Protektionismus, also mit der strategischen Industrie- und Handelspolitik.[6] Diese Tendenz ist vor allem auf das erhöhte Interesse an der internationalen Wettbewerbsfähigkeit und auf die besonderen Eigenschaften von Hightech-Industrien zu erklären.[7] Beachtenswert ist dabei, wie später dargestellt wird, daß die strategische Industrie- und Handelspolitik, anders als zuvor, dem Staat theoretisch fundierte Gründe für die Interventionen – im Sinne der Erhöhung der internationalen Wettbewerbsfähigkeit und der Wohlfahrt einer Volkswirtschaft – verleihen könnte.

In dem Sinne, daß Ressourcen nicht durch die Marktkräfte, sondern durch staatliche Interventionen gezielt alloziiert werden, ist die strategische Industrie- und Handelspolitik von dem „alten" Merkantilismus nicht zu unterscheiden. Neue Elemente, welche die strategische Industrie- und Handelspolitik als den „neuen" Merkantilismus charakterisieren, liegen aber unter anderem in dem „offensiven Protektionismus"[8]. Im Gegenteil zum alten Protektionismus, bei dem es vorrangig um den Schutz strukturschwacher Produktionen und unrentabler Arbeitsplätze ging, lautet die zentrale Devise der strategischen Industrie- und Handelspolitik: Statt der Erhaltung schrumpfender Industrien soll und kann der Staat durch eine gezielte Förderung neue zukunftsträchtige Produktionen und Arbeitsplätze, auf denen sich hohe Löhne verdienen lassen, aktiv schaffen.[9] M.a.W.: Nicht defensiv, sondern aktiv und offensiv ausgerichteter Protektionismus. Dies ergibt sich aus der Überlegung, daß Hochtechnologie und Humankapital die internationale Wettbewerbsfähigkeit bei technologieintensiven Industrien be-

---

4 Blaich, 1988, S. 240.

5 Zu den Verhalten einzelner Länder und deren Konsequenzen siehe z.B. Jarchow/Rühmann, 1993, S. 89-102.

6 Dabei ist der wirtschaftliche Erfolg südostasiatischer Volkswirtschaften, allen voran Japan, häufig als einen Beleg für die Notwendigkeit staatlicher Intervention in die Marktprozesse zur Erhöhung der internationalen Wettbewerbsfähigkeit eigener Volkswirtschaft anzusehen. Vgl. Weizsäcker/Waldenberger, 1992, S. 403; Patrick, 1986, S. 3-4.

7 Vgl. Michalski, 1991, S. 7.

8 Vgl. OECD, 1992, S. 234.

9 Vgl. Donges, 1995, S. 79.

stimmen und damit hohe Lebensstandards eines Landes ermöglichen.[10] Förderungswürdig in diesem Sinne sind somit nur in der Zukunft als erfolgversprechend angesehene wissens- und technologieintensive Industrien, in denen FuE- bzw. Innovationswettbewerb von zentraler Bedeutung im Konkurrenzverhalten der Unternehmen ist.[11] Gedacht ist dabei unter anderem an die Mikroelektronik, die Informations- und Telekommunikationstechnik, die Luft- und Raumfahrtsindustrie, die Bio- und Gentechnologie, die optischen und medizinischen Instrumente, die Instrumente für Präzisionsmessungen, die neuen Werkstoffe, die Feinchemie, die Umwelttechnik usw.[12]

1.2 Bedeutungen von Schlüsseltechnologien

Abgesehen davon, ob aktive staatliche Eingriffe besonders für die Entwicklung der Schlüsseltechnologien unabdingbar sind, stellt sich zunächst die Frage, warum gerade die Schlüsseltechnologien im Mittelpunkt der derzeitigen Diskussionen im ökonomischen wie auch im außerökonomischen Bereich stehen. Eine von vielen möglichen Antworten darauf ist in der besonderen Bedeutung von Schlüsseltechnologien für eine Volkswirtschaft zu suchen.

1.2.1 Schlüsseltechnologien als Wachstumsmotoren

Die Schlüsseltechnologien zählen zu den Wachstumsbranchen einer Volkswirtschaft. Nach einer Studie des US-Department of Commerce[13] war die reale Zuwachsrate der Schlüsseltechnologien in den USA in den siebziger Jahren mit durchschnittlich 7 vH mehr als doppelt so hoch wie die Zuwachsrate der US-Industrie insgesamt mit durchschnittlich 3 vH. Zudem zählen neun von zehn der am schnellsten wachsenden US-Industrien allein zu dem Hochtechnologiesektor.[14] Dies gilt auch für den Fall der OECD-weiten Beobachtungen: Die Industrien mit hoher Technologieintensität weisen die höchste Wachstumsrate auf; die Mitteltechnologieindustrien haben auch relativ hohe Wachstumsrate, während die Niedrigtechnologieindustrien mit niedriger Wachstumsrate eingehen.[15]

---

10 Vgl. Yoshitomi, 1991, S. 21.

11 Vgl. Paulsen, 1989, S. 16.

12 Allerdings besteht keine eindeutige Einigkeit darüber, was unter dem Begriff Schlüsseltechnologien bzw. hochtechnologische Industrien subsumiert wird, obwohl er in den letzten Jahren in der Öffentlichkeit zunehmend zum Schlagwort geworden sind. Zu den detaillierten Darstellungen über die Abgrenzungsproblematik vgl. Paulsen, 1989, S. 16-23; OECD, 1986, S. 58-61. Die meisten der oben genannten Industrien wurden aus der Liste „Förderung der Zukunftsindustrien" der koreanischen Regierung übernommen. Vgl. Hankook, 4.6.1996.

13 U.S. Department of Commerce, 1983.

14 Vgl. Paulsen, 1989, S. 23-24.

15 Vgl. dazu Tabelle A-3.

Die neuen Daten der neunziger Jahre belegen auch den positiven Zusammenhang zwischen den Schlüsseltechnologien und der hohen Zuwachsrate. Bspw. hat der Bereich der auf der Biotechnologie basierenden Industrie in den USA eine Zuwachsrate von 28 vH im Jahre 1992 zu verzeichnen; die Einnahmen dieser Industrie in den USA werden schätzungsweise durchschnittlich um 40 vH zunehmen und im Jahre 2000 52 Mrd. Dollar im Vergleich zu 8 Mrd. Dollar im Jahre 1992 betragen.[16] In den letzten Jahren haben die Informations- und Telekommunikationsindustrien 27 vH zu dem Wachstum des amerikanischen BIP beigetragen. Vergleicht man dies mit 14 vH und 4 vH jeweils von Bauwirtschaft und Autoindustrie, dann ist sogar zu sagen, daß das Wachstum in den USA von den Informations- und Telekommunikationsindustrien geführt wird.[17] Bei anderen Hochtechnologiebereichen zeigt sich ein ähnlich enormes Wachstumspotential. Solche positiven Aspekte von Schlüsseltechnologien „haben ihre besondere Relevanz gerade in Zeiten ökonomischer Rezession, in denen die Hochtechnologien fast unbeeinflußt von der allgemeinen Tendenz auf Wachstumskurs bleiben."[18] Die positive Korrelation zwischen Schlüsseltechnologien und hoher Wachstumsrate ist darauf zurückzuführen, daß „they are in the first phase of the innovation cycle and are able to keep themselves there by introducing successive product innovations, each of which has a quite short product life cycle."[19]

Über diesen Charakter von Schlüsseltechnologien als Wachstumsmotoren hinaus beeinflussen sie folgende Größen positiv, die meistens mit dem Wachstum verknüpft sind: Beschäftigung, Preise und Produktivität.[20] Schnell wachsende Industrien implizieren eine erhöhte Arbeitsnachfrage. Dies gilt entsprechend für die Schlüsseltechnologien. Die Arbeitslosenquote in den USA ist von zehn im Jahre 1982 auf knapp fünf Prozent heute gesunken. Die neu arbeitsschaffende Kraft kommt überwiegend aus den gut zahlenden Unternehmen der Computerindustrie, der Biotechnologie oder aus dem Finanzdienstleistungssektor,[21] die direkt oder indirekt von den Fortschritten in den Schlüsseltechnologien profitieren. Häufig zu hören ist, daß in den USA neu geschaffenen Arbeitsplätze nur minderwertiger Natur im Dienstleistungsbereich seien – sogenannte McDonald's Jobs –. Tatsächlich aber werden fast doppelt so viele neue Ar-

---

16 Vgl. Kommission der EG, 1993, S. 111-112.

17 Auch für Korea ist etwas Gleiches zu sagen. Im Jahre 1995 zeigte die Zuwachsrate der Informations- und Telekommunikationsindustrien 40,5 vH, während 20,4 vH die von anderen Industrien war. Der Beitrag der Informations- und Telekommunikationsindustrien zu dem Wachstum Koreas machte 13,6 vH aus, während der von Autoindustrie nur 3,78 vH. Vgl. Maeil, 2.4.1997, S. 14: Informations- und Telekommunikationsindustrien sind die Koreas Führungsindustrien.

18 Paulsen, 1989, S. 24.

19 OECD, 1986, S. 66.

20 Vgl. Paulsen, 1989, S. 24.

21 Vgl. FAZ, 23.8.1997, S. 9: Kapitalismus ohne Arbeit.

beitsplätze in Bereichen, wo die hohe Qualifikation der Arbeitskräfte gefordert wird, geschaffen wie sogenannte McDonald's Jobs.[22]

Um so bemerkenswerter ist, daß die hohe Wachstumsrate in den USA in den letzten Jahren mit niedriger Inflationsrate einherging. Diese günstige Kombination von Preisniveaustabilität und robustem Wirtschaftswachstum kann einerseits dadurch erklärt werden, daß wegen des härter gewordenen internationalen Wettbewerbs die Güter von niedrigen Preisen aus der Dritten Welt, vor allem aus den südostasiatischen Ländern, auf die Weltmärkte drängen und gleichzeitig das Preisniveau drücken.[23] Ein als wichtig anzusehender Grund dafür liegt jedoch darin, daß die Inflationsrate für die Schlüsseltechnologien viel niedriger ist als die Inflationsrate insgesamt. So betrug die durchschnittliche jährliche Inflationsrate in den USA im Zeitraum von 1970 bis 1980 7 vH, während diese Rate für die Schlüsseltechnologien nur 2,5 vH war, also nur ein Drittel davon. Das bedeutet, daß die viel niedriger liegende Inflationsrate in den Schlüsseltechnologien die gesamte Inflationsrate positiv beeinflußt. In bezug auf diese günstige Entwicklung von Preisniveaustabilität und raschem Wirtschaftswachstum besteht nun die „These von der neuen amerikanischen Wirtschaft." „Danach könne die Wirtschaft dank eines höheren Produktivitätsniveaus rascher wachsen; eine geringe Arbeitslosigkeit könne mit stabilen Preisen einhergehen."[24] Dabei ist anzunehmen, daß vor allem die Fortschritte von Schlüsseltechnologien zum permanenten Produktivitätswachstum und damit zum gesamtwirtschaftlichen Wachstum mit Preisniveaustabilität beitragen. Neben diesen genannten Vorteilen sind die meisten hochtechnologischen Industrien auch weit weniger umweltbelastend als die traditionellen, weniger technologieintensiven Industrien.[25]

Der Charakter der Schlüsseltechnologien als Wachstumsmotoren zeigt sich auch durch schnell wachsende Weltnachfrage nach diesen Gütern. In Tabelle 1 sind die Verarbeitenden Industrien nach Wachstumshöhe und nach Technologieintensität klassifiziert. Danach besteht ein Zusammenhang zwischen den Schlüsseltechnologien mit hoher Technologieintensität und der Wachstumsdynamik ihres Marktes. So weisen die zu dem Hochtechnologiesektor zählenden Industrien, z.B. Computer-, Luftfahrzeugindu-

---

22 Vgl. Lambsdorff, 1996.

23 Dieses Phänomen nennt man „Holding down Prices". Vgl. Economist, 15. November 1997, S. 15.

24 FAZ, 14.8.1997, S. 11: Arbeitsproduktivität in Amerika wächst kaum.

25 Ein Beispiel: Der Kupfer-Telefonkabel ist durch Glasfaserkabel substituiert. „30 kg Glasfaser ersetzen 1000 kg Kupferdraht. Die Herstellung dieser 30 kg Glasfaser erfordert weniger als fünf Prozent der Energie, die für die Herstellung der 1000 kg Kupfer erfordert wird. Desweiteren fällt die Umweltbelastung durch die Kupferschmelze weg." Hier und weitere Beispiele siehe Seitz, 1994, S. 15-16.

strie sowie auf der Mikroelektonik basierende elektrotechnische Industrien höhere Exportwachstumsrate als andere Industrien mit niedriger Technologieintensität auf.[26]

Tabelle 1 Klassifizierung der Verarbeitenden Industrien nach Wachstums- und Technologiesektoren*

	Hochwachstums-sektor	**Mittelwachstums-sektor**	**Niedrigwachstums-sektor**
Hochtechnologie-sektor	Computer und Büromaschinen, Luftfahrzeugbau, Unterhaltungs-elektronik	Pharmazeutische Industrie	
Oberer Mitteltechnologie-sektor	Elektrotechnik, Automobilbau	Chemische Industrie, Feinmechanik und Optik	
Unterer Mitteltechnologie-sektor		Kunststoffwarenher-stellung, Mineralölverarbei-tung, Steine und Erden, übriges Verarbeiten-des Gewerbe	Maschinenbau, NE-Metallerzeugung, Schiffbau, übriger Transport
Niedrig-technologiesektor		Ernährungsgewerbe, Metallverarbeitung, Papier- und Druck-gewerbe, Holzbe- und -verarbeitung	Eisen- und Stahlschaffende Indu-strie, Textilgewerbe

Quelle: Klodt/ Stehn u.a., 1994, S. 38.

* Bei der Klassifizierung von Wachstumssektoren nach der Intensität des OECD-weiten Exportwachstums werden die Branchen mit einer Wachstumsrate von über 5,8 vH dem Hoch-, die mit einer Wachstumsrate zwischen 3,5 und 5,5 vH dem Mittel- und die mit einer Wachstumsrate unter 3,5 vH dem Niedrigwachstumssektor zugeordnet. Bei der Klassifizierung von Technologiesektoren nach der Intensität der OECD-weiten FuE-Aufwendungen (Anteil der FuE-Aufwendungen am Produktionswert) werden die Branchen mit einer Intensität über 10 vH dem Hoch-, die mit einer Intensität zwischen 3,2 und 4,8 vH dem oberen Mittel-, die mit einer Intensität zwischen 0,9 und 2,1 vH dem unteren Mittel- und die mit einer Intensität unter 0,7 vH dem Niedrigtechnologiesektor zugeordnet. Die Lücken zwischen den Klassengrenzen sind nicht besetzt.

26 Vgl. Klodt/Stehn u.a., 1994, S. 38-39.

1.2.2 Schlüsseltechnologien als strategische Branchen

In der Öffentlichkeit ist die Meinung weit verbreitet, daß die Zukunft einer Volkswirtschaft ausschließlich von der Entwicklung der Schlüsseltechnologien abhängt und daß ein Rückstand im Wettbewerb um Schlüsseltechnologien ein fatales Resultat für die betreffende Volkswirtschaft nach sich zieht. Die zweite industrielle Revolution zur „Informationsgesellschaft" hat begonnen, in der die Information, das Wissen und die Technologien statt Land, Arbeit und Kapital entscheidende Produktionsfaktoren sind.[27] „Nicht mehr die Herren über Land und materielle Ressourcen sind die führenden Nationen in der Welt, sondern die Herren über Ideen und Technologien. Technologische Macht, nicht mehr militärische Macht bestimmt die Rangordnung der Nationen."[28] Wenn jemand sich in dem großen Kampf um hochtechnologische Führerschaft und Beherrschung der globalen Hochtechnologiemärkte nicht behaupten, wird er leicht zur technologischen Kolonie werden und in den Schatten der Geschichte zurücktreten.[29] Ein Staat, der in der Zukunft überleben und die Wettbewerbsfähigkeit seiner Volkswirtschaft behalten will, so die entscheidende Botschaft der strategischen Industrie- und Handelspolitik, muß sich darum bemühen, Schlüsseltechnologien schneller als andere zu entwickeln und sich in der Welt zu behaupten.

Dieser Gedanke, die Entwicklung und Behauptung von Schlüsseltechnologien seien die entscheidenden Determinanten für die Zukunft einer Volkswirtschaft, basiert ihrerseits auf der Überlegung, daß neben ihrer Bedeutung als Wachstumsbranchen die Schlüsseltechnologien strategisch enorm wichtige Produkte bzw. Industrien sind, die die Wettbewerbsfähigkeit anderer Branchen und die Wohlfahrt der betreffender Volkswirtschaft sowohl kurz- als auch langfristig entscheidend beeinflussen. Denn sie werden für die erfolgreiche Umsetzung und effektive Anwendung von vorhandenen Technologien sowie für die künftige Technologieentwicklung als unentbehrlich angesehen. Als typisches Beispiel ist die Mikroelektronik zu nennen, die als die zentrale Industrie des Informationszeitalters bezeichnet wird. Um nur das Wichtigste zu nennen, was von der Mikroelektronik am meisten beeinflußt wird: Elektrotechnik und Elektronik, Maschinenbau, Fahrzeugbau, Feinmechanik und Optik sowie Büroautomation. „In der Automobilindustrie etwa sind alle wesentlichen künftigen Fortschritte von der Elektronik zu erwarten. Antiblockiersysteme, Verkehrsleitsysteme der Zukunft, Autotelefon und Autofax .... Der Anteil der Elektronik am Automobil wird für Anfang des 21. Jahrhunderts auf 30 Prozent geschätzt."[30] Gesamtwirtschaftlich be-

---

27 Vgl. Seitz, 1994, S. 4 und 25.

28 Seitz, 1994, S. 25.

29 Vgl. Seitz, 1994, S. 25-28. Gleiche Meinung vertritt die EU-Kommission. Sie behauptet, daß die Informationsgesellschaft „das Kernstück des Entwicklungsmodells des 21. Jahrhunderts" ist, „mit ihr steht und fällt Europa." Kommission der EG, 1993, S. 14. Vgl. auch Han, 1997, S. 32.

30 Seitz, 1994, S. 51.

trachtet wurde fast ein Viertel des Sozialprodukts im Westdeutschland im Jahre 1990 von denjenigen Branchen erarbeitet, die entscheidend von den Entwicklungen in der Mikroelektronik abhängen.[31] Wer also die Halbleiterindustrie beherrscht, kann die informationstechnische Industrie und „die Industrie“ überhaupt beherrschen, wie das Stichwort zeigt: „Wer hier Meister ist, wird überall Meister sein“, und auch „wem der Halbleitermarkt gehört, dem gehört die Zukunft.“[32]

1.3 Maßnahmen und Instrumente

Zu den Instrumenten der strategischen Industrie- und Handelspolitik sind grundsätzlich sämtliche, also mit Außenhandel, Investitionen, Industrie- und Technologiepolitik, Finanzmarkt sowie Wettbewerbspolitik zusammenhängende Eingriffsmaßnahmen eines Staates in die Märkte zugunsten der Schlüsseltechnologien zu zählen.[33] Zölle sind eine traditionelle Maßnahme, spielen jedoch nur eine untergeordnete Rolle. Dagegen gewinnen einige nicht-tarifäre Barrieren immer mehr an Bedeutung. Das Selbstbeschränkungsabkommen zwischen der EU und Japan, demnach die jährlichen Obergrenzen für die Einfuhr japanischer Autos in die Gemeinschaft vereinbart und überwacht werden sollen, ist ein exemplarisches Beispiel für nicht-tarifäre Handelsbarrieren.[34] Die koreanischen Automobilindustrie und Unterhaltungselektronik werden mit Hilfe des Einfuhrverbot der japanischen Waren, der diskriminierenden Steuersysteme für ausländische Waren und staatlicher Auftragsvergabe zugunsten heimischer Produzenten geschützt.[35] In dem koreanischen Wirtschaftsplan werden als weitere Förderungsinstrumente für Schlüsseltechnologien genannt:[36] unter anderem Subventionen, Steuer- und Kreditvergünstigungen für hochtechnologische Sektoren, Bevorzugung inländischer Anbieter bei öffentlichen Beschaffungen sowie Verstärkung der staatlichen FuE-Tätigkeiten. Die staatlichen FuE richten sich auf spezielle Technologienachfragen seitens Märkte und Unternehmen aus. Darüber hinaus werden unter der Berücksichtigung der Spillover-Effekte auf andere privaten Industrien FuE-Tätigkeiten der Rüstungsindustrie verstärkt. Ein Beispiel dafür ist das Programm „KTX-2“ der korea-

---

31 Vgl. Mirow, 1994, S. 84.

32 Seitz, 1994, S. 36 und 50.

33 Vgl. Tabelle A-4. In Teece (1991, S. 38-43) sind wichtige Maßnahmen, die für die Entwicklung von Luftfahrzeug-, Biotechnologie- und Halbleiterindustrie der USA, Japans und der EU genutzt wurden, detailliert dargestellt.

34 Für 1997 ist die Einfuhrobergrenze japanischer Autos auf 1,092 Mill. Fahrzeuge festgesetzt, also um 1000 Fahrzeuge weniger als im Vorjahr. Das Selbstbeschränkungsabkommen soll allerdings bis Ende 1999 gelten, und dann sollen sämtliche Handelsschranken aufgehoben werden. Vgl. FAZ, 2.4.1997, S. 16: Grenzen für japanische Autos.

35 Vgl. FAZ, 14.10.1996, S. 6: Ein umstrittenes Reifezeugnis für Südkorea.

36 Vgl. EPB, 1993, S. 165-183.

nischen Luftwaffe.[37] Das Ziel dieses Plans liegt nicht nur in der Entwicklung von Militärtrainings- und Kampfflugzeugen für die Landesverteidigung, sondern auch in der langfristigen Perspektive zur künftigen Entwicklung der zivilen Flugzeuge – sogenannte Spin-offs –. Hinzu kommen noch die wetteifernden großen Anstrengungen seitens der regionalen Körperschaften Koreas zur Unterstützung der Hochtechnologie.[38]

1.4 Rechtfertigungsgründe für staatliche Förderung

Wie bereits dargestellt sind die Schlüsseltechnologien als zukunftsträchtige Wachstumsbranchen für die Erhöhung internationaler Wettbewerbsfähigkeit sowie der Wohlfahrt einer Volkswirtschaft von entscheidender Bedeutung. Soll die Zukunft einer Volkswirtschaft gesichert werden, dann müssen die Schlüsseltechnologien entwickelt und etabliert werden. Daß die strategische Industrie- und Handelspolitik mit Nachdruck auf die Bedeutung von FuE, der Produktion von neuem Wissen und von dessen Nutzung verweist, ist daher richtig und anzuerkennen. Strittig ist jedoch die Frage, auf welche Weise für die Entwicklung von Schlüsseltechnologien gesorgt werden soll.[39] M.a.W.: Ob und warum für die Entwicklung dieser Industrien die staatlichen selektiven Eingriffe überhaupt vonnöten und somit sinnvolle wirtschaftspolitische Alternative zur freien Marktwirtschaft sein können?

1.4.1 Marktversagen als Rechtfertigungsgrund

Traditionell wurden sektorspezifische, strukturlenkende Staatseingriffe von den meisten Ökonomen als Wohlfahrtsverluste abgelehnt. Denn der Markt als Koordinationsmechanismus sorgt für die effiziente Ressourcenallokation, die Anpassungsflexibilität, Förderung des technischen Fortschritts und nicht zuletzt das Wohlfahrtsmaximum.[40] Eine staatliche Intervention, „Picking the Winner", wäre ökonomisch eine Ressourcenverschwendung und führe somit zum Wohlfahrtsverluste, so das Theorem der unsichtbaren Hand von Adam Smith.[41] Beim Außenhandel gelten die durch Staatseingrif-

---

37 Das Programm „KTX-2" zielt langfristig bis 2010 auf die Entwicklung von koreanischen Kampfflugzeugen ab. Die abzuschätzende Investition beträgt 1,6 Bill. Won (umgerechnet ca. 3,2 Mrd. DM), 70 vH davon werden von der koreanischen Regierung, 17 vH von Samsung und 13 vH von Rockheed finanziert.

38 Die Anstrengungen konzentrieren sich überwiegend auf die Einrichtung von Technologieparks bzw. Hightechnologie-Industrie-Center und Gründerzentren. Bereits über zehn Städte und Provinze haben einen Technologieparkeinrichtungsplan aufgestellt einschließlich des Plans für eine „Silicon-Vally"-Einrichtung in Seoul.

39 Vgl. Hamm, 1985, S. 5.

40 Hierzu vgl. Fritsch u.a., 1996, S. 4-9.

41 Vgl. Smith, 1976, S. 456.

fe verursachten Wohlfahrtsverminderungen nicht nur für den Rest der Welt, sondern auch für das protektionierende Land selbst.

Mit diesen Überlegungen ist herzustellen, daß staatliche Interventionen nur auf die Fälle beschränkt berücksichtigt werden sollen, wo „ein Marktsystem Mängel hat, die es – auch unter idealen Bedingungen – nicht aus sich selbst heraus, sondern nur mit Hilfe des Staates überwinden kann,“[42] also nur auf den Fall von Marktversagen.[43] Nach Krugman sind strategische Industrien diejenigen Industrien, die für eine Volkswirtschaft speziell großen Wert besitzen,[44] aber sich durch den freien Marktprozeß gar nicht oder nur unzureichend entwickeln. Sie müssen dann durch staatliche Interventionen in die Marktprozesse gezielt gefördert werden, um damit die Wirtschaftsstruktur einer Volkswirtschaft wünschenswert zu gestalten und auch die gesamtwirtschaftliche Wohlfahrt zu steigern.[45]

1.4.2 Offene Fragen

Zusammenfassend handelt es sich bei der strategischen Industrie- und Handelspolitik darum, beim Vorliegen des Marktversagens

- durch gezielt selektive Staatseingriffe in die Marktprozesse zugunsten zukunftsträchtiger heimischer Hightech-Industrie-Unternehmen
- die inländischen Nettowohlfahrtsgewinne zu realisieren;
- dies geschieht möglicherweise auf Kosten der nicht-geförderten Unternehmen und des Auslandes.[46]

---

42 Watrin, 1986, S. 6.

43 Nach Fritsch u.a. ist Marktversagen in zwei Typen zu unterteilen. Den ersten Typ des Marktversagens nennen Fritsch u.a. „die Niveaueffekte“, worunter zu verstehen ist, daß der Wettbewerbsprozeß auf systematisch falschem Niveau abläuft, obwohl die Bedingungen vollständiger Konkurrenz erfüllt sind. Zu den Ursachen dieses Typs Marktversagen gehören unter anderem externe Effekte. Ein anderer Typ des Marktversagens, der „Stabilitätseffekte“ genannt wird, liegt vor, wenn natürliche und/oder künstliche Faktoren vorhanden sind, die den Wettbewerbsprozeß verhindern. Als Ursachen dafür sind zu nennen bspw. staatliche Marktein- und -austrittsbeschränkungen, natürliche Monopole sowie die sich aus der Verletzung von Annahmen vollständiger Konkurrenz ergebenden Phänomene. Vgl. Fritsch u.a., 1996, S. 59-61. In dieser Arbeit wird der erste Typ des Marktversagens i.V.m. der neuen Wachstumstheorie, der zweite Typ i.V.m. der Theorie strategischer Handelspolitik behandelt.

44 Es ist allerdings fraglich, ob solche Industrien überhaupt existieren. Denn „most academic economists ... are skeptical that there is a difference in economic significance between an industry that produces a dollar's worth of silicon chips and one that produces a dollar's worth of potato chips.“ Teece, 1991, S. 49.

45 Vgl. dazu Krugman, 1987, S. 207-208. Zur weiteren Darstellung über strategische Industrien siehe Teece, 1991, S. 35-38 und dort angegebene Literatur.

46 Vgl. Bletschacher/Klodt, 1992, S. 6 und auch Bletschacher, 1991, S. 2.

Um das gewünschte Ziel der strategischen Industrie- und Handelspolitik, also die Nettowohlfahrtsgewinne zu realisieren, sollten zuerst genau die Sektoren gesucht und gefördert werden, die in der Zukunft erfolgversprechend sind und deren Märkte Mängel aufweisen. Aus der Begründung für das Vorliegen vom Marktversagen folgt allerdings keinesfalls automatisch, daß der Staat eingreifen soll. Um insbesondere ursachenadäquate Eingriffe zu ermöglichen und bloßem wirtschaftspolitischen Aktionismus vorzubeugen, sollte man explizit argumentieren, aus welchen Ursachen und in welchem Umfang bestimmte Märkte versagen. Darüber hinaus sollte sichergestellt werden, „daß der Staat dazu in der Lage ist, eine Allokationsverbesserung oder sogar das Allokationsoptimum herbeizuführen.“[47] Sonst besteht die Gefahr des Staatsversagens anstelle des Marktversagens.

Weiter zu bedenken ist, daß das sektorspezifische Handeln des Staates unter gesamtwirtschaftlichen Aspekten gerechtfertigt werden soll. Da nicht nur Schlüsseltechnologien, sondern alle Sektoren einer Volkswirtschaft um knappe Produktionsfaktoren konkurrieren, bedeuten die sektorspezifischen Unterstützungen des Staates nicht zuletzt die Vernachlässigung der nicht-geförderten Sektoren. Zur Rechtfertigung staatlicher Interventionen ist daher erforderlich, daß solche Diskriminierungen zur Erhöhung der volkswirtschaftlichen Effizienz, d.h. insgesamt zur Zunahme der gesamtwirtschaftlichen Wohlfahrt führen.[48] Zu Überlegungen über gesamtwirtschaftliche Wohlfahrt sollten die Unterstützungskosten – etwa in Form von Subventionen oder Steuervergünstigungen sowie daraus resultierenden Folgekosten – einbezogen werden.

Mit zu berücksichtigen sind auch die ausländischen Reaktionen auf inländische strategische Industrie- und Handelspolitik. Es muß bekannt sein, durch welche Maßnahmen mit welcher Intensität ausländische Unternehmen vom Markt verdrängt werden. Zu rechnen ist doch damit – es ist jedoch nicht unwahrscheinlich –, daß die auf inländische Staatseingriffe reagierenden ausländischen Regierungen die eigenen Unternehmen ebenfalls fördern oder daß es sogar durch eskalierte Retorsionsmaßnahmen zum harten Handelskonflikt kommt.[49]

Das alles setzt voraus, daß den wirtschaftspolitischen Entscheidungsträgern die relevanten umfangreichen Informationen zur Verfügung gestellt werden, was zumindest zweifelhaft ist. Denkt man an die Theorie der Politischen Ökonomie, nach der staatliche Entscheidungsträger nicht ausschließlich die gesamtwirtschaftliche Effizienz, son-

---

47 Siehe und vgl. Fritsch u.a., 1996, S. 62-65.

48 Vgl. Paulsen, 1989, S. 33; Watrin, 1986, S. 5-6.

49 Vgl. Kösters, 1994, S. 120-121.

dern vordergründig ihre eigenen Interessen verfolgen,[50] dann werden die Erfolgsaussichten der strategischen Industrie- und Handelspolitik erheblich geschmälert.

Vor diesen Hintergründen stellen sich die folgenden Fragen:

- Aus welchen Gründen im Detail versagen die betreffenden Märkte?
- Welche Möglichkeiten und Grenzen hat die strategische Industrie- und Handelspolitik?
- Ist es möglich, aus den Ansätzen der strategischen Industrie- und Handelspolitik konsistente wirtschaftspolitischen Empfehlungen zu ziehen? M.a.W.: Welche wirtschaftspolitischen Schlußfolgerungen sind aus den Analysen zu ziehen?

2 Theoretische Einschätzung der strategischen Industrie- und Handelspolitik

2.1 Einleitung

In der arbeitsteiligen Welt, wo sich das Wirtschaftsgeschehen in vielen wirtschaftenden Einheiten vollzieht und wo die vollständige Interdependenz aller einzelnen wirtschaftlichen Handlungen besteht, werden die Fragen nach der effizienten Allokation von Ressourcen so kompliziert, daß es niemandem gelingt, ausreichende Informationen über alle relevanten Umstände zu besitzen. Das System der Marktwirtschaft stellt sich als ein effizienter Koordinations- bzw. Lenkungsmechanismus für gesamte Wirtschaftsprozesse dar.[51] Nach den auf der Annahme vollständiger Konkurrenz basierenden traditionellen Theorien gibt es viele Anbieter und Nachfrager, deren einzelne Angebots- und Nachfragemengen nur einen verschwindend geringen Anteil an Gesamtangebot und -nachfrage ausmachen. Diese atomistische Marktstruktur zusammen mit den Charakteristika von homogenen Gütern und vollständiger Markttransparenz läßt auf dem betrachteten Markt das „Gesetz der Unterschiedslosigkeit des Preises“[52] herrschen. „Der Preis ist für jeden einzelnen Anbieter ein „Datum“, den er bei seiner Verkaufsentscheidung akzeptieren muß und an den er sich lediglich mit der Ausbringungs- bzw. Absatzmenge anpassen kann.“[53] Alle Anbieter verhalten sich somit nur

---

50 Zur Neuen Politischen Ökonomie vgl. etwa Kirsch, 1993. Einen kurzen Überblick über Neue Politische Ökonomie bietet an Klump, 1989, S. 165-177.

51 Neben dem System der Marktwirtschaft gibt es auch das Zentralverwaltungswirtschaftssystem, welches auch ein als das Allokationsproblem bewältigendes anzusehen ist – abgesehen zuerst von der Frage nach der Effizienz –, allerdings durch andere Mechanismen als in dem Marktwirtschaftssystem. Zu detaillierten Darstellungen und Vergleichen beider Wirtschaftssysteme siehe Kapitel IV in dieser Arbeit.

52 Rettig u.a., 1993, S. 232.

53 Rettig u.a., 1993, S. 310. Vgl. auch Schumann, 1987, S. 177-178; Samuelson/Nordhaus, 1989, S. 541-542.

als Mengenanpasser. Dies gilt auch für die Nachfrager. Unter dieser Bedingung der vollständigen Konkurrenz „wird der Wettbewerb dafür sorgen, daß die Gewinner entdeckt werden.“[54] Die unsichtbare Hand von Smith gewährleistet das Pareto-Optimum, einen Zustand maximaler wirtschaftlicher Effizienz, indem die Produktionsfaktoren durch den Wettbewerb zwischen Wirtschaftsakteuren in ihre jeweils produktivste Verwendungsmöglichkeit gelenkt werden.[55]

Für die Gewährleistung der effizienten Ressourcenallokation durch Marktkräfte muß allerdings eine „Anzahl relativ unrealistischer Annahmen“[56] erfüllt werden. Da es höchst unwahrscheinlich ist, daß alle angenommenen Bedingungen für die vollkommene Konkurrenz in der Realität erfüllt werden, wird die Funktionsfähigkeit der freien Marktentfaltung zum Erreichen des Allokationsoptimums häufig bezweifelt. Mangelnde Funktionsfähigkeit des Marktmechanismus kann sogar auftreten, obwohl alle Bedingungen für die vollständige Konkurrenz erfüllt sind.[57] Die Abweichungen von den der vollkommener Konkurrenz zugrundeliegenden Annahmen deuten suboptimale Ressourcenallokation und somit auch suboptimale Wohlfahrtsmehrung an, so daß dann staatliche Interventionen für deren Korrektur hin zum Optimum als gerechtfertigt zu betrachten sind.

So ist trotz wiederholten Ansprachen von allen Seiten gegen Staatsinterventionen in die Marktprozesse und für freie Marktentfaltung die immer wieder auftauchende Tendenz in der praktischen Wirtschaftspolitik unverkennbar, der staatlichen Förderung von neuen, innovationsorientierten, zukunftsträchtigen sogenannte Schlüsseltechnologien einen höheren Stellenwert einzuräumen.[58] Insbesondere die in den siebziger und achtziger Jahren neu entwickelten wissenschaftlichen Argumente, die unter der Überschrift strategische Industrie- und Handelspolitik zusammengefaßt werden, liefern den Staatseingriffen neue Impulse. Der Ausgangspunkt der strategischen Industrie- und Handelspolitik ist dabei das Vorliegen des Marktversagens im Bereich von Schlüsseltechnologien sowie die Notwenigkeit von dessen Korrektur durch staatliche Interventionen in die Marktprozesse, um damit die gesamtwirtschaftlichen Nettowohlfahrtsge-

---

[54] Freytag, 1995, S. 9.

[55] Vgl. Watrin, 1986, S. 5.

[56] Oberender/Daumann, 1995, S. 7. Zu den Annahmen der vollständigen Konkurrenz siehe Tabelle A-5.

[57] Vgl. Sohmen, 1992, S. 100-101.

[58] In der EU z.B. wird das Ziel „die Stärkung der Wettbewerbsfähigkeit der Industrie der Gemeinschaft“ zu erreichen versucht durch die Förderung der Innovation, Forschung und technologischen Entwicklung, was nicht der sektorübergreifenden, sondern der sektorspezifisch orientierten strategischen Industrie- und Handelspolitik zuzuschreiben ist. Vgl. Art. 3 i.V.m. Art. 130 Maastricht-Vertrag. Auch in Korea herrscht die verbreitete Meinung, daß durch Bildungen von Kerngruppen je nach Technologiebereichen koreas eigene weltklassige Technologien und Produkte entwickelt werden müssen. Vgl. dazu Han, 1996, S. 328; EPB, 1993, S. 177.

winne zu realisieren. Die theoretischen Ansätze, auf die sich die strategische Industrie- und Handelspolitik im wesentlichen stützen, sind:

- die Theorie der strategischen Handelspolitik und
- die Neue Wachstumstheorie.

Diese Ansätze liefern, wie im folgenden darstellt werden soll, zwar die möglichen Begründungen für staatliche Eingriffe in die Marktprozesse und ihre Erfolgsaussichten, sehen sich aber vielen Einwänden gegenüber im Hinblick auf die Bedingungen, die für das Erreichen des beabsichtigten Erfolgs erfüllt werden müssen, und nicht zuletzt auf die zweifelhaften Umsetzungsmöglichkeiten in praktische Wirtschaftspolitik. Es ist somit erforderlich, die Ansätze in bezug auf ihre Begründung, Chancen und Risiken sowie auf ihre Implikationen für die Wirtschaftspolitik genauer zu untersuchen.

2.2 Die Theorie der strategischen Handelspolitik

2.2.1 Außenhandelsbeziehungen und theoretische Neuorientierung

Unter den Annahmen vollständiger Konkurrenz auf allen Märkten weist die traditionelle Außenhandelstheorie nach, daß ein freies Handel für alle beteiligten Nationen von Vorteil ist. Staatseingriffe in den freien Welthandel werden dann von den meisten Ökonomen als Wohlfahrtsverluste abgelehnt. Es gilt, daß die den freien Handel hemmenden protektionistischen Maßnahmen nicht nur dem Rest der Welt schaden, sondern auch dem protektionierenden Land selbst.[59]

Eine einzige Ausnahme davon könnte das Optimalzollargument für ein großes Land sein.[60] Danach löst die Zollerhebung eines großen Landes zwei gegenseitig wirkende Wohlfahrtseffekte aus: Der erste Effekt ist das Resultat uneffizienter Allokation, d.h. die Zollerhebung ermöglicht unrentable Inlandsproduktion und drängt die Nachfrage zurück; der zweite ist der sogenannte Terms of Trade-Effekt, der beschreibt, daß die Verbilligung des Importpreises auf dem Weltmarkt bei gegebenen Exportgüterpreisen die Terms of Trade des Inlandes verbessert und damit die Wohlfahrt dieses Landes zunimmt. So kann ein großes Land seine über das beim Freihandel erreichbare Niveau hinausgehende Wohlfahrtserhöhung verwirklichen, wenn ein Zoll so eingeführt wird, daß die Differenz zwischen dem positiven Terms of Trade-Effekt und dem negativen Allokationseffekt maximiert wird.

---

59 Zu der detaillierten Darstellung über die Wohlfahrtseffekte vom Protektionismus etwa in Form von Zollerhebung sieh z.B. Glismann u.a., 1992, S. 23-40.

60 Zur Darstellung über das Optimalzollargument und zu dessen Kritikpunkten siehe etwa Rose, 1989, S. 474-489; Sauernheimer, 1994, S. 378-379.

Dieses Argument ist aber umstritten. Die Exportbesteuerung als eine mögliche wirtschaftspolitische Maßnahme für die Erhöhung der Terms of Trade und somit für die Erhöhung volkswirtschaftlicher Wohlfahrt findet in der wirtschaftspolitischen Diskussion keinen Widerhall, während die Forderung nach der Einführung von Importzöllen oder sogar nach der die Wohlfahrt mindernden Exportsubvention im großen Umfang Zustimmung genießt. Dies bedeutet, daß beim Protektionismus andere als ökonomisch fundierte Überlegungen, wie z.B. wahltaktische Strategie von Parteien oder Interessengruppen, den tatsächlichen Hintergrund bilden können. Darüberhinaus soll der protektionierende Staat im Modell als Monopolist oder Monopsonist agieren, um für das Inland durch den Protektionismus eine Wohlfahrtszunahme zu erzielen. Dazu muß der Staat die relevanten Informationen über Nachfrage-Angebots-Verhältnisse auf dem Weltmarkt besitzen, die die Festsetzung des Optimalzolls ermöglichen. Zu berücksichtigen ist, daß nicht ein oder zwei Güter sondern tausende Güter die Grenzen überschreiten. In diesem Fall wäre ein System von Optimalzöllen erforderlich, das die unterschiedlichen Marktsituationen bei den einzelnen Gütern in Rechnung stellt. Abschließend als problematisch zu nennen ist die implizite Annahme beim Optimalzollargument, das Ausland reagiere nicht auf die protektionistische Handelspolitik des Inlandes. Diese Annahme muß als unrealistisch zurückgewiesen werden. Da die Wohlfahrtszunahme des Inlandes durch protektionistische Haltung nur auf Kosten des Auslandes möglich ist, muß mit ausländischen Reaktionen in Form z.B. von Gegenzöllen gerechnet werden, „die den Zweck haben, eingetretene Wohlfahrtsverluste ganz oder teilweise rückgängig zu machen. So kann es zu einem Zollkrieg kommen“,[61] an dessen Ende sich beide Handelspartner schlechter stellen, als wenn sie freien Handel betrieben hätten. So lautet die Devise traditioneller Außenhandelstheorie weiterhin: Freihandel.

In den letzten Jahrzehnten vor allem seit den achtziger Jahren zeigt sich aber eine Fülle protektionistischer Maßnahmen, die unter anderem sehr gezielt einzelne Industriezweige fördern und zugleich vor ausländischen Konkurrenten schützen. Dieser Hang zum Protektionismus ist wie folgt zu erklären: einerseits mit den der traditionellen Außenhandelstheorie widersprechenden tatsächlichen internationalen Handelsbeziehungen und andererseits mit der in den achtziger Jahren entstandenen Neuorientierung außenhandelstheoretischen Denkens[62], die den neuen Handelsbeziehungen Rechnung trägt.[63] Im Rahmen der neuen Handelsbeziehungen sind unter anderem zwei wichtige Erkenntnisse zu nennen: Intraindustrieller Handel und unvollständige Konkurrenz.

---

61 Rose, 1989, S. 487.

62 Zu deren Modellierung hat die in den siebziger Jahren entwickelte Industrieökonomie vor allem die Oligopoltheorie gut beigetragen.

63 Im folgenden vgl. Kösters, 1994, S. 119; Krugman/Obstfeld, 1994, S. 130-131.

Nach der traditionellen Außenhandelstheorie werden komparative Vorteile und damit die Struktur internationaler Handelsströme durch Produktivitätsunterschiede der Produktionsfaktoren – Ricardo-Hypothese – oder durch unterschiedliche Faktorausstattung – Heck-Ohlin-Hypothese bzw. Neo-Faktorproportionentheorem – zwischen Ländern bestimmt.[64] Zwischen den weltweit wichtigsten Handelspartnern wurden die produktionstechnischen Unterschiede mittel- und längerfristig aufgrund eines verstärkten Technologietransfers gemindert und die sektoralen Spezialisierungsmuster aufgrund der Faktorausstattung durch eine erhöhte internationale Kapitalmobilität angenähert. So sollte, der traditionellen Außenhandelstheorie zufolge, der internationale Handel abnehmen. Der internationale Handel nach dem zweiten Weltkrieg zeigt allerdings sogar schnellere Zuwachsrate als die des Outputs in den beteiligten Ländern.[65] Diese Zunahme des internationalen Handels ist jedoch nicht dem Handel zwischen Ländern mit stark divergierenden Produktionsbedingungen zuzuschreiben, welcher mit den traditionellen Außenhandelstheorieansätzen erklärbar ist, sondern vielmehr dem Handel zwischen hochentwickelten Industrieländern mit gleichen oder sehr ähnlichen Produktionsbedingungen. Dieser intraindustrielle Handel zwischen Industrieländern macht bereits mehr als die Hälfte des gesamten Welthandels aus. Zudem wird die Marktform nicht durch vollständige Konkurrenz, sondern vielmehr durch unvollständigen Wettbewerb geprägt. Dies gilt insbesondere für diejenigen Industrien, die als Hightech-Bereiche bezeichnet werden.[66]

Es handelt sich dabei „um Industrien bzw. Märkte, die durch einen hohen Konzentrationsgrad und hohe Eintrittsschranken gekennzeichnet sind."[67] Die wichtigsten Gründe dafür liegen in Marktzutrittsbarrieren, namentlich steigenden Skalenerträgen und Netzwerkexternalitäten.[68] Es gibt nur wenige aktuelle und potentielle Marktanbieter und sie sind somit überschaubar. Das Verhalten eines Unternehmens bewirkt in großem Maße die Marktergebnisse und löst somit Reaktionen anderer Unternehmen aus, so daß jedes Unternehmen unter der wechselseitigen Abhängigkeit steht, die man als strategisches Umfeld[69] oder als oligopolistische Interdependenz[70] oder auch als Aktions-Reaktions-Verbundenheit[71] bezeichnet. Die Unternehmen verhalten sich nicht mehr als Mengenanpasser. Vielmehr besitzen sie Maßnahmen zur Kontrolle über den

---

64 Zu der Ricardo-, Heckscher-Ohlin-Hypothese sowie dem Neo-Faktorproportionentheorem siehe etwa Rose, 1989, S. 311-318.

65 Vgl. Tabelle A-6.

66 Vgl. Stegemann, 1988, S. 4.

67 Weizsäcker/Waldenberger, 1992, S. 403.

68 Zu der detaillierten Darstellung dieser Gründe siehe Abschnitt II.2.2.2.1: Die Markteintrittsbarrieren in dieser Arbeit.

69 Vgl. Grossman/Richardson, 1985, S. 95.

70 Vgl. Schumann, 1987, S. 290.

71 Vgl. Fehl, 1993, S. 952.

Preis oder die Mengen des betreffenden Gutes. Von der Strategie statt von der Anpassung ist nun die Rede.

Auf den sich durch unvollständige Konkurrenz charakterisierenden Märkten ist eine Grenzkostenpreisbildung nicht zu erwarten. Bei den sich im Markt befindlichen Produzenten entstehen dabei hohe Gewinne, die auch als Renten bezeichnet werden,[72] „da sie durch die Marktunvollkommenheit und nicht durch außerordentliche Leistung bedingt sind."[73] Unter den Umständen unvollständiger Konkurrenz ist es das Wichtigste für das Erlangen von Wettbewerbsvorteilen, wer schon im Markt etablierter Anbieter ist, wer als erster die Produktion aufnimmt oder auch wie eine Marktposition vor anderen schneller erobert wird.[74] „Ein wohlfahrtsmaximierendes Land hat dann einen Anreiz, durch strategischen Einsatz von Handels- und Industriepolitik in das Marktgeschehen einzugreifen"[75] mit dem Ziel, inländischen Unternehmen den Markteintritt zu erleichtern bzw. erst zu ermöglichen, wenn damit die Rente auf heimische Unternehmen zu ziehen ist. Dies kann dem Staat etwa dadurch gelingen, daß er mit protektionistischen Maßnahmen ausländische Konkurrenten vom Wettbewerb um den die Renten bringenden lukrativen Markt abschreckt und damit die Renten vom Ausland ins Inland umlenkt – Rentenumlenkung –.[76] „Government policy here serves much the same role that „strategic" moves such as investment in excess capacity or research and development serve in many models of oligopolistic competition."[77] In diesem Sinne nennt man die neue Außenhandelspolitik „strategische" Handelspolitik. Wenn also ein strategisches Umfeld für Unternehmen auf dem Weltmarkt vorliegt, so der strategischen Handelspolitik zufolge, gewinnen die strategisch motivierten Aktionen des Staates an besonderer Bedeutung, um die Situation zugunsten des heimischen Unternehmens zu beeinflussen.[78]

2.2.2 Unvollständige Konkurrenz und strategische Handelspolitik

Nach der Theorie strategischer Handelspolitik könnten staatliche Interventionsmaßnahmen als geeignete Instrumente die Wohlfahrt der eigenen Volkswirtschaft steigern, indem sie die Unvollkommenheiten des Marktes zugunsten heimischer Unternehmen beeinflussen, um die Rente auf monopolistisch oder oligopolistisch strukturierten Weltmärkten vom Ausland ins Inland umzulenken. Dabei rücken die Interdependenz

---

72 Die Renten werden auch als Super-normal Profits bezeichnet. Vgl. Grossman/Richardson, 1985, S. 97.

73 Freytag, 1995, S. 27.

74 Vgl. Kösters, 1994, S. 119.

75 Bletschacher/Klodt, 1992, S. 9 oder Bletschacher, 1991, S. 3.

76 Vgl. Piazolo, 1994, S. 194; Siebert, 1988, S. 553.

77 Krugman, 1987a, S. 135.

78 Vgl. Paulsen, 1989, S. 12-13; Baldwin, 1988, S. 208; OECD, 1991, S. 15.

zwischen den Produzenten und gleichzeitig die strategische Bedeutung der staatlichen Interventionen in den Mittelpunkt der Betrachtung. Um diese strategische Wechselbeziehung zwischen Unternehmen in die Analyse aufzunehmen, werden in den meisten Modellansätzen der strategischen Handelspolitik oligopolistische Marktformen, unter anderem die Marktform des Duopols, unterstellt.

Die Entstehung oligopolistischer Marktformen sowie Rentenumlenkungsmöglichkeiten setzt allerdings hohe Markteintrittsbarrieren als notwendige Bedingungen voraus. Im folgenden werden daher zunächst die Gründe für die Markteintrittsbarrieren dargestellt und sodann zum Thema strategische Handelspolitik eingegangen.

2.2.2.1 Die Markteintrittsbarrieren

2.2.2.1.1 Steigende Skalenerträge

Der Hauptunterschied zwischen der traditionellen und der neuen Außenhandelstheorie liegt in ihrem Ausgangspunkt: Im Gegensatz zur traditionellen Außenhandelstheorie, wo man von konstanten Skalenerträgen und vollständiger Konkurrenz auf Weltmärkten ausgeht, stützt sich die neue Theorie auf steigende Skalenerträge und unvollständige Konkurrenz.[79] Steigende Skalenerträge bedeuten, daß mit größerer Ausbringungsmenge die Durchschnittskosten sinken,[80] und zwar sowohl im statischen als auch im dynamischen Sinne.[81]

Eine mögliche Begründung steigender Skalenerträge im statischen Sinne ist in den sogenannten versunkenen Kosten – Sunk Costs – zu finden, die durch Unteilbarkeit von Betriebseinheiten oder Produktionsanlagen begründete fixe Kosten sind.[82] Je höher die Ausbringungsmenge ist, desto niedriger sind die Durchschnittskosten aufgrund der Fixkosten-Degression. Für die auf dem Markt bereits etablierten Anbieter stellen

---

79 Zur Übersicht über die unterschiedlichen Ausgangspunkte zwischen traditioneller, neoklassischer und neuer Außenhandelstheorie siehe Tabelle A-7.

80 Vgl. Siebert, 1994, S. 96 und Carlton/Perloff, 1994, S. 59.

81 Im folgenden werden steigende Skalenerträge auf den Fall „Internal Economies of Scale" beschränkend dargestellt, weil die meisten Ansätze strategischer Handelspolitik diesen Fall i.V.m. Außenhandel behandeln. Zu dem anderen Fall, „External Economies of Scale" im Zusammenhang mit Außenhandel siehe Krugman/Obstfeld, 1994, Kapitel 6 und 11. Desweiteren wird in dieser Arbeit der Fall der „External Economies of Scale" im Bereich der neuen Wachstumstheorie behandelt.

82 Vgl. Neumann, 1987, S. 25 und 55-59. Die versunkenen Kosten sind zwar fixe Kosten, unterscheiden sich jedoch von „normalen" fixen Kosten dadurch, „daß die hierdurch repräsentierten Produktionsfaktoren keiner anderen Verwendung zugeführt werden können, bzw. die entsprechenden Aufwendungen nicht mehr durch Markthandlungen realisierbar sind, sowie die sich auf die Breite der Unternehmenstätigkeit beziehenden Economies of Scope." Oberender/Väth, 1989, S. 16.

die versunkenen Kosten keine entscheidungsrelevante Größe mehr dar. Sie können daher ihre Preise um den Anteil der verlorenen Kosten senken, während der potentielle Anbieter die versunkenen Kosten erst noch aufbringen muß und sie in seine Preisbildung miteinbezieht. Auf diese Weise wird der Markteintritt erschwert oder gänzlich verhindert.[83] Die versunkenen Kosten bedeutet gleichzeitig diejenigen Kosten, „die beim Markteintritt entstehen und sich bei einem Marktaustritt nicht mehr amortisieren lassen."[84] Die hohen versunkenen Kosten können zu wirksamen Markteintrittsschranken werden, wenn diese „Barriers to Exit" potentielle Konkurrenten von vornherein abschrecken und somit dem im Markt etablierten Unternehmen einen gewissen Schutz erlauben.[85]

Bei dynamischen Skaleneffekten handelt es sich um Lerneffekte – Learning by Doing –. Bei vielen Gütern, z.B. in der Flugzeugbauindustrie wegen ihrer komplizierten Produktionsprozesse, ist das Fertigungs-Know-How wesentlich durch die bereits produzierte Menge bestimmt.[86] „Die Kostensenkung resultiert aus einem Lernprozeß bei der Fertigung, bei der man Erfahrung darüber sammelt, wie die Fertigung effizienter zu organisieren ist."[87] So zeigt die Lernelastizität – Learning Elasticity – bei dem Flugzeugbau 0,2, d.h. die Durchschnittskosten sinken um 20 Prozent, wenn sich die akkumulierte Produktionsmenge verdoppelt.[88] Die Lernelastizität in der Halbleiterindustrie liegt mit ca. 0,3 höher als die der Flugzeugbauindustrie.[89] Die Lerneffekte führen – anders als bei den statischen Skalenerträgen – zu im Zeitablauf sinkenden Durchschnittskosten und es wird daher von dynamischen Skalenerträgen gesprochen.[90] Diese dynamischen Skalenerträge wie die statischen verleihen dem First-Mover nicht unwesentliche Konkurrenzvorteile den Nachkommenden gegenüber.[91]

In Abbildung 1 zeigt die Lernkurve L die des etablierten Unternehmens, während L* die des potentiellen Konkurrenten ist. Wie man aus Abbildung 1 erkennen läßt, kann der potentielle Konkurrent kostengünstiger als der Etablierte produzieren. Wenn die beiden Unternehmen gleichzeitig auf den Markt eintreten würden, würde der Etablierte keine Chance haben, auf dem Markt Fuß zu fassen. Geht man jedoch davon aus, daß der Etablierte die akkumulierte Produktionsmenge in Höhe von Q hinter sich hat, pro-

---

83 Vgl. Freytag, 1995, S. 32-33; Monopolkommission, 1993, S. 377-378.

84 Wied-Nebbeling, 1993, S. 99.

85 Vgl. Raaflaub, 1994, S. 16. Zum gleichen Ergebnis kommt das Markteintrittsspiel in der Spieltheorie. Vgl. dazu Holler/Illing, S. 19-21.

86 Vgl. Klepper, 1990, S. 777.

87 Siebert, 1994, S. 97.

88 Vgl. Klepper, 1990, S. 777.

89 Vgl. dazu Monopolkommission, 1993, S. 393-394.

90 Vgl. Fritsch u.a., 1996, S. 144.

91 Vgl. Klodt, 1995, S. 82.

duziert er zu den Durchschnittskosten in Höhe von C_1, während der potentielle Konkurrent erst in den Markt eintritt. Der potentielle Konkurrent hat dann zu den „Initial-Start-up"-Durchschnittskosten C_0* zu produzieren, die weit über den Durchschnittskosten des Etablierten liegen.[92] Der Markteintritt des potentiellen Konkurrenten wird dadurch scheitern bzw. ist nur schwer durchsetzbar.

Abbildung 1 Lernkurve und First-Mover-Vorteile

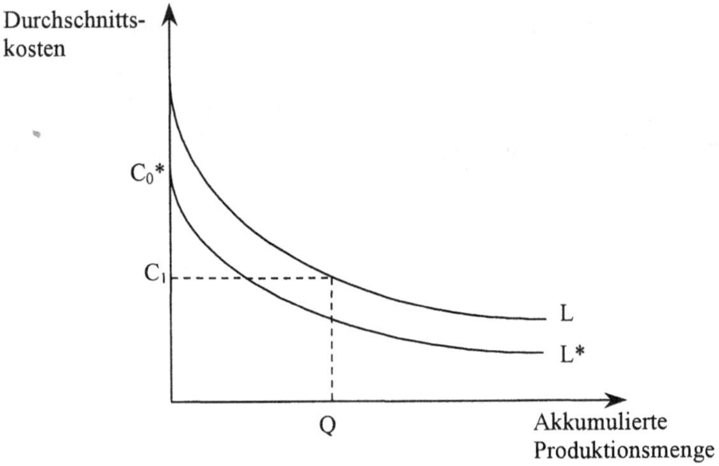

Quelle: Krugman/Obstfeld, 1994, S. 144.

Steigende Skalenerträge können auch aus Investitionen in FuE resultieren. Aus der FuE „einmal erworbenes Wissen kann quasi beliebig oft wiederverwendet werden. Je größer die Zahl der Produkte ist, in die es einfließt, desto niedriger wird der für den Erwerb des Wissens zu veranschlagende Kostenanteil je Produkt."[93]

2.2.2.1.2 Netzwerkexternalitäten

Eine zweite Markteintrittsbarriere sind Netzwerkexternalitäten. Die Netzwerkexternalitäten als eine spezielle Art von externen Effekten besagen, daß sich der Nutzen des Konsumenten eines Gutes mit der Anzahl von Konsumenten, die das gleiche Gut[94]

---

92 Vgl. Krugman/Obstfeld, 1994, S. 144.

93 Monopolkommission, 1993, S. 377.

94 Der Umfang des „gleichen Gutes" beinhaltet hier nicht nur das eigentlich gleiche Produkt, sondern auch diejenigen Produkte, die miteinander kompatibel sind. IBM- und IBM-kompatible-Computer bspw. gehören also zum gleichen Gut in diesem Sinne, während Apple-Computers zum anderen Gut zählen.

konsumieren, erhöht.[95] Der Nutzen eines Telefonanschlusses z.B. hängt für den einzelnen Teilnehmer direkt von der Zahl der Telefonanschlüsse anderer Haushalte oder Geschäfte ab. Die Zahl der verkauften Personalcomputer, ausgerüstet mit der selben Hardwares, beeinflußt die Nutzungserwartungen und somit die Kaufentscheidungen weiterer Konsumenten, da man glaubt, daß eine positive Korrelation besteht zwischen der Zahl der bereits verkauften Computer und der Menge und Vielfalt der Software, die die Konsumenten benutzen werden. Weiter zu erwähnen ist, daß die Größe und die Qualität eines Vertriebs- und Servicenetzes des Anbieters mit der Zahl der Käufer steigt. Die Festsetzung technischer Normen und Standards wie etwa DIN kann auch als ein Bereich der Netzwerkexternalitäten aufgefaßt werden, denn je breiter sie angewendet werden, desto mehr können sie zu z.B. Transaktionskostenersparnissen führen.[96]

Nach diesem Argument „Economies of Scale auf der Nachfrageseite“[97] spielen die Netzwerkexternalitäten in bezug auf Markteintrittsbarrieren eine wichtige Rolle. So heißt es: Wenn Konsumenten glauben, daß ein Unternehmen auf dem betreffenden Markt dominant wird, werden sie bei ihrer Kaufentscheidung das Produkt des dominant zu erwartenden Unternehmens den Produkten anderer Unternehmen vorziehen, und das Unternehmen wird tatsächlich dominant. Bei dem Vorliegen der Netzwerkexternalitäten spielt dann die Dominanzposition eines Unternehmens die Rolle einer nicht leicht überwindbaren hohen Markteintrittsschranke für Konkurrenten.[98]

2.2.2.2 Das Beispiel von Boeing-Airbus: ein Extremfall

Das Ziel der strategischen Handelspolitik ist es, unter der Berücksichtigung international oligopolistischer Marktstrukturen durch strategischen Einsatz handelspolitischer Maßnahmen inländische Netto-Wohlfahrtsgewinne zu realisieren, möglicherweise auf Kosten des Auslandes. Bevor die Modelle der strategischen Handelspolitik dargestellt werden, läßt sich zunächst der Grundgedanke „Rentenumlenkung“ durch das einfache Zahlenbeispiel von Boeing-Airbus auf dem Großraumflugzeugmarkt verdeutlichen.[99]

Zwei Länder, die USA und die EU, sind in der Lage, ein Flugzeug für 150 Passagiere zu bauen. Es gibt einen Produzenten in jedem der beiden Ländern: Boeing und Airbus.

---

95 Vgl. Katz/Shapiro, 1985, S. 424. Woeckener nennt diesen Zusammenhang als eine positive Nachfragehäufigkeitsabhängigkeit des individuellen Nutzens. Woeckener, 1996, S. 257.

96 Vgl. Klodt, 1995, S. 11 und auch Freytag, 1995, S. 36.

97 Katz/Shapiro, 1985, S. 425.

98 Dieser Zusammenhang zwischen Dominanzposition und Markteintrittsbarriere ist am Beispiel von Microsoft auf dem Personalcomputermarkt leicht erkennbar. Vgl. Economist, 20. Dezember 1997, S. 106-108.

99 Vgl. zu diesem Zahlenbeispiel etwa Welzel, 1991, S. 63-65.

Um dem Wettbewerb um Rentenumlenkung Aufmerksamkeit zu widmen, wird angenommen, daß es keine heimische Nachfrage nach diesem Gut in beiden Ländern gibt. Der gesamte Absatz findet also nur in einem dritten Land statt. Diese Annahme erlaubt es, die Produzentenrente als Maß der nationalen Wohlfahrt heranzuziehen. Beide Unternehmen haben nur die Wahl zwischen Produzieren (P) oder Nicht-Produzieren (N). Weiter wird unterstellt, daß auf diesem Markt nur ein Produzent profitabel existieren kann. Unter diesen Annahmen kann das „Spiel" zwischen Boeing und Airbus durch eine Auszahlungsmatrix wie in Abbildung 2 dargestellt werden. Die ersten Zahlen in Klammern geben jeweils den Gewinn für Boeing an, die zweiten Zahlen den Gewinn für Airbus.

Abbildung 2 Auszahlungsmatrix ohne Subvention

		Airbus: P	Airbus: N
Boeing	P	(-5; -5)	(100; 0)
Boeing	N	(0; 100)	(0; 0)

Bei dem Spiel „gleichzeitiger Eintritt" besteht keine eindeutige Lösung. Es gibt zwei Nash-Gleichgewichte[100], in denen jeweils ein Unternehmen produziert und das andere nicht produziert. Um ein eindeutiges Ergebnis zu erhalten, wird angenommen, daß Boeing in der Ausgangssituation das produzierende Unternehmen ist. Ohne staatliche Subventionen wird Airbus auf Markteintritt verzichten. Das Ergebnis kann man an der Box rechts oben ablesen: Boeing allein produziert und bekommt große Rente in Höhe von 100 Geldeinheiten.

Die sich mit diesem Marktergebnis nicht zufrieden gebende EU hat dann den Anreiz, durch handelspolitische Handeln die „Spielregeln" des vorliegende Duopolspiels zugunsten Airbus derart zu verändern, daß die Nettowohlfahrt der EU steigt. Dies geschieht durch etwa die Ankündigung der EU, die Produktion des Airbus mit 10 Geldeinheiten zu subventionieren, sofern Airbus produziert und unabhängig davon, ob Bo-

[100] Ein Nash-Gleichgewicht liegt dann vor, „wenn es für jeden Spieler nachteilig (ist), von seiner Strategiewahl abzurücken, solange der jeweils andere an seiner Strategie festhält." Pfähler/Wiese, 1990, S. 55.

eing produziert oder nicht produziert.[101] Die dadurch veränderte Auszahlungsmatrix ist in Abbildung 3 gegeben.

Abbildung 3 Auszahlungsmatrix mit Subvention

		Airbus P	Airbus N
Boeing	P	(-5; 5)	(100; 0)
Boeing	N	(0; 110)	(0; 0)

Nach der staatlichen Intervention ist das Produzieren zur dominanten Strategie für Airbus geworden. Boeing weiß, daß Airbus auf jeden Fall produzieren wird. Wenn Boeing weiter produziert, werden Verluste bei ihr unvermeidbar sein. Für Boeing bleibt als einzige Möglichkeit zur Vermeidung von Verlusten, den Markt zu verlassen.[102] Das Spielergebnis ist durch die Subvention der EU an Airbus ins Gegenteil umgeschlagen. Die Subvention der EU in Höhe von 10 Geldeinheiten führt zu einer Gewinnerhöhung von 110 bei Airbus. Die Nettowohlfahrt der EU steigt um 100 (= 110 - 10) Geldeinheiten. Diese 100 Geldeinheiten sind freilich von amerikanischem zu europäischem Produzenten umgelenkte Gewinne. Die Nettowohlfahrt der EU erhöht sich also auf Kosten von den USA.

2.2.2.3 Grundmodelle der strategischen Handelspolitik

Die Grundidee der strategischen Handelspolitik, namentlich die Rentenumlenkung durch staatliche Intervention wurde von vielen Ökonomen modelltheoretisch erarbeitet und damit präzisiert. Dabei haben die zwei Modelle, eines von Brander/Spencer[103] und das andere von Krugman[104], als Grundlage für das gesamte Theoriegebilde der strategischen Handelspolitik große Aufmerksamkeit auf sich gezogen. Bei dem Modell von

---

101 Dabei ist es letztlich unerheblich, ob die Regierung ihr Versprechen wirklich wahrnimmt und subventioniert. Aber erst mit der staatlichen Unterstützungszusage wird die Airbus-Ankündigung, auf jedem Fall zu produzieren, für den ausländischen Konkurrenten glaubwürdig. Davon geht die strategische Handelspolitik aus. Vgl. Spencer/Brander, 1983, S. 711.

102 Die Gegenmaßnahmen amerikanischer Regierung wie z.B. die Bezahlung ebenfalls einer Subvention an Boeing werden hier außer acht gelassen. Darauf werden wir in Abschnitt II.2.2.3.6: Ausländische Reaktionen in dieser Arbeit zurückkommen.

103 Unter anderem Brander/Spencer, 1985.

104 Krugman, 1984.

Brander/Spencer geht es um Exportförderungseffekte, während es sich bei dem Modell von Krugman um Importschutzwirkungen handelt. Durch die Darstellung beider Modelle können dann die beiden Facetten des Protektionismus in etwa abgedeckt werden.

Im Unterschied zu dem obigen Zahlenbeispiel, in dem die „Alles-oder-Nichts-Situation" vorliegt und daher nur ein Unternehmen überleben könnte, ist der Markt bei Modellen von Brander/Spencer und von Krugman groß genug, so daß beide Unternehmen auf Dauer gleichzeitig existieren können. Es geht in den Modellen daher darum, wie die Marktanteile und damit die Oligopolgewinne zwischen internationalen Oligopolisten aufgeteilt werden.[105]

2.2.2.3.1 Exportförderung: Das Brander/Spencer-Modell

Das Modell betrachtet ein internationales Cournot-Mengenduopol mit einem homogenen Gut, wobei sich ein Unternehmen im Inland und das andere im Ausland befindet. Hinsichtlich des Verhaltens beider Unternehmen gilt die Cournot-Annahme: Jeder Produzent nimmt die Veränderungen der angebotenen Mengen des Konkurrenten als Datum und paßt sich an die ihm verbleibende Restnachfrage an.[106] Es wird auch angenommen, daß sich die Regierung über die Struktur der betreffenden Industrie gut informiert und die Exportsubvention an den heimischen Duopolisten gibt, bevor er seine Mengenentscheidung trifft.[107] Zur Identifizierung von Produzentenrenten mit nationaler Wohlfahrt sei angenommen, daß beide Duopolisten nur für das dritte Land produzieren, d.h. es gibt keine Nachfrage in produzierenden Ländern und somit bleiben etwaige Auswirkungen auf die Konsumentenrente in beiden produzierenden Ländern ausgeschlossen.

Die Duopolisten produzieren jeweils die Menge y bzw. y*,[108] wobei die Summe von beiden Mengen gleich der gesamten Produktmenge ist. Die Gewinne des in- und ausländischen Duopolisten unter der Berücksichtigung der inländischen Subvention[109] sind definiert durch

(1) $G = E(y, y^*) - c(y) + sy,$

(1a) $G^* = E^*(y, y^*) - c^*(y^*),$

---

105 Vgl. Klodt, 1995, S. 77.

106 Vgl. Sauernheimer, 1994, S. 385.

107 Sie gehen also davon aus, daß die Regierung die tatsächliche Marktstruktur kennt und in der Lage ist, den staatlichen Instrumenteneinsatz vor sämtlichen Unternehmensentscheidungen glaubwürdig festzusetzen. Vgl. Bletschacher/Klodt, 1992, S. 13.

108 Die Variablen mit Sternzeichen gelten für Ausland.

wobei G = Gewinn, E = Erlös, c = variable Kosten und s = Subvention pro Mengeneinheit.[110]

Nach der Annahme, daß die beiden Duopolisten homogenes Gut produzieren, verringert die Zunahme der Produktmenge eines Unternehmens den Gesamt- und Grenzerlös des anderen Unternehmens. Für den inländischen Produzenten gilt[111]

(2) $E_{y*} < 0 \; ; \; E_{yy*} < 0$

und für den ausländischen Produzenten

(2a) $E^*_{y} < 0 \; ; \; E^*_{y*y} < 0.$

Durch Nullsetzen der partiellen Ableitung der Gleichung (1) nach y erhält man die folgende Bedingung erster Ordnung für die Gewinnmaximierung

(3) $G_y = E_y(y, y^*) - c_y(y) + s = 0$

und die Bedingung zweiter Ordnung

(4) $G_{yy} = E_{yy} - c_{yy} < 0 .$

Analoges gilt für das ausländische Unternehmen:

(3a) $G^*_{y*} = E^*_{y*}(y, y^*) - c^*_{y*}(y^*) = 0$

(4a) $G^*_{y*y*} = E^*_{y*y*} - c^*_{y*y*} < 0.$

Für die Stabilität eines Gleichgewichts ist zusätzlich zur Bedingung zweiter Ordnung die positive Determinante (D) des Systems zu fordern[112]:

---

109 In diesem Modell ist unterstellt, daß die ausländische Regierung auf die Subventionierung durch die inländische Regierung nicht reagiert und damit ihrerseits nicht subventioniert.

110 Versunkene Kosten, die die Skalenerträge und somit unvollkommene Konkurrenz in hochtechnologischer Industrie charakterisieren, sind nicht berücksichtigt, was jedoch dem Ergebnis in diesem Modell nicht schadet.

111 Die partiellen Ableitungen werden durch tiefgestellte Indizes bezeichnet.

112 Zu dem Optimierungsproblem mit mehreren Variablen sowie den Optimumsbedingungen erster und zweiter Ordnung und der Stabilitätsbedingung vgl. Chiang, 1984, Kapitel 11.

(5) $$D = G_{yy} G^*_{y^*y^*} - G_{yy^*} G^*_{y^*y} > 0,$$

d.h. die Kreuzeffekte auf Grenzgewinne werden durch die Eigeneffekte dominiert, wobei

(6) $$G_{yy^*} = E_{yy^*} < 0 \;;\; G^*_{y^*y} = E^*_{y^*y} < 0 .$$

Die Bedingungen (3) und (3a) implizieren jeweils die Reaktionsfunktionen in- und ausländischen Unternehmens. Durch totale Differenzierung von beiden Gleichungen erhält man die Steigungen der beiden Reaktionsfunktionen. Für das inländische Unternehmen

(7) $$\frac{dy^*}{dy} = -\frac{G_{yy}}{G_{yy^*}} < 0,$$

und für das ausländische Unternehmen

(7a) $$\frac{dy^*}{dy} = -\frac{G^*_{y^*y}}{G^*_{y^*y^*}} < 0 .$$

Abbildung 4 Exportförderung im Cournot-Duopol

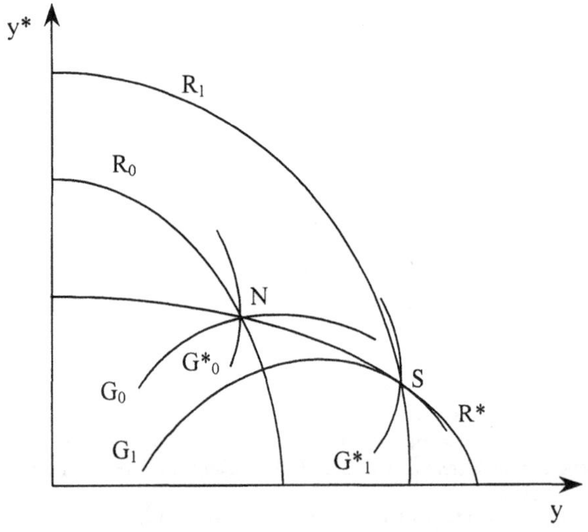

Die beiden Reaktionskurven verlaufen fallend. Unter der Berücksichtigung der Stabilitätsbedingung (5) läßt sich erkennen, daß die Reaktionskurve des heimischen Unternehmens steiler verläuft als die Reaktionskurve des ausländischen Unternehmens.[113] In Abbildung 4 ist die Ausgangssituation mit Reaktionskurven (R_0, R*), Isogewinnkurven (G_0, G^*_0)[114] und dem Cournot-Nash-Gleichgewicht N eingezeichnet.

Die Produktmenge und somit der Marktanteil hängt von Grenzkosten ab, die ihrerseits von der Subventionierung beeinflußt werden. Die Exportsubvention mit s der inländischen Regierung wird die Grenzkosten des inländischen Unternehmens um s verringert. Die Reaktionskurve des heimischen Produzenten verschiebt sich nach rechts, von R_0 auf R_1, während die des ausländischen Unternehmens, der Cournot-Annahme zufolge, konstant bleibt. Diese Veränderungszusammenhänge zwischen der Produktmenge von inländischem und ausländischem Unternehmen und der Subventionierung der inländischen Regierung lassen sich erkennen, indem man die Bedingungen erster Ordnung des inländischen und des ausländischen Unternehmens (Bedingungen 3 und 3a) nach y, y* und s total ableitet. Unter der Berücksichtigung der Determinante D ergeben sich dann

(8) $$\frac{dy}{ds} = -\frac{G^*_{y^*y^*}}{D} > 0 \text{ und}$$

(9) $$\frac{dy^*}{ds} = \frac{G^*_{y^*y}}{D} < 0.$$

Die Ungleichungen (8) und (9) bedeuten, daß die Produktmenge des heimischen Unternehmens durch die Exportsubvention der inländischen Regierung zunimmt, während die des ausländischen Unternehmens abnimmt. Das Marktgleichgewicht bewegt sich von N zu S, also zum sogenannten Stackelberg-Gleichgewicht.[115] Das inländische Unternehmen übernimmt die Stackelberg-Leader-Position, während sich das ausländische Unternehmen als Stackelberg-Follower verhält. Mit der Exportsubvention der inländischen Regierung und der damit verbundenen Marktanteilsveränderung erhöht sich der Gewinn des inländischen Unternehmens und verringert sich der des ausländi-

---

113 Aus (5): $G_{yy} G^*_{y^*y^*} > G_{yy^*} G^*_{y^*y}$, also $\frac{G_{yy}}{G_{yy^*}} > \frac{G^*_{y^*y}}{G^*_{y^*y^*}}$.

114 Je näher die inländische (ausländische) Isogewinnkurve in Richtung der Abszisse (Ordinate) rückt, desto höheren Gewinn zeigt sie, also $G_1 > G_0$ und $G^*_1 < G^*_0$ in der Abbildung.

115 Zu dem Stackelberg-Modell siehe etwa Carlton/Perloff, 1994, S. 250-252; Varian, 1993, 448-454.

schen Unternehmens.[116] Der größtmögliche Gewinn für das heimische Unternehmen wäre im Tangentialpunkt der Isogewinnkurve G_1 mit der Reaktionskurve des ausländischen Unternehmens R* erreicht.[117] Der Gewinn des ausländischen Unternehmens schrumpft von G^*_0 auf G^*_1, der Gewinn des inländischen Unternehmens hingegen steigt von G_0 auf G_1. Der Preis auf dem Markt im dritten Land sinkt wegen der vermehrten Menge.[118]

Auch nach der traditionellen Außenhandelstheorie ist zwar ohne weiteres unumstritten, daß die Subventionierung der Regierung die Gewinne der subventionierten Unternehmen erhöht. Diese Gewinnzunahme bei den Produzenten steht jedoch den Subventionskosten und den durch Subventionierung induzierten negativen Allokations- und Terms of Trade-Effekten gegenüber. Wohlfahrtsvermindernde Allokationseffekte entstehen, weil Subventionen es ermöglichen, knappe Ressourcen aus anderen rentablen Produktionen zu ziehen und in unrentable Produktion zu lenken.[119] Das subventionierte Unternehmen weitet seine Produktmenge aus, was c.p. zu sinkendem Exportpreis führt. Bei konstant bleibendem Importpreis verschlechtern sich dann Terms of Trade, und nimmt die Wohlfahrt des subventionierenden Landes ab. Gesamtwirtschaftlich betrachtet können die Gewinnerhöhung der privaten Unternehmen durch die mit Subvention verbundenen Kosten überkompensiert werden, so daß die Subventionierung Netto-Wohlfahrtsminderung zur Folge hat.

Im Gegensatz dazu haben Brander/Spencer nachgewiesen, daß die Intervention des Staates nicht nur den Gewinn des subventionierten Unternehmens, sondern auch die gesamtwirtschaftliche Wohlfahrt steigern, auch unter Berücksichtigung der Subventions- und der durch die Subvention induzierten Folgekosten. Laut Brander/Spencer ist in der strategischen Handelspolitik – anders als in der traditionellen Ansicht – diese Steigerung der Netto-Wohlfahrt durch die Rentenumlenkung von ausländischem auf das inländische Unternehmen möglich. Wenn nämlich der Gewinn aus der Rentenumlenkung den Verlust aus den negativen Effekten überkompensiert, wird die zusätzliche Subventionierung für das Inland insgesamt wohlfahrtssteigernd. Die inländische Wohlfahrt W wird beschrieben durch

---

116 $\frac{dG}{ds} = E_{y^*} \frac{dy^*}{ds} + y > 0 \,;\; \frac{dG^*}{ds} = E^*_y \frac{dy}{ds} < 0 .$

117 Vgl. dazu Bender, 1994, S. 24-25.

118 Die Gesamtangebotsmenge nimmt durch die Subventionierung zu, obwohl die ausländische Angebotsmenge abnimmt, da $\frac{dy}{ds} > \left|\frac{dy^*}{ds}\right|$.

119 Die Produktion im durch Subvention ausgeweiteten Bereich ist deshalb unrentabel, weil dort die gesellschaftlichen Grenzkosten (= um Subvention reduzierte private Grenzkosten + Subvention) über dem Grenzerlös liegen.

(10) $W(s) = G(y, y^*; s) - sy.$[120]

Die partielle Ableitung der Wohlfahrtsfunktion nach s ergibt:

(11) $$W_s = G_y y_s + G_{y^*} y^*_s + G_s - y - sy_s$$

$$= G_{y^*} y^*_s - sy_s \quad (\text{da } G_y = 0 \text{ und } G_s = y).$$

Falls $s = 0$, ist W_s positiv, weil $G_{y^*} = E_{y^*} < 0$ und $y^*_s < 0$ aus (2) und (9). Dies impliziert, daß eine marginale Zunahme der Subvention die Wohlfahrt steigert. Daraus folgert: Das Inland hat stets Anlaß dazu, die Exporte des inländischen Unternehmens zu subventionieren und damit die inländische Wohlfahrt zu erhöhen.[121] Die Versuche inländischer Regierung, dem inländischen Unternehmen durch Subventionierung größeren Marktanteil und somit höheren Gewinn auf dem Weltmarkt zu ermöglichen, „allows firms to enjoy a higher level of profits without the risk of the price war which might result from the breakdown of the perfect Nash Equilibrium."[122] Der Effekt der Exportsubvention der inländischen Regierung ist, daß der Gewinn heimischer Unternehmen und die Wohlfahrt des Inlandes steigen, und zwar auf Kosten des Auslandes.

Eine mögliche Variation dieses Modells ist unter anderem in bezug auf Hochtechnologieindustrien die FuE-Förderung durch Subvention.[123] Die Gesamtkosten eines Unternehmens bestehen aus zwei Komponenten: eine ist sämtliche Produktionskosten ex-

---

120 Diese Gleichung ist mit der Gewinnfunktion ohne Subvention in (1) identisch. In diesem Sinne wäre die Subvention nicht nötig, wenn das inländische Unternehmen aus eigener Kraft die Stakkelberg-Leader-Position erreichen könnte, weil es für jeden Produzenten Anreize gibt, die Stakkelberg-Leader-Position einzunehmen. Entscheidend dabei ist jedoch, ob die Ankündigung des inländischen Unternehmens, die Stackelberg-Leader-Position zu wählen, glaubwürdig ist und von ausländischem Unternehmen akzeptiert wird, was jedoch höchst unwahrscheinlich ist, ausgenommen, daß beide Unternehmen ungleich genug an ihren Stärken sind. Bleibt nämlich der ausländische Konkurrent weiter bei der Cournot-Gleichgewichtsmenge, würde die Realisierung der Stackelberg-Menge für inländisches Unternehmen gewinnmindernd gegenüber dem Verbleib im Cournot-Gleichgewicht sein. Dies würde dann das inländische Unternehmen zur Rückkehr nach N in der Abbildung zwingen. Hier gewinnt die Handelspolitik an ihrer besonderen Bedeutung: Die Ankündigung der inländischen Regierung, den Export ihres Unternehmens zu subventionieren, so der Ausgangspunkt der strategischen Handelspolitik, die Bewegung zur Stackelberg-Leader-Position glaubwürdig machen. Vgl. dazu Sauernheimer, 1994, S. 385-386 und auch Bender, 1994, S. 25.

121 Die wohlfahrtsmaximierende optimale Höhe der Subvention erhält man durch Nullsetzen in (11): $s = \frac{G_{y^*} y^*_s}{y_s} > 0$.

122 Spencer/Brander, 1983, S. 714.

123 Vgl. dazu Spencer/Brander, 1983.

klusiv FuE-Kosten und die andere ist die Kosten für kostenreduzierende FuE. Die Duopolisten sehen sich somit vor einem zweistufigen Spiel: In der ersten Stufe wählen sie ihr FuE-Niveau und in der zweiten Stufe ihre Produktionsmenge aus. Es wird unterstellt, daß die Erhöhung des FuE-Niveaus über die Reduzierung von Produktionskosten zur Steigerung der Produktmenge führt. In diesem Fall ist das entscheidende Strategiefeld der FuE-Markt, auf dem die FuE-Niveaus von Duopolisten bestimmt werden. Diese Reduzierung von Produktionskosten löst damit auch die Veränderungen der angebotenen Menge auf dem Produktmarkt aus. Das intervenierende Inland subventioniert dann die FuE seines Unternehmens, so daß das inländische Unternehmen die Stackelberg-Leader-Position auf dem FuE-Markt übernimmt. Aus der Übernahme der Stackelberg-Leader-Position folgt, daß die Produktionskosten des inländischen Unternehmens sinken und damit seine Marktanteile sowie seine Gewinne steigen. Es lohnt sich für das Inland, die FuE seines Unternehmens zu subventionieren, wenn, wie im Fall der Exportförderung, die zusätzlichen Gewinne des heimischen Unternehmens die Subventionskosten übertreffen.

2.2.2.3.2 Importschutz: Das Krugman-Modell

Im Brander/Spencer-Modell ist die Inlandsnachfrage ausgeschlossen, indem angenommen wird, daß das produzierte Gut ausschließlich in dritte Länder exportiert wird. Ist das Gut nicht nur für den Export bestimmt, sondern bedient es auch den Inlandsmarkt, so muß diese Bedingungsänderung in die Analyse integriert werden. Krugman hat sie in Rechnung gestellt und sein Modell entworfen. Dabei geht das Modell davon aus, daß die Märkte, d.h. die Märkte von beiden produzierenden Ländern und auch die von dritten Ländern, zählen, und daß sie aufgrund z.B. von Transportkosten oder Zöllen segmentiert sind. Die anderen Bedingungen des Brander/Spencer-Modells – wie die oligopolistische Marktform und das Cournot-Verhalten der Unternehmen – bleiben weiter unverändert.

Es gibt zwei Unternehmen, ein inländisches und ein ausländisches Unternehmen, die je ein Produkt produzieren, welches auf segmentierten Märkten, auf denen sie sich als Konkurrenten gegenüberstehen, verkauft wird. Ein gewinnmaximierendes Unternehmen legt die Absatzmenge auf jedem Markt so fest, daß in jedem der verschiedenen Märkte die Grenzkosten dem Grenzerlös entsprechen.[124] Das Ergebnis ist ein „Multi-Market-Cournot-Modell".[125] Die Zusammenhänge zwischen Ausbringungsmenge und Grenzkosten, die Krugman als „the circular causation from output to marginal costs to output"[126] nennt, bilden den Kernpunkt seines Modells: Je höher die Ausbringungs-

---

124 Zu der Marktsegmentierung und der Preisdifferenzierung sowie der Gewinnmaximierungsbedingung für das preisdifferenzierende Unternehmen siehe Rettig u.a., 1993, S. 304-309.

125 Krugman, 1984, S. 182.

126 Krugman, 1984, S. 185.

menge des inländischen Unternehmens ist, desto niedriger sind dessen Grenzkosten aufgrund der steigenden Skalenerträge und umgekehrt. Bezüglich der Interdependenz zwischen den beiden Unternehmen bedeutet dieser „Feed-back"-Mechanismus wiederum: Sinken die Grenzkosten des inländischen Unternehmens, so erhöht sich seine Ausbringungsmenge auf jedem der segmentierten Märkte, so daß die gesamte Ausbringungsmenge des heimischen Unternehmens steigt, während die Ausbringungsmenge des ausländischen Unternehmens auf den einzelnen Märkten und auch insgesamt sinkt.[127] Mit der abnehmenden Ausbringungsmenge des ausländischen Unternehmens steigen dessen Grenzkosten. In solcher gegenseitigen Beziehung findet strategisch motivierte Protektion ihre Anwendung und kommt der heimische Markt als strategisches Aktionsfeld in Betracht. Wenn also der Inlandsmarkt durch z.B. Importverbot oder Mengenkontingente vor einem ausländischen Produkt geschützt oder das inländische Unternehmen bei staatlichen Auftragsvergaben bevorzugt wird, erhöht sich die abgesetzte Menge des inländischen Unternehmens und verringern sich seine Grenzkosten. Das Gegenteil gilt für das ausländische Unternehmen. Die Abschirmung des Binnenmarktes kann dem inländischen Produzenten zu Skalenerträgen und damit erhöhten Konkurrenzvorteilen verhelfen, und zwar nicht nur auf dem geschützten Binnenmarkt, sondern darüber hinaus auch auf ungeschützten Auslandsmärkten. Importschutz funktioniert hier als Mittel der Exportförderung.

Krugman hat sein Modell erweitert,[128] indem er die Annahme steigender Skalenerträge durch konstante Skalenerträge ersetzt und zugleich die Investition in FuE zusätzlich ins Modell eingeführt hat. Die Produktionskosten können nun durch Investitionen in FuE gesenkt werden. Wird der Inlandsmarkt geschützt, steigt die Absatzmenge des heimischen Unternehmens und sinkt die des ausländischen Konkurrenten. Durch diese Absatzerhöhung „steigt der Anreiz zu forschen, solange die Aufwendungen dafür unter den Kosteneinsparungen durch die FuE liegen".[129] Die intensive FuE ihrerseits verschiebt Produktionskosten heimischen Unternehmens nach unten, was dann die Steigerung der Absatzmenge sowie die höheren Gewinne sowohl auf dem Inlandsmarkt als auch auf den nicht-geschützten Auslandsmärkten ermöglicht.[130]

Als ein hervorragendes Beispiel für den Importschutz als Mittel der Exportförderung ist die „Buy-Japanese-Politik" für Halbleiter zu nennen, die in der frühen Entwicklungsphase von Halbleitern in Japan von sechs großen japanischen Elektronikfirmen implizit betrieben wurde. Durch die Abschirmung des japanischen Binnenmarktes konnten die japanischen Unternehmen ihre Ausbringungsmenge auf dem japanischen

---

[127] Vgl. Piazolo, 1994, S. 195.

[128] Vgl. Krugman, 1984, S. 187-190.

[129] Freytag, 1995, S. 29.

[130] Vgl. Lindecke, 1993, S. 164.

Inlandsmarkt erhöhen und somit ihre Lernkurve nach unten verschieben. Die US-amerikanischen Produzenten hingegen sollten ihre Absatzmenge vermindern und somit eine Verschiebung der Lernkurve nach oben hinnehmen. Diese Verschiebung von Grenzkosten befähigte die japanischen Unternehmen, sowohl auf dem japanischen Binnenmarkt als auch auf den US- sowie anderen Weltmärkten größere Marktanteile zu erlangen. Nach der Einschätzung von Krugman/Baldwin hätte die japanische Produktion von 16K-DRAM ohne solchen Importschutz nie existieren können.[131]

Hinsichtlich volkswirtschaftlicher Wohlfahrt ist jedoch die verlorengegangene Konsumentenrente zu berücksichtigen. Die inländischen Konsumenten müssen wegen des Importschutzes höhere Preise bezahlen, zumindest so lange, bis die inländischen Unternehmen gleich effizient produzieren wie die ausländischen Konkurrenten. Dieser Verlust der Konsumentenrente soll dann dem Gewinn gegenüber gestellt werden, der sich aus der Exportzunahme und aus dem nachherigen niedrigen Preis auf dem Inlandsmarkt ergibt. Krugman stellt in bezug auf die Wohlfahrtswirkungen in seinem Modell allerdings keine Analyse zur Verfügung. Dennoch ist es aus seiner Argumentation eindeutig festzustellen, daß die durch den Importschutz initiierte Exportzunahme wohlfahrtserhöhend wirkt: „die Exportpreise müssen also höher sein als die Grenzkosten und die Exportausweitung kann sich in einem absolut höheren Gewinn aus Auslandsumsätzen niederschlagen. Es ist daher möglich, daß der Wohlfahrtszuwachs des intervenierenden Landes aus zusätzlichen Exportgewinnen und niedrigen Produktionskosten für Inlandsabsätze den Verlust an Konsumentenrenten übersteigt, welcher durch die Protektion des Inlandsmarktes verursacht wird."[132] Unter solchen Bedingungen werden die Regierungen doch starke Anreize zu protektionistischer Handelspolitik haben.

2.2.3 Kritische Einwände

Unter den oben beschriebenen Bedingungen, so die Argumentation der strategischen Handelspolitik, können strategische Interventionen wohlfahrtserhöhend wirken, wenn

---

131 Vgl. Baldwin, 1988, S. 220-224. Die Bedeutung des japanischen Binnenmarktes für die Schaffung von Vorteilen für japanische Halbleiterunternehmen soll allerdings nach der Ansicht der Monopolkommission relativiert werden, und zwar unter Berücksichtigung der tatsächlichen Marktvolumina. Einerseits dürfte der japanische Binnenmarkt den verschiedenen japanischen Herstellern gemeinsam nicht genug Absatzmöglichkeiten bieten, um die steigenden Skalenvorteile in der Produktion hinreichend ausschöpfen zu können. Sie sind deshalb immer noch auf den Absatz auf Weltmärkten angewiesen. Andererseits dürfte das Marktvolumen des Weltmarktes auch ausländischen Konkurrenten ausreichend Spielräume lassen, um die Kostendegression in der Produktion auszunutzen. Im Gegensatz zu japanischen Herstellern produziert IBM bspw. aber fast ausschließlich für den unternehmensinternen Eigenbedarf im Computergeschäft. Vgl. Monopolkommission, 1993, S. 398-399.

132 Stegemann, 1988, S. 12.

sie den heimischen Unternehmen dazu verhelfen, auf ihrem jeweiligen Weltmarkt fast eine weltweite Monopolstellung zu erreichen und überdurchschnittlich hohe Gewinne zu erzielen.

Problematisch anzusehen ist allerdings die Frage nach der Robustheit der Modelle, ob und wie die wichtigsten Schlußfolgerungen auf leicht variierende Annahmen sensibel reagieren. M.a.W.: Wenn die den Modellen von Brander/Spencer und von Krugman zugrunde liegenden Annahmen durch andere ersetzt werden, liegt die Vermutung nahe, daß sich diese veränderten Annahmen auf die Gestaltung strategischer Handelspolitik auswirken könnten. Daraus ergibt sich dann der Zweifel daran, ob man aus der Theorie eine konsistente und generell anwendbare Handelspolitik ableiten kann. Werden Informationsprobleme bei der Umsetzung der strategischen Handelspolitik in die praktische Wirtschaftspolitik und auch die Gefahr des Mißbrauchs durch Partikularinteressen in die Überlegung einbezogen, so wird die Anwendungsmöglichkeit theoretischer Ansätze noch schlechter ausfallen, auch wenn die Argumentation für Protektionismus theoretisch zweifelsfrei wäre.

2.2.3.1 Unterschiedliche Wettbewerbsverhalten

In den bisher vorgestellten, grundlegenden Ansätzen strategischer Handelspolitik wird von Cournot-Verhalten der Oligopolisten ausgegangen. In bezug auf diese spezielle Annahme über das Wettbewerbsverhalten stellt sich die Frage, wie robust die präsentierten Ergebnisse bei Variationen des Wettbewerbsverhaltens sind.

Zunächst ist der dem Cournot-Verhalten entgegengesetzten Fall des Bertrand-Verhaltens zu untersuchen, demnach jeder Produzent seinen Preis unter der Annahme festsetzt, daß der Preis des Konkurrenten konstant bleibe.[133] Es handelt sich dabei um heterogene Güter, die allerdings unter enger Substitutionskonkurrenz stehen. Da die Preise statt der Mengen Aktionsparameter der Duopolisten sind, sollen die Gewinnfunktionen (1) und (1a) im Modell Brander/Spencers von der Funktion der Mengen in die Funktion der Preise umgeschrieben werden, damit der Lösungsweg bei dem Bertrand-Preisduopol skizziert wird. Der Einfachheit halber ist von einfachen linearen Nachfragefunktionen und konstanten Grenzkosten (c) ausgegangen worden. Wenn weiter der Symmetrie-Duopolfall unterstellt wird, sollen die Nachfragefunktionen mit

(12) $y = A - ap + bp^*$ und

(12a) $y^* = A - ap^* + bp$

[133] In diesem Sinne nennt man das Duopol gemäß Bertrand-Verhaltensannahme ein Preisduopol, das gemäß Cournot-Verhaltensannahme ein Mengenduopol.

gegeben sein, wobei A, a, b > 0 und a > b. Die letzte Bedingung (a > b) bringt zum Ausdruck, daß der Effekt einer Preisänderung auf den eigenen Absatz größer ist als auf den Absatz des Konkurrenten.[134]

Die Gewinnfunktionen sind beschrieben mit:

$$(13)\qquad G = py - cy + sy$$

$$= p(A - ap + bp^*) - c(A - ap + bp^*) + s(A - ap + bp^*)$$

$$= -Ac + (A + ac)p - ap^2 + bpp^* - bcp^* + sA - sap + sbp^*$$

$$(13a)\qquad G^* = p^*y^* - cy^*$$

$$= -Ac + (A + ac)p^* - ap^{*2} + bpp^* - bcp.$$

Die Bedingungen erster Ordnung für Gewinnmaximierung lauten:

$$(14)\qquad G_p = A + ac - 2ap + bp^* - sa = 0$$

$$(14a)\qquad G^*_{p^*} = A + ac - 2ap^* + bp = 0\,.$$

Die Bedingungen zweiter Ordnung sind erfüllt mit

$$(15)\qquad G_{pp} = -2a < 0$$

$$(15a)\qquad G^*_{p^*p^*} = -2a < 0\,.$$

Die zusätzlich erforderliche Stabilitätsbedingung, nämlich die positive Determinante D ist gegeben mit

$$(16)\qquad D = G_{pp} G^*_{p^*p^*} - G_{pp^*} G^*_{p^*p}$$

$$= 4a^2 - b^2 > 0\,.$$

Wie im Modell Brander/Spencers implizieren die Bedingungen (14) und (14a) die Reaktionsfunktionen von beiden Duopolisten. Aus der totalen Differenzierung nach p und p* beider Bedingungen ergeben sich die Steigerungen der Reaktionsfunktionen. Also gilt für das inländische Unternehmen

134 Zur Begründung siehe Wied-Nebbeling, 1993, S. 177.

$$(17) \quad \frac{dp^*}{dp} = \frac{2a}{b}$$

und für das ausländische Unternehmen

$$(17a) \quad \frac{dp^*}{dp} = \frac{b}{2a}.$$

Abbildung 5 Wirkungen staatlicher Interventionen im Bertrand-Duopol

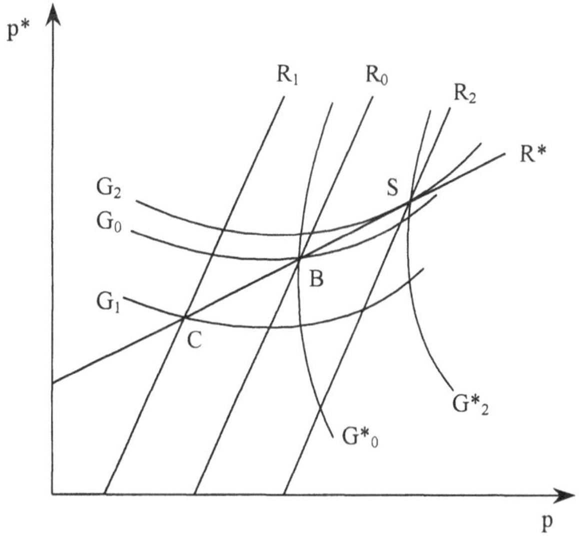

Die Reaktionslinien beider Unternehmen sind in Abbildung 5 mit R_0 für das inländische Unternehmen und R^* für das ausländische Unternehmen bekennzeichnet. Wie sich (17) und (17a) zeigt, verlaufen die Reaktionslinien beider Unternehmen aufsteigend: die Reaktionslinie des inländischen Unternehmens verläuft aber steiler als die des ausländischen Konkurrenten. Im Schnittpunkt B beider Reaktionslinien ergibt sich das Gleichgewicht des Bertrand-Duopolmarktes ohne staatliche Intervention. Bei diesem Freihandels-Gleichgewicht erzielt das inländische Unternehmen den Gewinn mit G_0, das ausländische Unternehmen mit G^*_0.[135]

[135] In Abbildung 5 erkennt man, daß je näher die inländische (ausländische) Isogewinnkurve in Richtung der Abszisse (Ordinate) rückt, desto niedrigeren Gewinn zeigt sie.

Die Exportsubventionierung des Inlandes veranlaßt das inländische Unternehmen, den Export durch Preissenkung zu steigern. Die inländische Reaktionslinie verschiebt sich nach links auf R_1. Das neue Gleichgewicht ergibt sich dann im Punkt C. Es liegt auf einer niedrigen Isogewinnkurve G_1. „Dies impliziert einen Wohlfahrtsverlust, da die Isogewinnkurven auf die subventionsbereinigten Gewinne bezogen sind. Der Gesamtgewinn der subventionierten Exportunternehmung ist zwar gestiegen, sonst hätte sie ja nicht in der beschriebenen Weise reagiert. Doch ist der Produzentengewinn um weniger gestiegen als die hierfür ursächlichen Subventionszahlungen, so daß das Wohlfahrtskriterium der strategischen Handelspolitik zur Ablehnung von Exportsubventionen führt,“[136] was ganz im Gegenteil zu dem Ergebnis im Modell Brander/Spencers ist. Im Umkehrschluß erscheinen Exportbesteuerungen bzw. Exportzölle wohlfahrtserhöhend.[137] Exportzölle führen zur Preiserhöhung und zur geringeren Exportmenge. Dies läßt sich in Abbildung 5 durch die Verschiebung der Reaktionsgerade nach rechts auf R_2 veranschaulichen. Im neuen Stackelberg-Gleichgewicht S erreicht das inländische Unternehmen eine höhere Isogewinnkurve G_2.

Auch bemerkenswert ist bei dem Bertrand-Duopolmodell, daß die inländische Wohlfahrtserhöhung nicht mehr aus der Rentenumlenkung von ausländischen Oligopolrenten resultiert. Wie sich in Abbildung 5 die Rechtsverschiebung der Isogewinnkurve des ausländischen Unternehmens zeigt, erzielt im Stackelberg-Gleichgewicht S das ausländische Unternehmen auch höheren Gewinn als im Bertrand-Gleichgewicht B. Bei der Preiserhöhung des inländischen Unternehmens kann der ausländische Konkurrent mehr absetzen und einen Preiserhöhungsspielraum ausnutzen. Der ausländische Konkurrent kann sogar mehr absetzen als das inländische Unternehmen und erzielt höheren Gewinn, als wenn er sich selbst in der Stackelberg-Leader-Position befände.[138] Im diesem Zusammenhang kann von dem „Second-Mover-Vorteil“ die Rede sein, ganz im Gegenteil zum „First-Mover-Vorteil“ beim Cournot-Mengenduopol.[139] Die Exportzölle ermöglichen es, die Wohlfahrt sowohl des Inlandes als auch des Auslandes zu vergrößern. Der Wohlfahrtserhöhung beider produzierenden Länder steht allerdings der Verlust an Konsumentenrente der importierenden Drittländern gegenüber.[140]

Zu berücksichtigen ist in Zusammenhang des Wohlfahrtsverlustes im importierenden Drittland die Reaktion dieses Landes. Eine Höchstpreissetzung z.B. auf dem Niveau

136 Bender, 1994, S. 29.

137 Vgl. Eaton/Grossman, 1986, S. 388; Flam/Helpman, 1987, S. 93.

138 Das Stackelberg-Gleichgewicht, in dem das ausländische Unternehmen die Stackelberg-Leader-Position übernimmt, und die dazu gehörende Isogewinnkurve sind allerdings der Übersichtlichkeit halber hier nicht eingezeichnet.

139 Vgl. Wied-Nebbeling, 1993, S. 157-158.

140 Vgl. Bender, 1994, S. 29-30.

des ursprünglichen Bertrand-Gleichgewichts kann eine Antwort des Importlandes nach der durch Exportzölle ausgelösten Preiserhöhung sein.[141] In einem solchen Fall ist die Wohlfahrtsvermehrung beider exportierenden Länder auf Kosten des importierenden Drittlandes nicht mehr zu erwarten. Vielmehr wird ein Wettlauf restriktiver Handelspolitik zustandekommen und werden sich am Ende alle Beteiligten schlechter stellen, als wenn das Inland durch Exportzölle den Exportpreis nicht erhöht hätte.

Eaton/Grossman versuchen indessen die Wirkungsweise strategischer Handelspolitik bei unterschiedlichem Wettbewerbsverhalten der Oligopolisten innerhalb eines Modellrahmens darzustellen, indem sie unterschiedliche Unternehmenserwartungen in bezug auf die Reaktionen des Konkurrenten auf das eigene Verhalten, was „konjekturale Variation"[142] genannt wird, in die Analyse einbeziehen.[143] Das Modell von Eaton/Grossman geht davon aus, wie im vorgestellten Modell von Brander/Spencer, daß ein inländisches und ein ausländisches Unternehmen ein homogenes Gut produziert, das nur auf einem Drittmarkt nachgefragt wird. Die Unternehmenserwartung der Reaktion des Konkurrenten auf das eigene Verhalten muß nicht mit dem tatsächlichen Verhalten des Konkurrenten übereinstimmen. „Je nach dem, ob die Unternehmen eine zu geringe oder zu hohe Reaktion der Konkurrenten erwarten, produzieren sie mehr bzw. weniger als die, bei konsistenten Erwartungen, gewinnmaximierende Produktionsmenge."[144]

Im Rahmen des konjekturalen Variationsansatzes ergeben sich zwei mögliche Abweichungen von dem tatsächlichen Verhalten des Konkurrenten, nämlich die von dem inländischen Unternehmen erwartete Reaktion des ausländischen Unternehmens auf inländische Mengenänderungen ist kleiner oder größer als das tatsächliche Verhalten.[145] Wenn das tatsächliche Verhalten des ausländischen Konkurrenten stärker als die Erwartung ist, d.h. das ausländische Unternehmen verringert seine Ausbringungsmenge um mehr als diejenige Menge, die von inländischem Unternehmen erwartet wurde, produziert das inländische Unternehmen mehr als im Gleichgewicht mit inländischer Stackelberg-Leader-Position. Ist hingegen die tatsächliche Reaktion schwächer als die Erwartung, produziert es weniger als notwendig wäre, um das Stackelberg-

---

141 Dies ist ein möglicher Anwendungsfall des Ansatzes von Meza, der die Höchstpreissetzung gegenüber ausländischem Exportmonopolisten wohlfahrtstheoretisch als bessere Maßnahme als restriktive Handelspolitik vorschlägt. Dazu vgl. Meza, 1979.

142 Zu konjekturalen Variationen und Kritikpunkten dazu siehe Carlton/Perloff, 1994, S. 274-276.

143 Im folgenden vgl. Eaton/Grossman, 1986. Vgl. auch Turnovsky, 1986.

144 Siehe und vgl. Bletschacher, 1991, S. 21-22.

145 Im Fall einer konsistenten Unternehmenserwartung in bezug auf die Reaktion, also wenn die erwartete Reaktion mit der tatsächlichen übereinstimmt, besteht erst gar kein Handlungsbedarf für ein Land, und Freihandel ist optimal, da keine die staatliche Korrektur benötigenden falschen Erwartungen vorliegen. Vgl. Eaton/Grossman, 1986, S. 394; Bletschacher/Klodt, 1992, S. 26.

Gleichgewicht zu erreichen. Aufgrund dieser falschen Erwartungen in bezug auf das Verhalten des ausländischen Unternehmens kann das inländische Unternehmen die Stackelberg-Leader-Position nicht erlangen. Um diese aufgrund falscher Unternehmenserwartungen auftretende Verzerrung auszugleichen, kann ein Land versuchen, in den Markt einzugreifen, und so dem inländischen Unternehmen zu einer Stackelberg-Leader-Position zu verhelfen.[146] Im Fall der stärkeren Reaktion des ausländischen Unternehmens ist eine Besteuerung der Produktion bzw. des Exports wohlfahrtsfördernd. Im Fall der schwächeren Reaktion hingegen ist eine Produktionserhöhung mittels Subventionierung optimal.

Die bis dato dargestellten Modellvariationen in bezug auf unterschiedliche Wettbewerbsverhalten haben gezeigt, daß eine optimale Handelspolitik vom Konkurrenzverhalten, namentlich vom Cournot- oder Bertrand-Duopol, sowie von den unterschiedlichen Unternehmenserwartungen in bezug auf die Reaktionen des Konkurrenten abhängt. Eine konsistente Handlungsempfehlung daraus ziehen zu können, ist kaum zu erwarten, da: „The case for active trade policy in an imperfectly competitive environment rests crucially on the behavior of oligopolistic firms. One might even say it rests uneasily, since the behavior in question has to do with intrinsically subjective conjectures."[147]

2.2.3.2 Anbieterzahl

Das wohlfahrtserhöhende Ergebnis der strategischen Handelspolitik wird auch stark dadurch geprägt, daß nur je ein inländisches und ein ausländisches Unternehmen am Markt agieren. Unterstellt man statt dessen mehrere inländische Unternehmen, kann der positive Effekt protektionistischer Handelspolitik schwächer oder gar ins Gegenteil umschlagen, anders als im Modell dargestellt ist.[148] Der Fall mehrerer Unternehmen ist indessen in zwei Unterfälle zu unterteilen: Erstens, es existieren von Anfang an exogen gegeben mehrere inländische Anbieter; und zweitens, es gibt ursprünglich nur ein inländisches Unternehmen, aber es besteht immerhin freier Marktein- und -austritt. Die Endogenisierung der Anbieterzahl läßt sich insofern als der Versuch der Darstellung langfristiger Wirkungen der strategischen Handelspolitik auf die Wohlfahrt eines Landes auffassen.

---

[146] Vgl. Bletschacher, 1991, S. 22.

[147] Grossman/Richardson, 1985, S. 14.

[148] Vgl. Lindecke, 1993, S. 180.

2.2.3.2.1 Exogene Mehranbieterzahl: Multifirmen-Oligopol

Die Marktbeschreibung der strategischen Handelspolitik, bei der es ein einziges inländisches Unternehmen gebe, dessen Ziel seine Gewinnmaximierung am Exportmarkt sei, kann möglicherweise mit einem inländischen Exportkartell mehrerer inländischen Unternehmen vergleichbar sein, in dem sich die Unternehmen zusammen als ein Exportmonopolist verhalten und ihren gemeinsamen Gewinn maximieren.

Es wird angenommen, daß zwei inländische Unternehmen am Markt sind und der Markteintritt weiterer Anbieter aufgrund z.B. von den oben dargestellten Markteintrittsbarrieren oder durch staatliche Eintrittsbeschränkungen ausgeschlossen ist. Weiterhin wird unterstellt, daß sich jedes Unternehmen gemäß der Cournot-Verhaltensannahme verhält. Nun werde ein Kartell von beiden Unternehmen gebildet. Beide Unternehmen produzieren die Menge y_1 und y_2, deren Summe das gesamte Exportangebot ist. Das Kartell hat die absteigende Preisabsatzfunktion am Weltmarkt, $p = p(y_1, y_2)$. Bezeichnen c_1 bzw. c_2 die variablen Kosten von beiden Unternehmen, ist die gemeinsame Gewinnfunktion gegeben mit:[149]

$$(18) \qquad G_g = p(y_1, y_2)(y_1 + y_2) - c_1(y_1) - c_2(y_2).$$

Aus totaler Differenzierung der Gleichung (18) ergeben sich folgende Optimalbedingungen:

$$(19) \qquad p(y_1, y_2) + p_{y_1}(y_1 + y_2) = GK_1 \text{ und}$$

$$p(y_1, y_2) + p_{y_2}(y_1 + y_2) = GK_2,$$

wobei GK = Grenzkosten. Mit der Erfüllung dieser Bedingungen können beide Unternehmen den gemeinsamen Gewinn maximieren.

Das Problem bei einem Kartell liegt jedoch darin, daß bei jedem Kartellmitglied immer der Anreiz dazu besteht, den eigenen Gewinn noch weiter zu erhöhen, als es beim Verblieb im Kartell möglich wäre, indem es seine Produktmenge ausdehnt.[150] Diese Möglichkeit zeigt sich in der Gewinnmaximierungsbedingung für einzelne Unternehmen. Für das Unternehmen 1 z.B. ist die Gewinnfunktion gegeben mit:

$$(20) \qquad G_1 = p(y_1, y_2)y_1 - c_1(y_1)$$

---

149 Von den Fixkosten wird abgesehen.

150 Vgl. dazu Scherer/Ross, 1990, S. 244-248.

und seine Gewinnmaximierungsbedingung:

(21) $$G_{1y_1} = p(y_1, y_2) + p_{y_1} y_1 - GK_1 = 0.$$

Aus der Bedingung (19) läßt sich erkennen:

(22) $G_{1y_1} = p(y_1, y_2) + p_{y_1} y_1 - GK_1 = -p_{y_1} y_2 > 0$, weil $p_{y_1} < 0$ aufgrund der angenommenen absteigenden Preisabsatzfunktion ist und $y_2 > 0$.

Die Ungleichung (22) bedeutet, daß unter der Cournot-Verhaltensannahme jedes Unternehmen durch die Erhöhung der eigenen Produktmenge seinen Gewinn vergrößern kann.[151] Weil ein solcher Anreiz bei jedem Anbieter besteht, werden sie mehr produzieren als bei der Kartelllösung. Je mehr Anbieter am Markt sind, desto größer wird der Anreiz zur Mehrproduktion und desto schwieriger ist die Kontrolle über solche Abweichungverhalten. Je größer die Zahl heimischer Anbieter ist, desto wahrscheinlicher wird es, daß das gesamte Exportangebot des Inlandes dann über das optimale Niveau hinausgeht, auf dem im Modell Brander/Spencers das Inland die Wohlfahrtserhöhung erzielte. Der Exportpreis sinkt weiter nach unten und die Terms of Trade verschlechtern sich. Die negativen Wohlfahrtswirkungen der Exportsubvention, namentlich die Verschlechterung der Terms of Trade, die Allokationsverzerrung und die Subventionskosten zusammen, nehmen so stark zu, daß der sich aus der Rentenumlenkung ergebende zusätzliche Gewinn dadurch dominiert wird. Bei mehreren Anbietern kann eine Exportsubvention also wohlfahrtsmindernd sein.[152] In diesem Fall ist vielmehr die Reduzierung der Exportmenge durch Exportbesteuerung als wohlfahrtserhöhend vorzuziehen.[153]

2.2.3.2.2 Endogene Anbieterzahl: Freier Marktein- und -austritt

Während in den bisher dargestellten Analysen der strategischen Handelspolitik von exogen gegebenen Unternehmenszahlen – Duopol oder mehrere Unternehmen – aus-

151 Vgl. dazu Varian, 1993, S. 462-467; Schumann, 1987, S. 319-323.

152 Vgl. Lindecke, 1993, S. 180.

153 Vgl. Eaton/Grossman, 1986, S. 396-397. Sie gehen dabei von der Annahme konsistenter Unternehmenserwartung aus und kommen zu dem Schluß, daß eine Exportbesteuerung wohlfahrtserhöhend ist, wenn die inländische Anbieterzahl größer als eins ist. Abgesehen von der Annahme konsistenter Unternehmenserwartung untersucht Dixit (1984, S. 11-12) die Wohlfahrtswirkungen einer Exportsubvention bei mehreren Anbietern. Das Ergebnis ist, daß die Exportsubvention wohlfahrtserhöhend wirkt, wenn die Anbieterzahl nicht „zu groß" ist. Falls die Anbieterzahl entweder „eins" oder „sehr groß" ist, ist das zu wählende handelspolitische Instrument klar. Für alle anderen Fälle jedoch nicht. Die Zahl inländischer Unternehmen spielt nämlich eine entscheidende Rolle für die Wirkung inländischer Staatseingriffe. Vgl. Sauernheimer, 1994, S. 389.

gegangen worden ist, sollen jetzt auch Marktein- und -austritt in die Untersuchung der Wohlfahrtswirkungen der strategischen Handelspolitik einbezogen werden. Die Markteintrittsbarrieren sind kurzfristig von großer Bedeutung. Langfristig ziehen positive Unternehmensgewinne jedoch Markteintritt weiterer Unternehmen nach sich, und zwar solange, bis der Gewinn aller Anbieter zu Null wird. Bei freiem Markteintritt können Unternehmen im Gleichgewicht keine Gewinne mehr erzielen, so daß Rentenumlenkung als Ziel der strategischen Handelspolitik ausscheidet.[154] Wohlfahrtswirkungen der strategischen Handelspolitik sind daher nur in den von freien Marktein- und -austritt ausgelösten Effizienzgewinnen oder -verlusten, die sich durch die Veränderung der Unternehmensgröße und der damit verbundenen Durchschnittskosten charakterisieren, und in dem Terms of Trade-Effekt zu finden.

Bevor die Auswirkungen strategischer Handelspolitik bei freiem Markteintritt analysiert werden, soll zunächst das Modell monopolistischer Konkurrenz von Chamberlin[155] kurz dargestellt werden, das in der nachher untersuchenden Analyse strategischer Handelspolitik eine wichtige Rolle spielt. Das Modell Chamberlins bezieht sich darauf, daß sich jedes Unternehmen einer fallenden, inversen Nachfragekurve seiner Produktion gegenüber sieht, welche wegen zwar differenzierter jedoch eng substituierbarer Produkte, oder wegen hoher Fixkosten und damit verbundener steigenden Skalenerträge möglich ist.[156] Auf dem so charakterisierenden Markt kann jedes Unternehmen in begrenztem Umfang Marktmacht haben und damit überhöhten Gewinn erzielen. Dieser positive Gewinn lockt dann neue Anbieter in den Markt. Aufgrund dieser beiden Charakteristika, Marktmacht einerseits und freier Marktzutritt andererseits, nennt man das Modell Chamberlins auch monopolistische Konkurrenz.[157]

Das Modell Chamberlins geht von der Symmetrieannahme aus, d.h., alle inländischen Anbieter sind identisch in jeder Hinsicht.[158] Dies ermöglicht es, den Markt hinsichtlich eines repräsentativen Anbieters zu betrachten, wie in Abbildung 6 dargestellt ist. Es gilt weiterhin die Cournot-Verhaltensannahme. Der repräsentative Anbieter produziert das Gut y aufgrund von Fixkosten und konstanter Grenzkosten bei steigenden Skalenerträgen der Produktion. Er sieht sich dabei zwei fallenden, inversen Nachfragekurven gegenüber. Die eine ist die sogenannte dd-Kurve Chamberlins bzw. die vom repräsentativen Anbieter wahrgenommene Nachfragekurve, die jene Preis-Mengen-

---

154 „When there is a possibility of new entry we need to ask, where's the rent?" Krugman, 1987a, S. 140.

155 Chamberlin, 1962.

156 Vgl. dazu Carlton/Perloff, 1994, S. 290-297.

157 Zu dem Chamberlin-Modell bzw. der monopolistischen Konkurrenz siehe Wied-Nebbeling, 1993, S. 91-105.

158 In der Beschreibung des Chamberlin-Modells sind ausländische Anbieter zunächst außer acht gelassen. Sie werden nachher wieder in die Betrachtung einbezogen.

Kombinationen aufzeigt, die er realisieren kann, wenn er seine Menge variiert unter der Vorstellung, daß die Produktionsmenge seiner Konkurrenten unverändert bleibt.

Abbildung 6 Produktion eines Cournot-Oligopolisten ohne und mit Markteintritt

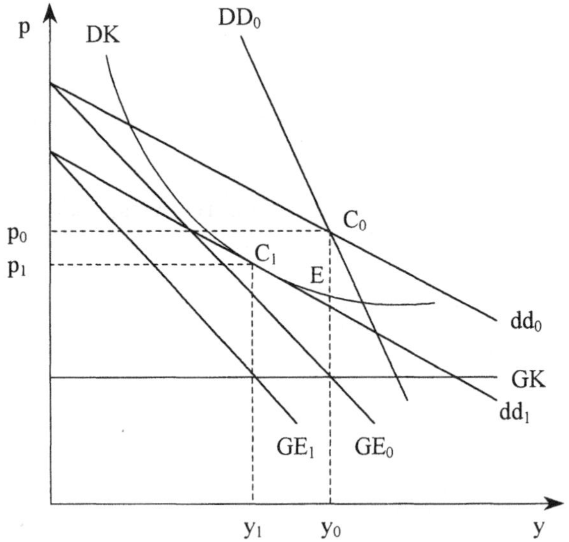

Tatsächlich befindet sich der Anbieter jedoch auf der anderen Nachfragefunktion, denn aufgrund der Symmetrieannahme gilt die Mengenentscheidung zur Gewinnmaximierung des repräsentativen Anbieters für alle anderen Anbieter, so daß alle Anbieter stets denselben Marktanteil innehaben werden. Diese andere ist die DD-Kurve Chamberlins bzw. die tatsächliche Nachfragekurve, die jene erreichbaren Preis-Mengen-Kombinationen des repräsentativen Anbieters aufzeigt, wenn alle Anbieter die Menge um den selben Betrag ändern. Sie ist daher nichts anderes als eine Teilnachfragefunktion der gesamten Marktnachfragefunktion. Bei monopolistischer Konkurrenz verläuft die dd-Kurve flacher als die DD-Kurve, denn: die Preissenkung und der damit verbundene Mehrabsatz für einen einzelnen Anbieter bei konstant bleibender Menge aller anderen sind nur dann erreichbar, wenn er seine Produktionsmenge umfangreicher erhöht, als alle Anbieter gemeinsam ihre Menge erhöhen. Ein Anbieter setzt seine Menge so fest, daß seine Grenzkosten (GK) seinen Grenzerlösen der dd_0-Kurve (GE_0) entsprechen. Da diese Gewinnmaximierungsbedingung für alle Anbieter gleichermaßen gilt, muß der Gewinnmaximierungspunkt C_0 gleichzeitig auf der DD_0-Kurve liegen.

Es handelt sich beim Gleichgewicht C_0 in Abbildung 6 nur noch um ein kurzfristiges Marktgleichgewicht, denn es gibt immerhin nicht-hinwegkonkurrierten Gewinn im Umfang von C_0E, der weitere Anbieter zum Markteintritt veranlaßt. Mit dem Markteintritt neuer Anbieter kann dann jeder Anbieter eine kleinere Menge zu einem bestimmten Preis absetzen. Die DD-Kurve des repräsentativen Anbieters dreht sich nach links um den Ordinatenabschnitt.[159] Die dd-Kurve verschiebt sich nach unten auf dd_1.[160] Der Markteintritt weiterer Anbieter dauert solange an, bis kein Gewinn mehr erzielt werden kann. „Bei Cournot-Verhalten und freiem Markteintritt stellt sich folglich ein langfristiges Marktgleichgewicht bei Gleichheit von Grenzkosten (GK) und wahrgenommenm Grenzerlös (GE_1), sowie Nullgewinn aller Anbieter ein.“[161] In Abbildung 6 ist das langfristige Marktgleichgewicht durch den Punkt C_1 bezeichnet, in dem die wahrgenommene Nachfragekurve (dd_1-Kurve) die Durchschnittskostenkurve gerade tangiert – Chamberlins Tangentenlösung –.

Wie man aus dem Vergleich des neuen Gleichgewichts mit dem alten erkennt, verringert sich die Produktionsmenge bzw. die Firmengröße von y_0 auf y_1. Außerdem produziert der repräsentative Anbieter zu höheren Durchschnittskosten mit C_1y_1 als zuvor mit Ey_0. Die steigenden Skalenvorteile bei der Produktion werden nicht ausgenutzt. Bei monopolistischer Konkurrenz führt der freie Markteintritt zu der Verringerung der Firmengröße und dem Effizienzverlust der Produktion, was dann Wohlfahrtsminderung bedeutet. Unter solchen Umständen können staatliche Interventionen die Wohlfahrt nur dann verbessern, wenn die Lage der wahrgenommenen Nachfrage oder die der Durchschnittskosten dadurch so verändern, daß die Firmengröße vergrößert wird.

Diese Ergebnisse des Modells monopolistischer Konkurrenz bei freiem Markteintritt werden nun in die Analyse strategischer Handelspolitik einbezogen. Bei der Analyse sind der eben dargestellten mit der Firmengröße verbundene Effizienzeffekt und auch der Terms of Trade-Effekt strategischer Handelspolitik von Bedeutung. Im Rahmen des Zwei-Länder-Modells untersuchen Horstman/Markusen[162] Auswirkungen strategischer Handelspolitik bei freiem Markteintritt und international integrierten Märkten. In beiden Ländern wird das Gut y produziert. Dies wird in jedem Land bei steigenden Skalenerträgen mit hohen Fixkosten und konstanten Grenzkosten von mehreren identischen Firmen hergestellt. Das inländische Gut y wird von dem ausländischen Produkt y* nur leicht unterschieden, so daß sie als enge Substitute anzusehen sind.

---

159 Die neue DD_1-Kurve ist einfachheitshalber nicht gezeichnet. Sie verläuft steiler als die DD_0-Kurve und durch den neuen Gleichgewichtspunkt C_1.

160 Die dd-Kurve verschiebt sich dabei jedoch nicht parallel, sondern verläuft steiler als vorher. Vgl. dazu Wied-Nebbeling, 1993, S. 100-105. Dort sind die veränderten Lagen beider Kurven durch Zahlenbeispiel und auch grafisch dargestellt.

161 Bletschacher, 1991, S. 33.

162 Horstman/Markusen, 1986.

Ein Importzoll bewirkt eine Preissteigerung des ausländischen Gutes y*, so daß das als Substitut bereitstehende Inlandsgut y mehr nachgefragt wird als zuvor. Geht man von dem Gleichgewichtpunkt C_1 in Abbildung 6 aus, bedeutet die Nachfrageerhöhung inländischer Anbieter nichts anderes als die Verschiebung von DD- und dd-Kurve nach rechts, z.B. auf DD_0 bzw. dd_0. Der inländische Importzoll erhöht sowohl den Preis des ausländischen Produktes als auch den des inländischen Gutes, von p_1 auf p_0. Die bei gestiegenem Preis erzielten Gewinne in Höhe von C_0E in Abbildung 6 führen zum Markteintritt neuer inländischen Anbieter auf den Markt. Mit dem Markteintritt neuer Anbieter verschwinden die Gewinne und wird das ursprüngliche Gleichgewicht C_1 wieder hergestellt. Ein Importzoll führt zwar zur Erhöhung der gesamten Produktionsmenge des Inlandes. Die Erweiterung der insgesamt produzierten Menge wird jedoch durch den Markteintritt neuer Anbieter verwirklicht, so daß die Firmengröße und somit die effiziente Produktion inländischer Anbieter von dem inländischen Importzoll unbeeinflußt bleiben.[163]

Anders als im Inland bewirkt der inländische Importzoll Rationalisierungseffekt im Ausland. Die Wirkungsweise des Importzolles für das Ausland ist in Abbildung 7 grafisch dargestellt.[164] Es handelt sich in Abbildung 7 um einen ausländischen repräsentativen Anbieter, der bei freiem Handel die Hälfte seiner Gesamtproduktion ins Inland exportiert. Die Lage der gesamten Nachfragekurve dd_{g0} auf dem Gesamtmarkt besteht aus einer parallelen Addition von beiden Teilnachfragekurven, dd_1 und dd_2. Vor der Einführung des Importzolles befindet sich das Gleichgewicht im Punkt C^*_0 auf dem Gesamtmarkt (GK = GE_0); der Preis des Gutes y* ist auf dem Inlandsmarkt und dem ausländischen Heimmarkt gleich ($p^*_{y^*0}$) und die Firmengröße ist y^*_0 (= $y^*_1 + y^*_2$). Der inländische Importzoll bewirkt nun eine Verschiebung der Nachfragekurve dd_1 auf dem Inlandsmarkt um den Zollsatz t nach unten auf dd_{11} mit der Folge, daß eine geknickte Gesamtnachfragekurve dd_{g1} auf dem Gesamtmarkt entsteht. Beim neuen kurzfristigen Gleichgewicht C^*_1 (GK = GE_1)[165] leidet der ausländische Anbieter unter dem Verlust. Um das neue Gleichgewicht wieder herzustellen, wird die y*-Industrie durch Marktaustritt von ausländischen Anbietern rationalisiert. Dadurch verschiebt sich die Gesamtnachfragekurve nach oben, jedoch nicht parallel, sondern flacher als vorher,[166]

---

163 Vgl. Horstman/Markusen, 1986, S. 230.

164 Zu bemerken ist in dieser Abbildung, daß der ausländische Produzent nur einen einheitlichen Preis am Inlands- und auch am ausländischen Heimmarkt verlangt, obwohl die beiden Teilmärkte getrennt dargestellt sind, weil annahmegemäß keine Preisdifferenzierung stattfindet. Die Gewinnmaximierungsbedingung bei Preisdifferenzierung, Grenzkosten = Grenzerlös auf jedem einzelnen Markt, ist demnach nicht erfüllt. Das Unternehmen strebt eine Gewinnmaximierung vielmehr dadurch an, daß Grenzkosten = Grenzerlös auf dem Gesamtmarkt angestrebt werden. Die Bezeichnung der Grenzerlös- und der Grenzkostenkurve für einen einzelnen Markt ist deshalb unbedeutend.

165 In der Abbildung 7 sind die GE_1- und GE_2-Kurve des Platzes wegen nicht eingezeichnet.

166 Vgl. dazu Fußnote 160 dieses Kapitels.

auf dd_{g2}, so daß sich das neue Gleichgewicht im Punkt C^*_2 ($GK = GE_2$) einstellt. Beim neuen langfristigen Gleichgewicht produziert eine einzelne ausländische Firma mehr als zuvor – von y^*_0 auf y^*_3 –, und zwar zu niedrigeren Kosten mit p^*_{y*3}, während die gesamte Produktion der y*-Industrie sinkt. Die ausländische Firma setzt den niedrigen einheitlichen Preis p^*_{y*3} auf dem Inlandsmarkt und dem ausländischen Heimmarkt durch. Die inländischen Konsumenten bezahlen natürlich einen um den Zollsatz t erhöhten Preis p_{y*3}.

Abbildung 7 Produktion eines ausländischen Anbieters bei Markteintritt und inländischem Importzoll

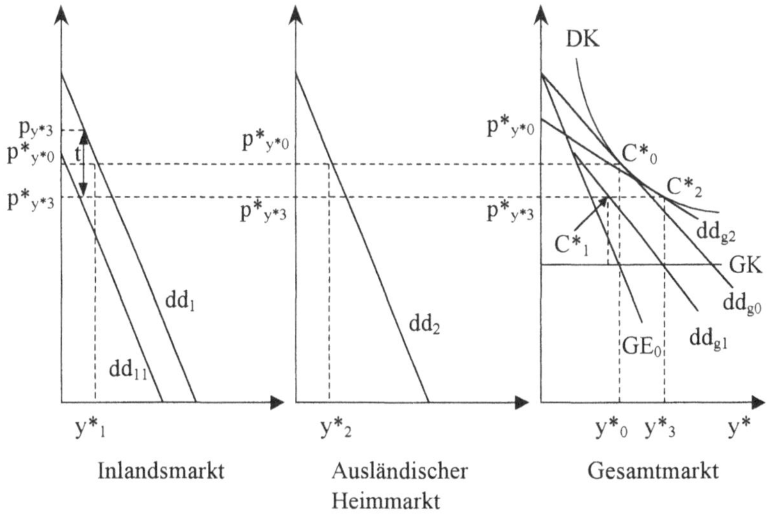

Der inländische Importzoll hat also keinen Einfluß auf die Rationalisierung inländischer Firmen und somit auf den Preis des inländischen Gutes y. Er führt jedoch zur Senkung des Importpreises, so daß nur ein positiver Terms of Trade-Effekt erwartet wird.[167]

In bezug auf die strategische Handelspolitik weiter zu untersuchen sind die Auswirkungen einer Exportsubvention. Wird eine Exportsubvention pro Mengeneinheit inländischen Unternehmen gewährt, dann verschiebt sich die Gesamtnachfragekurve nach oben.[168] Kurzfristig entstehen dadurch Gewinne bei inländischen Firmen. Mit

---

167 Vgl. Horstman/Markusen, 1986, S. 244.

168 Zur grafischen Darstellung vgl. Abbildung 7, allerdings mit umgekehrter Richtung.

dem Markteintritt neuer Anbieter werden die Gewinne abgeschöpft mit der Folge, daß die inländische Firmengröße sinkt. Die inländischen Firmen produzieren zu höheren Durchschnittskosten und somit ineffizient. Der subventionierte Exportpreis liegt niedriger als zuvor, der nicht-subventionierte Inlandspreis ist jedoch höher als zuvor. Die Terms of Trade des Inlandes verschlechtert sich, weil der Preis des ausländischen Produktes von der inländischen Exportsubvention unbeeinflußt bleibt, während der Exportpreis des Inlandsgutes sinkt.[169] Bei einer Exportsubvention im Fall freien Markteintritts entstehen somit neben dem Effizienzverlust aufgrund des ineffizienten Markteintritts auch die Wohlfahrtsverminderung aufgrund des erhöhten Inlandspreises, der verschlechterten Terms of Trade und auch der Subventionskosten. Anders als im Falle einer Exportsubvention ohne freien Markteintritt, wo die Gewinnerhöhung bei den inländischen Firmen durch die Rentenumlenkung diese Wohlfartsverluste überkompensieren kann, gibt es beim freien Markteintritt allerdings keine umzulenkenden Gewinne bei ausländischen Firmen. Bei einer Exportsubvention „the industry does not rationalize and thus does not the same gains which accrue in the no-entry case. Further, no foreign monopoly rents are captured because there are none. Conversely, a small export tax improves welfare by improving the country's terms of trade in the usual sense and by forcing the domestic industry to rationalize."[170]

Zusammenfassend hat die Analyse von Horstman/Markusen darauf hingewiesen, daß beim freien Marktein- und -austritt ein Importzoll keinen Einfluß auf effiziente Produktion inländischer Unternehmen hat, so daß steigende Skalenvorteile ungenutzt bleiben. Dieses Ergebnis ist eine wichtige Abweichung von der Aussage der strategischen Handelspolitik bei exogener Anbieterzahl, in der behauptet wird, daß ein Importzoll dem inländischen Produzenten zu Skalenerträgen verhelfen kann. Beim Importzoll im Fall des freien Markteintritts bleibt jedoch nur ein traditionelles positives Terms of Trade-Argument. Eine Exportsubvention andererseits hat negative Wohlfahrtseffekte zur Folge. Eine Exportbesteuerung dagegen kann wohlfahrtserhöhend wirken, indem Terms of Trade sich verbessern und die betreffende Industrie auch rationalisiert wird.[171]

---

169 Vgl. Horstman/Markusen, 1986, S. 231-232.

170 Horstman/Markusen, 1986, S. 244. Zur grafischen Darstellung der Wohlfahrtswirkungen siehe auch Richardson, 1988, S. 4-7.

171 Völlig andere Ergebnisse kann man allerdings gewinnen, wenn man statt der Annahme integrierter Märkte die Annahme segmentierter Märkte unterstellt. Die strategische Handelspolitik eines Landes wirkt dann wohlfahrtserhöhend für das protektionierende Land und wohlfahrtsmindernd für das Ausland. Zur strategischen Handelspolitik bei freiem Markteintritt und segmentierten Märkten siehe etwa Venables, 1985. Die unterschiedlichen Analyseergebnisse je nach der unterschiedlich unterstellten Annahme bedeuten aber nichts anderes als das, wie abhängig die Effekte strategischer Handelspolitik von den jeweils unterstellten speziellen Annahmen sind.

2.2.3.3 Partial- versus Totalanalyse

In der Modellierung der strategischen Handelspolitik wurden die Auswirkungen handelspolitischer Maßnahmen nur partiell, also nur auf den betreffenden Gütermarkt beschränkend untersucht, so daß eine Reihe von Wirkungszusammenhängen in ihrer Analyse vernachlässigt wurden.

Zunächst zu berücksichtigen sind die Restriktion von Produktionsfaktoren in nicht-geförderten Sektoren und die damit verbundene Faktorpreisänderung. Zur Expansion eines Sektors sollen Produktionsfaktoren anderen Sektoren oder anderen Wirtschaftszweigen entzogen werden. Wenn ein handelspolitisch geförderter Sektor, der durch die oligopolistische Marktstruktur gekennzeichnet wird, dadurch expandiert, daß er die zur Expansion notwendigen Produktionsfaktoren einem anderen Wirtschaftszweig entzieht, der sich in vollständiger Konkurrenz befindet, kann sich ein positiver Wohlfahrtseffekt der strategischen Handelspolitik ergeben. Denn: beim geförderten Sektor könnten höhere Gewinne zugunsten des Inlandes auch durch Rentenumlenkung entstehen, während in dem sich in vollständiger Konkurrenz befindlichen Wirtschaftszweig die Grenzkosten und der Preis ausgleichen, und es keine Rente zu verlieren gibt.[172] Wenn sich aber geförderte und nicht-geförderte Sektoren gleichzeitig in oligopolistisch strukturierten Märkten betätigen, und alle gemeinsam um einen industriespezifischen Produktionsfaktor konkurrieren, dessen Angebot auch mittelfristig wenig preiselastisch ist – z.B. hochqualifizierte Fachkräfte in der Hightech-Industrie –, führt die selektive Förderung eines Sektors zur Verknappung und damit zur Erhöhung des Preises dieses Produktionsfaktors.[173] Für die nicht-geförderten Sektoren bedeutet die selektive Förderung eines anderen Sektors nichts anderes als eine Besteuerung bzw. eine Diskriminierung. Bei den nicht-geförderten Sektoren sinkt die Produktionsmenge und entsteht die Rentenumlenkung zuungunsten des Inlandes. Unter diesen Umständen ist die inländische Netto-Wohlfahrtserhöhung durch die strategische Handelspolitik nur dann zu erwarten, wenn die positiven Effekte beim geförderten Sektor die negativen Auswirkungen der Diskriminierung auf andere Sektoren überkompensieren.[174] Zur Auswahl eines solchen gefördert werdenden „richtigen“ Sektors braucht man Menge

---

172 Vgl. Dixit/Grossman, 1986, S. 237-238 sowie Siebert, 1988, S. 574. Der inländische Konsum des in dem geförderten Sektor produzierenden Gutes ist ausgeschlossen.

173 Spencer behauptet allerdings, daß das unelastische Faktorangebot nur ein kurzfristiges Problem darstellt, langfristig aber nicht. Vgl. Spencer, 1986, S. 76. Diese Behauptung ist jedoch in sich selbst widersprüchlich. Denn: die selektive Förderung, ihm zufolge, stützt sich explizit auf Markteintrittsbarrieren und damit verbundene oligopolistische Marktstruktur (Vgl. Spencer, 1986, S. 71), was aber langfristig gesehen ebenfalls nicht unverändert bleibt und daher keinen besonderen Bedarf an speziellen Förderungen besitzt. Dies gilt vor allem für die sich dynamisch entwickelnde Hightech-Industrie, die nach der strategischen Handelspolitik als besonders förderungswürdig zu betrachten ist.

174 Vgl. Monopolkommission, 1993, S. 380.

von Informationen – komplexen Technologiezuständen in- und ausländischer Firmen, dem Grad der Substitutionsmöglichkeit zwischen den Produkten, den Preiselastizitäten der Nachfrage, dem Charakter der oligopolistischen Konkurrenz usw. von allen relevanten Sektoren und Wirtschaftszweigen –.[175] Empirische Informationen sind wegen ihrer Bezogenheit auf die Vergangenheit schon unzuverlässig.[176] Die nötigenden Informationen über die sozusagen „Emerging-Hightech-Industrie“ sind noch nicht vorhanden. Die Informationsgewinnung und die Einschätzung der gesamten Wohlfahrtseffekte sind so schwer, daß „the danger of errors in practical implementation seems substantial.“[177]

In Zusammenhang mit der strategischen Handelspolitik weiter zu bedenken ist die Diskriminierung anderer nicht-geförderter Sektoren aufgrund der Wechselkursentwicklung. Der Schutz von importkonkurrierenden inländischen Unternehmen vor ausländischen Konkurrenten z.B. bewirkt tendenziell eine Aufwertung der inländischen Währung, von der die Exportindustrien negativ betroffen werden.[178] Eine selektive Subventionierung von einigen Sektoren innerhalb der Exportindustrien hat den gleichen Diskriminierungseffekt auf andere nicht-subventionierte Exportsektoren zur Folge. Ironischerweise können protektionistische Maßnahmen und die sich daraus ergebende Aufwertung heimischer Währung aber auch für geschützte Sektoren selbst nicht zu Gute kommen. „Die Aufwertung der heimischen Währung macht die Importgüter konkurrenzfähiger und verschlechtert damit die Wettbewerbsfähigkeit des geschützten Wirtschaftszweiges“ selbst.[179] Von einem Netto-Wohlfahrtseffekt protektionistischer Handelspolitik für eine Volkswirtschaft im ganzen kann man also nicht mit Sicherheit sprechen.

2.2.3.4 Einbeziehung multinationaler Unternehmen

Zu den einschränkenden Annahmen in der strategischen Handelspolitik zählt auch der Ausschluß der Existenz multinationaler Unternehmen. Durch die Einbeziehung multinationaler Unternehmen in die Wohlfahrtswirkungen der strategischen Handelspolitik wird die Sinnhaftigkeit der strategischen Handelspolitik, die sich an nationalen Grenzen orientiert, in Frage gestellt. Denn bei der Existenz multinationaler Unternehmen

---

175 Vgl. Grossman, 1986, S. 59-60.

176 „Forecasters, who base their predictions on past trends, have consistently been wrong.“ Economist, 25. April 1998, S. 51.

177 Dixit/Grossman, 1986, S. 241. Obwohl – um das Diskriminierungsproblem zu vermeiden – anstelle der selektiven Förderung eines Sektors eine Subventionierung in gleicher Höhe allen Sektoren gewährleistet wird – abgesehen von mehreren praktischen Hindernissen bspw. Budgetrestriktion –, bleibt der Wohlfahrtseffekt immer unklar, es sei denn, daß alle Sektoren einen gleich starken Rentenumlenkungseffekt haben. Vgl. dazu Dixit/Grossman, 1986, S. 243-244.

178 Vgl. Donges, 1989, S. 8.

179 Siebert, 1987, S. 476.

können die Gewinne, die die strategische Handelspolitik inländischen Unternehmen sichern will, auch auf Tochtergesellschaften ausländischer multinationaler Unternehmen entfallen und, zumindest teilweise, ins Ausland abfließen.[180]

Die Internationalisierung der Märkte und die internationale Kapitalmobilität haben es Unternehmen ermöglicht, Teile eines mehrstufigen Produktionsprozesses wie FuE, Verwaltung, Fertigung etc. je nach den Kostenvorteilen auf mehrere Länder aufzuteilen.[181] Erhebt das Inland einen Importzoll, so erhöht dies die Exportkosten des ausländischen Unternehmens. Dieses ausländische Unternehmen steht vor der Entscheidung, entweder weiter zu exportieren oder durch strategische Investitionen einen oder mehrere Teile der Produktion ins Inland zu verlagern. Wenn die Kosten strategischer Direktinvestitionen niedriger als die Exportkosten sind, wird das ausländische Unternehmen nun Teile der Produktion ins Inland verlagern.[182] Ähnliches gilt für die Subventionierung oder Besteuerung einzelner Produktionsstufen. In diesen Fällen sind die Produktionskostendifferenzen zwischen Ländern entscheidungsrelavant.

Durch die Existenz bzw. die Entstehungsmöglichkeit multinationaler Unternehmen wird die Effektivität strategischer Handelspolitik eines Landes stark eingeschränkt. Die strategische Handelspolitik ist nur dann sinnvoll, wenn die umzulenkende zusätzliche Rente rein inländische Wohlfahrtsgewinne nach sich zieht und nicht von ausländischen multinationalen Unternehmen ins Ausland transferiert wird.[183] Dies könnte dem Inland dadurch gelingen, daß ausländische multinationale Unternehmen von der Förderung ausgeschlossen und/oder der Gewinntransfer ins Ausland verboten würde. In diesem Fall würde das Inland allerdings auf ausländische Investitionen im Inland und auch damit verbundene mögliche Vorteile ausländischer Investitionen wie technischen Fortschritt, Beschäftigungs- und letztendlich Wachstumspotential verzichten.

Auch in dem Fall, in dem inländische Unternehmen selbst multinationale Unternehmen sind, die in mehreren Ländern Tochterunternehmen errichtet haben, stellt sich die Frage, ob die Förderung „inländischer Unternehmen" sinnvolle Wirtschaftspolitik ist. Denn auch das Ausland könnte zum Nutznießer der inländischen Förderung werden. Wenn z.B. eine FuE-Subvention an inländische Mutterunternehmen geleistet wird, und dadurch neue Produkte oder neue Produktionsverfahren entwickelt werden, ist es höchst wahrscheinlich, daß die neu entwickelten Gegenstände nicht nur auf inländischen, sondern auch in allen Produktionsstätten inländischer multinationaler Unternehmen verwendet werden.

---

180 Vgl. Monopolkommission, 1993, S. 379-380.

181 Bspw. „ein Ford Escort, der in der Bundesrepublik montiert wird, enthält Zulieferteile von 300 ausländischen Lieferanten aus 15 Ländern." Fels, 1988, S. 11.

182 Vgl. dazu etwa Smith, 1987.

183 Vgl. Raaflaub, 1994, S. 29.

Die gleiche Rolle wie multinationale Unternehmen spielen strategische Allianzen zwischen in- und ausländischen Konkurrenten.[184] Eine FuE-Subventionierung z.B. an ein inländisches Unternehmen, das mit ausländischen Unternehmen im Bereich von FuE strategisch kooperiert, würde vermutlich allen Allianzpartnern zugute kommen, so daß die Wohlfahrtssteigerung des Inlandes nicht sicher zu bestimmen wären.

Schließlich ist zu sagen, daß es unmöglich und auch unsinnig ist, inländisches von ausländischem Unternehmen zu unterscheiden, wenn ein Unternehmen auf internationale Kapitalmärkte gegangen ist, und die Aktien sowohl von Inländern als auch von Ausländern besessen werden. Die Multinationalisierung von Unternehmen stellt dann zugleich die Lockerung des Zusammenhangs zwischen dem Standort des Unternehmens und der Nationalität der Eigentümer dar.[185]

2.2.3.5 Einbeziehung strategischen Verhaltens von Unternehmen

In den bisher vorgestellten Darstellungen des Problems strategischer Handelspolitik übernahmen Regierungen nach wie vor die initiative Rolle, so daß sie restriktive Handelspolitik betrieben, um unter Berücksichtigung des Unternehmensverhaltens Marktergebnisse in der gewünschten Art und Weise zu beeinflussen. Unternehmen haben nur passive Position gegenüber Regierungen besessen und wurden so von den Regierungsmaßnahmen beeinflußt. Analysiert man dagegen die strategische Handelspolitik unter der Vorstellung, daß Unternehmen sich ebenfalls strategisch verhalten und daher nicht nur eine passive, sondern eine aktive Rolle spielen, erscheinen die Vorteile aus der strategischen Handelspolitik in einem anderen Licht.[186] So ist es nicht auszuschließen, daß die sich strategisch verhaltenden Unternehmen wirtschaftspolitische Entscheidungen zu ihren Gunsten beeinflussen, indem sie unter Berücksichtigung der darauf folgenden Reaktionen der Regierung eine bestimmte Unternehmenspolitik festlegen, bevor die Regierung über Art und Dosierung wirtschaftspolitischer Instrumente entscheidet. Im Extremfall bedeutet dies, daß die bei den Modellen der strategischen Handelspolitik „vorgegebene Entscheidungsstruktur „auf den Kopf“ gestellt wird.“[187] Unternehmen übernehmen dann eine initiative Position, während sich die Regierung lediglich abhängend von den vorangegangenen Unternehmensentscheidungen verhält.

---

184 Zu strategischen Allianzen siehe Abschnitt II.2.3.5.1.2: Strategische Allianzen in dieser Arbeit.

185 Vgl. Monopolkommission, 1993, S. 379.

186 Vgl. Siebert, 1988, S. 571.

187 Bletschacher, 1991, S. 47.

Dixit/Kyle[188] stellen in diesem Kontext ein einfaches Modell vor, durch welches sie die Wirkungsweisen bei veränderter Entscheidungsstruktur, nämlich im Fall der Entscheidung zuerst von Unternehmen und dann von Regierungen, analysieren. In ihrem Modell gibt es zwei Länder, die USA und die EU, und zwei Unternehmen bspw. Boeing und Airbus. In der Ausgangslage beliefert Boeing als ein bereits auf dem Markt etablierter Monopolist beide Länder, während Airbus als potentieller Anbieter vor der Entscheidung über Markteintritt steht. Im Fall des Markteintritts muß Airbus Sunk Costs tragen, welche Boeing bereits geleistet hat, wobei annnahmegemäß im Modell beide Unternehmen bei konstanten Durchschnittskosten produzieren. Diese Annahme ermöglicht es, internationale Kostendifferenz zu vernachlässigen und sich damit lediglich auf strategische Interaktionen von „Spielern“[189] zu konzentrieren. Jedem Land stehen nur zwei wirtschaftspolitische Alternativen zur Verfügung: Alles oder Nichts, d.h. Autarkie oder Freihandel; und bei dem Fall der Subvention der EU an Airbus gibt es ebenfalls nur zwei Alternativen, nämlich die Subventionierung der gesamten Sunk Costs oder die Nicht-Subventionierung.

Im Fall der Entscheidung bei Airbus für Nicht-Eintritt kann die EU zwischen Freihandel und vollkommener Protektion wählen. Es ist allerdings unwahrscheinlich, daß die EU vollkommene Protektion wählt, denn eine solche Entscheidung wäre wegen des vollständigen Verzichts auf inländische Konsumentenrente irrational. So wird sich die EU für Freihandel entscheiden, welcher für die USA auch optimal ist. Die USA haben nichts zu tun. Es besteht am Markt Boeing-Monopol.

Beim Markteintritt von Airbus können die beiden Länder zwischen Freihandel und vollkommener Protektion wählen, so daß sich vier Politikkombinationen beider Länder ergeben: Freihandel in beiden Ländern, Freihandel in einem und Autarkie in anderem Land sowie Autarkie in beiden Ländern. Ob Freihandel oder Autarkie als optimale Strategie gewählt wird, hängt von der Höhe der dadurch zu erzielenden Wohlfahrt ab. Beim Freihandel in der EU bspw. entsteht auf dem EU-Markt ein Duopol von Airbus und Boeing, so daß die verringerte Marktmacht bei dem Ex-Monopolisten Boeing zur Preissenkung und somit zu einem Anstieg europäischer Konsumentenrente führen kann. Die Produzentenrente in der EU steigt, während die der USA wegen des Verlustes der Monopolposition reduziert wird. Beschließt die EU dagegen vollkommene Protektion, entsteht nun auf dem EU-Markt das Airbus-Monopol: Die Produzenten-

---

188 Dixit/Kyle, 1985.

189 Zu den Spielern gehören drei Teilnehmer: die US-Regierung, die EU-Regierung und der potentielle Anbieter Airbus. Dabei nimmt Boeing an diesem Spiel nicht teil, weil er seine Sunk Costs bereits geleistet hat und daher keine strategische Auswahlmöglichkeit mehr besitzt. Allerdings, obwohl dies in Dixit/Kyle (1985) nicht untersucht wurde, ist es denkbar, daß ein auf dem Markt etabliertes Unternehmen durch etwa strategische Investitionen den Markteintritt eines potentiellen Anbieters verhindern kann. Vgl. dazu z.B. Dixit, 1980.

rente steigt höher als beim Freihandel, während sich die Konsumentenrente verringert. Wenn der Zuwachs an Produzentenrente den Rückgang der Konsumentenrente zumindest ausgleicht, wird Protektion gewählt, und umgekehrt. Gleiches gilt für die USA.

Ein sich strategisch verhaltende Unternehmen, hier Airbus, denkt darüber nach, welche die zu bevorzugende Handelspolitik beider Länder ist, wenn das Unternehmen in den Markt eintritt. Es lassen sich dann Situationen vorstellen, in welchen Markteintritt stattfindet, obwohl er bei Freihandel und Konkurrenz mit dem ausländischen Unternehmen aufgrund der hohen versunkenen Kosten nicht rentabel erscheint. Dies kann dann der Fall sein, wenn Airbus weiß, daß bei seinem Markteintritt die vollkommene Protektion die bevorzugende Handelspolitik der EU ist: Airbus tritt ein und kann auf dem abgeschirmten europäischen Markt Monopolgewinne erzielen. Geht man von symmetrischen Märkten beider Länder aus, antworten die USA auch mit Protektion. Es entsteht also ein Autarkiezustand in beiden Ländern.

Bei dem Markteintritt von Airbus und der Protektion der EU entsteht nun die Produzentenrente in der EU, während die Produzentenrente der USA am EU-Markt vollständig zurückgeht. Die neu entstehende Produzentenrente der EU ist jedoch wegen der Markteintrittskosten kleiner als die zurückgehende US-Produzentenrente. Bei konstanten Durchschnittskosten bleibt die Konsumentenrente der EU unverändert. Weltwirtschaftlich gesehen sinkt die Weltwohlfahrt aufgrund des ineffizienten Markteintritts von Airbus, weil bei konstant bleibender Konsumentenrente in der EU die verlorengehende US-Produzentenrente durch den Anstieg der europäischen Produzentenrente nicht vollständig kompensiert wird. Der Markteintritt von Airbus kann allerdings nicht nur für die Weltwirtschaft im ganzen, sondern auch für die EU selbst negative Wohlfahrtswirkung zur Folge haben. Vom Standpunkt der USA aus ist der Markteintritt von Airbus eindeutig wohlfahrtsmindernd. Sie müssen auf die sämtliche Produzentenrente am EU-Markt verzichten. In der EU könnte der Markteintritt wegen der Rentenumlenkung zugunsten des Inlandes vorteilhaft erscheinen. Da jedoch dieser Markteintritt mit einem ineffizienten Ressourceneinsatz verbunden ist, ist die EU auch eigentlich Verlierer. Nur Airbus allein ist Gewinner in diesem Spiel.

Wie auch Dixit/Kyle betonen, ist Freihandel für beide Länder die beste Alternative. Wenn der Markteintritt für Airbus nicht rentabel ist, bleibt Airbus aus dem Markt heraus und der ineffiziente Markteintritt wird verhindert. Das Boeing-Monopol auf dem EU-Markt ist der Autarkie vorzuziehen.[190] Im Fall eines effizienten Markteintritts von

---

[190] Nach Dixit/Kyle stellt diese Kombination von Freihandel und Boeing-Monopol allerdings wegen der Monopolmacht nur die zweitbeste Lösung dar. Die erstbeste Lösung ist darin zu sehen, durch Verhandlung zwischen Regierungen beider Länder und auch dem Monopolisten Produkte zu Grenzkosten auf allen Märkten anbieten zu lassen. Ob dies in der Praxis gelingen kann,

Airbus hingegen wirkt das Duopol in den USA und der EU auf bessere Marktergebnisse im Sinne der Wohlfahrtserhöhung durch die Verringerung der Monopolmacht.

2.2.3.6 Ausländische Reaktionen

Bei den Modellen der strategischen Handelspolitik ist unterstellt, daß ausländische Regierung auf die inländischen protektionistischen Maßnahmen gar nicht reagiert, was in der Realität unwahrscheinlich erscheint.[191] Die Vergeltungsmaßnahmen der ausländischen Regierung sind um so wahrscheinlicher, je härter das Ausland von den inländischen handelspolitischen Maßnahmen betroffen wird. Dies gilt insbesondere für den Fall der strategischen Handelspolitik, in der die Wohlfahrtserhöhung des Inlandes möglicherweise auf Kosten des Auslandes stattfindet.

Im Fall der Einführung des inländischen Importzolles kann man davon ausgehen, daß die ausländische Regierung darauf mit Importverbot oder ebenfalls Retorsionszoll reagiert. Auch bei der inländischen Exportsubventionierung kann unterstellt werden, daß ausländische Regierung ebenfalls an ihre Unternehmen Subventionen abgibt. Die Endeffekte derartiger Zollerhebungs- und/oder Subventionswettläufe sind, wie durch das Gefangenendilemma wohlbekannt, die Verschlechterung beider Seiten.

In dem Modell von Brander/Spencer in Abbildung 4 zeigte sich, daß die inländische Exportsubventionierung dem Inland eine Netto-Wohlfahrtserhöhung ermöglicht, indem die Subvention den inländischen Duopolisten zur Stackelberg-Leader-Position führt. Dies geschieht allerdings unter der Vorstellung, daß die ausländische Regierung darauf nicht reagiert. Diese Situation des Brander/Spencer-Modells ist in Abbildung 8 dargestellt. Durch Subventionierung des Inlandes wird die Reaktionskurve des inländischen Duopolisten nach rechts von R_0 auf R_1 verschoben, und er übernimmt bei konstant bleibender ausländischer Reaktionskurve R^*_0 die Stackelberg-Leader-Position S. Die entsprechenden Isogewinnkurven sind G_1 und G^*_1. Antwortet nun die ausländische Regierung ihrerseits nach der Subventionierung des Inlandes ebenfalls mit Exportsubvention in gleicher Höhe, kann die Lage so verändern, daß sich die Reaktionskurve des Auslandes nach oben verschiebt nach R^*_1 und sich ein Gleichgewicht in Punkt N_1 einstellt. Die Isogewinnkurve des Inlandes verschiebt sich nach oben auf G_2, die des Auslandes nach links auf G^*_2. Dieses neue Cournot-Gleichgewicht ist dadurch gekennzeichnet, daß beide Länder niedrigere Gewinne erzielen als in Punkt N, also wo

---

bleibt jedoch ohne weiteres unwahrscheinlich. Vgl. dazu Dixit/Kyle, 1985, S. 142 und auch Bletschacher, 1991, S. 50.

191 In den Medien ist immer wieder zu hören, daß jeder Staat, vor allem die USA, die EU und Japan, zur Abschaffung restriktiver Handelsvorhaben seiner Handelspartner droht, seinerseits Vergeltungsmaßnahmen einzuführen, falls andere ihre handelspolitischen Maßnahmen weiter betreiben.

beide Länder Freihandel betrieben und nicht subventionierten. Im Fall der Exportsubventionierung oder Zolleinführung eines Handelspartners kann am Ende zu einem ernsthaften Zollkrieg oder Preiskrieg kommen, so daß sich alle Beteiligte schlechter stellen.[192]

Abbildung 8 Cournot-Gleichgewicht bei beiderseitigen Subventionen

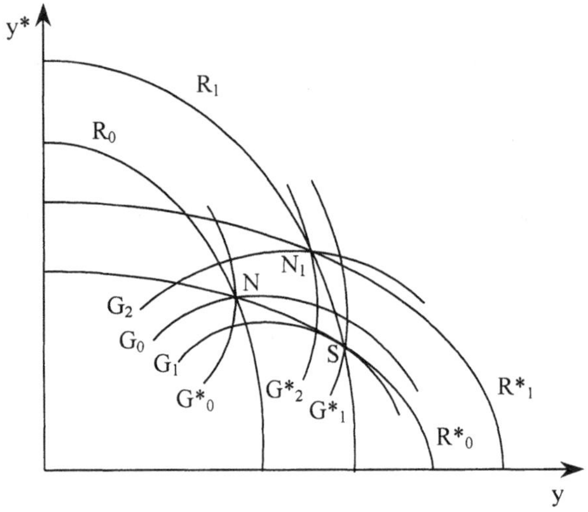

2.2.4 Protektionismus oder Freihandel?

Nach der traditionellen Außenhandelstheorie, die von vollständiger Konkurrenz zwischen atomistischen Anbietern und damit von der Nicht-Existenz von Renten ausgeht, hat Protektion nicht nur für den Rest der Welt, sondern auch für das protektionierende Land selbst negative Wohlfahrtswirkung zur Folge. Eine protektionistische Handelspolitik bringt ineffiziente Ressourcenallokation und verringerte Konsumentenrente durch Preiserhöhung mit sich. In dem von der restriktiven Handelspolitik des Inlandes betroffenen Ausland geht die Produktion und damit auch die Wohlfahrt zurück.

192 Im Modellfall von Brander/Spencer, in dem beide Länder nur für den Drittmarkt produzieren, kann nur das dritte Land von den Subventionswettläufen zwischen produzierenden Ländern profitieren. Ein Beispiel bildet die strategische Handelspolitik asiatischer Länder vor allem Japan, Korea, Taiwan und auch Singapur, die wettkämpferisch die Halbleiterindustrie fördern. Dies senkt den Weltmarktpreis, wovon die Drittländer wie die USA und die EU profitieren. Ende 1997 sind die Preise von 16M-DRAM und 64M-DRAM auf dem Weltmarkt jeweils mit 2-3 Dollar und 20 Dollar um 50 vH gesunken gegenüber dem Vorjahr. Der Preis von 16M-DRAM im Jahr 1995 war sogar 50 Dollar. Dies hat zur Folge, daß der Exportwert Koreas von Halbleitern seit 1995 stagniert oder sogar sinkt, obgleich die Exportmenge nach wie vor expandiert.

Als ein möglicher Ausnahmefall von Freihandel ist der Optimalzoll im Fall eines großen Landes zu erwähnen. Steigt der importzollbedingte positive Terms of Trade-Effekt über den negativen Wohlfahrtseffekt hinaus, kann die gesamtwirtschaftliche Wohlfahrt erhöht werden. Das Optimalzollargument für Protektion ist jedoch mit vielfältigen Umsetzungsproblemen behaftet und daher im Wesentlichen als gescheitert zu beurteilen. Die Gefahr von Manipulationen durch politische und Gruppeninteressen, Informationsprobleme und auch die Gefahr von Handelskrieg sind nicht auszuschließen. Das höchste Gebot der traditionellen Außenhandelstheorie ist also nach wie vor Freihandel.

Die tatsächlichen internationalen Handelsbeziehungen und die Weltmarktstruktur zeigen jedoch,[193] daß die Allgemeingültigkeit des Freihandels in Frage gestellt wird. Die meisten zwischen Industrieländern getauschten Güter sind wegen ihrer hohen FuE-Ausgaben, also hohen versunkenen Kosten, und ihrer unheimlich komplizierten Produktionsprozesse durch steigende Skalenerträge zu charakterisieren. Die steigenden Skalenerträge bei der Produktion im Bereich von unter anderem Schlüsseltechnologien bedeutet, daß sie mit der Voraussetzung vollständiger Konkurrenz der traditionellen Handelstheorie nicht vereinbar sind, wie sich auf den Weltmärkten bei hohem Hightech-Industrien zeigen.[194] So zeigt die traditionelle Außenhandelstheorie ihre Grenze an der Erklärung über intraindustriellen Handel; die oligopolistisch organisierten Märkte und damit die unvollständige Konkurrenz statt vollständiger Konkurrenz ziehen die Anwendbarkeit traditioneller Außenhandelstheorie in Zweifel. So wurde die „New Wave Trade Theory“ bzw. die strategische Handelspolitik in den Mittelpunkt der Debatte über die Außenwirtschaftstheorie gerückt.

Nach der strategischen Handelspolitik kann die gesamtwirtschaftliche Wohlfahrt durch eine strategisch orientierte Handelspolitik erhöht werden. Exportförderung und/oder Importschutz bestimmter Sektoren, deren Märkte wegen hoher Markteintrittsbarrieren monopolistisch oder oligopolistisch strukturiert sind und daher Unternehmen überhöhte Gewinne erzielen lassen, verbessern die Markteintrittsbedingungen oder die Marktposition inländischer Unternehmen gegenüber ausländischen Konkurrenten. So kann die auf diesen Märkten vorhandene Rente zugunsten inländischen Unternehmen umgelenkt und dadurch die gesamtwirtschaftliche Wohlfahrt erhöht werden. Besonders bemerkenswert ist in der strategischen Handelspolitik, daß auch ein kleines Land durch handelspolitische Maßnahmen seine Wohlfahrt erhöhen kann, was in der traditionellen Handelstheorie ganz und gar ausgeschlossen ist.

---

193 Zum Überblick über die veränderte Landschaft der Weltwirtschaft siehe etwa Krugman, 1986, S. 5-10.

194 Zu dem Zusammenhang zwischen steigenden Skalenerträgen und intraindustriellem Handel siehe etwa Krugman, 1983, S. 343-345.

Im Zusammenhang mit dem Wohlfahrtseffekt strategischer Handelspolitik ist allerdings zu fragen, ob sich die daraus abgeleiteten Ergebnisse bei Variationen von Strukturmerkmalen der Märkte als nicht robust erweisen. Die Frage nach der Robustheit von Ergebnissen der strategischen Handelspolitik ist damit eng zusammenhängend, „whether the particular policy is beneficial in all or most relevant environments."[195]

Die monopolistisch oder oligopolistisch organisierte Marktstruktur und damit die zusammenhängende unvollständige Konkurrenz auf den Weltmärkten könnten zwar einem Land die Chance geben, durch protektionistische Handelspolitik positive Wohlfahrtswirkungen herbeizuführen. Dies setzt jedoch ganz bestimmte Annahmen hinsichtlich der Marktstruktur und des Marktverhaltens voraus. Werden die Strukturmerkmale verändert, dann können die Wohlfahrtswirkungen einer bestimmten handelspolitischen Maßnahme ins Gegenteil umschlagen. Also können unterschiedliche oder sogar gegensätzliche Wohlfahrtswirkungen je nach der Variation der unterstellten Annahmen folgen: Cournot- versus Bertrand-Duopol; unterschiedliche Unternehmenserwartungen über Reaktionen des ausländischen Konkurrenten auf das inländische strategische Verhalten; ein inländisches Unternehmen versus mehrere Unternehmen; mit oder ohne Berücksichtigung des Marktein- und -austritts; Partial- versus Totalanalyse sowie Einbeziehung multinationaler Unternehmen.

Die Analyseergebnisse, unterschiedliche Wohlfahrtswirkungen je nach den unterschiedlichen Strukturmerkmalen, führen zu der Konsequenz, die strategische Handelspolitik könne nur dann wohlfahrtserhöhend wirken, wenn dem handelspolitischen Entscheidungsträger dafür relevante Informationen zur Verfügung stünden. Sie müssen zunächst den förderungswürdigen „richtigen" Sektor wählen, der hohe Rente aufweist und/oder in der Zukunft aufweisen wird. Man könnte möglicherweise identifizieren, welche Sektoren höhere Rente als andere aufweisen. Um sie zu fördern, müssen die Entscheidungsträger weiter unterscheiden, woraus die Rente resultiert. Wenn die Rente bspw. als Folge von Produktdifferenzierung oder Produkt- und Prozeßinnovationsbemühungen von Unternehmen entsteht, ist die Rente eine Art der Belohnung für solche speziellen unternehmerischen Leistungen anzusehen. Es gibt daher keinen besonderen Bedarf an Förderung. Kann es gerechtfertigt werden, mit solchen Innovationsbemühungen vernachlässigte „Müßiggänger" zu schützen und zu fördern? Werden sie geschützt und gefördert, so wird der FuE- sowie Innovationswettbewerb zwischen in- und ausländischen Unternehmen leiden, so daß die Anstrengungen inländischer Unternehmen zu FuE und Innovation weiter vermindert werden können. Nicht nur kurzfristige sondern auch langfristige Verbesserung der Wettbewerbsfähigkeit kommt dadurch nicht in Sicht. Die die Innovationen lahmlegenden Wirkungen restriktiver

---

195 Flam/Helpman, 1987, S. 80.

Handelspolitik bleiben nicht nur in dem betreffenden Kreis. Um so schlimmer wäre es, wenn der Anreiz von Unternehmen, beim Wettbewerb gegen ausländische Konkurrenten sich durch eigene Initiative – z.B. intensive FuE, Innovationen – auf dem Markt zu behaupten, in der gesamten Wirtschaft verlorenginge und es statt dessen versucht oder verlangt würde, inländische Märkte abzuschotten oder Subventionen zu bekommen.[196]

Nur dann, wenn die zu erzielende Rente wegen besonderen Strukturmerkmalen entsteht, die eigentlich monopolistische oder oligopolistische Marktstruktur mit sich bringen, kann gezielte Förderung in die Überlegung einbezogen werden. Auch in diesem Fall müssen Entscheidungsträger jedoch damit rechnen, ob Unternehmen eine einmal erreichte dominante Marktstellung auf Dauer behalten können. Dies ist der Fall, wenn die bei bisherigen Produktionen erzielten Lerneffekte auf die weitere Produktion übertragen werden und wenn das Marktvolumen nicht groß genug ist, daß eine erhebliche Konzentration aufgrund der steigenden Skalenerträge verhindert werden kann.[197] Solche Industrien sind aber nur selten zu finden. Gerade in Hightech-Industrien, die nach der strategischen Handelspolitik für besonders förderungswürdig gehalten werden, herrscht offenbar ein intensiver dynamischer Wettbewerb, wie Tabelle 2 zeigt. Dort erkennt man, daß es in der Vergangenheit häufige Wechsel in den Führungspositionen am DRAM-Markt gab. D.h.: eine einmal erreichte Spitzenposition ist kein entscheidender Vorteil im weiteren Wettlauf und wird von zurückgefallenen Unternehmen wieder rückerobert werden.[198] Gleiches gilt auch für integrierten Schaltkreise, wo eine wettbewerbspolitisch bedenkliche Konzentration nicht besteht.[199]

Die Auswahl der richtigen Sektoren ist schon eine schwere Aufgabe für Entscheidungsträger. Es wird noch schwieriger, wenn es nicht ein oder zwei, sondern mehrere solche Sektoren gibt, welche als förderungswürdig identifiziert werden, jedoch nur einige davon gefördert werden dürfen, z.B. aufgrund einer Budgetrestriktion. In solchen Fällen müssen die Entscheidungsträger, wie oben bereits dargestellt, die negativen Wirkungen selektiver Förderung auf diskriminierte Sektoren ins Wohlfahrtskalkül einbeziehen. Um zu erkennen, ob sich aus einer selektiven Förderung eine positive Netto-Wohlfahrtswirkung ergibt, brauchen Entscheidungsträger Informationen über Struktur, Nachfrage- und Angebotsbedingungen, Kostensituationen usw. einzelner Sektoren.

---

[196] Vgl. Kerber, 1991, S. 44.

[197] Vgl. Monopolkommission, 1993, S. 396.

[198] Vgl. auch Irwin/Klenow, 1994. Danach sind keine signifikanten Lerneffekte zwischen Chipgenerationen zu finden.

[199] Vgl. dazu Monopolkommission, 1993, S. 394-395.

Tabelle 2 Rangfolge der zehn größten Produzenten von DRAM 1972-1987

1K-DRAM (1972)	4K-DRAM (1975)	16K-DRAM (1978)	64K-DRAM (1981)	256K-DRAM (1984)	1M-DRAM (1987)
Texas-Instruments	Texas-Instruments	Texas-Instruments	Motorola	Hitachi	Toshiba
Motorola	Fairchild	Motorola	Texas-Instruments	NEC	Hitachi
Fairchild	National Semi-conductor	National Semi-conductor	NEC	Fujitsu	Mitsubishi
RCA	Intel	Intel	Hitachi	Toshiba	NEC
General Electric	Motorola	NEC	National Semi-conductor	ATT Tech.	Oki
National Semi-conductor	Rockwell	Fairchild	Toshiba	Mitsubishi	Fujitsu
GI	GI	Hitachi	Intel	Oki	Texas-Instruments
Corning	RCA	Signetics	Philips	TCMC	Matsushita
Westing-house	Signetics	Mostek	Fujitsu	Texas-Instruments	-
American Micro Devices	American Micro Devices	Toshiba	Fairchild	Intel	-

Quelle: Monopolkommission, 1993, S. 396.

Um eine wohlfahrtserhöhende strategische Handelspolitik durchzuführen, ist neben der Auswahl der richtigen Sektoren noch ein weiteres Informationsproblem zu lösen: die Wahl des richtigen handelspolitischen Instruments und dessen optimale Dosierung.[200] Denn: Je nach den vorliegenden Marktbedingungen weisen ein bestimmtes handelspolitisches Instrument und dessen Dosierungsstärke unterschiedliche oder gar gegensätzliche Wohlfahrtswirkung auf. Die Gewinnung von Informationen über bereits bestehende Sektoren und Industriezweige stellt schon eine überfordernde Aufgabe für staatliche Entscheidungsträger dar. Die Förderung zukunftsträchtiger Industrie

200 Vgl. Freytag, 1995, S. 39.

ist deshalb insofern als absurd anzusehen, weil „neue“ Technologien und „neue“ Industrien definitionsgemäß unbekannt sind, „und was unbekannt ist, kann man nicht gezielt fördern“.[201] Staatliche Entscheidungsträger brauchen auch diejenigen Informationen über Unternehmenssverhalten, welche eigentlich persönlich und subjektiv und daher objektiv kaum feststellbar sind. Trauen die Entscheidungsträger sich zu, all die oben erwähnten, für die erfolgreiche Handelspolitik benötigenden Informationen zu besitzen, wäre es nach Hayek nichts anderes als „Anmaßung von Wissen“.[202]

Nicht zu vernachlässigen ist die Bedeutung multinationaler Unternehmen oder strategischer Allianzen zwischen konkurrierenden Unternehmen für die Effektivität der national orientiert operierenden strategischen Handelspolitik. Ausländische multinationale Unternehmen und strategische Allianzpartner würden auch Nutznießer von inländischer strategischer Handelspolitik werden, so daß das Ziel des Protektionismus, die Rente nur den inländischen Unternehmen abzusichern, verfehlt würde. Die Netto-Wohlfahrtswirkung für das Inland der strategischen Handelspolitik kann man in diesem Fall a priori nicht abschätzen.

Bei der Umsetzung der strategischen Handelspolitik steht man vor einem weiteren großen Hindernis, namentlich den ausländischen Retorsionsmaßnahmen. Wenn eine ausländische Regierung sich mit der Folge inländischer Handelspolitik nicht zufrieden geben will, kann sie ebenfalls restriktive handelspolitische Maßnahmen durchführen, welche den Zweck haben, eingetretene Wohlfahrtsverluste des Auslandes ganz oder teilweise rückgängig zu machen.[203] Insbesondere im Fall von Hightech-Industrien sollte man noch mit einer höheren Wahrscheinlichkeit der ausländischen Vergeltungsmaßnahmen rechnen, da solche Industrien nicht nur wegen der Rentenumlenkung, sondern auch wegen der Bedeutung für eine Volkswirtschaft in sich selbst von großem Interesse sind. Es würde am Ende zu einem Zoll- oder einem Subventionswettlauf kommen, so daß sich alle schlechter stellen würden, als wenn von Anfang an Freihandel betrieben würde.[204]

Schließlich zu erwähnen ist die Gefahr des Mißbrauchs strategischer Handelspolitik durch Partikularinteressen, wie es das Modellbeispiel für den Fall des Markteintritts des sich strategisch verhaltenden Airbus gezeigt hat. Strategisch abwägende Unternehmen können die Regierung dazu bewegen, sich vor ausländischen Konkurrenten zu schützen und/oder sich zu fördern, indem sie in den betreffenden Markt investieren

---

201 Donges, 1988, S. 149-150.

202 Hayek, 1975.

203 Collie z.B. untersucht optimale Strategien des Auslandes bei Einführung inländischer Exportsubventionen. Es zeigt sich, daß bei inländischer Exportsubvention ein, zumindest teilweiser, Ausgleich mittels Importzoll für das Ausland optimal ist. Vgl. Collie, 1990.

204 Zu dieser Ansicht siehe etwa Bhagwati, 1988.

und auf die getätigten Investitionen und die dort gebundenen Arbeitsplätze verweisen. Die nationale Wirtschaftspolitik wird dann nicht von der Regierung, sondern von den Unternehmen entschieden.[205] Diese auf den Kopf gestellte Entscheidungsstruktur sowie die Durchsetzungsmöglichkeit von Partikularinteressen werden noch wahrscheinlicher, wenn man die Informationsprobleme bei staatlichen Entscheidungsträgern in die Überlegung einbezieht: Woher bekommen staatliche Entscheidungsträger die für die Entscheidung benötigenden Informationen eigentlich? Die einzelnen Unternehmen verfügen in der Regel über genauere Informationen hinsichtlich ihrer Marktsituationen als staatliche Entscheidungsträger. Sie werden nur solche Informationen an staatliche Entscheidungsträger weiterleiten, welche zu ihren Gunsten wirken werden. Die ursprüngliche Absicht der strategischen Handelspolitik, die gesamtwirtschaftliche Wohlfahrtserhöhung, wird leicht in den Hintergrund treten. Von vielen, aber auch von den Begründern der Theorie strategischer Handelspolitik selbst, ist schon vor der Gefahr des strategischen Verhaltens gewarnt worden.[206] Rent-seeking-Aktivitäten, die sich hauptsächlich an Umverteilung orientieren, verbreiten sich in der Gesellschaft, worunter produktive Aktivitäten und damit auch die gesellschaftliche Wohlfahrt leiden.[207] Dazu kommt noch die Gefahr, daß sich staatliche Entscheidungsträger nicht immer alltruistisch verhalten, sondern auch eigenen Interessen wie Wahlerfolg und Prestige folgen können.[208]

Protektionismus oder Freihandel? Diese Frage ist schon seit der Entstehung der Nationalökonomie ein wichtiger Gegenstand einer lebhaften Diskussion. In der Geschichte sind außenwirtschaftliche Liberalisierungsbemühungen wiederholt von Rückfällen in den Protektionismus zurückgedrängt worden. Der jüngste Rückfall ist das Argument für den Protektionismus mit Hilfe der theoretisch fundierbaren strategischen Handelspolitik. Strategische Handelspolitik zeigt, daß es möglich ist, bei international unvollständiger Konkurrenz durch protektionistische Instrumente die Netto-Wohlfahrt eines Landes zu erhöhen. Angesichts der mangelnden Robustheit der Modelle strategischer Handelspolitik und der Informationsprobleme ist es fraglich, ob die strategische Handelspolitik korrekterweise – im Sinne von korrekter Wahl der zu fördernder Sektoren, korrekter Instrumente und korrekter Dosierung von einzusetzenden Instrumenten sowie von genauer Abschätzung der Folgewirkungen auf andere Bereiche der Wirtschaft – durchgeführt werden kann. Schon eine falsche Entscheidung könnte die Wohlfahrtswirkung strategischer Handelspolitik ins Negative führen. Auch wenn es möglich

---

205 Vgl. Freytag, 1995, S. 41.

206 Z.B. Brander/Spencer, 1985, S. 98; Krugman, 1987a, S. 141-142.

207 Zu Rent-seeking-Aktivitäten und deren Auswirkungen siehe etwa Baumol, 1987; Buchanan u.a., 1980; Krueger, 1974 sowie Murphy u.a., 1991.

208 Solche Aspekte in der Wirtschaftspolitik sind unter anderem unter der Überschrift „Neue Politische Ökonomie“ eingehend behandelt. Zur Neuen Politischen Ökonomie siehe Fußnote 50 dieses Kapitels.

sein sollte, richtige Entscheidungen mit allen benötigten Informationen zu treffen, stellt sich weiterhin das Problem der Retorsionsmaßnahmen des Auslandes.

Die strategische Handelspolitik stellt also aus Gründen der fast unüberwindbaren Umsetzungsproblemen und der damit verbundenen Gefahr von Wohlfahrtsverlusten keine Alternative zum Freihandel oder nur eine von geringfügiger Bedeutung dar.[209] Freihandel wäre bei international oligopolistischen Märkten zwar nicht die beste Wirtschaftspolitik, ist jedoch als „The Right Policy“ dem Protektionismus, der in der Regel auf Kosten des Auslandes betrieben wird, vorzuziehen.[210] In diesem Zusammenhang ist auf einen Einwand gegen die Einführung des „Smoot-Hawley-Tariff-Gesetzes 1930“ in den USA, das die Erhöhung des Zollsatzes vorsah und daher als ein wichtiger Mitverursacher der Weltrezession der dreißiger Jahre anzusehen ist, zu verweisen: „Countries cannot permanently buy from us unless they are permitted to sell to us, and the more we restrict importation of goods from them by means of even higher tariffs, the more we reduce the possibility of our exporting to them.“[211]

2.3 Die neue Wachstumstheorie

2.3.1 Technischer Fortschritt und Wachstum

Das Realeinkommen pro Kopf in Korea hat in den letzten 35 Jahren mit einem Multiplikationsfaktor von etwa 11,4 von 883 Dollar im Jahr 1960 auf 10.037 Dollar im Jahr 1995 zugenommen. Dieser Zuwachs entspricht der jährlichen Wachstumsrate von 6,94 vH. Wenn die jährliche Wachstumsrate von Korea 6,94 vH weitere 35 Jahre beibehalten würde, würde das Pro-Kopf-Einkommen im Jahr 2030 ca. 113.700 Dollar betragen. Wenn dagegen die Wachstumsrate nur um einen Prozentpunkt niedriger auf 5,94 vH gelegt hätte und weiter auf demselben Niveau liegen würde, hätte das Einkommen im Jahr 1995 nur 7.060 Dollar betragen und würde im Jahr 2030 56.462 Dollar erreichen, also etwa nur die Hälfte von 113.700 Dollar. Nur ein Prozentpunkt Unterschied in der Wachstumsrate kann in einem längeren Zeithorizont zu einem nicht unerheblichem Unterschied im Lebensstandard führen. Trotz der Tatsache, daß in der Geschichte kein einziges Land eine so hohe Wachstumsrate über mehrere Jahrzehnte hinweg behält, zeigt dieses Zahlenexperiment, wie sehr die Wachstumsrate aus langfristiger Perspektive wirtschaftlich von großem Interesse ist.

Hinsichtlich der Bedeutung der wirtschaftlichen Wachstumsrate für den Lebensstandard ist zu fragen, ob die Wachstumsrate einer Volkswirtschaft durch die Wirtschafts-

---

209 Vgl. Krugman, 1993, S. 363; Maggi, 1996, S. 237.

210 Vgl. Krugman, 1987a, S. 132; Welzel, 1991, S. 105.

211 Zitiert aus Dornbusch/Frankel, 1987, S. 80.

politik beeinflußbar ist, und wenn ja, wie sie erhöht werden kann. Nach der bis Anfang der achtziger Jahre weithin akzeptierten traditionellen neoklassischen Wachstumstheorie gibt es keinen Ansatzpunkt für eine Wirtschaftspolitik, erst recht nicht für eine selektive, interventionistische Wirtschaftspolitik. Unter der Annahme konstanter Skalenerträge, positiver aber gegen Null abnehmender Grenzprodukte in den einzelnen Faktoren, exogen gegebenen Arbeitsangebots und exogen gegebenen technischen Fortschritts in arbeitsvermehrender Form hängt die Höhe der Wachstumsrate der Produktion langfristig nur von der Zuwachsrate des Arbeitsangebots und des technischen Fortschritts ab. Da die das langfristige Wachstum determinierenden Größen Arbeitsangebot und technischer Fortschritt als exogen gegeben betrachtet sind, ist die Wachstumsrate wirtschaftspolitisch nicht beeinflußbar. Die wirtschaftspolitisch beeinflußbaren Größen Kapitalakkumulation und damit auch die Spar- bzw. Investitionsquote tangieren langfristig die Wachstumsrate der Produktion nicht. Das Wachstum der Kapitalakkumulation und der Sparquote hat nur einen Niveaueffekt, also eine Verschiebung der Produktionsfunktion, aber keinen Wachstumseffekt, d.h. keine Veränderung der Steigung der Produktionsfunktion.[212]

Seit Ende der achtziger Jahre, angestoßen durch Arbeiten von Romer und Lucas,[213] hat sich die Wachstumstheorie stark weiterentwickelt. Unter der Überschrift „Neue Wachstumstheorie" sind eine Reihe Ansätze erschienen, nach denen der Wirtschaftspolitik Einfluß auf die langfristige Wachstumsrate des Pro-Kopf-Einkommens und der Produktivität zukommt.[214] Die neue Wachstumstheorie stützt sich darauf, daß auf der Grundlage der gesamtwirtschaftlichen Produktionsfunktion beruhenden empirischen Untersuchungen, weit über 50 vH der Wachstumsrate nicht auf die Variationen des Faktoreinsatzes, sondern auf technischen Fortschritt zurückgehen,[215] dessen Effekt auf das Produktionswachstum als „totale Faktorproduktivität" oder als „Solowsche Residualgröße" in der Literatur erscheint.[216] Wie oben erwähnt, wurde technischer Fortschritt als Residualgröße im Modell neoklassischer Wachstumstheorie jedoch als exogen gegebene ungeklärte Größe betrachtet. So schlägt sich daher die hauptsächlich interessierende Frage der neuen Wachstumstheorie, vor allem in bezug auf strategische

---

212 Vgl. Kösters, 1994, S. 117-118.

213 Romer, 1986 und Lucas, 1988.

214 Nach Stern (1991) sind die Ansätze neuer Wachstumstheorie nach dem Kriterium „Determinante endogenen Wachstums" in drei Konzepte einzuordnen: Kapitalakkumulation (Jones/Manuelli, 1990 bzw. Rebelo, 1991), Humankapitalansätze (Lucas, 1988) und Innovationen als Resultat von FuE (Romer, 1990; Grossman/Helpman, 1990a; Aghion/Howitt, 1992). In dieser Arbeit wird jedoch hauptsächlich auf das letzte Konzept beschränkt analysiert, da es nur in bezug auf die sektorspezifische Industrie- und Handelspolitik interessiert. Einen Überblick über die Ansätze neuer Wachstumstheorie bietet etwa Stolpe, 1992; Ramser, 1993. Zu einer ausführlichen Behandlung der neuen Wachstumstheorie siehe Grossman/Helpman, 1991.

215 Siehe dazu etwa Solow, 1957; Abramovitz, 1956.

216 Vgl. Barro/Sala-I-Martin, 1995, S. 346-347 und auch Stolpe, 1993, S. 365.

Industrie- und Handelspolitik, in den Erklärungsversuchen des technischen Fortschritts nieder, indem man ihn als endogene Größe in die Modelle einschließt.

Ausgangspunkt der neuen Wachstumstheorie ist Marktversagen in Form positiver externer Effekte[217] durch FuE- bzw. Innovationsanstrengungen.[218] Anders als pekuniäre externe Effekte, die aufgrund der Interdependenz von Märkten entstehen und daher „durchaus normale Begleiterscheinungen von Anpassungsvorgängen in einem Wirtschaftsbereich“[219] sind, führen sogenannte technologische externe Effekte zur Divergenz zwischen privaten und sozialen Kosten bzw. Erträgen. Bei dem Vorliegen der technologischen externen Effekte beziehen die privaten Wirtschaftssubjekte die sich aus ihrem Handeln ergebende Externalität in ihren Kosten- oder Nutzenkalkül nicht ein, so daß im Fall positiver externer Effekte das betreffende Gut gesamtwirtschaftlich gesehen zu wenig produziert wird, oder zuviel im Fall negativer externer Effekte. In solchen Fällen könnte der Staat durch Interventionen in den Marktprozeß, etwa mit Subventionen oder Steuern, den suboptimalen Zustand zum gesellschaftlichen Optimum hin korrigieren.[220]

Wichtige Faktoren für positive Externalität im Bereich von FuE bzw. Innovationen, welche sich auf besondere staatliche Förderungsinteressen stützen, sind: technisches Wissen als öffentliches Gut und strategisch-transformative Technologien.

Bei technischem Wissen handelt es sich um öffentliche Güter, zumindest partiell.[221] Es besteht dabei Nichtrivalität des Konsums: die Benutzung durch einen Nachfrager beeinträchtigt den Zugang von anderen Nachfragern zum gleichen technischen Wissen nicht. Die Anwendung des Ausschlußprinzips – der, der für ein Gut nicht bezahlt, wird von dem Nutzen dieses Gutes ausgeschlossen – kann nur unvollkommen, zumindest nicht auf Dauer, durchgesetzt werden.[222] Man denkt dabei an Wissens-Spillovers. Da

---

217 Zu externen Effekten und deren Wirkungen siehe etwa Sohmen, 1992, Kapitel 7; Bössmann, 1979 sowie 1979a; Fritsch u.a., 1996, Teil II (1).

218 Vgl. Freytag, 1995, S. 42-43; Grossman/Helpman, 1991, S. 15-18.

219 Sohmen, 1992, S. 222.

220 Vgl. Andel, 1990, S. 391-394.

221 Vgl. Arrow, 1962, S. 615. Zu bemerken und zu unterscheiden ist, daß es sich auch bei der neoklassischen Wachstumstheorie natürlich um externe Effekte des technischen Wissens handelt, aber dort ist es jedoch „rein“ öffentliches Gut – Manna vom Himmel – . Der Charakter des technischen Wissens nicht als reine, sondern als lediglich partielle öffentliche Güter – nämlich die Möglichkeit, sich FuE-Ergebnisse, zumindest zum Teil, anzueignen –, spielt in der Erklärung des Phänomens von FuE-Anstrengungen privater Unternehmen eine wichtige Rolle. Dies kann den forschenden Personen oder Unternehmen Renten, zumindest zeitweise, ermöglichen und sie damit dazu veranlassen, weiter in FuE zu investieren. Vgl. Romer, 1994, S. 12-13.

222 Siehe zu den öffentlichen Gütern im allgemein und deren Konsequenzen für die mangelnde Funktionsfähigkeit des Marktes Musgrave u.a., 1990, S. 54-57.

im Konkurrenzverhalten von Unternehmen FuE- bzw. Innovationswettbewerb von zunehmend entscheidender Bedeutung ist, investieren Unternehmen umfassend. Wissens-Spillovers treten auf, wenn etwa das in einem Unternehmen gewonnene Wissen durch Wanderungen von Forschern die Forschungsarbeiten eines anderen Unternehmens erleichtert. Bei ihrer FuE-Planung werden Unternehmen nur die voraussichtlich innerhalb des jeweiligen Unternehmens anfallenden Erträge berücksichtigen, jedoch nicht den gesamtwirtschaftlichen oder sozialen Nutzen, den andere Wirtschaftssubjekte aus ihren Forschungsarbeiten ziehen. Wissens-Spillovers können auch durch die normale Kommunikation unter Fachleuten, die auf ähnlichen Gebieten arbeiten, durch die Teilnahme an Konferenzen oder durch die Veröffentlichung in Fachzeitschriften stattfinden.[223]

Andererseits sind unter den strategisch-transformativen Technologien diejenigen zu verstehen, „which radically transform the products and production processes of a wide range of industrial sectors, and thus exert a profound effect on the competitiveness of national producers in a wide variety of world markets.“[224] Wie bereits erwähnt, erscheint z.B. die Entwicklung der Mikroelektronik von entscheidender Bedeutung zu sein für weitere Industrien wie Elektrotechnik, Maschinenbau, Fahrzeugbau, Feinmechanik und Optik sowie Büroautomation. Als eine Querschnittstechnologie ist auch Bio- und Gentechnik für die Entwicklung einer ganzen Reihe von Industrien und Dienstleistungen als ausschlaggebend anzusehen.[225]

Aufgrund dieser Eigenschaften von Technologien bzw. technischem Wissen kann man zu der Schlußfolgerung kommen, daß das Gut technisches Wissen nur dann optimal produziert würde, wenn der Staat für das Angebot an technischem Wissen sorgt, indem er durch interventionistische Wirtschaftspolitik die FuE-Arbeiten fördert; dadurch könnten die Wachstumsrate der Produktion und nicht zuletzt auch die Wohlfahrt erhöht werden.

Bevor zur neuen Wachstumstheorie übergegangen wird, läßt sich im folgenden zunächst die neoklassische Wachstumstheorie als Ausgangsbasis darstellen, da die auf die neoklassische Wachstumstheorie folgenden analysierenden Modelle neuer Wachstumstheorie auf das neoklassische Wachstumsmodell aufbauend den technischen Fortschritt in ihren Modellen endogenisiert haben.

---

223 Vgl. Paqué, 1995, S. 240; Klodt, 1995, S. 8-9.

224 Yoshitomi, 1991, S. 16.

225 So für die Schaffung einer neuen Medizin, einer neuen Landwirtschaft, einer auf natürliche Weise herzustellenden „sanfte“ Chemie, neue Produkte in der Elektronikindustrie, so Biosensoren im Medizinbereich. Nicht zuletzt für den Umweltschutz ist die Bio- und Gentechnik von kaum zu überschätzender Bedeutung. Vgl. dazu Seitz, 1994, S. 6-8.

2.3.2 Die neoklassische Wachstumstheorie

2.3.2.1 Grundmodell

Das Grundmodell der traditionellen neoklassischen Wachstumstheorie geht im wesentlichen auf die im Jahr 1956 erschienenen Arbeiten von Solow und Swan zurück.[226] Im Grundmodell wird ein einziges Gut, das sowohl als Konsumgut als auch als Kapitalgut verwendbar ist, mit Hilfe zweier Produktionsfaktoren Arbeit und Kapital hergestellt. Die Produktionsfunktion wird beschrieben durch eine Cobb-Douglas-Funktion

(1) $$Y(t) = F[L(t), K(t)] = L^{\alpha} K^{1-\alpha} \quad (0 < \alpha < 1) \text{ mit}$$

$$F(0,0) = 0$$

$$F_L, F_K > 0$$

$$F_{LL}, F_{KK} < 0$$

$$F(\lambda L, \lambda K) = \lambda F(L, K), \; \lambda > 0$$

$$\lim_{L \to 0} (F_L) = \lim_{K \to 0} (F_K) = \infty \text{ sowie}$$

$$\lim_{L \to \infty} (F_L) = \lim_{K \to \infty} (F_K) = 0,$$

in der Y die Höhe der Produktion, K den Kapitalstock und L die eingesetzte Arbeit bezeichnet, wobei sie variable Funktionen der Zeit sind. Es ist in der Produktionsfunktion angenommen: positive, aber abnehmende Grenzprodukte jedes einzelnen Faktors und konstante Skalenerträge.

Angenommen wird ferner eine geschlossene Volkswirtschaft, so daß in jeder Periode Sparen und Investieren übereinstimmen. Wenn die Sparquote s $(0 < s < 1)$ gegeben ist,[227] wird die Nettoinvestition ($\dot{K}$)[228] durch

(2) $$\dot{K} = I = sY = sF(L, K)$$

dargestellt, wobei I die Brutto- und zugleich die Nettoinvestition ist.

---

226 Solow, 1956; Swan, 1956. In diesem Zusammenhang wird das Grundmodell auch als Solow-Swan-Modell genannt. Im folgenden vgl. Neumann, 1994, S. 8-15.

227 Der Einfachheit halber ist die periodische Abschreibung der Kapitalgüter vernachlässigt.

228 Der Punkt über einer Variable bezeichnet Differenzierung der Variable nach der Zeit, z.B. $\dot{K} = dK/dt$.

Im Hinblick auf das Arbeitsangebot ist unterstellt, daß es mit der exogen gegebenen und konstanten Rate $n = \dot{L}/L$ wächst, so daß $L(t) = L_0 e^{nt}$ ist.

Differenziert man die Produktionsfunktion zuerst total und dann nach der Zeit, erhält man:

$$dY = \alpha Y \frac{dL}{L} + (1-\alpha) Y \frac{dK}{K} \text{ und}$$

$$\dot{Y} = \alpha Y \frac{\dot{L}}{L} + (1-\alpha) Y \frac{\dot{K}}{K}.$$

Daraus ergibt sich die Wachstumsrate des Sozialproduktes:

(3) $$\frac{\dot{Y}}{Y} = \alpha \frac{\dot{L}}{L} + (1-\alpha) \frac{\dot{K}}{K}.$$

Mit Verwendung der Wachstumsrate der Arbeit $n = \dot{L}/L$ ist die Wachstumsrate darzustellen mit:

(4) $$\frac{\dot{Y}}{Y} = \alpha n + (1-\alpha) \frac{\dot{K}}{K}.$$

Aus Gleichung (4) läßt sich erkennen, daß ein gleichgewichtiges Wachstum, unter dem man einen Zustand versteht, in dem die Wachstumsrate der Produktion bei gegebenen exogenen Größen konstant ist, dann sichergestellt wird, wenn die Wachstumsrate des Kapitalstocks konstant bleibt.[229] Die Wachstumsrate des Kapitalstocks läßt sich durch den Ausdruck, der die Gleichung (2) umformuliert, darstellen:

(5) $$\frac{\dot{K}}{K} = s \frac{Y}{K}.$$

Daraus folgt, daß bei gegebener Sparquote die Konstanz der Wachstumsrate des Kapitalstocks wiederum die Konstanz der durchschnittlichen Kapitalproduktivität Y/K voraussetzt. D.h.: Sozialprodukt und Kapitalstock müssen sich mit der gleichen und

229 Das Gleichgewichtswachstum, in dem die Wachstumsrate der Produktion und des Kapitalstocks mit gleicher Rate zunehmen, nennt man auch „Steady-State"-Wachstum.

konstanten Rate verändern, also $\dot{Y}/Y = \dot{K}/K$. Wird dies in Gleichung (4) eingesetzt, so erhält man

(6) $\dot{Y}/Y = \dot{K}/K = n.$

Im Gleichgewicht nehmen also Sozialprodukt und Kapitalstock mit der gleichen Rate n, der Wachstumsrate der Bevölkerung, zu. Im Gleichgewicht werden die Wachstumsrate der Produktion und die des Kapitalstocks nur von der Zuwachsrate der Bevölkerung bestimmt. Langfristig kann die Produktion nicht schneller wachsen als die Bevölkerung.

Es kann allerdings in bezug auf die Wirtschaftspolitik die Frage gestellt werden, ob sich die Wachstumsrate des Kapitalstocks und damit die der Produktion durch die Erhöhung der Sparquote steigern lassen. Dies könnte möglich sein, wenn sich, wie man in Gleichung (5) sieht, die durchschnittliche Kapitalproduktivität Y/K durch die Erhöhung der Sparquote nicht schlechter stellt. Eine erhöhte Sparquote führt ohne weiteres zur Zunahme des Kapitalstocks. Die Zunahme des Kapitalstocks kann aber wegen des Gesetzes vom abnehmenden Grenzertrag das Sozialprodukt nur unterproportional erhöhen, so daß die durchschnittliche Kapitalproduktivität fällt. Die durch eine erhöhte und dann gegebene Sparquote einmal zugenommene Zuwachsrate des Kapitalstocks nimmt wieder ab.[230] Im Gleichgewichtswachstum hat die Sparquote also keinen Einfluß auf die Wachstumsrate des Kapitalstocks und damit die des Sozialprodukts. Langfristig kann die Sparquote allein das Produktionsniveau beeinflussen.

2.3.2.2 Exogener technischer Fortschritt

In dem oben dargestellten Grundmodell neoklassischer Wachstumstheorie ist technischer Fortschritt vernachlässigt, so daß die Inkonsistenz zwischen ihren Aussagen und empirischen Beobachtungen im Laufe der Zeit zutage trat. Im Wachstumsgleichgewicht des Grundmodells nimmt das Sozialprodukt mit derselben Rate zu, mit der die Bevölkerung wächst. Dort bleiben die Produktion bzw. das Einkommen pro Kopf daher konstant. Oder um es anders auszudrücken: Bleiben das Pro-Kopf-Einkommen im Gleichgewichtswachstum konstant, so muß dessen Wachstumsrate gleich Null sein.[231] In den USA z.B. weist jedoch die Wachstumsrate des Pro-Kopf-Einkommens seit zwei Jahrhunderten positiven Wert auf. Ohne technischen Fortschritt wäre es unmöglich, so lange eine dauernd positive Wachstumsrate zu erhalten, denn aufgrund des Gesetzes abnehmender Grenzerträge der Faktoren müßte das nur durch die Erhöhung der Kapi-

---

230 Vgl. Neumann, 1994, S. 10.

231 Vgl. Stolpe, 1993, S. 363.

talintensität ausgelöste Wachstum des Pro-Kopf-Einkommens schließlich zum Stillstand kommen.[232]

Wenn technischer Fortschritt vorliegt, lassen sich neue Produkte herstellen – Produktinnovation – oder effizientere Produktionsverfahren für bereits bekannte Produkte durchführen – Prozeßinnovation –. Im Rahmen der neoklassischen Wachstumstheorie wird technischer Fortschritt als exogen behandelt und begünstigt – wie „Manna vom Himmel" – alle Produktionsbetriebe und -verfahren in gleicher Weise, und zwar unabhängig von vorhandenen Kapitalausstattungen.[233] Technischer Fortschritt im Sinne der neoklassischen Wachstumstheorie ermöglicht es, die bisherige Ausbringungsmenge durch die Nutzung technischen Fortschritts mit geringem Einsatz von Faktoren herzustellen, was durch eine Verschiebung der Produktionsfunktion in Richtung geringerer Faktoreinsatzmengen darstellbar ist. Oder um anders auszudrücken: Technischer Fortschritt wirkt so aus, als ob die verfügbaren Produktionsfaktoren zunähmen – „Quasi-Faktorvermehrung"[234] –. Allgemein läßt sich die Quasi-Faktorvermehrung durch technischen Fortschritt dadurch ausdrücken, daß man in der Produktionsfunktion die Faktoren Kapital und Arbeit jeweils mit Effizienzparametern B(t) und A(t) multipliziert:

$$(7) \qquad Y(t) = F[B(t)K(t), A(t)L(t)].$$

Wenn $B(t) = A(t) > 1$, wirkt der technische Fortschritt auf die Produktivität beider Faktoren gleichermaßen erhöhend und ist demnach sowohl arbeits- als auch kapitalvermehrend. Diesen technischen Fortschritt nennt man Hicks-neutral.[235] Andererseits ist im Sinne von Harrod technischer Fortschritt dann neutral, wenn die Produktionsfunktion in der Form $F[K(t), A(t)L(t)]$, also, $B(t) = 1$; $A(t) > 1$, dargestellt wird, nämlich wenn es um rein arbeitsvermehrenden technischen Fortschritt geht, wobei AL „effektives Arbeitsangebot" genannt wird. Bei dem Harrod-neutralen technischen Fort-

---

232 Vgl. Barro/Sala-I-Martin, 1995, S. 32.

233 Vgl. Teichmann, 1987, S. 85.

234 Teichmann, 1987, S. 86.

235 Die Verschiebung der Produktionsfunktion durch technischen Fortschritt kann unterschiedliche Wirkungen auf die Produktivität der Einsatzfaktoren und damit auch auf die Einkommensverteilung hervorrufen. Wenn beim technischen Fortschritt die Einkommensverteilung unverändert bleibt, wird er als neutral bezeichnet. Je nachdem, an welchem Bezugspunkt die Wirkungen technischen Fortschritts auf die Einkommensverteilung gemessen wird, unterscheiden sich im wesentlichen zwei Klassifikationen: Hicks- oder Harrod-neutral. Nach der Klassifikation von Hicks ist technischer Fortschritt dann neutral, wenn bei gegebener Kapitalintensität die Einkommensverteilung unverändert bleibt: d.h. wenn bei gegebener Kapitalintensität das Verhältnis der Grenzprodukte von Arbeit und Kapital konstant bleibt. Andererseits nennt Harrod technischen Fortschritt dann neutral, wenn er bei gegebenem Grenzprodukt des Kapitals den Kapitalkoeffizienten K/Y konstant läßt. Im diesem Fall bleibt natürlich die Kapitaleinkommensquote und damit die Einkommensverteilung unverändert. Zu den detaillierten Darstellungen der Neutralitätskonzeption des technischen Fortschritts siehe Neumann, 1994, S. 34-35.

schritt wird ausschließlich die Arbeitsproduktivität verbessert, während die Kapitalproduktivität konstant bleibt.

Dieser Harrod-neutrale technische Fortschritt ist im Rahmen der neoklassischen Wachstumstheorie von besonderer Bedeutung, da nur er für beliebige neoklassische Produktionsfunktionen mit einem Wachstumsgleichgewicht, in dem die Wachstumsrate des Kapitalstocks konstant bleibt, vereinbar ist. Der Hicks-neutrale technische Fortschritt führt dagegen nur im Fall einer Cobb-Douglas-Produktionsfunktion zu einem gleichgewichtigen Wachstum.[236] Im folgenden wird sich daher lediglich mit dem gleichgewichtigen Wachstum bei Harrod-neutralem technischen Fortschritt befaßt.

Wird die Harrod-neutrale Produktionsfunktion in Form der Cobb-Douglas-Funktion dargestellt, so ergibt sich

$$(8) \qquad Y = (AL)^{\alpha} K^{\beta},$$

wobei A Stand des technischen Wissens ist.

Wird (8) weiter total differenziert, so erhält man die Veränderung der Produktion

$$(9) \qquad dY = \alpha Y\left(\frac{dL}{L} + \frac{dA}{A}\right) + (1-\alpha)\frac{dK}{K}.$$

Wenn die Zeitabhängigkeit aller Variablen berücksichtigt wird und sie daher nach der Zeit differenziert werden, erhält man:

$$(10) \qquad \dot{Y} = \alpha Y\left(\frac{\dot{L}}{L} + \frac{\dot{A}}{A}\right) + (1-\alpha) Y \frac{\dot{K}}{K}.$$

Die Wachstumsrate der Produktion ist dann:

$$(11) \qquad \frac{\dot{Y}}{Y} = \alpha\left(\frac{\dot{L}}{L} + \frac{\dot{A}}{A}\right) + (1-\alpha)\frac{\dot{K}}{K}.$$

---

236 Vgl. dazu Gabisch, 1992, S. 362 und Barro/Sala-I-Martin, 1995, S. 54-55.

Mit Zuhilfenahme der Bevölkerungswachstumsrate ergibt sich die Wachstumsrate der Produktion in folgender Form:

$$(12) \qquad \frac{\dot{Y}}{Y} = \alpha(n+a) + (1-\alpha)\frac{\dot{K}}{K},$$

in der a ($= \dot{A}/A =$ konstant) diejenige Rate ist, mit der der Harrod-neutrale technische Fortschritt wächst.

Wie bereits im Grundmodell dargestellt, wird ein gleichgewichtiges Wachstum, in dem die Wachstumsrate der Produktion konstant bleibt, sichergestellt, wenn die Wachstumsrate des Kapitalstocks auch konstant ist; dies setzt wiederum die Konstanz der durchschnittlichen Kapitalproduktivität Y/K und deshalb $\dot{Y}/Y = \dot{K}/K$ voraus. Daraus ergibt sich die gleichgewichtige Wachstumsrate:

$$(13) \qquad \dot{Y}/Y = \dot{K}/K = n + a.$$

Die Gleichung (13) besagt, „daß die Wachstumsrate der Produktion auf die Dauer nur von der Wachstumsrate der Bevölkerung und vom technischen Fortschritt abhängt."[237] Im gleichgewichtigen Wachstum wachsen Einkommen und Kapitalstock mit der Rate n + a, während die Kapitalintensität mit der Rate des technischen Fortschritts a zunimmt.[238] Anders als im Grundmodell, in dem sie konstant ist, bedeutet die zunehmende Kapitalintensität, daß die Tendenz zur Senkung des Grenzproduktes des Kapitals durch die Wirkung des technischen Fortschritts aufgefangen wird, so daß der Realzins konstant bleibt.[239] Bleibt der Kapitalkoeffizient K/Y gemäß dem Harrod-neutralen technischen Fortschritt konstant, verändert sich die Kapitaleinkommensquote natürlich nicht. Das bedeutet, daß im Gleichgewichtswachstum auch die Lohnquote konstant ist.

Diese Ergebnisse des Modells entsprechen gewissen „stilisierten Fakten des Wirtschaftswachstums" von Kaldor,[240] darunter versteht man qualitative Eigenschaften des Wachstumsprozesses: annähernd konstanter Kapitalkoeffizient, konstante Einkommensverteilung sowie anhaltendes Wachstum des Pro-Kopf-Einkommens.

---

237 Neumann, 1994, S. 40.

238 $\dot{k}/k = \dot{K}/K - \dot{L}/L = (n+a) - n = a$, wobei $k = K/L$.

239 Vgl. Neumann, 1994, S. 41.

240 Kaldor, 1961.

Im neoklassischen Wachstumsmodell mit Einbeziehung des technischen Fortschritts unterscheiden sich die Ergebnisse nur unwesentlich von den des Grundmodells. Langfristig wird die Wachstumsrate der Produktion nur von der Zuwachsrate der Bevölkerung und der Zuwachsrate des technischen Fortschritts bestimmt, die jedoch exogen gegeben und daher wirtschaftspolitisch nicht beeinflußbar sind. Die wirtschaftspolitisch beeinflußbare Variable Spar- und Investitionsquote übt keinen Einfluß auf die Wachstumsrate der Produktion aus. Sie verändert, wie im Grundmodell, nur das Produktionsniveau verändern.

Zusammenfassend ist festzustellen: Im neoklassischen Grundmodell ist die Kapitalintensität konstant. Im Gleichgewicht findet keine neue Investition außerhalb der Ersatzinvestitionen statt, da sie aufgrund der abnehmenden Grenzprodukte nicht mehr rentabel erscheint. Die Wachstumsrate der Produktion wird dann nur durch die Wachstumsrate der Bevölkerung determiniert. So nehmen in einem langfristigen Wachstumsgleichgewicht weder Pro-Kopf-Kapitalstock noch das Pro-Kopf-Einkommen weiter zu. Die Möglichkeit fortgesetzter Investition und fortgesetzten Wachstums von Pro-Kopf-Größen ist mit der Einführung des technischen Fortschritts in das Grundmodell zu finden. Hier wirkt der technische Fortschritt gegen die Tendenz zur Senkung des Grenzproduktes des Kapitals, so daß der Realzins konstant bleibt. Dem Harrod-neutralen technischen Fortschritt zufolge, verbessert sich bei konstant bleibender Kapitalproduktivität alleine die Arbeitsproduktivität. Denn bei gleichgewichtigem Wachstum mit technischem Fortschritt nehmen die Kapitalproduktivität und daher der Realzins nicht ab, sondern bleiben konstant, und bleiben auch die Anreize zu einer weiteren Investition konstant, die das anhaltende Wachstum ermöglichen.

2.3.3 Modelle endogenen Wachstums

Die neoklassische Wachstumstheorie hat durch die Einbeziehung des technischen Fortschritts in das Grundmodell ihre mangelnde Aussagefähigkeit verbessert: Technischer Fortschritt ermöglicht ein langfristig anhaltendes Wachstum. Trotz dieses verbesserten Erklärungsvermögens kann die neoklassische Wachstumstheorie sich Einwänden nicht entziehen. Denn in ihr wird der technische Fortschritt als eine exogene Variable betrachtet und daher bleiben dessen Ursache und Auslöser weiterhin ungeklärt. Im Hinblick auf empirische Analysen, nach denen der überwiegende Teil des Pro-Kopf-Einkommenswachstums auf eine Steigerung der totalen Faktorproduktivität bzw. der Solowschen Residualgröße zurückzuführen ist, ist die neoklassische Auffassung des exogenen technischen Fortschritts nicht überzeugend und schon bald als „Eingeständnis der Ignoranz" kritisiert worden.[241]

---

241 Vgl. Stolpe, 1993, S. 363.

Die Hauptschwäche der neoklassischen Wachstumstheorie ist dabei die Ansicht, daß technischer Fortschritt von den Marktkräften unabhängig, außerhalb des dezentralen Marktmechanismus exogen gegeben und im Lauf der Zeit „automatisch" mit konstanter Rate vorangetrieben werde.[242] Dies könnte möglich sein, wenn FuE allein den wissenschaftlichen Arbeiten zugeschrieben werden, die lediglich durch öffentliche Mittel finanziert werden, dahinter keine privaten ökonomischen Gründe stecken und deren Ergebnisse dann allen zur Verfügung gestellt werden. Dann könnte technischer Fortschritt in der ökonomischen Analyse außer acht gelassen und nur als exogene Variable betrachtet werden.[243] Aus mehreren Untersuchungen, welche die Innovationstätigkeiten von unterschiedlichen Industrien inklusive der Werkzeug-, Flugzeug-, Chemie- und Halbleiterindustrie beobachteten,[244] kommt man jedoch zum Schluß, daß die FuE sowie deren wirtschaftlichen Ausnutzung fast immer mit enorm hohen Investitionen einhergehen; die meisten FuE-Aktivitäten werden nicht durch öffentliche, sondern durch private, unternehmerische FuE-Institute durchgeführt und der größte Anteil an gesamten FuE-Ausgaben eines Landes wird den privaten Unternehmen zugeschrieben.[245] Hinter diesen Bemühungen um FuE von Unternehmen steht ohne weiteres ein privates, unternehmerisches Interesse: Gewinnmaximierung. Dann kann technischer Fortschritt nicht mehr als das Ergebnis zufälliger Erfindungen interpretiert werden. Vielmehr ist technischer Fortschritt das Ergebnis planvoller FuE-Aktivitäten privater Unternehmen, „die unter gegebenen Ressourcenrestriktionen und institutionellen Rahmenbedingungen ihre Gewinne maximieren."[246]

Die zwei Eigenschaften des technischen Fortschritts – er stellt nämlich den wichtigsten Wachstumsfaktor und zugleich das Ergebnis planvoller FuE-Aktivitäten privater Unternehmen mit dem Ziel der Gewinnmaximierung dar – können dann zur Überlegung führen, daß „ein langfristiger, sich stimulierender Wachstumsprozeß möglich ist, wenn die Anreize zur Akkumulation von technischem Wissen groß genug sind und sich im Zeitablauf nicht abschwächen."[247] Dies könnte man dadurch erreichen, daß der Staat die private Wissensproduktion durch wirtschaftspolitische Maßnahmen fördert. Der Grund für die Förderung der privaten Wissensproduktion liegt in positiven externen Effekten bei FuE-Aktivitäten. Wegen der positiven Externalität besteht eine Differenz zwischen privaten und sozialen Erträgen, so daß die Investition in FuE aus gesamt-

---

242 „Technical progress ... comes from nowhere" und „floats down from the outside, is exogenous to the economic system." Jones, 1975, S. 182 und 185.

243 Vgl. dazu Grossman/Helpman, 1991, S. 4 und Jones, 1975, S. 183-184.

244 Siehe jeweils Rosenberg, 1963; Constant, 1980; Freeman, 1982; Dosi, 1984. Diese Industrien sind freilich diejenigen, die in den vergangenen Jahrzehnten hervorragende Innovationsaktivitäten aufgewiesen haben.

245 Vgl. Grossman/Helpman, 1994, S. 26-27.

246 Stolpe, 1993, S. 365. Vgl. auch Romer, 1994, 12-13.

247 Stolpe, 1993, S. 365.

wirtschaftlicher Sicht zu wenig vorgenommen wird mit der Folge, daß die optimalen gesamtwirtschaftlichen Wachstumsraten verfehlt werden.

Im folgenden werden zwei ausgewählte Modelle der neuen Wachstumstheorie dargestellt, die sich mit dem Phänomen des Marktversagens in Form von positiven externen Effekten bei FuE-Anstrengungen beschäftigen und aus denen wirtschaftspolitische Empfehlungen abgeleitet werden. Ein Modell ist für geschlossene und das andere für offene Volkswirtschaften.

2.3.3.1 Innovation und Wachstum

Romer[248] hat ein Modell für eine geschlossene Volkswirtschaft entwickelt, in dem endogenes Wachstum durch einen Innovationsprozeß ermöglicht wird. Die Produktionsfaktoren sind Arbeit, Kapital, Humankapital und ein Index für technisches Wissen. Es wird angenommen, daß die Arbeitskräfte und der Anteil des Humankapitals an der Gesamtbevölkerung konstant bleiben.

Das Modell besteht aus drei Unternehmenssektoren: FuE-, Zwischenprodukt- und Endprodukt-Sektor. Im Endprodukt-Sektor werden Endprodukte mit Arbeit, Humankapital und Zwischenprodukten, die auch spezifische Kapitalgüter genannt werden, produziert. Die Endprodukte werden entweder konsumiert oder als ein neues Kapital gespart. Die im Romer-Modell zugrundeliegende Produktionsfunktion des Endprodukt-Sektors ist, anders als in normalen Produktionsfunktion, in denen alle Kapitalgüter mehr oder weniger perfekte Substitute sind, eine additiv-separable Funktion aller spezifischen Kapitalgüter. D.h., daß die Grenzproduktivität eines spezifischen Kapitalgutes nur von seiner eigenen Einsatzmenge abhängt.[249] Die Unternehmen in diesem Sektor verhalten sich auf ihren Absatz- sowie auf ihren Faktormärkten als Polypolist.

Im Zwischenprodukt-Sektor werden spezifische Kapitalgüter erzeugt werden, die als Zwischenprodukte für die Produktion von Endprodukten eingesetzt werden. Die Unternehmen im Zwischenprodukt-Sektor benötigen zur Produktion des spezifischen Kapitalgutes sowohl nicht-spezifisches Kapital, das sich aus dem Konsumverzicht bzw. aus der Ersparnis von Endprodukten ergibt, als auch eine Produktionslizenz, die sie sich bei den Unternehmen im FuE-Sektor gegen Zahlung eines fixen Betrages beschaffen müssen.[250] Unter der Annahme, daß zur Herstellung einer Einheit der Zwischenprodukte ein Konsumverzicht von η Einheiten benötigt wird, gilt es:

---

248 Romer, 1990.

249 Diese Annahme ist geeignet für die Modellierung von technischem Fortschritt in der Form von „Breakthrough-Innovations". Vgl. Barro/Sala-i-Martin, 1995, S. 213.

250 Vgl. Ramser, 1993, S. 121.

(14) $K = \eta \sum_{i=1}^{A} x_i$ bzw.

$K = \eta A \bar{x}$,

wobei K = akkumulierter Konsumverzicht, $x_i = \bar{x}$ (i = 1, ..., A) = Input des i-ten spezifischen Kapitalgutes.[251] Man geht davon aus, daß jedes Unternehmen in diesem Zwischenprodukt-Sektor nur eine einzige Qualität herstellt und somit sich gegenüber den Endprodukt-Unternehmen monopolistisch verhält. Sie vermieten ihre jeweiligen spezifischen Kapitalgüter gegen Monopolpreis an Endprodukt-Unternehmen. Gegenüber dem FuE-Sektor verhalten sie sich dagegen polypolistisch.

Im FuE-Sektor wird neues Wissen, um es genauer zu sagen, Rezepte bzw. Konstruktionen zu neuen spezifischen Kapitalgütern, durch Kombination von Produktionsfaktoren „bereits vorhandenen Wissen und Humankapital" entwickelt, und zwar gemäß

(15) $\dot{A} = \delta H_A A$,

wobei A = Wissensstock, δ = Produktivitätsparameter (= konstant) sowie H_A = Humankapital im FuE-Sektor. Arbeit und Kapital kommen nicht in die Produktion neuen Wissens.[252] Der Forscher eines neuen technischen Wissens hat ein Patentrecht auf dessen Nutzung in der Produktion von Zwischenprodukten, jedoch nicht auf dessen Nutzung in FuE von anderen Forschern. Technisches Wissen ist somit partiell nichtrivalisierbar. Das so im FuE-Sektor entwickelte neue technische Wissen kommt in den Produktionsprozeß auf zwei Wegen. Zum einen ermöglicht es die Produktion von Zwischenprodukten. Dies geschieht dadurch, daß das patentierte neue technische Wissen an ein Zwischenprodukt-Unternehmen durch Lizenzvertrag verkauft wird. Dasjenige Unternehmen, welches sich die Produktionslizenz bei dem FuE-Unternehmen gegen Zahlung beschaffen hat, genießt einen zeitlich unbegrenzten, Imitation ausschließenden Patentschutz. Dort entsteht somit keine Externalität. Zum anderen vermehrt das neue technische Wissen den gesamten Stock technischen Wissens, wie sich in Gleichung (15) zeigt. Alle Forscher, die im FuE-Sektor beschäftigt sind, haben freien Zugang zum gesamten Stock technischen Wissens und entwickeln darauf aufbauend neues Wissen. Dies impliziert, daß ein von einem Forscher entwickeltes neues Wissen den anderen Forschern frei zur Verfügung gestellt wird und deren Forschungsarbeit erleichtert. Man spricht von positiven externen Effekten durch FuE-

---

251 Dabei ist unterstellt, daß alle spezifischen Kapitalgüter in gleicher Höhe in der Produktion eingesetzt werden.

252 Der FuE-Sektor ist also als extrem humankapitalintensive Industrie anzunehmen.

Anstrengungen bzw. von Wissens-Spillovers. Je mehr Humankapital im FuE-Sektor eingesetzt wird, und je größer der gesamte Stock technischen Wissens ist, desto schneller wird die Produktion neuen Wissens. Dieser Charakter des technischen Wissens kann dann den sich stimulierenden Innovationsprozeß ermöglichen und somit eine längerfristig anhaltende Wachstumsrate erlauben.[253] Dieser Sektor verhält sich auf allen relevanten Märkten polypolistisch.

In einem gleichgewichtigen Wachstum, wie bereits im neoklassischen Modell dargestellt, nehmen Sozialprodukt und Kapitalstock mit konstanter und gleicher Rate zu. Wie sich aber aus Gleichungen (14) und (15) erkennen läßt, setzt die Konstanz der Wachstumsrate des Kapitalstocks die konstante Zuwachsrate des Wissensstocks voraus, was wiederum nur dann möglich ist, wenn die in den FuE-Sektor einzusetzende Menge von Humankapital H_A konstant bleibt. Die Wachstumsrate im Gleichgewicht ist dann:

$$(16) \qquad \frac{\dot{Y}}{Y} = \frac{\dot{K}}{K} = \frac{\dot{A}}{A} = \delta H_A \text{ (= konstant).}$$

Da im Modell von Romer Humankapital entweder im FuE- (H_A) oder im Endprodukt-Sektor (H_Y) eingesetzt werden kann, und da je mehr Humankapital im FuE-Sektor beschäftigt sind, die Zuwachsrate von neuen Wissen, die externe Effekte haben, desto höher wird, ist die Allokation von Humankapital zugunsten dem FuE-Sektor für die tatsächlich resultierende Wachstumsrate von entscheidender Bedeutung. Da aber das Humankapital H annahmegemäß konstant und $H = H_A + H_Y$ ist, kann die Wachstumsrate allein durch die Umschichtung des Humankapitals von dem Endprodukt- zum FuE-Sektor erhöht werden, was jedoch im Modell nicht möglich ist. Denn im gleichgewichtigen Wachstum bleibt, wie oben erläutert, das Humankapital im FuE-Sektor H_A unverändert. D.h., daß H_Y auch konstant bleibt und keine Umschichtung des Humankapitals zwischen beiden Sektoren stattfindet.

Anzumerken ist dabei allerdings, daß die oben dargestellte Allokation des Humankapitals zwischen beiden Sektoren sowie die sich daraus ergebende Wachstumsrate Resultate der freien Marktprozesses sind, in der die externen Effekte technischen Wissens nicht neutralisiert werden können. Das bedeutet, daß der Faktor Humankapital in FuE-Sektor gesamtwirtschaftlich betrachtet zu wenig alloziiert wird und folglich die Wachstumsrate des Sozialprodukts suboptimal ist. Die Forscher im FuE-Sektor sind nicht in der Lage, sich aufgrund der externen Effekte sämtliche Erträge anzueignen,

---

[253] Vgl. Grossman/Helpman, 1990a, S. 88 oder auch Grossman/Helpman, 1991, S. 44.

und forschen nur solange, bis ihre privaten Grenzkosten den privaten Grenzerlösen entsprechen. Die Folge ist die suboptimale Wachstumsrate.[254]

Aus dem gesamtwirtschaftlichen Gesichtspunkt besteht die wirtschaftspolitische Empfehlung zur Erhöhung der Wachstumsrate darin, die Faktorallokation des Humankapitals zugunsten des FuE-Sektors zu verändern, indem der Staat die FuE-Arbeiten in diesem Sektor direkt subventioniert und dadurch die positiven externen Effekte kompensiert.[255] Bei dadurch entstehendem gesamtwirtschaftlichen Optimum wird mehr Humankapital im FuE-Sektor eingesetzt als zuvor, und daher wird die Geschwindigkeit des technischen Fortschritts beschleunigt. Damit wird eine optimale Wachstumsrate erreicht, die höher als die beim freien Marktprozeß liegt.[256]

2.3.3.2 Innovation, Wachstum und Außenhandel

Ausgehend von dem oben erläuterten Romer-Modell haben Grossman/Helpman[257] ein Zwei-Länder-Modell für offene Volkswirtschaften konstruiert. Demzufolge besteht eine Volkswirtschaft aus drei Produktionssektoren – FuE-, Zwischenprodukt- und Endprodukt-Sektor –. Im Endprodukt-Sektor wird ein national spezifisches Gut hergestellt, so daß Endprodukte beider Länder nicht vollkommen substituierbar sind. Weiter ist ein weltweit integrierter Kapitalmarkt unterstellt, so daß ein einheitlicher Zinssatz in der Welt herrscht. Wie in Romer-Modell produziert FuE einerseits Rezepte für neue spezifische Zwischenprodukte und erhöht andererseits den gesamten Stock technischen Wissens, der allen Forschern frei zur Verfügung steht. Durch die Spillover-Effekte spielen der FuE-Sektor und dessen Produkte technisches Wissen nach wie vor eine entscheidende Rolle für langfristig anhaltendes Wachstum einer Volkswirtschaft. Anders als im Romer-Modell, wo neben technischem Wissen drei weitere Produktionsfaktoren Arbeit, Kapital und Humankapital eingesetzt sind, geschieht die Produktion in diesem Modell neben technischen Wissen jedoch mittels eines Faktors „Arbeit" im Ricardianischen Sinne.[258]

Die Produktivität des Produktionsfaktors ist international unterschiedlich, so daß komparative Vor- und Nachteile eines einzelnen Landes bei der Produktion technischen Wissens und eines Zwischenproduktes oder bei der Produktion des Endproduktes bestehen. Die Effekte einer Wirtschaftspolitik eines Landes auf das Wachstum der Welt hängen dann davon ab, worin die komparativen Vorteile des die Wirtschaftspolitik

254 Vgl. Freytag, 1995, S. 44-45.

255 Vgl. Romer, 1990, S. s96.

256 Vgl. Vgl. Romer, 1990, S. s96; Raaflauf, 1994, S. 42.

257 Grossman/Helpman, 1990.

258 „We have in mind an aggregate of irreproducible resources that for any given level of technical know-how limits aggregate output." Grossman/Helpman, 1990, S. 797.

betreibenden Landes liegen. Das ist darauf zurückzuführen, daß aufgrund des Wettbewerbs zwischen Sektoren um Produktionsfaktoren die Wirtschaftspolitik die Reallokation von Ressourcen zur Folge hat. Das Wachstum wird nun dadurch unterschiedlich betroffen, und zwar je nach dem, ob die Ressourcen zugunsten des FuE-Sektors desjenigen Landes, das auf diesem Sektor komparative Vorteile aufweist, realloziiert sind. Denn in diesem Fall entwickelt die produktivere FuE, die „growth-generating activity"[259] dieses Landes mehr neues technisches Wissen als im umgekehrten Fall.

Zu unterscheiden ist jedoch, ob solches technisches Wissen weltweites oder nur lokales öffentliches Gut ist, d.h. ob bei der internationalen Diffusion eine zeitliche Verzögerung hinsichtlich neu entwickelten technischen Wissens besteht. Je nach der Art der Diffusionsgeschwindigkeit werden die Effekte der Wirtschaftspolitik unterschiedlich sein. Im folgenden wird zunächst der Fall ohne zeitliche Verzögerung – technisches Wissen als international-öffentliches Gut – dargestellt und danach auf den weiteren Fall zeitlicher Verzögerung – technisches Wissen als lokal-öffentliches Gut – übereingegangen.

2.3.3.2.1 Technisches Wissen als international-öffentliches Gut

Zunächst nimmt man an, daß kein Land komparative Vorteile in FuE aufweist. Da die Produktivität der Forschungskräfte gleich ist, ist es uninteressant, wo die Forschungskräfte zunehmen. Wenn sich die Präferenz von Konsumenten des Landes 1 so verändert, daß die Endprodukte des anderen Landes 2 mehr und die des Landes 1 weniger als zuvor nachgefragt sind, werden dem Endprodukt-Sektor im Land 1 Ressourcen entzogen und fließen in den FuE-Sektor ein. Für das Land 2 gilt das Umgekehrte. Ausgehend von der Symmetrieannahme werden die Ressourcenumschichtungen in beiden Ländern ausgeglichen. Die Wachstumsrate der Welt wird daher davon nicht betroffen.

Wenn aber das Land 2 komparative Vorteile in FuE hat und sich die Weltnachfrage nach Endprodukten zugunsten dieses Landes verändert, wird die Wachstumsrate der Welt davon negativ beeinflußt. Nach der Ressourcenreallokation übernimmt nun das Land 1, das jedoch komparative Nachteile in diesem Sektor aufweist, einen relativ größeren Teil an Welt-FuE. Die Wachstumsrate der weltweiten Innovationen schrumpft, ebenso die Wachstumsrate der Produktion.

Dieses Ergebnis zeigt, daß die Integration eines Landes in die Weltwirtschaft nicht unbedingt vorteilhaft im Sinne höherer Wachstumsrate als bei Autarkie ist. Das im FuE-Sektor komparative Vorteile aufweisende Land kann bei freiem Außenhandel

---

259 Grossman/Helpman, 1990, S. 810.

sein Wachstum also dann einbüßen, wenn die Ressourcen seinem FuE-Sektor entzogen werden, während sie in dem anderen Land, das komparative Nachteile im FuE-Sektor besitzt, zunehmen.

Das Gleiche gilt auch für den Fall handelspolitischer Maßnahmen wie Zölle oder Exportsubventionen. Bspw. hängen bei einer Importzollerhebung in einem Land die Effekte auf die Wachstumsrate der Welt davon ab, ob das handelspolitisch aktive Land komparative Vor- oder Nachteile im FuE-Sektor hat. Bei Einführung eines Importzolls steigt die Wachstumsrate der Welt nur dann, wenn das handelspolitische Maßnahmen eingreifende Land komparative Nachteile im FuE-Sektor hat, so daß Ressourcen zugunsten der anderen Sektoren realloziiert werden, während Ressourcen in FuE-Sektor in dem anderen Land, das im Bereich FuE komparative Vorteile besitzt, zunehmen. Dies hat auch für den Fall der Exportsubventionen seine Gültigkeit.[260]

Eine Subvention an FuE beider Länder mit gleicher Stärke steigert die Wachstumsrate sowohl des einzelnen Landes als auch der Welt insgesamt. Subventioniert aber lediglich ein Land, hier Land 1, ist zu erwarten, daß die Wachstumsrate dieses Landes zunächst steigt, und zwar durch die Ressourcenumverteilung zugunsten des FuE-Sektors. Zu berücksichtigen ist jedoch die langfristige Folgewirkung in Form von Änderungen der Endproduktenpreise auf die Ressourcenallokation. Die Preisänderung geschieht dadurch, daß die FuE-Subvention die FuE-Kosten und damit den Preis der Zwischenprodukte, die in den Endprodukt-Sektor als Inputgüter eingesetzt werden, verringert. Die Endprodukte des Landes 1, das allein FuE subventioniert, werden wegen gesunkener Preise mehr nachgefragt als zuvor, und dort die Faktoren zuungunsten des FuE-Sektors umverteilt. Das Gegenteil gilt für das Land 2. In bezug auf die Wachstumsrate der Welt sind die Effekte der Subvention an FuE eines Landes nun davon abhängig, ob die Substitutionselastizität zwischen beiden Endprodukten kleiner oder größer als Eins ist.

Ist die Substitutionselastizität größer als Eins, verzichten die Konsumenten auf weniger Einheiten von Endprodukten des Landes 2, als sie billiger gewordene Endprodukte des subventionierenden Landes 1 zusätzlich konsumieren. Die Größenordnung der Ressourcen, die im Land 1 dem FuE-Sektor entzogen und in den Endprodukt-Sektor eingesetzt werden, ist größer als die von Ressourcen, die im Land 2 in den FuE-Sektor neu alloziiert werden. Die FuE-Aktivitäten in der Welt als ganze und somit die Wachstumsrate vermindern sich. Ist die Substitutionselastizität dagegen kleiner als Eins, vermehren sich die Welt-FuE-Kräfte. Eine höhere Wachstumsrate der Welt kann man also nur im zweiten Fall, nämlich wenn die Substitutionselastizität kleiner als Eins ist, erwarten. Auch in diesem Fall aber sind die positiven Effekte der FuE-

260 Vgl. Grossman/Helpman, 1989, S. 34.

Subvention auf die Weltwachstumsrate nur dann zu erwarten, wenn das subventionierende Land 1 komparative Nachteile im FuE-Sektor hat. Denn nur dann wirken die zugenommenen FuE-Kräfte im Land 2, das im FuE-Sektor komparative Vorteile hat, produktiver und damit erhöht sich die Wachstumsrate der Welt. In anderem Fall, in dem das subventionierende Land 1 komparative Vorteile hat und die Substitutionselastizität kleiner als Eins ist, können die FuE-Arbeiten in diesem Land unter das Niveau vor der Subvention fallen mit der Folge, daß sich das im FuE-Sektor komparativ nachteilig arbeitende Land 2 darauf spezialisiert und dadurch die Wachstumsrate der Welt im ganzen schrumpft.

2.3.3.2.2 Technisches Wissen als lokal-öffentliches Gut

Bis hierhin sind die Wirkungen industrie- und handelspolitischer Maßnahmen auf das Wachstum der Welt insgesamt untersucht worden, und zwar unter der Annahme, technisches Wissen sei international-öffentliches Gut. Im folgenden wird analysiert, wie die Wachstumsrate durch wirtschaftspolitisches Eingreifen beeinflußt wird, wenn man annimmt, daß neu entwickeltes technisches Wissen lediglich lokales öffentliches Gut darstellt – innerhalb eines Zeitraums –, also: eine zeitliche Verzögerung bei der weltweiten Diffusion neu entwickelten technischen Wissens besteht. Mit der verzögerten Diffusion technischen Wissens bekommt nun der FuE-Sektor einen anderen Charakter als vorher. Während ohne zeitliche Verzögerung die FuE-Arbeiten eines Landes den gesamten Stock von technischen Wissen der Welt erhöht haben, vermehrt sich mit Diffusionsverzögerung nur der länderspezifische Stock von technischen Wissen. Ein Land kann dann etwa durch FuE-Subvention Produktionsfaktoren intensiver im Vergleich zum anderen Land im FuE-Sektor einsetzen und dadurch komparative Vorteile in diesem Sektor neu schaffen sowie letztlich seine Wachstumsrate erhöhen, und zwar unabhängig davon, ob das Land ursprünglich, nämlich vor der Subvention, im FuE-Sektor komparative Vorteile hat oder nicht. Denn: „relative productivity in R&D depends now not only on relative natural abilities in performing this activity, but also on relative cumulative experience in research.... This consideration leads us to draw a distinction henceforth between natural and acquired comparative advantage in R&D.“[261] Wegen dieser „gewonnenen komparativen Vorteile“ in FuE steigt die Wachstumsrate eines Landes um so höher, je mehr dieses Land sich auf FuE konzentriert. Die gewonnenen komparativen Vorteile funktionieren gleich wie die bereits erläuterten dynamischen Skalenerträge, die dem First-Mover gegenüber den Nachkommenden erhebliche Konkurrenzvorteile verleihen können.

Im Hinblick auf die Wirkung wirtschaftspolitischer Maßnahmen eines Landes auf die Wachstumsrate der Welt ist es allerdings entscheidend, ob dadurch FuE-Arbeiten des

---

261 Grossman/Helpman, 1990, S. 812.

Landes mit den im Vergleich zum anderen Land größeren FuE-Kräften verstärkt werden. Dies ist wichtig aus folgendem Grund: Die Produktivität des Landes mit den relativ größeren FuE-Kräften würde wegen der lokalen öffentlichen Effekte technischen Wissens langfristig gesehen höher liegen als die eines anderen Landes mit den geringeren FuE-Kräften. Im Lauf der Zeit würden sich die in dem Land mit den größeren FuE-Kräften entwickelten technischen Wissen in der Welt verbreiten, was letztendlich die FuE-Arbeiten in der Welt insgesamt noch produktiver machen würde. Als Folge wird die langfristige Wachstumsrate der Welt beschleunigt. So kann z.B. ein Zoll zur höheren Wachstumsrate der Welt dann beitragen, wenn er durch das Land mit den geringeren FuE-Kräften gegenüber dem Land mit den größeren FuE-Kräften erhoben wird.

In bezug auf einzelne Länder ist freilich festzustellen, daß in jedem Land Anreize bestehen, FuE-Aktivitäten zu subventionieren, um die eigene Wachstumsrate zu erhöhen. Wird FuE in dem Land mit den größeren FuE-Kräften subventioniert, erhöht sich die Wachstumsrate sowohl dieses Landes als auch der Welt insgesamt. Wenn ein Land mit den geringeren FuE-Kräften seine FuE subventioniert, liegt die Wachstumsrate dieses Landes auf jeden Fall höher als ohne Subvention. Darüber hinaus kann das Land mit den geringeren FuE-Kräften durch die FuE-Subvention auch die Chance haben, unter Umständen komparative Vorteile in diesem Sektor neu zu schaffen.

2.3.4 Probleme der Neuen Wachstumstheorie

Es ist zunächst festzustellen, daß die neue Wachstumstheorie gut dazu beigetragen hat, die in dem neoklassischen Wachstumsmodell mit exogenem technischem Fortschritt weithin ungeklärt gebliebenen Phänomene der Wirtschaftsentwicklungen erklärbar zu machen. Sie stellt technischen Fortschritt, der das anhaltende Wachstum ermöglicht, nicht mehr exogen als „Manna vom Himmel", sondern endogen als Resultat von Marktprozessen und vom Streben von Unternehmen nach Gewinnmaximierung dar. Endogen ist also die Entwicklung technischen Fortschritts und damit auch die Wachstumsrate. Daß mangelnde Konvergenz der Wachstumsrate verschiedener Länder besteht, ist nun selbstverständlich: Unterschiedlich wachsende technische Fortschritte bedeuten eine unterschiedliche Wachstumsrate.

Die Auffassung der neuen Wachstumstheorie, daß mangelnde Konvergenz der Wachstumsraten aus den unterschiedlich wachsenden technischen Fortschritten verschiedener Länder resultiert, leitet jedoch zur Frage nach der wirtschaftspolitischen Bedeutung der Erhöhung der Wachstumsrate über. So wird behauptet, daß die Wachstumsrate einer Volkswirtschaft neben anderen Faktoren, die die langfristige Wachstumsrate im dezentralen Marktmechanismus bestimmen, auch durch die Wirtschaftspolitik eines Landes bestimmt wird.[262] Strategische wirtschaftspolitische Maßnahmen eines Landes mit dem Ziel, „einen technologischen Vorsprung in einem als besonders potentialreich vermuteten Sektor aufzubauen, können ... erfolgreich sein und dieses Land auf einen steileren Innovations- und Wachstumspfad führen."[263] Mit den aus den Modellen abzuleitenden wirtschaftspolitischen Empfehlungen umzugehen ist allerdings nicht einfach. Man kann vielmehr nicht umhin, die wirtschaftspolitische Maßnahme mit großer Sorgfalt zu überprüfen, da sie, gleich wie oder sogar noch stärker als in der strategischen Handelspolitik, von den einzelnen Annahmen und Parameterkonstellationen abzuhängen scheint. Auch die Umsetzungsprobleme in praktische Wirtschaftspolitik sind denen in der strategischen Handelspolitik vergleichbar.

2.3.4.1 FuE-Subvention oder -Besteuerung?

Die Zweifel an der Robustheit der aus der neuen Wachstumstheorie abgeleiteten wirtschaftspolitischen Empfehlungen betrifft unter anderem das Modell von Grossman/Helpman. In ihrem Modell hängen die Wirkungen handels- und industriepolitischer Maßnahmen im wesentlichen von den jeweiligen Kombinationen folgender Bedingungen ab:

- ob technische Wissen international oder nur national diffundieren;
- ob das wirtschaftspolitisch aktive Land komparative Vorteile im FuE-Sektor hat;
- ob die Substitutionselastizität zwischen Endprodukten von beiden Ländern kleiner oder größer als Eins ist;
- ob die FuE-Arbeiten des Landes mit den im Vergleich zum anderen Land relativ größeren FuE-Kräften durch wirtschaftspolitische Maßnahmen verstärkt oder vermindert werden; sowie
- welche wirtschaftspolitische Maßnahme in welcher Dosierung eingesetzt wird.

Daneben sollten für die praktische Umsetzung folgende Faktoren in die Überlegung einbezogen werden: wie viele Segmente im FuE-Sektor vorhanden sind und in welchem davon ein Land komparative Vor- oder Nachteile hat; welche Substitutionselastizität tausende oder aber tausende Endprodukte besitzen. Wie bereits in der strategischen Handelspolitik erläutert, sind die Informationsgewinnung und die Einschätzung der Wirkungen wirtschaftspolitischer Maßnahmen für den Entscheidungsträger schon eine überfordernde Aufgabe, worin eine große Gefahr von Politikfehlern oder von Politikmißbräuchen verbirgt.

---

262 Ramser, 1993, S. 122.

263 Stolpe, 1993, S. 366.

Darüber hinaus sind die wirtschaftspolitischen Empfehlungen im Hinblick auf die weltwirtschaftliche Realität bedenklich. So kann bspw. im Fall technischen Wissens als lokal-öffentlichen Guts eine Zollerhebung des Landes mit den im Vergleich zum anderen Land geringeren FuE-Kräften die Wachstumsrate der Welt insgesamt und damit auch die des Landes mit den größeren FuE-Kräften erhöhen. Ob aufgrund der höheren Wachstumsrate der Welt und nicht zuletzt auch des Landes mit den größeren FuE-Kräften die Zollerhebung des Landes mit den geringeren FuE-Kräften im Land mit größeren FuE-Kräften willkommen oder zumindest toleriert wird, ist höchst fraglich. Wahrscheinlicher ist freilich eine Retorsionsmaßnahme wie Gegenzölle des Landes mit den größeren FuE-Kräften. Außerdem könnte man sich fragen, ob es für das Inland nicht rationaler wäre, die FuE des Auslandes statt eigener FuE mitzusubventionieren, wenn das Ausland in diesem Sektor komparative Vorteile hat, so daß das Inland besseren Erfolg in Form einer höheren Wachstumsrate als bei der Subvention des eigenen FuE- Sektors erzielen könnte.

Andererseits kann nach dem Modell von Romer das Problem der positiven externen Effekte neuen Wissens mit einer Forschungssubvention gelöst werden. Eine in seinem Modell zugrundegelegte Annahme ist allerdings, technische Fortschritte seien horizontal, so daß neu entwickelte Technologien die bereits vorhandenen alten Technologien nicht obsolet machen, was sich in der additiv-separablen Produktionsfunktion aller spezifischen Kapitalgüter zeige. Neue Technologien substituieren alte nicht, sondern bereichern nur die Vielfalt der benutzbaren Technologien.

Nimmt man im Gegensatz dazu an, daß alte und neue Technologien perfekt substituierbar sind, drängt neue Technologie alte vollständig aus dem Markt. Um Beispiele zu nennen: Schwarz-weiß- und Farb-Fernseher, Dampfmaschine und Dieselmotoren, Schreibmaschine und Computer. In solchen Fällen spricht man von vertikalen technischen Fortschritten, welche auch der Idee von Schumpeter „schöpferischen Zerstörung" entsprechen.[264] Unter der Bedingung vertikaler technischer Fortschritte eliminieren erfolgreiche Forscher die Monopolrente ihrer Vorgänger. Obgleich ein Patentrecht für eine Innovation zeitlich unbegrenzte Monopolrente erlaubt, wird sie in der Tat jedoch zeitlich beschränkt, und zwar nur zur Entwicklung einer neuen Innovation mit höherer Qualität. Es liegt nämlich „Business-Stealing-Effekte" vor, die heißen, daß die Innovationsrenten der neuen Innovatoren nichts anderes als den früheren Innovatoren entzogene alte Innovationsrenten sind.[265] Gesamtwirtschaftlich gesehen stellt das Business-Stealing lediglich eine reine Umverteilung dar. Für den einzelnen Innovator sind die Anreize zu Investition in die FuE allerdings hoch, da er dadurch die Monopol-

---

264 Zu „schöpferischer Zerstörung" siehe Schumpeter, 1993, 7. Kapitel. Aghion/Howitt (1992), die ebenfalls von dem neoklassischen Wachstumsmodell und von drei Sektoren ausgehen, modellieren jedoch, anders als Romer (1990), eine vertikale Innovation statt horizontaler Innovation.

265 Vgl. Klodt, 1995, S. 29.

rente auf sich nehmen kann; FuE sowie Innovationen aus gesamtwirtschaftlicher Sicht werden aber zu viel durchgeführt. Dadurch schreitet der technische Fortschritt zu schnell voran und wächst die Volkswirtschaft nicht auf dem optimalen Wachstumspfad. In diesem Fall kann keine FuE-Subvention, sondern eine FuE-Besteuerung die wirtschaftspolitisch richtige Antwort sein.[266]

Neben den Business-Stealing-Effekten gibt es weitere Argumente gegen die staatliche Förderung der FuE, die mit den Begriffen „Parallelforschung und Patentrennen" in die Literatur eingegangen sind.[267] Diese Argumente ist gemeinsam, daß unter rein marktwirtschaftlichen Bedingungen zu viel in die FuE investiert wird, so daß der Staat die FuE nicht fördern, sondern vielmehr behindern muß, um das gesamtwirtschaftliche Optimumsniveau der FuE zu erreichen. Bei Parallelforschung wäre es gesamtwirtschaftlich am besten, daß nur ein einziges Unternehmen die betreffende FuE durchführt. Die Monopolrente, der Unterschiedsbetrag zwischen dem Erfolg der FuE, also z.B. Kostenersparnis bei der Produktion aufgrund der Prozeßinnovation, und den FuE-Kosten, ist dann am höchsten, so daß die gesamtwirtschaftliche Innovationsrente auch am höchsten ist. Ohne Zutrittsschranken für die FuE und unter der Bedingung gleich verteilter Wahrscheinlichkeit für den Erfolg und damit für die Monopolrente versuchen andere Unternehmen, in das gleiche FuE-Projekt zu investieren, um diese Monopolrente wegzukonkurrieren. Der Markteintritt in die FuE setzt sich solange fort, wie der Erwartungswert der Innovationsrente über den FuE-Kosten liegt.

Die Situation bei dem Patentrennen-Modell ist ähnlich. Dort geht man von der Feststellung aus, daß der abdiskontierte Gegenwartswert einer Innovation um so höher ist, je früher die Innovation erfolgt. Dabei besteht natürlich zwischen der Schnelligkeit des Innovationserfolgs und den Forschungskosten eine positive Korrelation. Wenn es um einen Monopolist geht, würde er soviel in die FuE investieren, daß der Abstand zwischen dem abdiskontierten Gegenwartswert einer Innovation und den Forschungskosten am größten wird. Besteht jedoch auf dem FuE-Markt vollständige Konkurrenz, ist es einzelwirtschaftlich rational, den Innovationszeitraum mit erhöhter Investition zu verkürzen, wenn dadurch noch eine positive Innovationsrente zu erzielen ist.

Gemeinsam bei diesen Modellen ist, daß dieses Verhalten einzelwirtschaftlich rational ist, aus gesamtwirtschaftlicher Sicht jedoch eindeutig eine Überinvestition in die FuE darstellt:[268] es gibt nur einen Rentenverzehr und keine gesamtwirtschaftliche Innovationsrente bleibt übrig. Wie bei den Business-Stealing-Effekten kann hier auch der ineffiziente Rentenverzehr durch eine FuE-Steuer vermieden werden.

---

266 Vgl. Freytag, 1995, S. 45.

267 Zu diesen Argumenten siehe Klodt, 1995, S. 22-31.

268 Vgl. Klodt, 1995, S. 24.

Unter der Berücksichtigung, daß es einerseits nach wie vor die aus dem Romer-Ansatz bekannten positiven externen Effekte technischen Wissens gibt, und andererseits daß die Business-Stealing-Effekte, die Parallelforschung sowie das Patentrennen bei FuE vorhanden sind, sind die Wirkungen von FuE auf die Wachstumsrate einer Volkswirtschaft nicht eindeutig festzustellen, und damit auch keine klaren wirtschaftspolitischen Empfehlungen.[269]

2.3.4.2 Informationsprobleme

Wie in der strategischen Handelspolitik stellt das Problem der Informationsgewinnung und -verarbeitung der benötigenden umfangreichen Informationen ebenfalls die gravierende Schwäche in der neuen Wachstumstheorie dar.

Bei der staatlichen Förderung von FuE würden angesichts knapper finanzieller Ressourcen in einer Regierung nicht alle FuE-Aktivitäten unterstützt. Dabei stellt sich zunächst die Frage nach den geeigneten Auswahlkriterien zur Ermittlung einer Rangfolge unter den förderungswürdigen Industrien und deren FuE-Arbeiten. Im Zusammenhang mit der neuen Wachstumstheorie könnte ein Kriterium herangezogen werden, nämlich das Potential an positiven externen Effekten. Als förderungswürdig wären also jene FuE einzustufen, „in denen in besonderem Maße solchen positiven Effekte vermutet oder für die Zukunft erwartet werden."[270] Problematisch ist hierbei, daß externe Effekte, die nicht über den Markt entgolten werden, nicht oder nur schwer zu erfassen sind.[271] Die auf der Vergangenheit beruhenden Erfahrungswerte, auf die man zurückgreifen kann, sind insofern als nicht ausreichende oder gar wertlose Information anzusehen, da die gegenwärtigen FuE-Aktivitäten nur in der Zukunft ihre (Miß-) Erfolge und deren externe Effekte zeigen werden.

Bei der Auswahl zu fördernder FuE steht der Staat zudem noch einem weiteren Informationsproblem gegenüber. Es handelt sich dabei um den Wirkungsbereich der Spillover-Effekte: national oder international. Das Interesse einer Regierung, die inländische FuE unterstützt, liegt sicherlich darin, den inländischen Unternehmen Wettbewerbsvorsprünge gegenüber ausländischen zu verschaffen. Um das Profitieren von ausländischen Unternehmen aus inländischen FuE auszuschließen, sollten nur diejenigen FuE ausgewählt und gefördert werden, deren Diffusionsvorgänge nicht die nationalen Grenzen überschreiten.[272] Die Lage wird noch komplizierter, wenn in- und ausländische multinationale Unternehmen in die Überlegung eingezogen werden. Die

269 Vgl. dazu Aghion/Howitt, 1992, vor allem S. 337-339.
270 Paulsen, 1989, S. 156.
271 Vgl. Krugman, 1986, S. 17.
272 Vgl. Paulsen, 1989, S. 156.

Versuche, ausländische multinationale Unternehmen von der Förderung auszuschließen oder die Förderung von FuE inländischer multinationaler Unternehmen nur unter einer bestimmten Bedingung – z.B. wenn die FuE-Ergebnisse lediglich in der inländischen Produktionstätte verwendet werden – zu gewährleisten, scheinen unrealistisch zu sein. In solchen Fällen – wenn sie überhaupt unternommen werden – sollte das Inland für etwas bezahlen, was nicht zu unterschätzen ist: nämlich – wie in der Darstellung der strategischen Handelspolitik gesagt – den Verzicht auf ausländische Investitionen im Inland und damit verbundene mögliche Vorteile wie Technologietransfer, Beschäftigungs- und nicht zuletzt Wachstumspotential.

Informationsprobleme ergeben sich nicht nur aus der Schwierigkeit bei der Auswahl geeigneter FuE, sondern auch aus der Festlegung des Externalitäts- und somit des Förderungsumfangs. Die Grundlagenforschung, „die in erster Linie auf die Gewinnung neuer wissenschaftlicher Erkenntnisse gerichtet ist, ohne an einem bestimmten Ziel zur praktischen Anwendbarkeit orientiert zu sein,“[273] stellt aufgrund ihres überwiegenden Informationscharakters nahezu unbestritten ein öffentliches Gut dar, und man ist daher im allgemeinen darüber einig, daß sie von staatlichen Institutionen durchgeführt werden soll oder die von Privaten staatlich gefördert werden soll. Bei den angewandten FuE dagegen, die sich hauptsächlich auf spezifische Produkte oder Produktionsverfahren des jeweiligen Unternehmens hinorientieren, können die FuE-Aktivitäten mehr oder weniger über den Markt entgolten werden. Je marktnäher eine FuE ist, desto geringer werden deren externe Effekte ausfallen. Je nach der Marktnähe einer FuE sollte der staatliche Förderumfang dementsprechend unterschiedlich gestaltet werden.

Weiterhin bleiben immer noch die ausländischen Reaktionen auf inländische Wirtschaftspolitik. Die Entscheidungsträger benötigen also eine unendliche Menge von Informationen zur Implementierung einer erfolgreichen FuE-Förderung. Ob sie all benötigende Informationen in der Tat beschaffen können, muß aber stark bezweifelt werden. Wenn sich die Entscheidungsträger zutrauen, all benötigenden Informationen beschaffen zu können, wird, wie bereits erwähnt, nach Hayek von Anmaßung von Wissen gesprochen.

2.3.5 Selektive Industriepolitik oder Wettbewerb?

Es läßt sich feststellen, daß die beim Vorliegen positiver externer Effekte im Bereich der FuE bestehende Divergenz zwischen privatem und gesellschaftlichem Nutzen zur Folge hat, daß das Gut Innovation gesamtwirtschaftlich gesehen zu wenig produziert und damit die Wachstumsrate niedriger als das Optimumsniveau gehalten wird. So liefert die Argumentation für eine staatliche Intervention zur Korrektur von externen

---

[273] Klodt, 1995, S. 119.

Effekten und somit zum Erreichen einer gesamtwirtschaftlich optimalen Faktorallokation und Wohlfahrtsmaximierung – Internalisierung externer Effekte durch den Staat[274] – zunächst gerechtfertigt erscheinende Gründe.

Die Notwendigkeit staatlicher Interventionen zur Internalisierung von externen Effekten ist allerdings keineswegs zwangsläufig. Eine Schwäche der neuen Wachstumstheorie liegt unter anderem darin, daß keine explizite Unterscheidung zwischen verschiedenen FuE-Aktivitäten vorgenommen wird, und daß damit marktkonforme, dezentralisierende Internalisierungsmöglichkeiten ausgeschlossen bleiben. Da die Ursachen externer Effekte letztendlich in einer Folge unzureichend definierter oder nicht hinreichend durchsetzbarer Verfügungsrechte liegen,[275] muß zuerst überlegt werden, ob es noch andere Möglichkeiten geben kann, mit Hilfe derer die externen Effekte bei FuE über Märkte bzw. über marktkonforme Mechanismen internalisiert werden können. Erst alle anderen Maßnahmen versagen, können staatliche Intervention als Auffangmechanismus in Betracht kommen.

2.3.5.1 Marktkonforme Internalisierungsmöglichkeiten

2.3.5.1.1 Patente und Lizenzen

Nach dem sogenannten Coase-Theorem[276] ist eine marktkonforme Lösung externer Effekte grundsätzlich möglich, wenn entsprechende Verfügungsrechte eindeutig festgelegt sind. Im Fall von FuE sind Patente als solche Verfügungsrechte anzusehen. Denn nach der Patentierung eines neuen Wissens ist „allein der Patentinhaber befugt, gewerbsmäßig den Gegenstand der Erfindung herzustellen, in Verkauf zu bringen, freizuhalten oder zu gebrauchen."[277] Indem der Patentschutz dem Erfinder für eine gewährte Patentlaufzeit ein Monopolrecht an technischem Wissen und somit das Erzielen von Innovationsrenten ermöglicht, schafft er Anreize für Investition in FuE, was die zentrale Funktion des Patentschutzes ist.[278]

Nach dem Patentgesetz können allerdings nur solche Ergebnisse innovativer Aktivitäten patentiert werden, welche unter anderem gewerblich verwertbar sind.[279] Das Krite-

274 Internalisierung externer Effekte zielt darauf ab, trotz des Vorliegens externer Effekte paretooptimale Ressourcenallokation herbeizuführen. Zu den möglichen Internalisierungsmechanismen zählen sowohl marktkonforme, dezentralistische als auch staatliche, administrative, zentralistische Maßnahmen.

275 Vgl. Fritsch u.a., 1996, S. 85.

276 Coase, 1960.

277 §6 PatG.

278 Vgl. Johnson, 1976.

279 Vgl. Maas, 1986, S. 22.

rium „gewerbliche Verwertbarkeit“ ist bei der Grundlagenforschung schwer zu erfüllen. Aufgrund ihres überwiegenden Informationscharakters sind die Ergebnisse der Grundlagenforschung nicht unmittelbar praktisch anzuwenden bzw. gewerblich zu verwerten. Dagegen wird die Anforderung an die Verwertbarkeit bei der angewandten FuE in der Regel erfüllt.

Die Erfüllung der Forderung nach der Verwertbarkeit bei angewandter FuE schließt allerdings nicht aus, daß der Patentschutz nicht lückenlos ist und somit eine Externalität immerhin vorhanden sein kann. Man sollte hierbei jedoch zwei unterschiedliche FuE innerhalb angewandter FuE unterscheiden, und zwar nach dem Kriterium „Empiriegrad“,[280] denn je nach dem Empiriegrad kann die Externalität einer FuE-Arbeit unterschiedlich sein.

Bei hohem Empiriegrad basiert die Innovation auf einem Suchprozeß des „Trial and Error", also auf einer systematischen Beobachtung des Zufalls durch die Auswertungen von Versuchsreihen. Das Verständnis und die Nutzung von Forschungsergebnissen eines Unternehmens bedarf für Imitatoren keiner grundlegend neuen theoretischen Kenntnisse.[281] Ausschlaggebend ist in den Branchen mit hohem Empiriegrad, daß die Erfolgsaussichten anderer Unternehmen von den Forschungsergebnissen eines Unternehmens nicht beeinflußt werden.[282] M.a.W.: Es besteht keine wesentliche Externalität zwischen FuE-Arbeiten verschiedener Unternehmen. In diesen Branchen ist die Imitationswahrscheinlichkeit auch als sehr gering anzusehen, denn diese Branchen werden in der Regel enorm hohen Kapitaleinsatz benötigen. Damit sind die mit der Imitation und mit dem Marktzutritt verbundenen Sunk Costs und Risiken im Mißerfolgsfall enorm hoch, was für einen Imitator eine nicht vernachlässigbare Marktzutrittsschranke darstellt.[283]

Anders als in Branchen mit hohem Empiriegrad vollzieht sich die technologische Entwicklung in Branchen mit niedrigem Empiriegrad „weitgehend als sequentieller Prozeß, wobei die verschiedenen Innovationen aufeinander aufbauen.“[284] Die Forschungsergebnisse eines Unternehmens tragen somit als vorgelagerte Innovationen zur weiteren technologischen Entwicklung sowohl des eigenen als auch anderer Unternehmen bei. In solchen Branchen, zu denen z.B. die Elektrotechnik zählt, können die Patentierung der Forschungsergebnisse und der Ausschluß der anderen Unternehmen von ihrer

---

280 „Der Empiriegrad gibt an, in welchem Maße man das vorhandene Wissen in begrifflichen Schemata ausdrücken kann und ob systematische, theoretische Erkenntnisse eine dominierende Bedeutung für die Erfolgsaussichten der Forschungsaktivitäten haben.“ Maas, 1986, S. 13.

281 Vgl. Maas, 1986, S. 26.

282 Vgl. Klodt, 1995, S. 38.

283 Vgl. dazu Maas, 1986, S. 40-42.

284 Klodt, 1995, S. 37.

Nutzung gesellschaftlich nicht optimal sein. Doch bei der Aufhebung oder zumindest der Beschränkung des Patentschutzes soll man die daraus resultierende negative Anreizwirkung auf FuE berücksichtigen. Damit sowohl die FuE-Arbeiten als auch die optimale Nutzung von Ergebnissen in den Branchen mit niedrigem Empiriegrad gewährleistet werden, könnte finanzielle FuE-Unterstützung seiten des Staates in Betracht kommen. Dort muß der Staat aber konkret über die Höhe des Empiriegrades der FuE in den einzelnen Branchen informiert werden, damit er die „richtige" Menge an staatlicher Förderung einsetzen kann. Dem Informationsproblem kann der Staat sich allerdings nicht entziehen.

Als Alternative zur staatlichen Lösung mit dem Zielkonflikt – die Garantie des Monopolrechts einerseits und die breite Anwendung neu gewonnenen Wissens andererseits – können Lizenzen eintreten.[285] Dabei spielen die Überlegungen von Lizenzgeber und Lizenznehmer über das Kosten-Nutzen-Verhältnis eine grundlegende Rolle. Die Frage, ob tatsächlich eine Lizenzvergabe stattfindet und wie hoch die Lizenzgebühr liegt, bleibt ohne spezifische Untersuchungen natürlich offen, denn dabei sollen vielfältige Einflußfaktoren – Wettbewerbsverhalten von Unternehmen, Ausmaß der Kostensenkung durch die Anwendung der Innovation sowie auch die Strategie des Innovators – ins Kalkül mit einbezogen werden.[286] Dennoch ist hier zu sagen, daß externe Effekte eines erforschten Gegenstandes durch Patente und Lizenzen über die Marktkräfte internalisiert werden können, und zwar ohne staatliche Interventionen in die Marktprozesse. Manche der Probleme, die etwa bei der Lizenzvergabe entstehen würden, deuten allerdings mitunter andere Aufgabenbereich des Staates an als die FuE- und Wachstumspolitik, in der mit Blick auf Externalitäten die FuE in eigener Regie selbst auszuführen oder die von Privaten zu subventionieren versucht. Bspw. kann beim Abschluß eines Lizenzvertrags ein Innovator Bedingungen durchsetzen, welche den Wettbewerb auf dem Absatzmarkt beschränken. Das ist zwar wettbewerbspolitisch interessiert, nicht aber FuE- und auch wachstumspolitisch.

2.3.5.1.2 Strategische Allianzen

Obwohl Patente und Lizenzen als wichtige Instrumente zur Sicherung von Verfügungsrechten an FuE-Ergebnissen zur Internalisierung externer Effekte gut beitragen, ist doch zu sagen, daß ihre Wirksamkeit begrenzt ist. Zu berücksichtigen ist weiter, daß Unternehmen Probleme der unzureichenden Wirksamkeit des Patentschutzes und der Externalität bei FuE durch viele Gestaltungsmöglichkeiten zu umgehen versuchen. Eine davon ist, FuE-Arbeiten einzelner Unternehmen durch sogenannte strategische Allianzen miteinander zu verbinden.

---

285 Vgl. Johnson, 1976, S. 421.

286 Zu den Einflußfaktoren siehe Klodt, 1995, S. 41-43.

Unter strategischer Allianz werden „Koalition von zwei oder mehr selbständigen Unternehmen verstanden..., die mit dem Ziel eingegangen werden, die individuellen Stärken in einzelnen Geschäftsfeldern zu vereinen."[287] Die an einer strategischen Allianz beteiligten Unternehmen bleiben weiter selbständig. Sie koordinieren ihre Aktivitäten nur in vereinbarten Geschäftsfeldern, während sie sich in anderen Bereichen nach wie vor als Konkurrenten gegenüberstehen. Diese neue Entwicklung in den Unternehmensbeziehungen ist im wesentlichen auf den globalen Wettbewerb, die zunehmende technologische Komplexität von Produkten und die immer kürzer werdenden Produktlebenszyklen zurückzuführen. All diese Faktoren bedeuten für einzelne Unternehmen erhebliche FuE-Kosten und die damit verbundenen hohen Risiken im Nicht-Erfolgsfall. Durch strategische Allianzen, also bspw. durch gemeinsame Errichtung eines Forschungszentrums, können Unternehmen nicht nur die Kosten und Risiken auf mehrere Schultern verteilen. Noch wichtiger ist, daß die Allianzpartner überdies die Effizienz bei FuE durch Synergieeffekte steigern können.[288] In jüngster Zeit hat die Zahl strategischer Allianzen offenbar kontinuierlich zugenommen. Die starke Tendenz zeigt sich insbesondere in Hochtechnologiebranchen wie Automobilbau, Elektroindustrie, Information und Telekommunikation, Chemie und Pharmazie.[289]

Parallel zur zunehmenden Bedeutung strategischer Allianzen für einzelne Unternehmen als ein Instrument zur Realisierung von Effizienzvorteilen stellen sich nun die staatlichen Entscheidungsträger die Frage, ob strategische Allianzen auch aus gesamtwirtschaftlicher Sicht wünschenswert sind. Einerseits behauptet man, daß strategische Allianzen im FuE-Bereich über die Grenze der Allianzpartner hinaus „eine größere Informationsdiffusion bewirken würden, was die Effizienz der Wirtschaft steigere."[290] Es wird andererseits befürchtet, daß strategische Allianzen im FuE-Bereich als ein Versuch einer über den FuE-Bereich hinausgehenden Kartellbildung nicht unerhebliche, negative Konsequenz für den Wettbewerb mit sich bringen könnten, indem die Allianzpartner durch entsprechende Absprachen oder Marktaufteilungen wettbewerbliche Auseinandersetzungen zu vermeiden versuchen. Bei der Betrachtung von strategischen Allianzen müssen nicht nur die Wohlfahrtsgewinne aufgrund der Effizienzsteigerung der Wirtschaft, sondern auch die Wohlfahrtsverluste als Folge der Kartellisierung bzw. Monopolisierung der Absatzmärkte abgewogen werden.

Es wird daher mitunter behauptet, daß staatliche Förderung oder Behinderung fallweise durchgeführt werden soll, indem man jeweils im Einzelfall voraussichtliche Vor-

---

287 Backhaus/Piltz, 1990, S. 2.

288 Vgl. Morasch/Welzel, 1994, S. 395; Voigt, 1993, S. 246-247.

289 Als ein jüngstes Beispiel dafür ist die strategische Allianz in der Halbleiterindustrie in bezug auf die Entwicklung von 1-Giga-DRAM in Abbildung A-1 gezeigt.

290 Voigt, 1993, S. 248.

und Nachteile aus gesamtwirtschaftlicher Sicht überprüft.[291] Zunächst ist aber zu sagen, daß unter anderem die Frage nach den Kriterien, mit denen die Vor- und Nachteile strategischer Allianzen beurteilt werden sollen, noch offen bleibt. Es ist somit nicht auszuschließen, daß die staatlichen Entscheidungen über die Zulässigkeit strategischer Allianzen ohne konkrete Informationen und Kriterien durch Mechanismen wie z.B. politische Überlegungen oder unter der Beeinflussung von Interessengruppen getroffen werden. Damit nimmt auch die Unsicherheit bei Unternehmen zu, so daß die für sie vorteilhaften Allianzen gar nicht oder nur zögernd eingegangen werden.[292]

Mit der Frage der wettbewerbsbeschränkenden Wirkungen strategischer Allianzen beschäftigen sich Morasch/Welzel, indem sie in Anlehnung an der Oligopoltheorie die unterschiedlichen Wohlfahrtseffekte strategischer Allianzen in bezug auf die Zahl der Allianzpartner miteinander vergleichen.[293] Ausgehend vom Cournot-Gleichgewicht kommen sie zu dem Schluß, daß die Wohlfahrtseffekte strategischer Allianzen davon abhängig sind, „ob es zu einer Ausweitung oder Einschränkung der Absatzmenge gegenüber dem Cournot-Gleichgewicht kommt."[294] Das hängt wiederum von der Relation der an der Allianz beteiligten Unternehmenszahl zur Gesamtunternehmenszahl ab. Bei einer Allianz mit relativ wenigen Unternehmen würden die Allianzpartner ihre Absatzmenge nicht einschränken, denn die außerhalb der Allianz bleibenden Konkurrenten reagieren auf die Einschränkung der Absatzmenge von Allianzpartnern mit der Ausweitung ihrer Produktion und üben so Druck auf den Marktpreis aus. In solchen Fällen müßten die Allianzpartner doppelte Gewinneinbuße hinnehmen: geringere Absatzmenge und sinkende Preise. Es kommt daher nicht zu Absatzmengeeinschränkung und Preissteigerung. Die Wohlfahrt wird in diesem Fall von einer strategischen Allianz nicht betroffen. Um durch höhere Preise über die Einschränkung der Absatzmenge gemeinsame Gewinne zu maximieren, müssen also möglichst umfassende Unternehmen in die Allianz eingeschlossen werden, so daß die Verluste wegen der Absatzeinbuße durch höhere Preise überkompensiert werden können.[295] Sie erzielen höhere Gewinne jedoch auf Kosten von Konsumenten, die die zusätzlichen Gewinne der Unternehmen übertreffen. In diesem Fall verursachen die einzelwirtschaftlich rationalen Verhalten strategischer Allianzen gesamtwirtschaftlich einen Wohlfahrtsverlust.

---

291 Vgl. Voigt, 1993, S. 248.

292 Vgl. Voigt, 1993, S. 248.

293 Morasch/Welzel, 1994.

294 Morasch/Welzel, 1994, S. 400.

295 Nach der Untersuchung von Salant u.a. (1983) zeigt sich, daß unter der Bedingung eines symmetrischen Oligopols mit linearer Preisabsatzfunktion und konstanten Grenzkosten mindestens 80 vH der Unternehmen an einer Allianz beteiligt sein müssen, um durch ihre Mengeneinschränkung höhere Gewinne als im Cournot-Gleichgewicht zu erzielen.

Zu bedenken ist zudem, daß sich die oben genannten möglichen Wohlfahrtsverluste nicht unmittelbar aus strategischen Allianzen im FuE-Bereich ergeben, sondern daraus, daß die Wettbewerbsbeschränkungen über den FuE-Bereich hinausgehen, nämlich auch auf die Absatzmärkte. Die Wahrscheinlichkeit, ein über den FuE-Bereich hinaus auf die Absatzmärkte gehendes Kartell gründen zu können, ist jedoch sehr gering. Denn nach der Kartelltheorie ist die Wahrscheinlichkeit für eine Kartellbildung um so höher, je homogener die Produkte sind, je später sich die Produkte im Produktionszyklus befinden und je weniger Anbieter auf dem Markt sind,[296] während strategische Allianzen, wie bereits erwähnt, in Hochtechnologiebranchen besonders relevant zu sein scheinen, wo es sich meistens um Märkte mit hoher Wachstumsrate und um sich noch in der Entwicklungsphase befindlichen Gütern handelt. Diese Märkte werden mit besonders aktiven FuE-Aktivitäten und Dynamik beschrieben, wodurch immer neuere Produkte entwickelt und somit die Homogenität der jeweiligen Produkte auf ein tiefes Niveau reduziert wird. Die Befürchtung, die Wahrscheinlichkeit der Kartellbildung in Hochtechnologiebranchen sei wegen ihrer oligopolistischen Marktstruktur doch hoch, kommt lediglich aus einem kurzen Sicht- und Zeithorizont. Häufig werden strategische Allianzen von vornherein nur für eine beschränkte Zeit eingegangen. Über die Allianz versuchen die Allianzpartner, die Stärken des anderen nicht nur zu nutzen, sondern sogar zu verinnerlichen. Überdies kann der Wettbewerb noch intensiver werden.

Andererseits kann das Argument für die Förderung strategischer Allianzen nur dann gerechtfertigt werden, wenn das aus der Kooperation im FuE-Bereich generierte technische Wissen ein öffentliches Gut ist, dessen Nutzung durch Nicht-Allianzpartner nicht ausgeschlossen wird. Dies wird gerade durch die Existenz strategischer Allianzen widerlegt: wenn also das Ausschlußprinzip nicht funktionieren würde, gäbe es keinen Grund mehr für die Gründung strategischer Allianzen.[297]

Es ist also die wirtschaftspolitische „Aufgabe", Interventionen in die Entwicklung von strategischen Allianzen im FuE-Bereich zu unterlassen, nämlich weder zu fördern noch zu verhindern. Der Staat hat allerdings etwas zu tun, und zwar die Verfolgung einer strikten Wettbewerbspolitik auf den Produktmärkten und die Beseitigung von Marktzugangsbeschränkungen gegenüber sowohl Inländern als auch Ausländern. Denn Wettbewerbsbeschränkungen ergeben sich nicht selten aus dem interventionistischen Verhalten der Regierung, die die Heimindustrie fördern und vor ausländischen Konkurrenten schützen will.

---

296 Vgl. hierzu Scherer/Ross, 1990, Chapter 8; Okuno u.a., 1980.

297 Vgl. Voigt, 1993, S. 248.

2.3.5.2 Wettbewerb, FuE und Wachstum

In den Modellen der neuen Wachstumstheorie wird davon ausgegangen, daß FuE mit externen Effekten verbunden ist mit der Folge, daß unter rein marktwirtschaftlichen Bedingungen in die FuE zu wenig investiert und damit eine suboptimale Wachstumsrate einer Volkswirtschaft erzielt wird. Eine staatliche FuE-Subvention könnte dann die Externalität bei FuE aufheben und die Wachstumsrate erhöhen.

Die Problematik bei den wirtschaftspolitischen Empfehlungen der neuen Wachstumstheorie liegt aber darin, daß sie von den in den Modellen zugrundeliegenden Annahmen völlig abhängig sind und schon bei einer kleinen Variation der Annahmen die Ergebnisse zu sensibel variieren. Unter der Berücksichtigung des Informationsproblems bei staatlichen Entscheidungsträgern und der ausländischen Reaktionen kann man aus der neuen Wachstumstheorie keine eindeutige, zuverlässige wirtschaftspolitische Empfehlung ableiten. Daneben gibt es sogar widersprüchliche Ergebnisse, nämlich FuE-Besteuerung statt FuE-Subvention.

Externe Effekte, die die Divergenz zwischen privatem und sozialem Nutzen und somit die suboptimalen Ressourcenallokation mit sich bringen, können freilich ein Marktversagen und die Notwendigkeit für ihre Internalisierung darstellen. Dies bedeutet aber nicht, daß der Staat automatisch mit seiner interventionistischen Wirtschaftspolitik in die Marktprozesse einsteigen soll. Wie in den Marktlösungsmöglichkeiten erläutert, können manche Probleme mit der Externalität bei FuE über den Markt, also durch Patente und Lizenzen erforschter Ergebnisse internalisiert werden. Durch die in jüngster Zeit zunehmende Bedeutung gewinnenden strategischen Allianzen können die Probleme mit externen Effekten im weiterem Maße privatwirtschaftlich gelöst werden. Erst bei darüber hinaus gehenden Problemen könnten staatliche Eingriffe in die Marktprozesse als letzte Auffangmaßnahmen in Betracht kommen. Allerdings soll man auch in solchen Fällen sorgfältig überprüfen, ob die Maßnahmen zur Erreichung optimaler Ressourcenallokation geeignet sind.

Die mangelnde Schutzwirkung des Patentes gilt vor allem für den Fall öffentlicher Güter. Aufgrund der Nichtrivalität beim Konsum wäre es ökonomisch sinnvoll, daß das technische Wissen, das als öffentliches Gut bezeichnet würde, durch den Staat angeboten und allen Nachfragern unentgeltlich zur Verfügung gestellt wird. Dies gilt doch lediglich bei der Grundlagenforschung. Bei den angewandten Forschungen hingegen müßten einzelne FuE sorgfältig überprüft werden, ob und – wenn überhaupt – inwieweit die Forschungsergebnisse auch von anderen Unternehmen aber auch von Ausländern benutzt werden können. Damit die gesellschaftliche Wohlfahrt maximiert wird, müßte die FuE eines Unternehmens dann genau in dem Maße durch den Staat finanziell unterstützt werden, wie die FuE-Ergebnisse eines Unternehmens auch für andere nützlich sind, also genau in dem Umfang der Externalität. Mit zunehmender Marktnähe der FuE nehmen die externen Effekte kontinuierlich ab und dann müßte auch die staatliche Unterstützung dementsprechend zurückgehen. Es ist durchaus zu bezweifeln, ob staatliche Entscheidungsträger über die jeweilige Marktnähe der FuE und damit auch deren Maße an Externalitäten tatsächlich informiert sind.

Um wirtschaftspolitische Eingriffsziele zu erreichen, nämlich um den „richtigen" Umfang der Externalität zu neutralisieren, sollen die staatlichen Interventionen die Anforderungen der pareto-optimalen Internalisierung externer Effekte erfüllen.[298] Hierbei handelt es sich zuerst um Treffsicherheit und statische Effizienz: d.h., daß die betreffenden externen Effekte „exakt", nämlich ohne Über- oder Unterschreitung zu geringstmöglichen Kosten internalisiert werden sollen. Daneben sollen die staatlichen Interventionen auch die Forderung nach der dynamischen Effizienz gewährleisten. Hier geht es um Anreizwirkungen, die im Fall der positiven externen Effekte die Suche nach solchen Verfahren ermöglichen, „mittels derer die sinnvoll – d.h. zu vertretbaren Kosten – zu erzeugenden positiven Externalitäten möglichst kostengünstig bereitgestellt werden können."[299] Dazu müßten die staatlichen Entscheidungsträger über die relevanten Informationen – bspw. über die Präferenzen und die Kostenstruktur einzelner Wirtschaftseinheiten, die Wirkungskette und die (Neben-) Kosten der staatlichen Maßnahmen[300] – verfügen, was in der Realität kaum möglich ist. Insbesondere bei den technologieintensiven Industrien, welche sich durch ständig neue Produktentwicklungen und atemberaubendes Innovationstempo auszeichnen, sind für staatliche Entscheidungsträger die Probleme der Informationsgewinnung noch gravierender.[301]

In bezug auf die Schwierigkeit der Informationsgewinnung ist es nicht auszuschließen, daß staatliche Entscheidungsträger bei Förderungsentscheidung auf diejenigen Informationen angewiesen sind, die Unternehmen dem Staat übergeben haben. Dies führt regelmäßig zur Bevorzugung von Großunternehmen, denn sie sind organisatorisch, personell und finanziell eher in der Lage als kleine und mittlere Unternehmen, durch gezielte Lobbyaktivitäten die technologiepolitischen Zielsetzungen des Staates zu ihren Gunsten zu beeinflussen.[302] Kleine und mittlere Unternehmen, die möglicherweise

---

298 Vgl. etwa Fritsch u.a., 1996, S. 86-87.

299 Fritsch u.a., 1996, S. 86-87.

300 Zu den mit dem Staatseingreifen verbundenen Kosten müssen neben den bezahlten Subventionsbeträgen auch die mit den für die Subvention zu erhebenden Steuern verbundenen Kosten sowie die aufgrund der Allokationsverzerrung entstehenden Kosten gerechnet werden. Nicht zu unterschätzen sind auch die Transaktions- bzw. Informationskosten. Vgl. Fritsch u.a., 1996, S. 63-65.

301 Vgl. dazu FAZ, 1.9.1999, S. 17: Multimedias neue Bescheidenheit.

302 Vgl. Donges, 1988, S. 150.

größeres Potential von FuE bzw. Innovationen als Großunternehmen haben,[303] würden leer ausgehen, wie Tabelle 3 zeigt. Dies kann auch damit erklärt werden, daß staatliche Entscheidungsträger bei mangelnden Informationen nur wenige sogenannte Prioritätsbereiche, große Projekte von großen Unternehmen, in ihre Entscheidung einbeziehen, während kleine, Nicht-Prioritäts-Projekte, nicht oder nur am Rande der Entscheidung behandelt werden.[304]

Tabelle 3 Verteilung der Forschungssubventionen auf Unternehmensgrößenklassen (nach Jahresumsatz) in % in Deutschland 1971-1991

Umsatz in Mio. DM	1971	1973	1975	1977	1983	1985	1987	1989	1991	Mittel
unter 5	0,2	0,6	0,2	0,9	18,4	14,3	4,0	1,6	1,9	4,7
5-10	0,1	0,2	0,2	0,5	0,8	0,7	0,5	0,3	0,9	0,5
10-50	8,0	0,4	2,2	1,3	5,8	3,1	2,4	2,4	3,8	3,3
50-100	5,9	5,8	1,2	4,5	2,2	3,5	4,4	3,5	4,2	3,9
100-250	6,4	12,6	14,8	12,3	7,2	7,2	3,5	2,3	2,5	7,5
250-500	4,6	2,5	7,2	9,6	3,4	1,8	9,8	7,5	8,2	6,1
500-1000	15,6	7,6	3,3	3,4	6,9	7,7	10,1	6,4	4,8	7,3
über 1000	59,1	70,3	70,8	69,7	55,2	61,6	65,3	75,9	73,6	66,8

Quelle: Meyer, 1994, S. 106.

Wenn man davon ausgeht, und es scheint doch realistisch, daß Unternehmen diejenigen FuE-Projekte, die gute Erfolgsaussichten haben und für sie selbst von großer Bedeutung sind, in eigener Regie durchführen und deren Ergebnisse nicht öffentlich bekanntgeben wollen, wird es zu einer bedenklichen Konsequenz für staatliche FuE-Unterstützung kommen. Es kann sich dann sogar ergeben, daß nur für diejenigen Projekte, die geringe Erfolgsaussicht und wenig Bedeutung für das Unternehmen selbst haben aber erhebliche Risiken aufweisen, staatliche Hilfen beantragt werden. Als Folge würde der Staat nur „inferiore“ Projekte übernehmen und finanzieren.

Aber selbst wenn die staatlichen Entscheidungsträger über die nötigenden Informationen verfügten, müßte man weiter an die Kosten für FuE-Subventionen denken. Für die FuE-Subventionen müssen nicht nur Finanzmittel beschafft werden, sondern zusätzlich dazu muß „ein System von Kontrollen und Sanktionen eingerichtet werden, um die Beteiligten zu einem dem angestrebten Pareto-Optimum entsprechenden Verhalten

303 Dazu vgl. Frisch, 1993, Kapitel 2.

304 Vgl. Luckenbach, 1986, S. 182.

zu veranlassen,“[305] was normalerweise immer zu weiteren bürokratischen Kontrollmaßnahmen und somit auch zur Kostenbelastung des Staates führt.

Noch ein wichtigerer Kostenfaktor sind die sogenannten indirekten Regulierungskosten, nämlich die indirekte Belastung des privaten Sektors infolge der erlassenen Regulierungsvorschriften. Wie Tabelle 4 zeigt, betragen z.B. die direkten Regulierungskosten in den USA im Jahr 1976 „nur“ ca. 3 Mrd. Dollar, während die indirekten Kosten ca. 63 Mrd. Dollar, also mehr als zwanzigmal so groß wie die unmittelbaren Regulierungskosten sind. Die Gesamtkosten der Regulierung von 66 Mrd. Dollar entsprechen etwa 3,6 vH des amerikanischen BSP des betrachten Jahres.[306]

Tabelle 4 Direkte und indirekte Kosten der Regulierung in USA 1976

Direkte administrative Kosten	3,2 Mrd. Dollar
Indirekte Belastung des privaten Sektors	62,9 Mrd. Dollar
Gesamtkosten der Regulierung (Bundesebene)	66,1 Mrd. Dollar

Quelle: Frey, 1981, S. 107.

Insgesamt gesehen ist das Vorhandensein externer Effekte bei FuE kein überzeugendes Argument dafür, FuE-Aktivitäten von privaten Unternehmen staatlich zu fördern. Förderungswürdig ist allenfalls die Grundlagenforschung. Für den Fall angewandter Forschung hingegen gibt es mehrere Möglichkeiten, externe Effekte marktkonform zu internalisieren. Erst dann, wenn diese marktwirtschaftlichen Internalisierungsmechanismen nicht angewendet werden könnten, könnte staatliche FuE-Förderung in Betracht gezogen werden. Dabei setzt der Staat sich jedoch den kaum lösbaren Informationsproblemen aus, so daß aus gesamtwirtschaftlicher Sicht Über- oder Unterangebot an FuE unvermeidlich zu sein scheint. Wenn also zumindest Zweifel an der Eignung interventionistischer Maßnahmen bestehen, sollte der Staat lieber die Eingriffe in die Marktprozesse unterlassen.

Statt der selektiven Förderung der FuE privater Unternehmen sollte der Staat seine Aufgabe darauf konzentrieren, marktwirtschaftliche Internalisierung externer Effekte zu unterstützen und zu beschleunigen. Dazu gehören unter anderem die Erweiterung und die Ergänzung des vorhandenen Patentgesetzes sowie die Verfolgung harter Sanktionen gegen patentgesetzwidrige Verhalten von Wirtschaftssubjekten. Besonders in Asien, aber auch in Korea, wo das Eigentumsrecht auf FuE-Ergebnisse nicht selten verletzt wird, wird dies zur Internalisierung externer Effekte bei FuE und damit zur

[305] Bössmann, 1979a, S. 149.

[306] Vgl. Frey, 1981, S. 106-107.

Erhöhung der Anreize, in die FuE zu investieren, gut beitragen. Die strategischen Allianzen zwischen Unternehmen, inklusive ausländischer Unternehmen, im FuE-Bereich, die die natürliche Reaktion von Unternehmen auf die Globalisierung der Wirtschaft, auf den immer härter gewordenen Wettbewerb sowie die zunehmende Komplexität von Produkten sind, sollten durch willkürliches Verhalten des Staates nicht behindert werden.

Für die FuE- und damit die Wachstumsförderung sollte der Staat statt der selektiven Industriepolitik strikte Wettbewerbspolitik betreiben, indem die Märkte liberalisiert und weiter geöffnet werden, und zwar nicht nur für inländische, sondern auch für ausländische Anbieter. „Kein Wirtschaftssystem besitzt dieselbe zentralisierende Kraft wie die Marktwirtschaft. Diese überlegene Koordinationskraft des marktwirtschaftlichen Systems beruht auf seiner Fähigkeit, dem einzelnen ein Maximum an Anreiz zu schaffen, die auch für andere relevante Information, über die er verfügt, durch Handlungen auf dem Markt anderen zu übermitteln."[307] Ohne Wettbewerbs- und Anpassungsdruck, „der die kapitalistische Maschine in Bewegung setzt und hält,"[308] verlangsamt sich die FuE-Intensität von Unternehmen.[309] Wettbewerb als Entdeckungsverfahren, das freie Spiel der Marktkräfte, wird dafür sorgen, nicht nur das in einer Wirtschaft vorhandene Wissen optimal zu alloziieren, sondern auch neues Wissen entstehen zu lassen und intensiv zu benutzen.[310] Denn, wie Schumpeter behauptet, die Verwirklichung jener technischen Fortschritte gehört zum Wesen der Jagd des Geschäftsmanns nach Gewinnen.[311] Dazu sollte der Staat eine adäquate Institution schaffen, welche das Marktwirtschaftssystem bzw. den Wettbewerb stärkt und damit die treibende Kraft des technischen Fortschritts in Bewegung setzt.

---

307 Weizsäcker, 1980, S. 811.

308 Schumpeter, 1993, S. 137.

309 Vgl. Kasper, 1988, S. 133-134. Die Wettbewerbseffekte gelten nicht nur für die aktuelle Konkurrenz, sondern auch für den Fall „Contestability" von Baumol, 1982.

310 Vgl. Hayek, 1945 sowie 1968.

311 Vgl. Schumpeter, 1993, S. 180-181.

III Messung und Bestimmungsgründe internationaler Wettbewerbsfähigkeit

1 Wettbewerbsfähigkeit als Absatzfähigkeit

Die Wachstumsdynamik der koreanischen Wirtschaft ist entscheidend der raschen Entwicklung des koreanischen Außenhandels und somit der internationalen Verflechtung zuzuschreiben. Seit der Einführung des ersten Fünfjahres-Wirtschaftsplans 1962 stieg der Anteil des Außenhandels am koreanischen BSP im Laufe der siebziger und achtziger Jahre von 20 auf 60 vH. Er erreichte seinen Höhepunkt im Jahr 1981 mit 71 vH und sinkt danach langsam auf 50 vH (Vgl. Abbildung 9). Er bleibt trotzdem auf hohem Niveau im Vergleich zu anderen Ländern.[1]

Abbildung 9 Außenhandel als Anteil am BSP (vH)

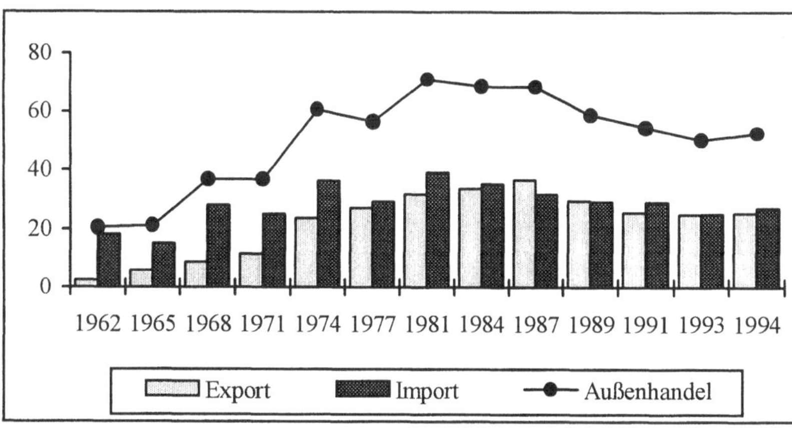

Quelle: KSY sowie Sakong, 1993, S. 226-227.

Der Außenhandel beinhaltet natürlich zwei Seiten: Export und Import. Korea als ein rohstoffarmes Land muß den größten Teil seines Rohstoffbedarfs importieren. Auch Teile der Investitionsgüter müssen importiert werden. Darüber hinaus fragen Koreaner

---

1 Bspw. ist im Jahr 1993 der Anteil des Außenhandels am BSP anderer Länder: USA (17 vH), Japan (14 vH), Deutschland (42 vH), Mexiko (1992: 24 vH) und Taiwan (73 vH). Nach dem gemäß einem ökonometrischen Modell, in dem die Exportquote des Jahres 1987 und die Ländergröße (gemessen an der Bevölkerung) in Beziehung gesetzt sind, liegt die Exportquote Koreas mit ca. 40 vH des BSP und mit ca. 40 Mill. Bevölkerung weit über dem Durchschnittswert von 24 vH des BIP, einmal abgesehen vom Unterschied der Größenordnung zwischen BSP und BIP. Vgl. zu dem Modell Klodt/Schmidt u.a., 1989, S. 16-17.

ausländische Produkte nach, weil sie billiger sind oder weil sie ihren Präferenzen besser entsprechen als die in Korea hergestellten Produkte. Um solchen Importbedarf zu befriedigen, sind Devisen erforderlich, die zum größten Teil mit dem Export von Industrieprodukten verdient werden müssen. Über ein Fünftel des BIP Koreas ist dem Export zuzuschreiben; etwa ein Sechstel der Arbeitsplätze sind vom Export abhängig; der Beitrag des Exports zur Wachstumsrate beträgt ca. 40 vH.[2] Die Exporterfolge der koreanischen Wirtschaft sind damit nicht nur für die Importleistung wichtig, sondern darüber hinaus auch für die Lage auf dem Arbeitsmarkt und für das anhaltende Wachstum.[3]

Nach einem großen Wirtschaftserfolg zwischen 1986 bis 1989 sieht sich das Land abgeschwächten Wachstumsraten und immer weiter steigenden Leistungsbilanzdefiziten gegenüber. Das seit dem Jahr 1990 wieder ins Negative umgeschlagene Leistungsbilanzdefizit Koreas geht weiter in die Höhe. Es beträgt ca. 23 Mrd. Dollar im Jahr 1996, und macht etwa 4,9 vH des koreanischen BSP des gleichen Jahres aus. Dementsprechend steigt die Brutto-Auslandsverschuldung auf 102 Mrd. Dollar – ca. 21 vH des BSP – und schrumpfen die Währungsreserven.[4]

Im Jahr 1993 hat die koreanische Regierung eine sogenannte „Verstärkungspolitik der internationalen Wettbewerbsfähigkeit der koreanischen Wirtschaft“ angekündigt.[5] Den seit dieser Ankündigung geführten wirtschaftspolitischen Diskussionen und Bemühungen fehlt allerdings weitgehend die konzeptionelle Basis. Es gibt keine oder nur eine vage Definition dessen, was unter der internationalen Wettbewerbsfähigkeit einer Volkswirtschaft zu verstehen ist. Ausschlaggebendes Beispiel dafür ist: In Korea ist die bestimmende Zielgröße, die für die Erhöhung der internationalen Wettbewerbsfähigkeit Koreas erreicht werden soll, von der Regierung vorgegeben, also: „Erhöhung der internationalen Wettbewerbsfähigkeit um über 10 vH.“[6] Die Frage, worauf diese 10-prozentige Zielgröße bezogen ist, bleibt bis dato noch im Dunkeln. Ohne Bezugsbasis und ohne präzise Definition der internationalen Wettbewerbsfähigkeit hat diese Vorgabe die Funktion einer Kampagneziels, das mittels emotionaler Appelle an Bevölkerung – „Laß uns weiter den Gürtel enger schnallen“ – durchgeführt wurden und letztlich auch keinen Erfolg erzielte.[7] Am Ende des Jahres 1997 hat das Land den

---

2 FKI, 1986, S. 167. In diesem Sinne spricht man in Korea vom „Export als Wachstumsmotor“.

3 Vgl. Orlowski, 1982, S. 1.

4 Vgl. Tabelle A-2.

5 Vgl. dazu EPB, 1993.

6 Vgl. etwa Maeil, 19. 11. 1996, S. 1 und 3.

7 Es gab zahlreiche Kundgebungen fast in jeden Bereichen der Gesellschaft. Bei den Kundgebungen wurden die jeweiligen Beschlüsse bekanntgegeben: z.B. in der Regierung (Verkürzung der Budgetsumme um 10 vH), in Unternehmen in einzelnen Branchen und in dem Arbeitgeberverband (Kostensenkung um 10 vH oder Produktivitätserhöhung um 10 vH), in Gewerkschaften

Strudel der Asienkrise nicht überwinden können und war letztlich auf die IWF-Beihilfe angewiesen.

Die Fragen, was die internationale Wettbewerbsfähigkeit einer Volkswirtschaft ist und wie man sie erkennen kann, ob sie sich verbessert oder verschlechtert, sind in der praktischen Wirtschaftspolitik aber auch in der Literatur nicht eindeutig beantwortet, obwohl es eine Fülle von Arbeiten über die Wettbewerbsfähigkeit der meisten Industrieländer gibt. In den meisten Fällen zeigt sich allerdings ein gemeinsamer Nenner in bezug auf die Definition der internationalen Wettbewerbsfähigkeit einer Volkswirtschaft. Danach ist unter der internationalen Wettbewerbsfähigkeit einer Volkswirtschaft zu verstehen: „die Fähigkeit aller Unternehmen einer Volkswirtschaft ..., die von ihnen hergestellten Güter am Markt abzusetzen und dabei langfristig einen angemessenen Gewinn zu erzielen."[8] Diese Definition stützt sich darauf, daß die internationale Wettbewerbsfähigkeit einer Volkswirtschaft durch einfache Übertragung aus der Wettbewerbsfähigkeit eines Unternehmens abgeleitet werden kann.

Zur Erhöhung der Absatzfähigkeit eines Unternehmens tragen in der Regel zwei verschiedene Formen der Wettbewerbsfähigkeit bei: preisliche und nicht-preisliche Wettbewerbsfähigkeit. Für die preisliche Wettbewerbsfähigkeit sind die Preise der in- und ausländischen Produzenten und der Wechselkurs von großer Bedeutung. Neben der preislichen Wettbewerbsfähigkeit spielen die nicht-preislichen Komponenten der Absatzfähigkeit wie Qualität, Design, Service, Lieferpünktlichkeit, Finanzierungsbedingungen usw. eine große Rolle. Ein Unternehmen kann sich über niedrigere Kosten, über niedrigere Preise als seine Konkurrenten und/oder über Verbesserung der Qualität usw. im Wettbewerb behaupten und darüber hinaus seine Marktanteile vergrößern.

Nach dem Absatzfähigkeitsansatz ist die Wettbewerbsfähigkeit einer Volkswirtschaft mit der oben geschilderten Wettbewerbsfähigkeit eines Unternehmens gleichzusetzen.[9] Die Wettbewerbsfähigkeit einer Volkswirtschaft wird dann als die aggregierte Wettbewerbsfähigkeit ihrer Unternehmen, die der internationalen Konkurrenz ausgesetzt sind, begriffen.[10] Bei diesem Absatzfähigkeitsansatz – „Ability to Sell"[11] – spielen unter anderem zwei Indikatoren in der öffentlichen Diskussion eine vorherrschende

(Zurückhaltung bei Tarifverträgen), in Finanzinstituten (Zinssenkung) und sogar in privaten Haushalten (Konsumeinschnitt um 10 vH). All die Kundgebungen und Beschlüsse waren von der Regierung mehr oder weniger erzwungen. Vgl. dazu Maeil, 19.10.1996, S. 2. Keiner der Beschlüsse ist in die Tat umgesetzt worden, auch nicht die Budgetverkürzung der Regierung selbst.

8 Orlowski, 1982, S. 5.

9 Vgl. Abbildung A-2.

10 Vgl. Orlowski, 1982, S. 11-12.

11 Balassa, 1964, S. 26.

Rolle, nämlich Leistungsbilanzsalden und Marktanteile.[12] Ein Anstieg der Absatzfähigkeit, also ein Anstieg der internationalen Wettbewerbsfähigkeit einer Volkswirtschaft schlägt sich in einem Leistungsbilanzüberschuß nieder, da unter sonst gleichen Umständen ein größerer Teil der Nachfrage des In- und Auslandes auf inländische Güter gelenkt wird. So werden Leistungsbilanzüberschüsse als Zeichen hoher und Leistungsbilanzdefizite als Zeichen geringer Wettbewerbsfähigkeit interpretiert.[13] Auch die Salden der sektoral oder regional disaggregierten Unterkonten der Leistungsbilanz werden als gute oder schlechte Wettbewerbsfähigkeit einer Volkswirtschaft in den jeweiligen Bereichen angesehen. Gleiches Argument gilt bei der Interpretation von Weltmarktanteilen. Dabei werden die Leistungsbilanzdefizite und die Verminderung der Weltmarktanteilen eines Landes nicht selten als Argument benutzt, wirtschaftspolitische Eingriffe in den Außenhandel mit der Absicht einer Erhöhung der internationalen Wettbewerbsfähigkeit zu begründen,[14] jedoch ohne ausführliche Analysen der tatsächlichen Ursachen dieser Leistungsbilanzdefizite und der verminderten Weltmarktanteile.

Kein Land dürfte in allen regional oder sektoral disaggregierten Unterkonten der Leistungsbilanz entweder nur Überschüsse oder nur Defizite zeigen. Daß ein Land in einigen Unterkonten der Leistungsbilanz Überschüsse zeigt, während die anderen Unterkonten Defizite aufweisen, scheint daher vollkommen normal zu sein. Dies – teils Überschüsse und teils Defizite – kann vielmehr als Ausdruck einer funktionierenden internationalen Arbeitsteilung interpretiert werden.[15] So können sich auch die Exporte und daher die Weltmarktanteile derjenigen Güter, die z.B. von Inländern mehr als vorher nachgefragt sind, vermindern, wenn alle anderen Bedingungen konstant bleiben. Es wäre daher kein Wunder, daß diejenigen Probleme, die eigentlich beseitigt werden sollen, von den ohne jegliche Ursachenanalyse eingeführten wirtschaftspolitischen Maßnahmen zur Erhöhung internationaler Wettbewerbsfähigkeit unberührt bleiben oder sogar verschlimmert werden,[16] obwohl dadurch die „gewünschten“ Ziele in ihrem Sinne, also in Form der Verbesserung der Leistungsbilanz und der Marktanteile erreicht werden können.

---

12 Die Leistungs- bzw. „Handelsbilanz eines Landes zeigt dem Wesen nach die internationale Wettbewerbsfähigkeit dieses Landes“; der Verlust der Marktanteile koreanischer Produkte auf den Welt- vor allem auf den USA-Märkten bedeutet die fatale Abschwächung der internationalen Wettbewerbsfähigkeit Koreas. Vgl. Hankook, 6.3.1996, S. 3 und 14.6.1996, S. 3.

13 Vgl. Boroch, 1995, S. 318.

14 Vgl. etwa FKI, 1986, S. 167-168.

15 Vgl. Dluhosch u.a., 1992, S. 1-2.

16 Es ist insofern bedenklich, daß z.B. die koreanische Regierung seit 1993 ihren wirtschaftspolitischen Schwerpunkt auf die Erhöhung der internationalen Wettbewerbsfähigkeit der koreanischen Wirtschaft gelegt und intensiv betrieben hat, und daß trotzdem im Jahr 1997, ein Endjahr der Amtszeit der damaligen Regierung, Korea auf IWF-Hilfe angewiesen wurde.

Es ist somit als problematisch anzusehen, ohne Berücksichtigung von relevanten Größen sowie ohne Analyse der tatsächlichen Ursachen die Leistungsbilanzsalden und die Weltmarktanteile als Indikatoren für die internationale Wettbewerbsfähigkeit einer Volkswirtschaft zu betrachten. In diesem Sinne ist es unumgänglich, hinsichtlich des Absatzfähigkeitsansatzes folgende Frage näher zu prüfen:

- ob der in dem Absatzfähigkeitsansatz angenommene enge Zusammenhang zwischen internationaler Wettbewerbsfähigkeit und Leistungsbilanzsalden und Marktanteilen besteht;
- ob die auf der Absatzfähigkeit beruhenden Indikatoren dafür geeignet sind, als Zeichen der internationalen Wettbewerbsfähigkeit einer Volkswirtschaft interpretiert zu werden;
- darüber hinaus wird versucht die Frage zu beantworten, ob internationale Wettbewerbsfähigkeit als ein sinnvolles wirtschaftspolitisches Ziel erstrebenswert ist.

2 Aussagekraft der auf der Absatzfähigkeit beruhenden Indikatoren

2.1 Leistungsbilanz: ein Indikator für Wettbewerbsfähigkeit?

2.1.1 Saldo der Leistungsbilanz als Ganzer

2.1.1.1 Wechselkurs und Leistungsbilanz

Nach dem Absatzfähigkeitsansatz schlägt sich eine Erhöhung der internationalen Wettbewerbsfähigkeit einer Volkswirtschaft in einem Überschuß der Leistungsbilanz bzw. der Handelsbilanz, die den wichtigsten Bestandteil der Leistungsbilanz ausmacht, nieder. Die Verbesserung der Absatzfähigkeit kann dabei auf einer Verbesserung der preislichen und/oder auf einer Verbesserung der nicht-preislichen Wettbewerbsfähigkeit beruhen. Da die nicht-preisliche Wettbewerbsfähigkeit jedoch nicht leicht quantifizierbar und international vergleichbar ist,[17] bleiben die meisten Versuche, die internationale Wettbewerbsfähigkeit und deren zeitliche Veränderungen zu messen, auf den Teilaspekt der „Preiswettbewerbsfähigkeit" beschränkt. Bei der preislichen Wettbewerbsfähigkeit spielen relative Preise zwischen inländischen und ausländischen Produkten eine wichtige Rolle. Dabei werden Wechselkurse als ein wichtiges Element der Absatzfähigkeit angesehen. Es wird in der öffentlichen Diskussion oft behauptet, ein Leistungsbilanzungleichgewicht sei das Resultat des Wechselkursungleichgewichts. So wird bspw. immer wieder die Ansicht vertreten, daß der Verlust an Wettbewerbsfähigkeit der koreanischen Wirtschaft in den neunziger Jahren, wo das Land Leistungs-

---

17 Meistens ist die nicht-preisliche Wettbewerbsfähigkeit lediglich auf der Grundlage von Unternehmensbefragungen erfaßbar.

bilanzdefizite zeigte, in der Überbewertung der koreanischen Währung Won gründete.[18]

Der Zusammenhang zwischen Wettbewerbsfähigkeit bzw. der als deren Erscheinungsform angesehenen Leistungsbilanzsalden und Wechselkursen kann aus einer Reihe von Wirkungsanalysen der Wechselkursänderungen auf die Leistungsbilanz abgeleitet werden. Dazu gehören unter anderem: der Elastizitätsansatz und die Finanzmarkttheorie des Wechselkurses.

2.1.1.1.1 Wirkungen der Wechselkursänderungen

Bei dem Elastizitätsansatz handelt es sich um die Analyse der Effekte einer Wechselkursänderung auf die Handelsbilanz. Ausgehend von der Definition des Saldos der Leistungsbilanz aus der Differenz zwischen dem Exportwert (X) und dem Importwert (M), nämlich Saldo der Leistungsbilanz = $X - M = x \cdot Px - m \cdot Pm^* \cdot w$, wobei x, m = Export- und Importmengen; Px, Pm* = Preise von Export- und Importgütern in jeweiliger Landeswährung; w = Wechselkurs,[19] werden die Bedingungen untersucht, unter denen eine Abwertung inländischer Währung zur normalen Reaktion der Leistungsbilanz führt, unter der man versteht, daß sich die inländische Leistungsbilanz bei einer Abwertung der inländischen Währung verbessert.[20] Eine Abwertung der inländischen Währung verbilligt die Inlandsprodukte auf dem ausländischen Exportmarkt in ausländischer Währung, verteuert dagegen die Auslandsprodukte auf dem inländischen Importmarkt in inländischer Währung. Die Inlandsprodukte werden mehr nachgefragt, die ausländischen Produkte aber weniger. Dies führt zur Zunahme der Exportmenge und zur Abnahme der Importmenge. Ob sich dadurch die Leistungsbilanz verbessert, ist aber noch nicht bestimmbar. Denn: Unter der Annahme, daß die Güterpreise in jeweiliger Landeswährung unverändert bleiben, führt der Anstieg der Exportmenge eindeutig zur Erhöhung des Exportwertes, gemessen in inländischer Währung; auf der Seite des Importwertes sinkt die Importmenge einerseits, steigt jedoch der Importpreis $Pm^* \cdot w$, gemessen in inländischer Währung, aufgrund der Abwertung andererseits. Der Importwert kann steigen, fallen oder konstant bleiben, und zwar je nach der Höhe der Elastizität der Importnachfrage.[21] Eine normale Reaktion der Leistungsbilanz ist dann

---

18 Vgl. z.B. Maeil, 17.12.1996, S. 2 sowie 27.1.1997, S. 5.

19 Hier wird die Leistungsbilanz in inländischer Währung erfaßt. Daneben gibt es die Erfassungsform der Leistungsbilanz in Fremdwährung z.B. Dollar. Außer der Tatsache, daß auf Grund der Wechselkursänderungen Exportpreise im Fall der Leistungsbilanz in Fremdwährung und währenddessen Importpreise im Fall der Leistungsbilanz in inländischer Währung variieren, gibt es allerdings keine besonderen inhaltlichen Unterschiede zwischen beiden Erfassungsformen. Das gilt unter anderem bei dem Vorliegen der Marshall-Lerner-Bedingung. Zu der in Fremdwährung (Dollar) ausgedrückten Leistungsbilanz siehe Rose, 1988, S. 585-587.

20 Vgl. dazu Jarchow/Rühmann, 1991, S. 55.

21 Vgl. Rose, 1989, S. 55-57.

gegeben, wenn der Exportwert stärker als der Importwert steigt, oder wenn der Importwert sogar fällt.

Diese Unbestimmtheit der Effekte der Abwertung auf die Leistungsbilanz führt also zur Notwendigkeit der Analyse der jeweils relevanten Elastizitäten. Allgemein ist eine normale Reaktion „um so eher zu erwarten, je elastischer die Import- und die Exportnachfrage sind."[22] Unter den Annahmen, die Elastizitäten des Export- und des Importangebots seien unendlich und die Leistungsbilanz sei im Ausgangszustand ausgeglichen, reagiert die Leistungsbilanz immer normal auf die Abwertung der inländischen Währung, wenn die Summe der absoluten Elastizitäten der Export- und Importnachfrage den Wert Eins übersteigt – Marshall-Lerner-Bedingung –. Die Robinson-Bedingung, in der die der Marshall-Lerner-Bedingung zugrunde liegenden Annahmen aufgehoben und statt dessen eine unausgeglichene Leistungsbilanz und endliche Elastizitäten des Angebots unterstellt sind, zeigt weiterhin, daß auch unter diesen gelokkerten Bedingungen die normale Reaktion der Leistungsbilanz möglich ist.[23]

Hinsichtlich der Wirtschaftspolitik impliziert der Elastizitätsansatz, daß ein Land versuchen könnte, über die Abwertung seine Leistungsbilanz zu verbessern, wenn die dafür erforderlichen Bedingungen erfüllt sind. Hier sprach man aber lange Zeit von Elastizitätspessimismus: „man war also der Meinung, daß eine Abwertung die Dinge nur schlechter, aber keineswegs besser machen könne, da insbesondere die Nachfrageelastizitäten zu niedrig seien, um Hoffnungen auf eine Verbesserung der Leistungsbilanz zu rechtfertigen."[24] Nach jüngeren empirischen Forschungen haben die Elastizitäten dagegen so hohe Werte aufgewiesen, daß die Bedingungen des Elastizitätsansatzes erfüllt werden können. Eine wesentliche Ursache für die Erhöhung der Elastizitätswerte ist darin zu finden, daß im Zeitablauf relativ preisunelastische Rohstoffe an Bedeutung im Außenhandel verloren haben, während relativ preiselastische Industriegüter in den Mittelpunkt gerückt sind.[25] Seither tritt der Elastizitätsoptimismus an die Stelle des Elastizitätspessimismus.

Die Schwäche des Elastizitätsansatzes liegt allerdings darin, daß dort die Wechselkursänderungen einfach als exogen gegebene Größen betrachtet werden. Diese könnte aber möglicherweise mit der Finanzmarkttheorie des Wechselkurses beseitigt werden. Dort werden Wechselkurse ausschließlich durch Kapitalströme bestimmt. Die Wechselkursänderungen finden dabei weitgehend unabhängig von Güterströmen statt. In der Finanzmarkttheorie des Wechselkurses, insbesondere in dem Portfolio-Balance-Ansatz

---

22 Rose, 1989, S. 58.

23 Zur Marshall-Lerner- und Robinson-Bedingung siehe etwa Dieckheuer, 1991, S. 114-118.

24 Rose, 1988, S. 588.

25 Vgl. Willms, 1992, S. 44.

sind Kapitalbewegungen aus Entscheidungen über das Gesamtvermögen abzuleiten.[26] Einem repräsentativen Investor mit einem im Entscheidungszeitpunkt exogen bestimmten Gesamtvermögen stehen bspw. drei Anlagealternativen zur Verfügung: inländische Währung, in- und ausländisches Wertpapier, die als unvollständige Substitute gelten. Der Investor entscheidet sich nun über die optimale Anlagestruktur seines Vermögens, und zwar unter der Berücksichtigung sowohl der Renditen als auch der Risiken der jeweiligen Alternativen. Wenn angestrebte und tatsächliche Anlagestruktur auch unter der Berücksichtigung erwarteter Wechselkursänderung voneinander abweichen, kommt es zu Kapitalbewegungen und damit auch zu Wechselkursänderungen aufgrund der mit den Kapitalbewegungen verbundenen Devisennachfrage und des Devisenangebots.

So werden in der Finanzmarkttheorie – anders als im Elastizitätsansatz – die Wechselkursänderungen erklärt und nicht einfach als gegebenes Datum angenommen. Der Wechselkurs wird jedoch dort lediglich auf den Finanzmärkten bestimmt. Dieser Ansatzpunkt unterstützt sich seinerseits auf die Bedeutung der enormen Devisentransaktionsvolumina, die nicht auf den Güterhandel zurückgeführt werden: Der Weltgüterhandel macht pro Jahr einen Wert etwa 3500 Mrd. Dollar aus, während der Devisenhandel pro Tag etwa 1000 Mrd. Dollar beträgt. „Die Devisenmärkte der Welt bewegen sich also an drei bis vier Tagen die Devisentransaktionen aus Güterhandel eines ganzen Jahres."[27] Dies führt gelegentlich zu der Behauptung, der Wechselkurs bilde sich völlig losgelöst von den realen Gegebenheiten einer Volkswirtschaft aus und stelle für die Gütermärkte eine exogene Größe dar, welche genau wie im Elastizitätsansatz eigenständig die Wettbewerbsfähigkeit und den Saldo der Leistungsbilanz determiniert. So sind die Wirkungen der Wechselkursänderungen auf internationalen Güterströme und auf die Leistungsbilanz genau wie im Elastizitätsansatz abzuleiten.

2.1.1.1.2 Schwäche der Wirkungsanalysen von Wechselkursänderungen

Problematisch ist zunächst die Voraussetzung für die Gültigkeit des Elastizitätsansatzes, es bestehe keine Substitutions- oder Komplementaritätsbeziehungen zwischen Export- und Importgütern. Unterstellt man statt dessen eine Substitutionsbeziehung zwischen beiden Gütern, so werden im Abwertungsland teurer gewordene Importgüter durch Exportgüter substituiert, so daß die erwartete Exporterweiterung nicht in vollem Umfang zustande kommen wird. Die Verlagerung heimischer Nachfrage auf das bisher exportierte Gut bedeutet, daß das für den Export bereitstehende Angebot dieses Gutes abnimmt.[28] Sollten für die Produktion der Exportgüter, die nun im Inland ver-

---

26 Vgl. dazu Bender, 1988 und Größl-Gschwendtner, 1990.

27 Siehe und vgl. Siebert, 1994, S. 280-281.

28 Vgl. Siebert, 1987, S. 476-477.

braucht werden, Rohstoffe und Zwischenprodukte importiert werden, könnte das Leistungsbilanzsaldo durch die Abwertung sogar schlechter werden. Der Anstieg der Exportgüterpreise aufgrund der inländischen Mehrnachfrage nach diesen Gütern ist auch nicht auszuschließen, was dann zur Folge hat, daß die abwertungsbedingte Preiswettbewerbsfähigkeit von inländischen Unternehmen teilweise aufgehoben wird.

Darüber hinaus werden Importgüter nicht selten auch als Roh- und Zwischenprodukte weiter in der Produktion von Exportgütern eingesetzt. Die wegen der Abwertung der inländischen Währung erhöhten Importpreise schlagen auf die Exportgüterpreise mehr oder weniger durch. Besonders Korea als ein rohstoffarmes und semiindustrialisiertes Land ist durch solche komplementären Beziehungen zwischen Export- und Importgütern geprägt. Wie die Abbildung 10 zeigt, verlaufen Export und Import Koreas stets parallel. Korea muß sowohl Rohstoffe als auch Zwischenprodukte sowie Kapitalgüter für die Produktion seiner Exportgüter importieren.[29] Unter solchen Umständen werden Rohstoffe, Zwischenprodukte und Kapitalgüter als Inputgüter für die Produktion der Exportgüter durch die Abwertung der koreanischen Währung teurer, was die abwertungsbedingte primäre Preiswettbewerbsfähigkeit wieder zunichte machen kann.

Abbildung 10 Jährliche Zuwachsrate von Export und Import Koreas gegenüber dem jeweiligen Vorjahr

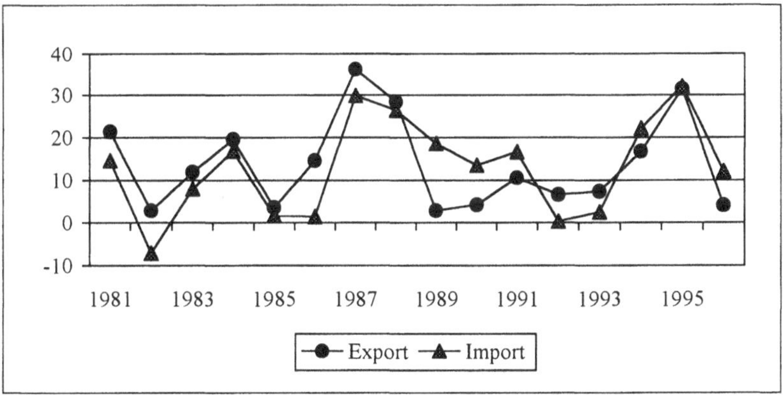

Quelle: KSY.

[29] Der Anteil von importierten Inputfaktoren beträgt in Korea ca. 18 vH der gesamten Inputfaktoren für Industriegüterproduktion. Dies ist 4-fach höher als in Japan mit 4,8 vH. Vgl. Lee, 1997a, S. 40.

Die Einwände gegen den Elastizitätsansatz gelten auch ohne weiteres für die Finanzmarkttheorie des Wechselkurses, in der die Wechselkursänderungen unabhängig von den Güterströmen stattfinden und die Leistungsbilanz gleicherweise wie im Elastizitätsansatz beeinflussen.

Die sowohl im Elastizitätsansatz als auch in der Finanzmarkttheorie des Wechselkurses zugrunde liegende Schwäche ist also, daß sie nur sehr eng gefaßte Wirkungen der Abwertung auf die Leistungsbilanz in die Analyse einbezieht. Berücksichtigt man neben den partiellen Exportnachfrage- und Importnachfrageelastizitäten auch die Substitutions- und Komplementaritätsbeziehungen in der Analyse mit, ist es nicht mehr sicher, daß die Abwertung der inländischen Währung zur Verbesserung der inländischen Leistungsbilanz führt. Es wird auch bezweifelt, daß wirtschaftspolitische Entscheidungsträger über alle die für die Feststellung des „richtigen" Wechselkurses erforderlichen Informationen – nicht nur partielle, sondern auch Kreuzelastizitäten – verfügen.

Auch wenn der „richtige" Wechselkurs mit den dafür erforderlichen Informationen festgestellt werden und er daher zur Verbesserung der Leistungsbilanz führen könnte, stellt diese Verbesserung nur einen kurzfristigen Effekt dar. Mittel- und langfristig übt die Abwertung jedoch keine oder nur nicht nennenswerte Effekte auf die Leistungsbilanzverbesserung aus. In der ersten Phase nach der Abwertung der inländischen Währung verbessert sich die Leistungsbilanz dieses Landes. Mit der Leistungsbilanzverbesserung steigt auch das Volkseinkommen im Rahmen des Multiplikatorprozesses. Damit erhöht sich eben der Import, sofern die marginale Importquote größer als Null ist. „Die endgültige Verbesserung wäre also geringer als die primäre Verbesserung der Leistungsbilanz."[30]

Gerade in der Finanzmarkttheorie des Wechselkurses selbst werden über die kurzfristigen Wirkungen hinaus auch langfristige (Rück-)Wirkungen der Abwertung einer Währung auf die Finanzmärkte sowie die Leistungsbilanz erfaßt. Danach ist die Leistungsbilanzverbesserung direkt nach der Abwertung auf die „Lag-Struktur" des Anpassungsverfahrens, also auf die verzögerte Reaktion des Gütermarktes zurückzuführen. Leistungsbilanzverbesserung heißt zugleich eine zusätzliche Inlands- und Auslandsnachfrage nach inländischen Produkten, die dann die Steigung der Produktion, der Beschäftigung und des Preisniveaus im Inland zur Folge hat. Daraus resultieren nunmehr steigendes Zinsniveau und sinkender Wechselkurs mit Devisenzufluß. Am Ende aller Anpassungsvorgänge werden die alten Niveaus von Wechselkurs und Leistungsbilanz wieder hergestellt.[31] Langfristig hat eine einmalige Abwertung der inlän-

---

30 Siehe und vgl. Rose, 1988, S. 588.

31 Vgl. Bender, 1988; Größl-Gschwendtner, 1990.

dischen Währung somit keine nennenswerten Wirkungen auf die Leistungsbilanz zur Folge.

Der Grundgedanke, daß es einen engen Zusammenhang zwischen Wechselkursänderungen und Leistungsbilanzsalden gibt, kann also nur unter den folgenden eng begrenzten Bedingungen seine Gültigkeit finden:

- es bestehen keine Substitutions- und Komplementaritätsbeziehungen zwischen Export- und Importgütern;
- die Preise bzw. die Preisniveaus in den jeweiligen Landeswährungen bleiben konstant und nur die Menge verändert sich;
- die Rückwirkungen der Veränderungen des Volkseinkommens sind nicht berücksichtigt.

Die Analyse dieses engen Zusammenhangs zwischen Wechselkursänderungen und Leistungsbilanzsalden beschränkt sich somit vollständig auf bestimmte kurzfristige, primäre Effekte und die Neben- und Fernwirkungen sind ganz und gar vernachlässigt. Unter der Berücksichtigung dieser Neben- und Fernwirkungen scheint die Eindeutigkeit des Zusammenhangs zwischen Abwertung und Leistungsbilanzverbesserung sehr fraglich.

Unabhängig von der Gültigkeit der Analyseergebnisse ist jedoch zu sagen, daß diese Analyse hinsichtlich des z.Z. gängigen flexiblen Wechselkurssystems als sehr kritisch anzusehen ist, weil die Wechselkursänderungen dort als exogen bestimmtes Datum betrachtet werden. Sie ist somit eigentlich nur mit einem System fester Wechselkurse vereinbar, in dem Wechselkursänderungen durch politische Entscheidung herbeigeführt werden, aber nicht mit einem flexiblen Wechselkurssystem. Anfang der siebziger Jahre ist das Wechselkurssystem in den wichtigen Industriestaaten von einem festen auf ein flexibles System übergegangen. In Korea allerdings blieb bis Ende der achtziger Jahre das mehr oder weniger feste Wechselkurssystem; im Jahr 1990 ist das Markt-Durchschnitt-Wechselkurssystem eingeführt worden, in dem für die Bestimmung des Wechselkurses der Marktmechanismus mehr an Bedeutung gewinnt. Seit Dezember 1997 wird die Bestimmung des Wechselkurses letztendlich allein dem Devisenmarkt überlassen. Insofern scheint die Anwendung des Elastizitätsansatzes im Prinzip nicht mehr geeignet zu sein,[32] um über die Operationen des Wechselkurses die Leistungsbilanz zu beeinflussen.

---

32 Zu sagen ist allerdings, daß die koreanische Zentralbank immer wieder in den Devisenmarkt zu intervenieren versucht. Die fatale Folge ihrer Interventionsmanöver war die Ausschöpfung von Devisen und damit der IWF-Beihilfe am Ende des Jahres 1997. Trotz dieser schrecklichen Erfahrung ist sie noch nicht bereit, ihre Neigung zur Devisenmarktintervention aufzugeben.

2.1.1.2 Leistungs- und Kapitalbilanz

2.1.1.2.1 Zwei Seiten einer Medaille: intertemporaler Ansatz

Der Zusammenhang zwischen Wechselkursänderungen und Leistungsbilanzsalden ist nur unter sehr eng beschränkten Bedingungen als bestätigt anzusehen. Unabhängig davon, ob der Zusammenhang in der Tat besteht oder nicht, ist allerdings zu fragen, ob der Leistungsbilanzüberschuß als das Zeichen der internationalen Wettbewerbsfähigkeit einer Volkswirtschaft und damit als ein erstrebenswertes Ziel anzusehen ist.

Die Leistungsbilanz als eine Unterbilanz der Zahlungsbilanz stellt die wertmäßige Erfassung aller Aus- und Einfuhren von Gütern und Dienstleistungen dar, die zwischen Inländern und Ausländern in einer bestimmten Periode,[33] in der Regel einem Jahr, vorgenommen worden sind.[34] Sie bildet zusammen mit der Kapitalbilanz, in der internationale Kapitalbewegungen erfaßt werden, sowie mit der Devisenbilanz das Gesamtbild der Zahlungsbilanz. In diesem Zusammenhang stellt sich die Frage, ob die Leistungsbilanz, in der allein die internationalen Ströme von Gütern und Dienstleistungen erfaßt werden, als die internationale Wettbewerbsfähigkeit einer Volkswirtschaft darstellend bewertet werden kann, ohne die anderen Unterbilanzen, vor allem die Kapitalbilanz, in die Überlegung einzubeziehen. Im Hinblick auf die Realität zunehmend globalisierender Märkte mit hoher internationaler Kapitalmobilität und zunehmender Bemühung jedes einzelnen Landes um den Erwerb international mobilen Kapitals ist eine solch einseitige Ansicht zu verneinen.

Die eigentliche Schwäche beim Absatzfähigkeitsansatz ist nämlich darin zu finden, daß er nur eine Seite der Medaille – Güter- und Dienstleistungsströme – betrachtet und die andere Seite – Kapitalströme – vollständig vernachlässigt. Güterströme und Kapitalströme laufen nicht getrennt, sondern simultan ab. Die Leistungsbilanz und die Kapitalbilanz entwickeln sich nicht voneinander unabhängig, sondern es besteht vielmehr ein unmittelbarer Zusammenhang beider Teilbilanzen der Zahlungsbilanz. Bei konstant bleibender Devisenposition oder bei flexiblem Wechselkurs müssen sich die Salden der Leistungs- und Kapitalbilanz entsprechen.[35] Man spricht daher davon, daß die

---

33 Inländer sind solche Wirtschaftssubjekte, die ihren festen Wohnsitz im Inland haben. Ausländische Unternehmen und Gastarbeiter, die ihren festen Wohnsitz im Inland haben, gehören in diesem Sinne auch zu den Inländern.

34 Vgl. Rose, 1989, S. 3-4; Willms, 1992, S. 3-4.

35 Vgl. Abbildung 11. In der Abbildung 11 weichen allerdings der Saldo der Leistungsbilanz und der Saldo der Kapitalbilanz voneinander leicht ab. Die Differenz zeigt sich ihrerseits in der Devisenbilanz. Diese Abweichung stellt aber nichts anderes als die Intervention der koreanischen Zentralbank in den Devisenmarkt dar.

Leistungsbilanz und die Kapitalbilanz zwei Seiten einer Medaille sind.[36] Wie sich schon aus der Volkseinkommensgleichung für eine offene Volkswirtschaft, $Y = C + I + (Ex - Im)$; $S - I = Ex - Im$,[37] erkennen läßt, kann ein Land Leistungsbilanzüberschüsse letztlich nur dann erzielen, „wenn Investitionen und Konsum in geringerem Maße als das Volkseinkommen steigen, so daß Teile des Sozialprodukts für Exportüberschüsse zur Verfügung stehen."[38] Leistungsbilanzüberschuß bedeutet also nichts anderes als den Überschuß der inländischen Ersparnisse im Vergleich zu inländischen Investitionen. Die Teile der Ersparnisse, die nicht zur inländischen Investition benutzt werden, sollen als Direktinvestitionen oder als Portfolioinvestitionen oder als Kredit ins Ausland exportiert werden, und dort zusätzliche Kaufkraft zur Nachfrage nach inländischen Exportgütern bilden. Den Leistungsbilanzüberschüssen stehen dann die Kapitalbilanzdefizite bzw. Nettokapitalexporte gegenüber. Oder umgekehrt wie in Korea: dort stehen Kapitalbilanzüberschüsse den Leistungsbilanzdefiziten gegenüber, wie sich in Abbildung 11 zeigt. Im Gegensatz zur Leistungsbilanz zeigt der Kapitalbilanzsaldo Koreas ständig Überschüsse, mit Ausnahmen zwischen 1986-1989 und 1992. Die Nettokapitalimporte können damit erklärt werden, daß in Korea als einem kapitalknappen Land die inländischen Ersparnisse bei niedrigem Realeinkommen wenig waren, um Investitionen zu finanzieren, so daß die fehlenden Beträge mit ausländischen Ersparnissen finanziert werden mußten. Durch Kapitalimporte konnte Korea die für seine Investitionstätigkeit benötigten Finanzierungsmittel besorgen und damit seinen Aufhol- bzw. Verfolgungsprozeß gegenüber den Industrieländern leisten.[39]

Folgt man diesem Gedanken über den Zusammenhang zwischen der Leistungsbilanz und der Kapitalbilanz, sind Leistungsbilanzüberschüsse (-defizite) dann möglich, wenn dementsprechende Kaufkraft ins Ausland (Inland) transferiert ist. Diese Simultaneität des Netto-Güterstroms – ausgedrückt als Leistungsbilanzsaldo – und des Netto-Kapitalstroms – ausgedrückt als Kapitalbilanzsaldo – erfordert, daß man die Zahlungsbilanzentwicklung im gesamtwirtschaftlichen Zusammenhang sehen muß. Der auf dem Konzept der intertemporalen Nutzenmaximierung der Individuen beruhende, sogenannte intertemporale Ansatz der Zahlungsbilanz bietet eine Möglichkeit eines solchen Vorgehens.

---

36 Vgl. Donges, 1995, S. 40-42; Siebert, 1994, S. 192-196.

37 Y = Volkseinkommen, C = Inlandskonsum, I = Inländische Investitionsnachfrage, S = Inlandsersparnisse sowie (Ex – Im) = Auslandsnachfrage bzw. Außenbeitrag.

38 Rose, 1988, S. 588.

39 Vgl. Donges, 1995, S. 40.

Abbildung 11 Handels- und Kapitalbilanzsaldo Koreas (vH des BSP)

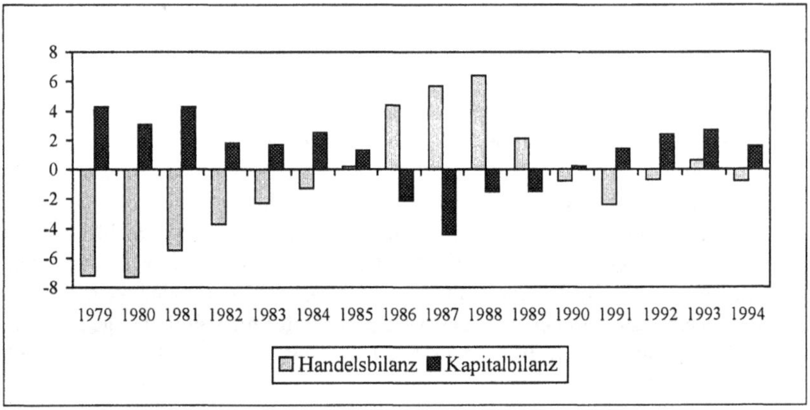

Quelle: KSY.
Kapitalbilanz = Langfristige Kapitalverkehr

Danach wird der Zusammenhang zwischen der Leistungs- und der Kapitalbilanz mikroökonomisch hergeleitet.[40] Der Ausgangspunkt des intertemporalen Ansatzes ist ein Individuum mit einem zeitlichen Einkommensstrom. Er gestaltet in der Regel seinen Konsumausgabenstrom zeitlich anders als den Einkommensstrom, und zwar je nach seiner Zeitpräferenz in Verbindung mit Zinssätzen. In einigen Perioden konsumiert er mehr als sein periodische Einkommen – negative Ersparnisse –, in anderen Perioden überschreitet das Einkommen den Konsum – positive Ersparnisse –. Bei negativen Ersparnissen verschuldet er sich, bei positiven Ersparnissen gewährt er seine Ersparnisse als Kredit an andere Wirtschaftssubjekte. Durch die zeitliche Verteilung des Verbrauchs entsprechend der Zeitpräferenz kann ein Individuum seinen Nutzen maximieren.[41]

Für jedes Wirtschaftssubjekt kann man somit eine individuelle „Zahlungsbilanz" aufstellen. Dabei werden die Kreditgewährung bzw. die Kreditaufnahme in der Kapitalbilanz verbucht, und finden der entsprechende Konsumverzicht bzw. der Mehrkonsum in der Leistungsbilanz ihren Niederschlag. Hier bedeutet ein Kapitaltransfer eine Übertragung der Kaufkraft von dem Kreditgeber auf den Kreditnehmer. Der Kredit-

40 Dazu vgl. Issing/Masuch, 1989, S. 2-7. Von dem bereits geschaffenen (Auslands-)Vermögen und der Möglichkeit zu horten wird hier abgesehen.

41 Zur graphischen Darstellung über intertemporale Entscheidungen vgl. Hirshleifer, 1989, S. 426-435.

nehmer kann die zusätzliche Kaufkraft zum Gütererwerb beim Kreditgeber, aber auch bei einem Dritten verwenden. So steht dem Überschuß in der Kapitalbilanz des Kreditnehmers das Defizit in seiner Leistungsbilanz gegenüber. Die Kapitalbilanz des Kreditgebers andererseits ist defizitär. Dieses Kapitalbilanzdefizit des Kreditgebers wird dadurch ausgeglichen, daß entweder der Kreditnehmer bei ihm Güter erwirbt, oder daß er auf den Erwerb von Gütern, die er in der Ausgangssituation beim Kreditnehmer zu kaufen pflegte, verzichtet, also: entweder Exportsteigerung oder Importminderung. Diese Vorgänge laufen simultan ab und es besteht ein unmittelbarer Zusammenhang zwischen beiden Teilbilanzen der individuellen Zahlungsbilanz. Auffällig ist dabei, daß der in einer Periode über sein Einkommen hinaus gehende Mehrkonsum eines Wirtschaftssubjekts nur dann möglich ist, wenn er von anderen Wirtschaftssubjekten Kredit aufgenommen und sich damit zusätzliche Kaufkraft verschafft hat. Das Defizit in der individuellen Leistungsbilanz setzt also den Überschuß in der individuellen Kapitalbilanz voraus.

Die Zahlungsbilanz einer Volkswirtschaft ist nun als die Aggregation der individuellen Zahlungsbilanzen darzustellen. Verschiebt sich in einer Periode die inländische Zeitpräferenz bei gleichbleibender Investitionsneigung und konstantem Volkseinkommen zugunsten des Gegenwartskonsums, dann sinkt die inländische Sparquote. „Es wird dann einen Netto-Kapitalzustrom aus dem Ausland geben, sofern den Inländern der entsprechende Kredit zur Erfüllung der zusätzlichen Konsumwünsche gewährt wird. Ein ausländischer Kredit ... ist die notwendige Bedingung für die Entstehung eines Leistungsbilanzdefizits.“[42] Nach dem intertemporalen Ansatz der Zahlungsbilanz ist der Saldo der Leistungsbilanz nichts anderes als das Spiegelbild des Kapitaltransfers, also des Saldos der Kapitalbilanz. Damit eine Volkswirtschaft die ihr Volkseinkommen überschreitende Absorption in Form von Konsum und Investition leistet, muß sie entsprechende Kredite aus dem Ausland aufgenommen haben. Der Saldo der Leistungsbilanz wird also durch den Saldo der Kapitalbilanz bestimmt. Anders ausgedrückt: die Leistungsbilanz paßt sich an die Kapitalbilanz an.

2.1.1.2.2 Anpassungsprozeß und Wechselkurs

Bei den Anpassungsvorgängen der Leistungsbilanz an die Kapitalbilanz spielen die Veränderungen realer Wechselkurse eine wichtige Rolle, denn sie, nicht nominale Wechselkurse, sind für die Bestimmung der gesamtwirtschaftlichen Absorption und der gesamtwirtschaftlichen Produktion sowie für den internationalen Leistungsverkehr – Güter- und Dienstleistungshandel – entscheidend. Reale Wechselkurse sind allgemein dadurch zu berechnen, daß nominale Wechselkurse um die Inflationsdifferenzen der am Außenhandel beteiligten Länder bereinigt werden, also rechnerisch:

---

42 Dluhosch u.a., 1992, S. 39.

$$w_r = \frac{P^*}{P} w ,$$

wobei w_r = realer Wechselkurs, P und P* = inländisches und ausländisches Preisniveau sowie w = nominaler Wechselkurs. Der reale Wechselkurs entspricht also dem Produkt aus dem nominalen Wechselkurs und dem Preisverhältnis P*/P. Der Kehrwert des realen Wechselkurses wird auch als Terms of Trade bezeichnet, der Auskunft darüber gibt, zu welchem realen Verhältnis man inländische in ausländische Güter umtauschen kann.

Problematisch bei dieser Definition ist, „daß es entweder nur handelbare Güter gibt oder daß sich die Preise für handelbare und nicht-handelbare Güter im gleichen Ausmaß verändern.“[43] Im Regelfall werden in die jeweiligen nationalen Preisniveaus sowohl die Preise von international handelbaren Gütern als auch die von nicht-handelbaren Binnengütern eingeschlossen. Unter sonst gleichen Bedingungen steigert z.B. die Preiserhöhung von nicht-handelbaren Gütern eines Landes das gesamte Preisniveau dieses Landes im Vergleich zu dem des Auslandes. Somit kann es zur Aufwertung des realen Wechselkurses kommen.[44] In diesem Sinne können reale Wechselkursänderungen auch durch relative Preisentwicklungen zwischen handelbaren und nicht-handelbaren Gütern beschrieben werden:[45]

$$w_r = \frac{P_H^*}{P_{NH}} w ,$$

wobei $p_H^* w$= Preise der ausländischen handelbaren Güter in inländischer Währung; p_{NH}= Preise der inländischen nicht-handelbaren Güter. Die Änderungen des realen Wechselkurses können nicht nur beim flexiblen, sondern auch beim festen Wechselkurssystem aufgrund der relativen Preisentwicklungen auftreten und lösen somit reale Anpassungsvorgänge aus.[46]

---

43 Siebert, 1997, S. 135.

44 Vgl. Krugman/Obstfeld, 1994, S. 414-415. Die Bedeutung von nicht-handelbaren Gütern bei der Preisniveaubestimmung darf nicht unterschätzt werden, denn das Output von denjenigen Industrien, die zu den nicht-handelbaren Gütern zählenden Produkte herstellen, macht z.B. in den USA im Jahr 1991 etwa 60 vH des BIP aus.

45 Vgl. Siebert, 1997, S. 135-136. Vgl. auch Heitger, 1983, S. 8-10.

46 Im folgenden vgl. Dluhosch u.a., 1992, S. 42-58.

(1) Anpassungsvorgänge bei flexiblen Wechselkursen

Betrachtet wird ein unverfälschtes System flexibler Wechselkurse. Es wird angenommen, daß sich die Grenzleistungsfähigkeit des Kapitals im Inland erhöht. Die hohe Rentabilität von Investitionen im Inland führt bei freien Kapitalbewegungen zum Kapitalzufluß. Ausländer bieten vermehrt Devisen an und fragen inländische Währung nach, um inländische Wertpapiere zu kaufen. Inländer hingegen fragen weniger Devisen nach, da auch für sie die Investitionen im Inland bessere Chancen bedeuten. Es kann also ein Überschuß des Devisenangebots mit der Tendenz zur Aufwertung des nominalen und damit auch realen Wechselkurses bestehen. Mit dem Kapitalexport verzichten Ausländer auf Güternachfrage im In- und im Ausland, während Inländer durch den Kapitalimport zusätzliche Kaufkraft erwerben. Wenn Inländer diese zusätzlich erworbene Kaufkraft genau für die gleichen Güter ausgeben wie es zuvor die Ausländer taten, dann kommt es zu keiner Wechselkurs-änderung. Dem Überschuß des Devisenangebots aufgrund des Netto-Kapitalimports steht nun die zusätzliche Devisennachfrage zum Zweck des Gütererwerbs gegenüber. In der Regel ist jedoch die Nachfragestruktur von Land zu Land unterschiedlich, und zwar zugunsten der inländischen Güter. Die Preise inländischer Güter steigen aufgrund vermehrter Nachfrage und der nominale Wechselkurs fällt, da beim bestehenden Wechselkurs es an zusätzlicher Devisennachfrage zum Erwerb ausländischer Güter fehlt, die das Überschußangebot an Devisen als Folge der Kapitalimporte zum Ausgleich bringen könnte. Beide Faktoren zusammen – nominale Aufwertung und Anstieg des inländischen Preisniveaus – bewirken die reale Aufwertung der heimischen Währung.

Die reale Aufwertung der heimischen Währung bedeutet für die Inländer die Verbilligung der ausländischen handelbaren Güter, während die Ausländer die inländischen handelbaren Güter nur teurer als zuvor erwerben können. Die Inländer fragen vermehrt nach ausländischen handelbaren Gütern nach, die Ausländer aber weniger nach inländischen handelbaren Gütern. Je elastischer die Nachfragen im In- und im Ausland sind, desto schwächer fällt die Aufwertung der heimischen Währung aus. Die reale Wechselkursänderug und somit die Verschiebung der Nachfrage erzwingen zugleich die reale Umstrukturierung der Wirtschaft im Inland und im Ausland. Die reale Aufwertung der inländischen Währung bedeutet, daß im Inland die nicht-handelbaren Binnengüter relativ zu den handelbaren Gütern teurer geworden sind. Dies führt zur Reallokation von Ressourcen vom handelbaren Güterbereich in den Binnengüterbereich. Im Ausland verläuft diese Ressourcenumlenkung in umgekehrter Richtung. Diese reale Umstrukturierung braucht jedoch in der Regel Zeit.[47] Je schneller und reibungsloser dieser Strukturwandel durchgeführt wird, desto schwächer wird die reale

---

47 Die Dauer der Umstrukturierung hängt unter anderem von den Angebots- und Nachfrageelastizitäten ab. Kurzfristig sind sie relativ als starr, langfristig aber als relativ elastisch anzusehen.

Aufwertung ausfallen. Wegen der kurzfristig starren Elastizitäten von Angebot und Nachfrage ist die vorübergehend kräftige Aufwertung der heimischen Währung jedoch unvermeidbar. Sie beschleunigt aber die Gütertransfers vom Ausland ins Inland und zugleich die Umstrukturierung in beiden Ländern: Im Inland expandiert der Binnengüterbereich und schrumpft der Bereich handelbarer Güter; im Ausland vollzieht sich dieser Strukturwandel gegenläufig.

Die reale Aufwertung der inländischen Währung erzwingt damit den Netto-Güterimport, dessen Folge das Leistungsbilanzdefizit und die vermehrte Devisennachfrage im kapitalimportierenden Inland ist. Mit dem weitgehend voranschreitenden Strukturwandel im Inland und im Ausland ist damit zu rechnen, daß die Aufwertungstendenz auf dem Devisenmarkt gebremst und schließlich sogar in die reale Abwertung der inländischen Währung umschlagen wird. Zu sagen ist hierbei, daß die reale Abwertung, die der vorangegangenen Aufwertung folgt, ein Zeichen dafür ist, daß der Anpassungsprozeß abgeschlossen ist. Nach dem von der realen Aufwertung der heimischen Währung verursachten Strukturwandel konzentrieren sich inländische Unternehmen nun mehr auf den Binnengüterbereich und weniger auf den Bereich international handelbarer Güter.

Auffällig bei diesem Anpassungsprozeß sind der Charakter und die ökonomische Funktion des Wechselkurses. Er ist keine autonome Größe – anders als beim Absatzfähigkeitsansatz – und lenkt die Güterströme in die von den Kapitalströmen vorgezeichneten Bahnen um. Die Auffassung, daß die reale Aufwertung der heimischen Währung die internationale Wettbewerbsfähigkeit der inländischen Exportindustrie abschwächt und damit zum Leistungsbilanzdefizit führt, ist somit nicht schlüssig. Sie betrachtet allein die Erscheinungsphänomene, jedoch nicht die Ursache der Aufwertung der heimischen Währung. Die inländischen Kapitalimporteure verwenden, wie gezeigt, Teile ihrer zusätzlich erworbenen Kaufkraft für den Erwerb von inländischen Gütern. Je höher der Anteil der inländischen Güter an der Güternachfrage der Kapitalimporteure ist, desto weniger wird die Devisennachfrage und daher desto größer fällt die Aufwertung beim Kapitalimport aus. Dieser inländische Anteil „wird um so größer sein, je wettbewerbsfähiger die inländischen Unternehmen und je attraktiver ihr Güterangebot ist.“[48] Es ist nicht der Wechselkurs, der autonom die Wettbewerbsfähigkeit beeinflußt; vielmehr ist er lediglich die Folge der Anpassung an vorangegangene Datenänderungen und an internationale Wettbewerbsfähigkeitsverhältnisse. Die hohe Rentabilität von Investitionen im Inland löst Kapitalimporte mit vermehrtem Devisenangebot aus und die hohe Wettbewerbsfähigkeit der inländischen Unternehmen reduziert Importe ausländischer Güter und somit Devisennachfrage. Diese zusammen haben die Aufwertung der heimischen Währung zur Folge.

---

[48] Dluhosch u.a., 1992, S. 45.

Unter der Berücksichtigung, daß die reale Aufwertung heimischer Währung zum Strukturwandel führt und dadurch wieder in die reale Abwertung umgewandelt wird, und daß je schneller und reibungsloser dieser Strukturwandel vorangetrieben wird, desto kürzer wird die Dauer der Umwandlung von der realen Aufwertung in die reale Abwertung heimischer Währung, können handelspolitische Maßnahmen zur Verhinderung des Leistungsbilanzdefizits wie Exportsubventionen, Importbeschränkungen oder Wechselkursmanipulationen diesen Strukturwandel bzw. Anpassungsprozeß höchstens verschleppen: Sie sind keine ursachenadäquaten Maßnahmen und daher als wenig erfolgversprechend abzulehnen. Besser geeignete Maßnahmen gegen die Leistungsbilanzdefizite wären hingegen die Förderung der Ersparnisbildung bzw. die Einschränkung der Nachfrage sowohl bei Privaten als auch beim Staat und die Dämpfung von Investitionen, also solche Maßnahmen, die den Netto-Kapitalzustrom aus dem Ausland vermindern würden.

(2) Anpassungsvorgänge bei festen Wechselkursen

In einem reinen festen Wechselkurssystem entfallen Änderungen des nominalen Wechselkurses als Anpassungsmechanismus. Trotz der Festlegung des nominalen Wechselkurses ist die Veränderung des realen Wechselkurses auch bei festem Wechselkurssystem möglich, und zwar über Preisniveauänderungen. D.h., daß die Festlegung des nominalen Wechselkurses keine allein ausreichende Maßnahme sein darf, den realen Wechselkurs zu fixieren. Wie bei flexiblem Wechselkurssystem spielt der reale Wechselkurs auch bei festem Wechselkurssystem eine entscheidende Rolle im Anpassungsprozeß: der Saldo der Kapitalbilanz bestimmt den Saldo der Leistungsbilanz. Aufgrund der Zwischenschaltung der Devisenbilanz nehmen die Anpassungsvorgänge hier andere Wege als beim flexiblen Wechselkurssystem.

Wie oben angenommen strömt bei Vorliegen der erhöhten Grenzleistungsfähigkeit des Kapitals im Inland ausländisches Kapital dem Inland zu, während Auslandsinvestition von Inländern zurückgehen. Es besteht ein Überschußangebot an Devisen mit dem Aufwertungsdruck auf die inländische Währung. Dieses Überschußangebot muß von der Zentralbank aus dem Devisenmarkt genommen werden, und zwar durch Devisenankäufe gegen heimische Währung, um eine Aufwertung der heimischen Währung zu verhindern. „Dem Netto-Kapitalimport stehen dann in der ersten Periode nach der Datenänderung ein Leistungsbilanzdefizit und eine Zunahme der Netto-Devisenreserven gegenüber. Die Zunahme der Devisenreserven geht mit einer Zunahme der Geldmenge einher."[49]

---

[49] Dluhosch u.a., 1992, S. 56.

Die Anpassung erfolgt hier ebenfalls wie im flexiblen Wechselkurssystem über reale Wechselkurse. Der Unterschied zu dem flexiblen Wechselkurssystem liegt allerdings darin, daß in einem festen Wechselkurssystem die reale Aufwertung nicht durch eine nominale Aufwertung zustande gebracht wird, sondern durch eine Erhöhung des Preisniveaus der inländischen nicht-handelbaren Binnengüter. Mit der Zunahme der Geldmenge entsteht im Inland eine zusätzliche Nachfrage nach Binnengütern, was zu einem Anstieg der Binnengüterpreise – absolut und auch relativ zu den handelbaren Güterpreisen – führt. Die Folge ist die reale Aufwertung der heimischen Währung. Aufgrund des Anstiegs der Binnengüterpreise werden Ressourcen im Inland verstärkt in den Binnengüterbereich umgelenkt, da dort höhere Faktorpreise bezahlt werden können. Im Laufe des Anpassungsprozesses im Inland expandiert der Binnengüterbereich und geht der Bereich handelbarer Güter zurück. Im Ausland geht die Ressourcenumlenkung in umgekehrter Richtung vonstatten. Die inländische Nachfrage nach handelbaren Gütern wird immer mehr auf das ausländische Angebot verwiesen. Dadurch vermehrt sich die inländische Devisennachfrage, und das Überschußangebot an Devisen geht zurück. Die Zentralbank kauft weniger Devisen an, und damit verlangsamt sich die Geldmengeexpansion. Dieser Anpassungsprozeß setzt sich so lange fort, bis das Leistungsbilanzdefizit genau dem Kapitalbilanzüberschuß entspricht. Auch in einem System fester Wechselkurse gilt langfristig der Zusammenhang zwischen den Salden der Kapitalbilanz und der Leistungsbilanz.

Die Länge des Anpassungsprozesses des Leistungsbilanzsaldos an den Kapitalbilanzsaldo kann allerdings unterschiedlich sein. Sie hängt nicht zuletzt davon ab, wie groß die Bereitschaft des Devisenbilanzüberschußlandes einerseits und des Devisenbilanzdefizitlandes andererseits ist, die jeweiligen Devisenreserven zu akkumulieren oder abzubauen. Das Inland mit Devisenbilanzüberschuß, das wegen des Kapitalimports unter einem Aufwertungsdruck inländischer Währung steht und daher durch Devisenankäufe auf dem Devisenmarkt intervenieren soll, kann mit Maßnahmen wie z.B. Exportsubventionen, Importbeschränkungen, erhöhter Besteuerung von Binnengütersektoren und/oder Einführung der Preiskontrolle von Binnengütern die realwirtschaftlichen Anpassungsvorgänge in die Richtung des Binnengüterbereichs und somit das Leistungsbilanzdefizit zu verhindern versuchen. Solche Maßnahmen sind nur kurzfristig und wenig erfolgversprechend. Es bestehen auf dem Devisenmarkt ständige Angebotsüberschüsse, die dann auch ständige Devisenankäufe durch die Notenbank gegen heimische Währung erfordert. Die Folge wäre eine permanente Geldmengenexpansion mit inflationärer Gefahr. Im kapitalexportierenden Ausland, wenn sich dort die Notenbank auch zur Intervention in dem Devisenmarkt verpflichtet, wäre hingegen eine permanente Reduktion der Geldmenge mit deflationärem Anpassungsdruck vorhanden. In aller Regel ist daher die Bereitschaft des In- und des Auslandes, die jeweiligen Devisenreserven zu akkumulieren oder abzubauen, begrenzt. Mittel- und langfristig gesehen ist also wahrscheinlich, daß die Interventionen der Notenbanken neutralisiert werden, und/oder daß die wirtschaftspolitischen Maßnahmen gegen Leistungsbilanzdefizite aufgehoben werden müssen. Auf längere Sicht wird der Leistungsbilanzsaldo auch im festen Wechselkurssystem so durch den Kapitalbilanzsaldo determiniert.

2.1.1.2.3 Leistungsbilanz und Wettbewerbsfähigkeit

In beiden Wechselkurssystemen sind die realen Anpassungsvorgänge beim Anstieg der Grenzleistungsfähigkeit des Kapitals ähnlich: Aufgrund der realen Aufwertung der heimischen Währung dehnt sich der Binnengüterbereich aus und geht der Bereich international handelbarer Güter zurück. In einem System fester Wechselkurse wird die Absatzfähigkeit der Unternehmen für handelbare Güter allerdings nicht durch die nominale Aufwertung der heimischen Währung – wie in einem flexiblen Wechselkurssystem –, sondern durch die Erhöhung der Faktorpreise beeinträchtigt, die aus der vermehrten Faktornachfrage im Binnengüterbereich resultiert. Mit dem Strukturwandel im Inland in Richtung des Binnengüterbereichs wird die inländische Nachfrage nach international handelbaren Gütern immer mehr auf das ausländische Angebot an diesen Gütern verlagert. Leistungsbilanzdefizite im Inland sind die Konsequenz. Je weiter dieser Strukturwandel vorankommt, desto mehr werden ausländische handelbare Güter importiert und Devisen dafür nachgefragt. Jede wirtschaftspolitische Maßnahme gegen diesen Anpassungsprozeß kann den Strukturwandel höchstens verlangsamen bzw. verschieben. Je schneller und reibungsloser aber die Wirtschaftsstruktur umgewandelt wird, desto mehr werden Devisen nachgefragt und desto schwächer fällt daher die Aufwertung der heimischen Währung aus. Und schließlich wird die Aufwertung beim Abschluß des Anpassungsprozesses in eine Abwertung umschlagen. Dann beginnt ein neuer Anpassungsprozeß in umgekehrter Richtung. In diesem Sinne wäre es besser, den Strukturwandel zu unterstützen bzw. zu beschleunigen statt den Anpassungsprozeß zu verlangsamen.

Im Hinblick auf die Frage nach der internationalen Wettbewerbsfähigkeit einer Volkswirtschaft enthält der intertemporale Ansatz zwei wichtige Implikationen:

Erstens: Anders als beim Absatzfähigkeitsansatz, wo Wechselkurse als gegebene Größe betrachtet und ein enger Zusammenhang zwischen Wechselkursen und Leistungsbilanzsalden angenommen wurden, übernehmen Wechselkurse beim intertemporalen Ansatz als endogene Größe eine wichtige Funktion in den Anpassungsvorgängen der Leistungsbilanz an die Kapitalbilanz. Der Wechselkurs ist keine autonome Größe, die selbst die Wettbewerbsfähigkeit bestimmt, sondern eine endogene Größe, die sich bei Veränderungen der Güter- und Kapitalströme anpaßt. Die Ansicht, durch die Manipulationen von Wechselkursen die internationale Wettbewerbsfähigkeit einer Volkswirtschaft erhöhen zu können, ist also irrig. Im besten Fall können manipulierte Wechselkurse die verlorengegangene Wettbewerbsfähigkeit der die international handelbaren

Güter produzierenden Unternehmen zeitweise auszugleichen und aufrechtzuerhalten helfen. Dies gilt allerdings nur in der frühen Anpassungsphase. Auf mittlere und längere Sicht ist dieser Versuch jedoch vergeblich. Mit der Wechselkursmanipulation muß sich die betroffene Volkswirtschaft früher oder später den Geldmengeänderungen und den damit verbundenen Problemen stellen, was dann die permanente, einseitige Abwertungspolitik unmöglich macht. Die verbleibende Frage in diesem Fall ist allein, wann die wirtschaftspolitische Umkehr kommen muß. Dem Anpassungsdruck kann sich eine offene Volkswirtschaft also auf keinen Fall entziehen. Die Aufforderung zur Beibehaltung von „gewünschten" Wechselkursen durch staatliche Interventionen in einem flexiblen Wechselkurssystem, die einfach auf der Übertragung der Vorstellung beruht, internationale Wettbewerbsfähigkeit durch Wechselkursmanipulationen weiter behalten zu können – was schon in einem festen Wechselkurssystem nur kurzfristig gilt –, ist von vornherein nicht annehmbar, denn dort „gibt es keinen Mechanismus, der eine automatische Saldenfinanzierung gewährleistet."[50]

Zweitens: Auch bedenklich ist die Ansicht, nach der Leistungsbilanzüberschüsse als ein Zeichen für hohe internationale Wettbewerbsfähigkeit und damit als ein erstrebenswertes wirtschaftspolitisches Ziel betrachtet werden. Die negative Haltung gegenüber Leistungsbilanzdefiziten stammt wahrscheinlich aus dem möglichen deflationären Anpassungsdruck im System fester Wechselkurse. In einem Land mit Leistungsbilanzdefizit entsteht, wenn man einmal die Kapitalbilanz außer Acht läßt, ein Abwertungsdruck auf die heimische Währung. Um den bestehenden Wechselkurs in einem festen Wechselkurssystem zu verteidigen, interveniert die Notenbank dieses Landes mit Devisenverkäufen gegen die heimische Währung. Die Folge ist die Abnahme der Geldmenge, was dann deflationären Anpassungsdruck in diesem Land verursachen kann, der wiederum bei starren Preisen Arbeitslosigkeit erzeugen kann. Wie oben bemerkt, ist eine solche negative Haltung gegenüber einem Leistungsbilanzdefizit dann vertretbar, wenn man die Existenz der Kapitalbilanz außer Acht läßt. Dabei wird übersehen, wie in unserem Fall der Erhöhung der Grenzleistungsfähigkeit, „daß ein Leistungsbilanzdefizit auch das Ergebnis von Kapitalimporten sein kann. Ist dies der Fall, dann wird das Leistungsbilanzdefizit in der Regel sogar mit einer vorübergehenden inflatorischen Tendenz einhergehen."[51] Im System flexibler Wechselkurse sind dagegen die möglichen negativen Folgen von Leistungsbilanzdefiziten sicher auszuschließen.

Wie bereits erläutert, wird der Leistungsbilanzsaldo durch den Kapitalbilanzsaldo determiniert. Ein Leistungsbilanzdefizit ist nämlich das Spiegelbild der Kapitalimporte. Ausschlaggebend für die Saldenbildung der Leistungsbilanz sind also internationale

---

[50] Siehe und vgl. Dluhosch u.a., 1992, S. 62-63.

[51] Dluhosch u.a., 1992, S. 63.

Kapitalbewegungen, die letztlich auf „die Unterschiede in der Entwicklung der Spartätigkeit in den einzelnen Ländern und die Unterschiede in der Standortqualität für inländische und ausländische Investitionen“[52] zurückzuführen sind. Netto-Kapitalimporte und die damit verbundenen Leistungsbilanzdefizite sind danach entweder als eine relativ zum Ausland geringere Spartätigkeit oder als eine höhere Attraktivität des Inlandes als Investitionsstandort zu interpretieren. Im Hinblick auf die koreanische Sparquote mit über drei Jahrzehnte hinweg durchschnittlich 30 vH des BIP kann man nicht umhin anzunehmen, daß seine Netto-Kapitalimporte auf der hohen Anziehungskraft des Landes als Standort ausländischer Investitionen beruhten, es sei denn, daß die Kapitalimporte in kurzfristigen Krediten oder internationalem Währungsbeistand bestanden hätten.[53] Diese Ansicht ist auch geeignet zur Erklärung des Zusammenhangs zwischen Leistungsbilanzdefiziten und den hohen wirtschaftlichen Wachstumsraten Koreas, den Zusammenhang, der sich im Absatzfähigkeitsansatz jedoch als widersprüchlich erweist. Die im Vergleich zum Ausland höhere Wachstumsrate mit ebenfalls höherer Investitionstätigkeit hatte die Netto-Kapitalimporte und die damit verbundenen Leistungsbilanzdefizite in Korea zur Folge. In diesem Sinne ist ein Leistungsbilanzdefizit nicht als Zeichen für verschlechterte Wettbewerbsfähigkeit zu interpretieren, sondern vielmehr als Zeichen einer verbesserten Standortqualität.[54]

2.1.2 Salden disaggregierter Leistungsbilanz

Die vorangegangene Analyse hat gezeigt, daß Wechselkurse nicht solche Größen sind, welche alleine die Wettbewerbsfähigkeit einer Volkswirtschaft bestimmen können, und daß die Salden der Leistungsbilanz allein nicht geeignete Indikatoren dafür bieten, die internationale Wettbewerbsfähigkeit einer Volkswirtschaft zu beurteilen. Auf der Grundlage des Absatzfähigkeitsansatzes sind jedoch weitere Indikatoren abgeleitet worden, welche Auskunft über die internationale Wettbewerbsfähigkeit geben sollen. So wird behauptet, vor allem im Hinblick auf ein bestimmtes Land bzw. eine Länder-

52 Dluhosch u.a., 1992, S. 63.

53 Vgl. Gutowski, 1983, S. 1-2; Suntum, 1986, S. 503. Die IWF-Beihilfe für Korea in den Jahren 1997 und 1998 z.B. war ein solcher Fall.

54 Vgl. auch Krugman, 1996, S. 6. Allerdings ist bei der Heranziehung der Kapitalbilanz als Anhaltspunkt für die Beurteilung der internationalen Wettbewerbsfähigkeit einer Volkswirtschaft Vorsicht geboten, denn in der Kapitalbilanz sind vielfältige Faktoren verschmolzen, die im Zusammenhang mit der internationalen Wettbewerbsfähigkeit gesondert bewertet werden sollten, z.B. Unterscheidung nach der Fristigkeit, Unterscheidung zwischen Direkt- und Portfolioinvestitionen sowie Unterscheidung zwischen privatem und staatlichem Kapitalverkehr. Bei der Beurteilung der internationalen Wettbewerbsfähigkeit anhand der Direktinvestitionen sind die Motive der Direktinvestitionen entscheidend, was jedoch nicht einfach erfaßbar ist. Vgl. dazu Ohr, 1999; Donges, 1995, S. 36-39.

gruppe – Disaggregation nach Regionen –,[55] daß man erkennen kann, ob eine Volkswirtschaft in diesen Regionen bessere und in anderen Regionen schlechtere Wettbewerbsfähigkeit besitzt, je nach den Zuständen der Leistungsbilanzsalden mit den jeweiligen Ländern. Auch in der Öffentlichkeit Koreas findet nach wie vor die Diskussion um die negativen Salden der Handelsbilanz mit entwickelten Ländern, vor allem mit Japan, statt. Es wird behauptet, daß Korea gegenüber diesen fortgeschrittenen Volkswirtschaften keine bzw. nur wenige Wettbewerbsfähigkeit habe; während dessen zeigen die disaggregierten Handelsbilanzen mit Entwicklungsländern positive Salden, was zu der Interpretation führt, daß Korea in diesen Regionen bessere Wettbewerbsfähigkeit als die Entwicklungsländer besitze (Vgl. Tabelle 5).

Tabelle 5 Handelsbilanz Koreas mit Japan und südostasiatischen Ländern (in Mill. Dollar)

Jahr	1989	1990	1991	1992	1993	1994	1995
Japan	-3991,8	-5936	-8764,4	-7858,2	-8451,1	-11867,1	-15557,1
Taiwan	-20,2	-203,3	94,3	947,1	889,2	932,2	1317,8
Singapur	891,6	907,9	1672,1	1433,4	1569,5	2491,9	4521,3
Thailand	335,6	505	775,1	894,5	1221,1	1215,3	1492

Quelle: Bank of Korea, 1996.

Eine solche Auffassung, daß bilaterale Salden im Außenhandel, disaggregiert nach Handelspartnern bzw. Partnergruppen, die Lage der Wettbewerbsfähigkeit gegenüber den jeweiligen Ländern zeigen sollen, ist in einer Welt multilateraler Handelsbeziehungen nicht unproblematisch. Koreanische Unternehmen konkurrieren z.B. mit japanischen Unternehmen nicht nur auf koreanischen und japanischen Märkten, sondern auch auf anderen ausländischen Märkten. Es ist wenig überzeugend zu behaupten, daß allein aufgrund des koreanischen Leistungsbilanzdefizits im Handel mit Japan die Wettbewerbsfähigkeit Koreas der Wettbewerbsfähigkeit Japans unterliegt, wenn man zugleich die Tatsache betrachtet, daß die Leistungsbilanz Koreas mit dritten Ländern, auf deren Märkten koreanische und japanische Unternehmen gegeneinander konkurrieren, einen Überschuß zeigt. Dies gilt besonders für den Fall Koreas, weil fast alle Produkte, die von Korea für den Weltmarkt angeboten werden – z.B. Halbleiter-, Automobil- und Schiffbauindustrie –, mit japanischen Produkten konkurrieren müssen.[56] Es

[55] Die Problematik der nach Sektoren disaggregierten Teilleistungsbilanz wird später in der Analyse der weiteren Meßansätze zur Wettbewerbsfähigkeit (Abschnitt III.2.2 in dieser Arbeit) behandelt.

[56] Ca. 45 vH von koreanischen Exportgütern konkurrieren auf internationalen Märkten mit japanischen Produkten. Vgl. Maeil, 3.3.1999, S. 5.

besteht auf den entsprechenden Weltmärkten harte Konkurrenz zwischen koreanischen und japanischen Unternehmen, wobei koreanische Unternehmen auf dem einen Markt Erfolge und auf dem anderen Markt aber Mißerfolge erzielen können. Unter solchen Umständen kann man nicht einfach aus dem Leistungsbilanzdefizit Koreas gegenüber Japan folgern, daß Korea gegenüber Japan nicht wettbewerbsfähig ist.

Darüber hinaus ist das Leistungsbilanzdefizit eines Landes mit einem Handelspartner nicht nur direkt auf gegenüber seinem Handelspartner verschlechterte Wettbewerbsfähigkeit des Landes zurückzuführen, sondern auch auf andere Faktoren, z.B. auf verbesserte Wettbewerbsfähigkeit dritter Länder. Beispielsweise nehmen die Beträge des Leistungsbilanzdefizits Koreas gegenüber Japan seit dem Jahr 1990 stark zu, da die Exporte nach Japan im großen Maße zurückgehen. Dieser Rückgang von Exporten nach Japan ist aber nicht durch die direkt gegenüber Japan verschlechterte Wettbewerbsfähigkeit Koreas verursacht, sondern vielmehr hauptsächlich dadurch, daß andere Schwellenländer aus Südostasien wie Taiwan, Singapur und Thailand intensiv in die Weltwirtschaft eingezogen sind und Güter anbieten, welche auch von Korea nach Japan exportiert werden. Korea verliert seine preisliche Wettbewerbsfähigkeit wegen Ende der achtziger Jahre im Vergleich zu diesen Ländern relativ stark gestiegener Löhne und daher verliert es nicht geringe Teile seiner Exporte an diese Länder.[57] Auf der anderen Seite zeigen die Leistungsbilanzen Koreas mit diesen südostasiatischen Ländern jedoch Überschüsse auch mit steigender Tendenz (Vgl. Tabelle 5). Daraus, daß Korea im Handel mit diesen Ländern in den neunziger Jahren einen Leistungsbilanzüberschuß erzielt, kann man zu der Folgerung kommen, daß Korea gegenüber diesen Ländern bessere Wettbewerbsfähigkeit besitzt. Dies ist ebenfalls nicht schlüssig, denn die überwiegenden Teile der Leistungsbilanzdefizite im Handel mit Japan wurden ausgerechnet auf die verschlechterte Wettbewerbsfähigkeit Koreas gegenüber diesen Ländern zurückgeführt.

Es ist wenig wahrscheinlich, daß man Einfuhren aus einem Land jemals voll durch die Ausfuhren in dieses Land bezahlen kann: also jemals ausgeglichene Handelsbilanz ist unwahrscheinlich. Noch unwahrscheinlicher ist, daß ein Land in allen disaggregierten Leistungsbilanzen einheitlich entweder Überschüsse oder Defizite zeigen. Denn: „Verschiedene Länder werden bei verschiedenen Produkten „Spitzenreiter" sein, kein Land ist auf allen Märkten wettbewerbsfähig."[58] Richtung und Ausmaß der Handelsströme lassen sich aus dem einfachen Konzept der komparativen Vor- und Nachteile ableiten. Korea als ein semiindustrialisiertes und rohstoffarmes Land muß verschiedene Investitionsgüter und Rohstoffe für weitere Produktion sowie auch Verbrauchsgüter mit Hochqualität importieren. Auf der anderen Seite exportiert Korea vielfältige mehr oder

---

57 Vgl. Cho, 1994, S. 165-166.

58 Boroch, 1995, S. 321.

weniger standardisierte Verbrauchsgüter. Es ist daher wahrscheinlich, daß die disaggregierten Leistungsbilanzen Koreas im Handel mit entwickelten Ländern vor allem mit Japan – einem Land, das in der nächster Nähe von Korea liegt und zuverlässige, preiswerte Investitionsgüter anbietet – Defizite zeigen, während die im Handel mit anderen Ländern, sofern sie für Korea keine wichtige Rohstofflieferländer sind, Überschüsse zeigen. In diesem Sinne sind Überschüsse und Defizite in je nach dem Handelspartner disaggregierten Leistungsbilanzen eines Landes nicht als Zeichen der Wettbewerbs(-un)fähigkeit einer Volkswirtschaft gegenüber jeweiligen Ländern zu verstehen, sondern vielmehr als Zeichen der Beteiligung an der weltwirtschaftlichen Arbeitsteilung bzw. als Zeichen der Spezialisierung in den Welthandelsbeziehungen zu interpretieren.

Aus dem bereits erläuterten intertemporalen Ansatz der Zahlungsbilanz läßt sich ein weiterer Zweifel an der Zulässigkeit des Arguments, die disaggregierte Leistungsbilanz mit einzelnen Handelspartnern sei ein Indikator für die internationale Wettbewerbsfähigkeit gegenüber den jeweiligen Ländern, ableiten. Nach dem intertemporalen Ansatz wird der Saldo der Leistungsbilanz als Ganzer durch den Saldo der Kapitalbilanz bestimmt. Ein Land mit dem vorab durch die Kapitalbilanz determinierten Leistungsbilanzsaldo kann seine disaggregierte Leistungsbilanz mit einem Handelspartner nur dadurch verbessern, daß sich andere disaggregierte Leistungsbilanzen mit anderen Handelspartnern verschlechtern, und umgekehrt. Dies kann darauf zurückgeführt werden, daß z.B. die Nachfrageverlagerung in Japan von koreanischen Gütern auf Güter aus anderen südostasiatischen Ländern das Leistungsbilanzdefizit Koreas im Handel mit Japan steigern und somit zur Abwertung der koreanischen Währung relativ zu den Währungen anderer südostasiatischer Länder führen würde, was dann eine Leistungsbilanzverbesserung im Handel mit diesen Ländern zur Folge haben würde. Die disaggregierten Teilsalden einer Leistungsbilanz sind nämlich nicht voneinander unabhängig, sondern interdependent. Die isolierte Betrachtung der Leistungsbilanzüberschüsse Koreas gegenüber südostasiatischen Ländern würde dazu verleiten, eine Erhöhung der Wettbewerbsfähigkeit gegenüber diesen Ländern zu prognostizieren. Dies wäre jedoch völlig verfehlt, da der eigentliche Auslöser dieser Leistungsbilanzverbesserung im Handel mit südostasiatischen Ländern, wie erläutert, eine Abnahme der Attraktivität koreanischer Güter bzw. der Wettbewerbsfähigkeit koreanischer Unternehmen gegenüber diesen Ländern auf japanischen Märkten wäre.

Außerdem ist die Betrachtung disaggregierter bilateraler Salden als Indikator der Wettbewerbsfähigkeit eines Landes irreführend, wenn multinationale Unternehmungen und ausländische Investitionen in die Überlegung einbezogen werden. Der innerbetriebliche Leistungsverkehr multinationaler Konzernen bildet schon heute eine nicht vernachlässigbare Größe in internationalen Handel.[59] Bspw. wird über ein Drittel der gesamten Exporte Chinas Unternehmen zugeschrieben, in die Ausländer investiert haben oder die Tochtergesellschaften ausländischer Unternehmen sind.[60] Die Tendenz zu solchen „Globalplayer" ist noch steigend und damit wird es immer schwieriger bzw. bedeutungsloser, die Leistungsbilanz eines Landes als ein Indikator der Wettbewerbsfähigkeit des betreffenden Landes zu interpretieren. Man kann eine Situation annehmen, in der ein entwickeltes Industrieland seine Produktionsstätte für Zwischenprodukte, für die nur einfache Arbeitskräfte mit niedrigen Löhnen benötigt werden, aufgrund der Kostenüberlegung in ein Entwicklungsland verlagert und von dort bezogene Zwischenprodukte in die Endprodukte eingehen, für die wiederum hochqualifizierte Arbeitskräfte mit hohen Löhnen gebraucht werden. Die Endprodukte werden im entwickelten Industrieland erstellt. Diese Endprodukte werden dann der Weltnachfrage zur Verfügung gestellt. In diesem Fall kann die Leistungsbilanz des Entwicklungslandes im Handel mit dem entwickelten Industrieland einen Überschuß zeigen. Die Aussage daraus zu ziehen, das Entwicklungsland sei wettbewerbsfähiger als das entwikkelte Industrieland, scheint nicht überzeugend.

So gesehen lassen sich „in einem multilateralen Handelssystem ... aus der Betrachtung bilateraler Salden keine sinnvolle Rückschlüsse auf die Wettbewerbsfähigkeit eines Landes im Vergleich zu einem anderen ableiten."[61]

2.2 Weitere Meßansätze zur Wettbewerbsfähigkeit

Als weitere Indikatoren der Wettbewerbsfähigkeit eines Landes, welche auch auf der Absatzfähigkeit beruhen, werden im wesentlichen die folgenden beiden Ansätze verwendet:

- Revealed-Comparative-Advantage-Analyse (RCA-Analyse) und
- Constant-Market-Shares-Analyse (CMS-Analyse).

Bei beiden Ansätzen gemeinsam handelt es sich um Verfahren, „bei welchen Ex-post-Größen so angeordnet oder umgeformt werden, daß eine Analyse der Ursachen von Veränderungen der internationalen Wettbewerbsfähigkeit vorbereitet und erleichtert wird."[62] Sie ermöglichen einerseits durch Querschnittsanalyse einen Vergleich der Wettbewerbsfähigkeit von mehreren Sektoren, Branchen oder Produktgruppen, ande-

---

59 Zur Zeit wird etwa ein Drittel des Welthandels zwischen multinationalen Konzernen und den mit ihnen verbundenen Unternehmen abgewickelt. Vgl. World Bank, 1999, S. 29.

60 Vgl. Maeil, 2.2.1999, S. 5.

61 Dluhosch u.a., 1992, S. 70.

62 Baerlocher u.a., 1982, S. 19.

rerseits durch Längsschnittsanalyse, die Veränderungen der Wettbewerbsfähigkeit eines Sektors, einer Branche oder einer Produktgruppe, im Zeitlauf zu verfolgen.

2.2.1 Revealed-Comparative-Advantage-Analyse

2.2.1.1 Darstellung der RCA-Analyse

Bei der auf die Arbeit von Balassa[63] zurückgehenden RCA-Analyse handelt es sich um einen Versuch offenzulegen bzw. herauszustellen, in welchen Sektoren oder Produktgruppen ein Land komparative Vor- und Nachteile aufweist. Zu diesem Zweck wird für verschiedene Sektoren der Index der komparativen Wettbewerbsfähigkeit ermittelt, indem die Nettoexporte der gewählten Sektoren durch das Ergebnis für die Gesamtheit aller Sektoren eines Landes normiert werden, d.h. es ist die folgende Formel für RCA-Index gebräuchlich:[64,65]

$$RCA_i = \ln\left(\frac{x_i / m_i}{X / M}\right)$$

mit RCA_i = RCA-Wert des Sektors i

x_i = Exporte des Sektors i

m_i = Importe des Sektors i

X = Summe aller Exporte

M = Summe aller Importe

Ein positiver RCA-Wert weist auf komparative Vorteile des betrachteten Sektors auf, während ein negativer Wert komparative Nachteile bedeutet. Ist das Verhältnis der Exporte zu den Importen eines Sektors dem Verhältnis aller Exporte zu allen Importen einer Volkswirtschaft gleich, ist der RCA-Index gleich Null.

---

63 Balassa, 1965.

64 Vgl. Klodt/Schmidt u.a., 1989, S 30 und Dluhosch u.a., S. 82-83. Es gibt auch andere Formeln für die Berechnung des RCA-Index, deren Ergebnisse jedoch von der hier angeführten Formel nicht wesentlich abweichen. Das gilt auch für die in Korea gebräuchliche Formel, den sogenannten Außenhandelsspezialisierungsindex {(Export - Import eines Sektors) / (Export + Import aller Sektoren)}. Zu anderen Formeln siehe z.B. Baerlocher u.a., 1982, S. 22.

65 In die Summierung aller Exporte bzw. aller Importe werden allein die Gütergruppen von SITC 5 bis 8, also allein Industriewaren einbezogen und andere Gütergruppen, deren komparative Vor- und Nachteile überwiegend von klimatischen und natürlichen Gegebenheiten determiniert werden können, außer acht gelassen.

Tabelle 6 RCA-Index zur internationalen Wettbewerbsfähigkeit für ausgewählte Industriebereiche in Korea 1985-1996

Industriebereichen (SITC)[a]	**1985**	**1988**	**1990**	**1992**	**1994**	**1996**
Heckscher-Ohlin-Industrien						
Farb-, Gerbstoffe und Farben (53)	-	-	-1,586	-1,213	-1,091	-0,814
Leder, Lederwaren (61)	-2,240	-1,417	-0,787	0,000	0,206	0,402
Papier und Pappe (64)	-0,395	-0,178	-0,274	-0,410	-0,027	0,201
Textilwaren (65, 84)[b]	1,925	1,622	1,568	1,335	1,131	0,983
Eisen und Stahl (67)	0,019	-0,137	-0,159	0,057	-0,188	-0,357
NE-Metall (68)	-1,722	-1,874	-1,898	-1,718	-1,642	-1,550
Metallwaren (69)	0,974	0,331	0,389	0,359	0,373	0,277
Schiffbau (793)	-0,045	1,610	1,040	1,301	0,980	1,165
Fotoapparate, optische Waren (88)	-0,581	-0,713	-0,785	-0,698	-0,910	-0,987
Mobile Schumpeter-Industrien						
Chemische Erzeugnisse (5)[c]	-1,382	-1,566	-1,305	-0,727	-0,558	-0,413
Büromaschinen (75)	-0,197	0,095	0,118	0,290	0,086	0,211
Geräte für Nachrichten (76)	0,644	1,030	1,247	1,113	0,949	0,791
Elektrische Maschinen, Apparate, Geräte (77)	-0,475	-0,322	-0,155	-0,054	0,289	0,292
Immobile Schumpeter-Industrien						
Maschinenbau (72, 74)[d]	-2,341	-1,887	-1,915	-1,602	-1,326	-1,136
Straßenfahrzeuge (78)	0,994	1,362	1,075	1,191	1,273	1,648
Luft- und Raumfahrzeuge (792)	-0,813	-3,012	-2,018	-2,275	-2,520	-2,597
Meß-, Prüf- und Kontrollinstrumente (87)	-2,046	-1,917	-1,744	-1,827	-1,903	-1,908

Quelle: UN, lfd. Jg., eigene Berechnungen

a) Revision 2.

b) Garne, Gewebe (65) + Bekleidung (84)

c) ohne Farbstoffe, Gerbstoffe und Farben (SITC 53) sowie medizinischer und pharmazeutischer Erzeugnisse (SITC 54: Immobile Schumpeter-Industrie)

d) Spezialmaschinen (72) + Generalmaschinen (74)

In Tabelle 6 sind Sektoren nach den Faktorintensitäten der Produktion in drei Industriekategorien eingeteilt: Heckscher-Ohlin-Industrien, mobile Schumpeter-Industrien und immobile Schumpeter-Industrien.[66] Güter, welche durch relativ hohen Einsatz von

66 Im folgenden vgl. Klodt/Schmidt u.a., 1989, S. 27-30 sowie 199. Die bei der Ermittlung von RCA-Indizes außer acht gelassenen Güter, bei deren Produktion klimatischen und geologischen Gegebenheiten große Rolle spielen, werden als „Ricardo-Güter" bezeichnet.

einfacher Arbeit oder Sachkapital hergestellt werden, werden hier als Heckscher-Ohlin-Industrien klassifiziert. Zu den Schumpeter-Industrien zählen solche Sektoren, bei welchen Forschung und Entwicklung und somit Humankapital eine vergleichsweise wichtigere Rolle spielen als die Produktionsfaktoren einfache Arbeit und Sachkapital. Traditionell wurde die Auffassung vertreten, etwa der Produktzyklus-Hypothese zufolge,[67] daß die entwickelten Industrieländer über relativ höheren Anteil an Humankapital als die wenig entwickelten Länder verfügen und sich daher auf die Produktion von den forschungsintensiven Gütern spezialisieren, während die Entwicklungsländer bei standardisierten Gütern ihre Wettbewerbsvorteile besitzen. Solche Erklärungsmuster des internationalen Handels werden allerdings inzwischen ins Wanken gebracht, nicht zuletzt deswegen, weil die internationale Mobilität technischen Wissens aufgrund der rasanten Entwicklung von Informations- und Kommunikationstechnologien enorm zugenommen hat. Das international mobile technische Wissen hat die Außenhandelsströme so verändert, daß wenig entwickelte Länder auch einige forschungsintensive Schumpeter-Güter anbieten und die Position entwickelter Industrieländer auf diesen Weltmärkten sogar gefährden.[68] Dies ist darauf zurückzuführen, daß die eigentlich in den entwickelten Industrieländern erforschten und entwickelten Produkte nicht am selben Ort hergestellt werden, sondern daß der Fertigungsort in Entwicklungsländer ausgelagert wird. Oder können Unternehmen in den Entwicklungsländern etwa durch Lizenz- oder Joint-Venture-Vertrag für die Produktion von Schumpeter-Gütern benötigendes Wissen aus den entwickelten Ausländern erwerben und die entsprechenden Güter selbst herstellen.

Von dieser Entwicklung werden jedoch nicht alle forschungsintensiven Schumpeter-Industrien gleichermaßen betroffen. Ob die räumliche Abkoppelung der FuE von der Produktion für die betreffenden Unternehmen eine mögliche und auch günstige Alternative ist, hängt vom dem Ausmaß der Komplementarität zwischen FuE und Produktion ab. Im Flugzeugbau z.B. ist die Trennung der Forschungsarbeit von der Produktion nur schwer durchführbar. Solche Industrien, in denen eine enge Rückkopplung zwischen Forschung und Produktion bestehen muß, nennt man immobile Schumpeter-Industrien. Währenddessen ist die Forschungsarbeit etwa in der chemischen Industrie in erster Linie Laborarbeit, und die dort entwickelten Konzepte können woanders als den Forschungsort ohne große Schwierigkeiten in Produktion umgesetzt werden. In diesem Fall wird von mobilen Schumpeter-Industrien gesprochen. In mobilen Schumpeter-Industrien findet die Auslagerung von Produktionsstätten ins Ausland nicht selten statt, wenn Unternehmen dort kostengünstigere Standorte für ihre Produktion gefunden haben.

---

[67] Zur Produktzyklus-Hypothese siehe etwa Vernon, 1966.

[68] Vgl. SVR, 1993, S. 43, Ziffer 19.

Tabelle 6 zeigt die Berechnungsergebnisse von RCA-Werten für Korea von 1985 bis 1996. Die dort aufgelisteten Sektoren umfassen etwa 80 vH der Exporte und etwa 87 vH der Importe der gesamten Industriewaren dieses Landes. Nach den Berechnungsergebnissen besitzt Korea als ein semiindustrialisiertes Land seine komparativen Vorteile erwartungsgemäß – also gemäß der Produktzyklus-Hypothese – bei der Produktion von Heckscher-Ohlin-Gütern und möglicherweise auch von mobilen Schumpeter-Industrien, aber kaum Wettbewerbsvorteile bei immobilen Schumpeter-Industrien, einmal abgesehen von Straßenfahrzeugen. Allerdings zeigen die beiden erstgenannten Industriebereiche unterschiedliche Trendbilder:

- Bei den mobilen Schumpeter-Industrien zeigt Korea sich durchaus positiv. Das Land behauptet seine bereits erworbenen Wettbewerbsvorteile weiter und baut bestehende Nachteile kontinuierlich ab;
- bei den Heckscher-Ohlin-Gütern hingegen sieht das Bild eher gemischt aus: Einerseits behauptet Korea mehr oder weniger konstante Wettbewerbsvorteile (z.B. in der Schiffbauindustrie), oder erwirbt neue Wettbewerbsvorteile (bei Leder, Lederwaren, Papier und Pappe) oder baut seine Wettbewerbsnachteile ab (bei Farb-, Gerbstoffen und Farben). Auf der anderen Seite werden die Wettbewerbsvorteile bei Eisen und Stahl, Metallwaren sowie Textilwaren kontinuierlich abgebaut, oder sie sind sogar schon in Wettbewerbsnachteile umgeschlagen. Bei NE-Metall, Fotoapparaten und optischen Waren hat Korea ausgeprägte Wettbewerbsnachteile. Ein Grund für das gemischte Bild innerhalb der Heckscher-Ohlin-Industrien ist darin zu finden, daß ostasiatische Schwellenländer und osteuropäische Länder neu in die Weltwirtschaft integriert sind, die hauptsächlich in arbeitsintensiven Sektoren, allen voran in der Textilindustrie und der Eisen- und Stahlindustrie mit Korea konkurrieren.

Korea hat noch keine Wettbewerbsvorteile bei immobilen Schumpeter-Industrien, mit Ausnahme der Straßenfahrzeuge.[69] Die Maschinenbauindustrie hat ihre Wettbewerbsnachteile ständig geschmälert, was darauf zurückzuführen ist, daß die koreanische Regierung sie mit dem Ziel, eine eigene Investitionsgüterindustrie zu entwickeln und damit permanente Leistungsbilanzdefizite in diesen Sektoren zu verringern, finanziell, steuerlich sowie technologisch massiv unterstützt hat.[70] Interessant ist im Zusammenhang mit der Regierungsunterstützung, daß die Wettbewerbsnachteile bei den Luft- und Raumfahrzeugen trotz einer ebenbürtigen intensiven Unterstützung wie der der Maschinenbauindustrie nicht verringert wurde, sondern sich im Zeitlauf sogar noch vergrößert haben. Ein wichtiger Grund dafür kann sein, daß die Verzahnung zwischen der Forschung und der Produktion bei den Luft- und Raumfahrzeugen noch ausge-

[69] Die Ausnahmesituation bei den Straßenfahrzeugen ist später bei der Erörterung handelspolitischer Einflüsse auf RCA-Indizes dargestellt.

[70] Vgl. Lee, 1997a, S. 65.

prägter als bei der Maschinenbauindustrie ist. Bei den Meß-, Prüf-, und Kontrollinstrumenten bleiben Wettbewerbsnachteile mit dem Zeitablauf unverändert.

2.2.1.2 Probleme bei der RCA-Analyse

Insgesamt betrachtet scheint die Wirtschaft Koreas als ein semiindustrialisiertes Land in der Übergangsphase des Strukturwandels in die richtige Richtung im Sinne der Produktzyklus-Hypothese zu gehen: von den arbeits- und sachkapitalintensiven Industrien hin zu den qualifizierte Arbeitskräfte einsetzenden, forschungs- und humankapitalintensiven Industrien, beginnend mit den mobilen Schumpeter-Industrien. Diese Aussage gilt freilich nur dann, wenn die Voraussetzung erfüllt wird, daß die oben aufgelisteten RCA-Indizes zuverlässige Informationen über die Wettbewerbsfähigkeit der betrachteten Sektoren liefern. Dazu müssen folgende Einflußfaktoren in die Betrachtung mit einbezogen werden, welche die Aussagekraft von RCA-Indizes stark beeinträchtigen können:

- handelspolitische Einflüsse;
- Unterscheidung zwischen Umsätzen und Gewinnen sowie die
- Ex-post-Analyse.

Damit die RCA-Indizes als geeignete Indikatoren internationaler Wettbewerbsfähigkeit betrachtet werden können, dürfen handelspolitisch verursachte Verzerrungen nicht gegeben sein. D.h.: Bei der RCA-Analyse muß die implizite Annahme gelten, daß die Ein- und Ausfuhren eines zu betrachtenden Sektors in allen Bestimmungsländern handelspolitisch gleich behandelt werden. Wie auch Balassa selbst geäußert hat,[71] wird diese Annahme in der Realität nicht erfüllt. Die Frage nach dem Einfluß handelspolitischer Maßnahmen eines Landes auf alle seine RCA-Indizes bleibt somit offen.

Darüber hinaus sollte die Auffassung, daß die RCA-Indizes einzelner Sektoren die Wettbewerbsvorteile und -nachteile der jeweiligen Sektoren aufweisen, auch in Frage gestellt werden, weil handelspolitische Maßnahmen sowie deren Intensitäten innerhalb einer Volkswirtschaft selbst in der Regel je nach Sektoren unterschiedlich sind, was dann unterschiedlich auf Exporte und Importe der jeweiligen Sektoren und nicht zuletzt auf deren RCA-Werte wirkt. Dies gilt besonders für Korea, dessen Volkswirtschaft im Vergleich zu anderen Volkswirtschaften stark von staatlicher Lenkung geprägt ist. Durch die konzentrierte Förderung von einigen Schwerpunktgebieten ist es diesem Land gelungen, diejenigen Industrien zu schaffen, die auf den Weltmärkten als

---

71 Vgl. Balassa, 1965, S. 103-104.

wettbewerbsfähig anzusehen sind.[72] Man kann nicht darüber hinweggehen, daß die Förderung einiger Schwerpunktindustrien einer Diskriminierung anderer nicht-geförderter Industrien gleichkommt. Es wäre wenig überraschend, daß staatlich geförderte Industrien bessere Ergebnisse in Form von RCA-Werten als staatlich diskriminierte Industrien zeigen. In diesem Zusammenhang sollte das RCA-Konzept, ein hoher RCA-Index zeige eine gute internationale Wettbewerbsfähigkeit und ein niedriger RCA-Wert eine schlechte Wettbewerbsfähigkeit, hinterfragt werden.

Ein Beispiel dafür ist in den RCA-Indizes von koreanischen Straßenfahrzeugen zu sehen. Die RCA-Werte der Automobilindustrie scheinen immer steigende Wettbewerbsvorteile zu zeigen. Im Jahr 1996 haben die koreanischen Autohersteller insgesamt 3 Mill. Einheiten abgesetzt, 1,2 Mill. davon wurden exportiert. Wie sich in Tabelle 6 erkennen läßt, bildet die Automobilindustrie Koreas eine extreme Ausnahme innerhalb immobiler Schumpeter-Industrien. Zwei Faktoren, welche zu dem überraschend positiven Bild der Straßenfahrzeugen beigetragen haben, sind zu nennen: einer ist die statistische Unvollkommenheit bei der Abgrenzung von Gütern nach ihren Marktsegmenten, und der andere ist ein handelspolitisch verzerrtes Bild.

Der Markt für Automobile kann man möglicherweise in zwei Segmente aufteilen. Anders als im oberen Segment, wo Autohersteller nur relativ geringe Einheiten von einem Modell produzieren, relativ hohe Preise verlangen und hauptsächlich durch Qualitätsunterschiede miteinander konkurrieren, geht es im unteren Segment überwiegend um Massen- bzw. Serienfertigung sowie Preiswettbewerb. Dort ist die Produktion weitgehend standardisiert, was es wenig entwickelten Ländern ermöglicht hat, in die Autoproduktion einzusteigen. Korea und Brasilien haben diese Chance genutzt, und andere Länder z.B. Indonesien und China werden sicherlich folgen. In diesem Marktsegment handelt es sich nicht mehr um eine immobile Schumpeter-Industrie, wo Forschung und Produktion eng verbunden sind. Vielmehr ist schon von einer mobilen Schumpeter-Industrie oder sogar von einer Heckscher-Ohlin-Industrie die Rede.[73] In diesem Sinne ist es keine große Überraschung, daß Korea bei diesem Sektor Wettbewerbsvorteile haben kann.

Ein zweiter, vielleicht noch entscheidenderer Grund für die hohen, positiven RCA-Indizes für Straßenfahrzeuge sind die handelspolitischen Einflüsse der koreanischen Regierung. Die Automobilindustrie in Korea genießt seit der Einführung des „Automobile Industry Fostering Plan“ im Jahr 1970, mit dem die koreanische Regierung auf die Entwicklung eigenständiger koreanischer Modelle und den Aufbau einer autarken

---

[72] Zur detaillierten Darstellung staatlicher Hilfen in Schwerpunktindustrien sowie Kritik daran vgl. Högel, 1993, S. 217-295.

[73] Vgl. Klodt/Schmidt u.a., 1989, S. 29-30.

Zulieferindustrie abzielte,[74] umfangreiche staatliche Unterstützung.[75] Sie erstreckt sich von begünstigten Kreditgewährungen über Subventionen bis auf ein Importverbot von ausländischen Fahrzeugen, unter anderem von japanischen.[76] Um die Binnennachfrage zu unterdrücken und zugleich in Exporte umzuleiten, hat die Regierung eine prohibitive Besteuerung auf inländische PKW gelegt. Alle diese staatlichen Förderungen ermöglichten „den Export zu einem offensichtlichen Dumpingpreis, der zum Teil weniger als die Hälfte des Inlandspreises betrug."[77] Trotz ihres über zwei Jahrzehnte hinweg besonders privilegierten Status und trotz der massiven staatlichen Unterstützung kann die Automobilindustrie Koreas immer noch nicht stabil Fuß auf den Weltmärkten fassen. Ihre Hauptschwäche liegt nach wie vor in den Qualitätsmängeln. Schon im Jahr 1989, kurz nach dem erfolgreichen Eintritt in den nordamerikanischen Markt, mußten die koreanischen Autohersteller einen Nachfrageeinbruch auf diesem Markt hinnehmen – um ca. 38 vH reduzierte Exporteinheiten im Vergleich zum Vorjahr –, und zwar aufgrund mangelhafter Qualität. Die Exporte in die USA im Jahr 1996 mit 201470 Einheiten betrugen nur noch weniger als die Hälfte der Exporte im Jahr 1988 mit 481100 Fahrzeugen, obwohl die Gesamtexporte im Jahr 1996 auf 1,2 Mill. Einheiten stiegen.[78] Hauptabsatzmärkte sind dabei nach Mittel- und Südostasien, Lateinamerika und Osteuropa verschoben, wo also die Ansprüche auf Qualität nicht hoch sind, während sich der Anteil der Exporte am Gesamtexport in Industrieländer ständig verringert (Vgl. Abbildung 12). Die Versuche koreanischer Autohersteller, durch Diversifizierung von Angebotspaletten und Qualitätsverbesserungen wieder auf den Märkten von entwickelten Industrieländern Platz zu finden, erzielten bislang kaum Erfolge, da die Technologieabstände gegenüber den Industrieländern noch erheblich sind, vor allem in den Bereichen der Entwicklung neuer Produkte, Design und FuE.[79] Die momentanen Hauptabsatzmärkte werden auch nicht länger sicher sein. Die Konkurrenz auf diesen Märkten wird immer härter, sogar mit jeweiligen Anbietern vor Ort, denn sie arbeiten häufig mit global führenden Autoproduzenten wie Volkswagen oder General Motors zusammen und bieten damit billige, aber qualitativ gute Produkte an. Dazu kommt noch: der seit Anfang 1999 teilweise geöffnete Binnenmarkt Koreas insbesondere gegenüber japanischen Produzenten kann die bislang fast abgesicherte Monopolstellung koreanischer Produzenten gefährden. In der jüngsten Zeit kann sie nur durch staatlich angeordnete Übernahmeaktionen – Kia Motor soll von Hyundai Motor, Samsung

---

74 Bis 1970 sind Autos in Korea allein durch die Kooperation mit ausländischen Autoherstellern in Form von Lizenz- oder Joint-Venture-Produktionen hergestellt worden.

75 Zur detaillierten Darstellung darüber vgl. Högel, 1993, S. 247-263.

76 Das Importverbot japanischer Autos wurde erst 1999 teilweise gelockert.

77 Högel, 1993, S. 250.

78 Vgl. FAZ, 12. 5.1997: Koreas Automobilmarkt steht vor einem Ausleseprozeß.

79 Die Technologieniveaus koreanischer Autoindustrie in diesen Bereichen liegen um 20 vH bis 40 vH niedriger als die Technologieniveaus der Industrieländer. Vgl. Booz Allen & Hamilton, 1997, S. 40.

Motor von Daewoo Motor übernommen werden – und zugleich massive staatliche Umschuldungshilfe überleben. Man kann also nicht umhin zu fragen, ob die auf diese Weise erzielten hohen positiven RCA-Werte die wahren Wettbewerbsvorteile der Automobilindustrie Koreas widerspiegeln.

Abbildung 12 Koreas Autoexporte nach Regionen

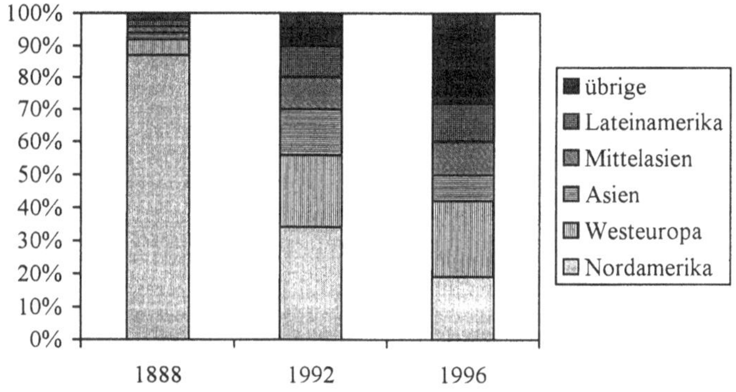

Quelle: Booz Allen & Hamilton, 1997, S. 39.

Ein weiteres, aber entgegengesetztes Beispiel dafür, daß RCA-Indizes wegen handelspolitischer Einflüsse ein fälschliches Bild über die internationale Wettbewerbsfähigkeit einer Industrie liefern könnte, ist in der Textilindustrie zu finden. Es handelt sich dabei um nicht-geförderte Industrien, deren Wettbewerbsfähigkeit durch staatliche Förderungspolitik zugunsten anderen selektierten sogenannten Schwerpunktindustrien beeinträchtigt werden kann. Seit Ende der siebziger Jahre wurde die Textilindustrie von der staatlichen Förderliste gestrichen mit dem Argument, daß aufgrund der Verschiebung in den koreanischen komparativen Vorteilen die Textilindustrie als eine sogenannte „Sunset-Industry" durch diejenige Industrien, bei deren Produktion relativ mehr qualifizierte Arbeitskräfte eingesetzt würden, ersetzt werden,[80] obwohl sie damals – und auch z.Z. immer noch – einer der wichtigsten Export- und Leistungsbilanzüberschußsektoren war.[81] Das Ausschließen aus der Förderliste bedeutet für die Textilindustrie, daß sie seitdem staatliche Hilfemaßnahmen nicht mehr in Anspruch nehmen kann. Hinzu kommen noch die diskriminierenden Effekte: Wegen der Förderung anderer selektierter Industrien sind Arbeitskräfte und Kapital in diesem Land

80 Vgl. Högel, 1993, S. 219-220.

81 Der Leistungsbilanzüberschuß im Außenhandel dieser Industrie beträgt immerhin ca. 11,5 Mrd. Dollar im Jahr 1996.

knapper geworden, als sie ohne eine solche Förderung anderer Schwerpunktindustrien gewesen wären. Das bedeutet, daß die Textilindustrie höhere Löhne und höhere Kapitalkosten bezahlen muß, um weiter am Markt zu bleiben. Die starke Zunahme der Exporte von geförderten, subventionierten Industrien wirkt auch über die Aufwertung der inländischen Währung negativ auf die Exportleistung der Textilindustrie.[82] Die negativen Auswirkungen der Diskriminierung, die die nicht-geförderten Industrien hinnehmen, werden bei der Berechnung von RCA-Werten oft nicht berücksichtigt. Die daraus gezogenen Aussagen über die Wettbewerbsfähigkeit einzelner Industrien sollten daher stark bezweifelt werden.

Ein zweiter Faktor, welcher bei der Verwendung der RCA-Analyse als Indikator internationaler Wettbewerbsfähigkeit nicht zu übersehen ist, daß die Umsätze nicht synchron mit den Gewinnen sind. Wie dargestellt, exportierten die koreanischen Autohersteller zu offensichtlichen Dumpingpreisen, die möglicherweise unter den Produktionskosten lagen. In Korea allerdings wurden die damit verbundenen Gewinneinbußen oder die Verluste durch staatliche Fördermittel und/oder durch deren Überwälzung auf Inländer kompensiert, indem die Produzenten auf dem von außen abgeschirmten Binnenmarkt enorm hohe Monopolpreise verlangten. In den Fällen, wo Unternehmen zwar hohe Exporterfolge erzielen, jedoch dabei verringerte Gewinne oder sogar Verluste in Kauf nehmen oder sie auf inländische Konsumenten bzw. die inländische Gesamtwirtschaft über staatliche Fördermittel wie z.B. Subventionen abwälzen, kann keineswegs von hoher internationaler Wettbewerbsfähigkeit gesprochen werden.[83]

Eine weitere Einschränkung der Aussagekraft der RCA-Analyse ist darin zu finden, daß sie eine Ex-post-Analyse ist. Die berechneten RCA-Werte stützen sich allein auf die Erfolge in der Vergangenheit. Sie sagen jedoch nur wenig über die Zukunft aus. Die z.Z. guten Erfolge bzw. hohen RCA-Werte können die Folge einer Reihe von entsprechend guten Verhalten der Regierung und der Unternehmen in der Vergangenheit sein.[84] Die momentan hohe Wettbewerbsfähigkeit bedeutet aber nicht, daß die guten Erfolge weiter so bleiben werden, denn künftige Entwicklungen hängen von der heutigen Wirtschaftspolitik und von den Bemühungen seitens der Unternehmen ab. Bei der Beschäftigung mit der Wettbewerbsfähigkeit ist in erster Linie die künftige Entwicklung einer Volkswirtschaft von Interesse, nicht jedoch die gestrigen Erfolge.

Im Hinblick auf ihre Aussagekraft ist die RCA-Analyse also mit vielfältigen Einschränkungen behaftet. Es ist festzustellen, daß die Aussagekraft der RCA-Indizes als die Indikatoren internationaler Wettbewerbsfähigkeit stark relativiert werden muß.

---

82 Zu diesem Zusammenhang vgl. etwa Donges, 1989, S. 8.

83 Vgl. Dluhosch u.a., 1992, S. 83.

84 Vgl. Boroch, 1995, S. 316.

2.2.2 Constant-Market-Shares-Analyse

Die Marktanteile auf den Weltmärkten werden nicht selten als die Indikatoren internationaler Wettbewerbsfähigkeit betrachtet. So wird eine Zunahme des Weltmarktanteils eines Landes als Zeichen erhöhter und eine Abnahme des Weltmarktanteils als Zeichen verschlechterter Wettbewerbsfähigkeit interpretiert. Von Interesse ist hier also auch die Veränderung der Weltmarktanteile bzw. der Wettbewerbsfähigkeit, jedoch nicht die absolute Höhe der Marktanteile verschiedener Länder, denn die absolute Höhe ist von vielen Faktoren abhängig, die nicht mit der internationalen Wettbewerbsfähigkeit in Zusammenhang stehen.[85]

Im Hinblick auf die internationale Wettbewerbsfähigkeit ist der der CMS-Analyse zugrunde liegende Grundgedanke folgender. Die Veränderung von Weltmarktanteilen, die dem CMS-Konzept zufolge der Veränderung internationaler Wettbewerbsfähigkeit eines Landes gleichgesetzt wird, hängt nicht nur von der Veränderung der „eigentlichen" Konkurrenzfähigkeit einer Volkswirtschaft ab, sondern auch davon, wie die Exporte einzelner Länder gütermäßig und auch regional strukturiert sind. Um die „richtige" internationale Wettbewerbsfähigkeit einer Volkswirtschaft zu berechnen, müssen solche Struktureffekte auf die Veränderung der Weltmarktanteile von Wettbewerbseffekten isoliert betrachtet werden. Um dies vorzunehmen, wird bei der CMS-Analyse der Weltmarkt in regional und sektoral abgegrenzte Teilmärkte aufgespalten. Diese Teilmärkte sind so zu definieren, daß auf ihnen die bisherigen Marktanteile einzelner Länder nach wie vor konstant bleiben. Die sich durch Subtrahieren der so berechneten Regional- und Strukturfaktoren von der tatsächlichen Veränderung der Weltmarktanteile eines Landes ergebende Residualgröße, von der als Wettbewerbseffekt gesprochen wird, ist dann auf die Veränderung der internationalen Wettbewerbsfähigkeit dieses Landes zurückzuführen.[86] Rechnerisch also:

Wettbewerbseffekt = Veränderung der Weltmarktanteile - (Regionaler Struktureffekt + Sektoraler Struktureffekt).

Der so ermittelte Wettbewerbseffekt wird nun, wie erwähnt, häufig als Indikator für die „eigentliche" Wettbewerbsfähigkeit eines Landes betrachtet. Die Aussage einer Studie eines koreanischen Wirtschaftsforschungsinstituts etwa, Korea hätte im Zeitraum 1989-1996 um 200 Mrd. Dollar mehr produziert und um 100 Mrd. Dollar mehr exportiert als tatsächlich erfolgt, und somit jährlich 420 000 neue Arbeitsplätze mehr geschaffen, als wenn dieses Land auf den amerikanischen, japanischen und EU-

---

[85] Wie z.B. die wirtschaftliche Größe eines Landes, geographische Lage sowie eine nur historisch zu erklärende wirtschaftliche Verflechtung. Vgl. Orlowski, 1982, S. 44.

[86] Vgl. Orlowski, 1982, S. 45-46; Klodt/Schmidt u.a., 1989, S. 22-23 sowie S. 178-179.

Märkten sein altes Marktanteilsniveau des Jahres 1988 zumindest konstant behalten hätte, zielt genau in diese Gedankenrichtung. Diese Studie legt nahe, daß die Verluste an Marktanteilen die Folge der verminderten Wettbewerbsfähigkeit Koreas seien.[87]

Die Frage, ob der Wettbewerbseffekt als Indikator für die „eigentliche" Wettbewerbsfähigkeit eines Landes interpretiert werden kann, kann nicht ohne weiteres bejaht werden, denn die CMS-Analyse und somit der Wettbewerbseffekt beinhalten eine Reihe von methodischen und inhaltlichen Schwächen, die die Aussagekraft dieses Konzepts zum Zweck der Beurteilung der internationaler Konkurrenzfähigkeit nicht unwesentlich beeinträchtigen können.

Zunächst ist zu nennen statistische Bedenklichkeit. Es handelt sich dabei um die Frage, ob die Aufteilung des Weltmarktes in regional und sektoral abgegrenzte Teilmärkte, die ja je nach Untersuchungen auf sehr unterschiedliche Weise vorgenommen wird, neutral ist in dem Sinne, daß die Ergebnisse der CMS-Analyse davon nicht berührt werden. Dies ist jedoch nicht der Fall. Richardson z.B. hat gezeigt, daß die relative Höhe der Struktur- bzw. Wettbewerbseffekte insbesondere von der sektoralen Gliederungstiefe in erheblichen Maß abhängt.[88] Wenn man nicht nur an gleichen Produkten denkt, sondern auch deren Substitute bei der sektoralen Aufteilung in die Überlegung miteinbezieht, würde es noch schwerer oder uneindeutiger, Produkte homogenen Gütergruppen zuzuordnen.

Auch in bezug auf ausgewählte Vergleichszeiträume zeigt die CMS-Analyse ihre Schwäche. Kurzfristig kann man davon ausgehen, daß sich die gütermäßige und sektorale Exportstruktur eines Landes nicht wesentlich verändert. Auf mittlerer und langfristiger Sicht sollte man aber annehmen, daß ein Land auf andere Produkte und auch auf andere Absatzmärkte als auf die bisherigen Produkte und Märkte seinen Schwerpunkt setzen und darüber hinaus neue Produkte entwickeln und auch neue Absatzmärkte erschließen kann. Je nachdem, auf welchem Basisjahr sich die Analyse bezieht, können die daraus zu ziehenden Struktureffekte unterschiedlich sein, und damit auch die Wettbewerbseffekte. In diesen Fällen kann es unvermeidbar sein, daß eine betrachtete Exportentwicklung einmal dem Struktureffekt und ein anderes mal dem Wettbewerbseffekt zugeschrieben wird.

Zu dem ist die Trennung von Wettbewerbseffekten und Struktureffekten nicht möglich und auch als wenig sinnvoll anzusehen, insbesondere deshalb, weil die Produkt- und Marketinginnovationen im Außenhandelswettbewerb von stets zunehmender Bedeutung sind. Die Angebote passen sich nicht nur passiv der vorgegebenen Nachfra-

---

87 Vgl. Maeil, 10.6.1997: Verlust an Wettbewerbsfähigkeit infolge der Prahlerei.

88 Vgl. Richardson, 1971.

gestruktur der Welt an, sondern darüber hinaus gestalten sie die Nachfragestruktur aktiv mit. Bei Vorliegen solcher Wettbewerbsformen ist die Nachfragestruktur zumindest teilweise das Resultat vielfältiger Wettbewerbsaktivitäten, so daß die Trennung beider Effekte in Zweifel gezogen wird.[89] Gerade die Fähigkeit einer Volkswirtschaft, rechtzeitig in expansiven Regionen Fuß zu fassen und über ein attraktives Warensortiment zu verfügen, ist ein wesentlicher Bestandteil der internationalen Wettbewerbsfähigkeit eines Landes.[90] Dieser wichtige Aspekt der Wettbewerbsfähigkeit kann in der CMS-Analyse jedoch als Struktureffekt bereinigt und nicht in die Wettbewerbseffekte hineingenommen werden.

In der CMS-Analyse können die Wettbewerbseffekte solcher wünschenswerten Fähigkeit sogar negativ beeinflußt werden. Dies ist z.B. unter dem flexiblen Wechselkurssystem auf folgende Weise möglich: Eine Spezialisierung eines Landes auf überdurchschnittlich expansive Teilmärkte führt aufgrund der zunehmenden Exporte und damit erhöhten Nachfrage nach Inlandswährung zur Aufwertung der heimischen Währung, was dann über die Verschlechterung der preislichen Wettbewerbsfähigkeit inländischer Unternehmen zu einem negativen Wettbewerbseffekt führen kann. Unter diesen Umständen kann „eine negative Wettbewerbskomponente ... die Folge einer Spezialisierung auf überdurchschnittlich expansive Teilmärkte sein. Umgekehrt muß eine ungünstige Spezialisierung die Wettbewerbskomponente erhöhen."[91] Aus den Wettbewerbseffekten Schlüsse auf die internationale Wettbewerbsfähigkeit zu ziehen, wäre insofern verfehlt.

Eine weitere Schwäche der CMS-Analyse ist, daß die Exportentwicklungen in den Außenhandelsstatistiken nicht mit realen, sondern in der Regel mit nominalen Größen gegeben sind. Die Preisbereinigung zur Bestimmung der realen Exportentwicklung ist theoretisch möglich, praktisch aber nicht, weil die dazu nötigenden Preisindizes fehlen oder nur mühsam beschafft werden können.[92] Daher wird mit nominalen wertmäßigen Größen anstelle von realen operiert, oder nur eine pauschale Preisbereinigung vorgenommen.[93] Auch wenn man sich mit Mengen statt Werten beschäftigt, muß man doch die Preisentwicklungen verfolgen, denn hinter der von Preisentwicklungen losgelösten Betrachtung von Mengen können sich viele Fehlbeurteilungsquellen verbergen: So z.B. in den Fällen, wo die erhöhten Absatzmengen bzw. die steigenden Marktanteile

---

[89] Vgl. dazu Rothschild, 1975.

[90] Vgl. Klodt/Schmidt u.a., 1989, S. 22.

[91] Siehe und vgl. Orlowski, 1982, S. 57-58. Er hat da ein weiteres Beispiel für dieses Problem angeführt, und zwar unter der Bedingung der Vollbeschäftigung. Im Fall des flexiblen Wechselkurssystem ist die Vollbeschäftigungsbedingung nicht notwendig.

[92] Z.B. für den Fall mit 12 Ländern, 30 Warengruppen und 10 Jahren braucht man insgesamt 3600 Preisindizes. Vgl. Rothschild, 1975, S. 231.

[93] Vgl. Orlowski, 1982, S. 49.

mit sinkenden Gewinnen oder Verlusten erkauft worden sind, kann nur schwer von einer Verbesserung der internationalen Wettbewerbsfähigkeit gesprochen werden.[94] Zudem bleiben bei der mengenmäßigen Betrachtung die Qualitätsverbesserungen im Exportsortiment, die die höheren Preise auf den Weltmärkten erlauben, aus dem Blick.[95]

Außerdem gilt die an der RCA-Analyse geübten Kritik auch hier, insbesondere wegen der handelspolitischen Einflußnahme auf die Entwicklung von Marktanteilen und der Vergangenheitsorientierung der Analyse. Die Aussagefähigkeit der CMS-Analyse als eine Methode zur Ermittlung der internationalen Wettbewerbsfähigkeit einer Volkswirtschaft ist also sehr zu bezweifeln.

3 Rückbesinnung auf das Ziel des Wirtschaftens

Die bislang erörterten, auf der Absatzfähigkeit beruhenden Indikatoren sind nicht dazu geeignet, zuverlässige Aussagen über die internationale Wettbewerbsfähigkeit einer Volkswirtschaft zu liefern. Den Aussagen fehlt es weitgehend an Robustheit, so daß sie nur unter besonderen Bedingungen gelten. Bei den Variationen vorgegebener Bedingungen können sie sogar ins Gegenteil umschlagen. Darüber hinaus sind die Analysenergebnisse mitunter widersprüchlich. Um die wichtigen Ergebnisse zusammenzufassen:

- Wechselkurse, die häufig als wichtigster Faktor zur Verbesserung des Leistungsbilanzsaldos angesehen werden, können nur kurzfristig und allein unter sehr eng gefaßten Bedingungen ihre „Aufgabe" erfüllen: es bestehe keine Substitutions- und Komplementaritätsbeziehungen zwischen Export- und Importgütern, was in der Realität nicht der Fall ist. Unter der Mitberücksichtigung von mittel- und langfristigen Veränderungen von Preisniveau und Volkseinkommen können die aufgrund von Wechselkursoperationen erzielten kurzfristigen Erfolge stark vermindert oder sogar völlig neutralisiert werden;
- Unabhängig von der Gültigkeit des Zusammenhangs zwischen Wechselkursen und Leistungsbilanzsalden stellt sich die Frage, ob ein Leistungsbilanzüberschuß als ein Indikator der internationalen Wettbewerbsfähigkeit einer Volkswirtschaft anzusehen und daher ein erstrebenswertes Ziel ist. Nach dem die Kapitalbilanz mitberücksichtigenden intertemporalen Ansatz der Zahlungsbilanz ist der Saldo der Leistungsbilanz nichts anderes als das Spiegelbild des Saldos der Kapitalbilanz. Die Kapitalbilanzsalden lösen über reale Ab- und Aufwertung der heimischen Währung den Strukturwandel einer Volkswirtschaft aus: in Richtung nicht-handelbarer Binnengüter im Fall

94 Vgl. Dluhosch u.a., 1992, S. 90-91.

95 Vgl. Fels, 1982, S. 10.

realer Aufwertung oder in Richtung handelbarer Güter im Fall realer Abwertung. Die Folgen des Strukturwandels sind Leistungsbilanzdefizite oder -überschüsse. Wenn man unterstellt, daß international mobiles Kapital dorthin fließt, wo die erwartete Rendite am höchsten ist, ist ein Netto-Kapitalimport das Zeichen einer hohen Attraktivität eines Landes als Investitionsstandort anzusehen. In diesem Fall könnte das mit dem Netto-Kapitalimport verbundene Leistungsbilanzdefizit sogar als Zeichen einer verbesserten Wettbewerbsfähigkeit einer Volkswirtschaft interpretiert werden;

- Die nach Ländern bzw. Ländergruppen disaggregierten Leistungsbilanzsalden, die in der Regel teils Überschüsse teils Defizite aufweisen, bedeuten nicht jeweilige Zustände der Wettbewerbsfähigkeit eines Landes gegenüber Ausländern, sondern vielmehr ein Zeichen der Spezialisierung in den Welthandelsbeziehungen. Aus dem Defizit in einer bilateralen Leistungsbilanz die Folgerung zu ziehen, daß die betrachtete Volkswirtschaft nicht wettbewerbsfähig gegenüber der anderen ist, ist auch nicht schlüssig, denn die disaggregierten Teilsalden sind nicht voneinander unabhängig, sondern interdependent. So könnte ein Defizit in der Teilbilanz im Handel mit einem Ausland die Folgewirkung von Überschüssen in anderen Teilbilanzen im Handel mit anderen Ländern sein;
- Bei Leistungsbilanz-, aber auch bei der RCA- und der CMS-Analyse sind handelspolitische Einflüsse auf die Analyseergebnisse nicht auszuschließen. Es wird erwartet, daß staatlich geförderte Sektoren bessere Indizes, und nicht-geförderte, handelspolitisch diskriminierte Sektoren hingegen schlechte Indizes aufweisen. Darüber hinaus besteht die Gefahr, daß ein wichtiger Bestandteil der internationalen Wettbewerbsfähigkeit, wie ein flexibles Anpassungsvermögen einer Volkswirtschaft an ein sich rapid wandelndes Weltwirtschaftsumfeld weiterhin nicht berücksichtigt wird; und
- Bei den oben diskutierten Indikatoren gemeinsam handelt es sich um Ex-post-Größen, obwohl es bei der Analyse internationaler Wettbewerbsfähigkeit um eine zukunftsorientierte Analyse gehen soll, um vernünftige wirtschaftspolitische Konsequenzen zur Verbesserung der internationalen Wettbewerbsfähigkeit herauszufinden.

Bei den bislang erörterten, auf dem Absatzfähigkeitsansatz beruhenden Analysen liegt die Hauptschwäche unter anderem in der bloßen Übertragung der Wettbewerbsfähigkeit von Unternehmen auf die Wettbewerbsfähigkeit einer Volkswirtschaft, so daß die gesamtwirtschaftliche Interdependenz zwischen Unternehmen bzw. Sektoren innerhalb einer Volkswirtschaft weitgehend vernachlässigt ist. Von der Erhöhung der Wettbewerbsfähigkeit einer Volkswirtschaft als die Aggregate der Absatzfähigkeit von Einzelunternehmen kann nur dann gesprochen werden, wenn die erhöhte Absatzfähigkeit eines Unternehmens eines Landes von der Absatzfähigkeit anderer Unternehmen dieses Landes unabhängig ist.[96] Diese Voraussetzung ist in keiner Volkswirtschaft gege-

[96] Im folgenden vgl. Orlowski, 1982, S. 61 sowie Dluhosch u.a., 1992, S. 14-17.

ben. Denn ein Unternehmen steht mit anderen Unternehmen nicht nur auf Gütermärkten im Wettbewerb, sondern auch auf Faktormärkten. Erhöht ein Unternehmen seine Absatzfähigkeit und damit auch seine Produktionsmenge, werden die von ihm beanspruchenden Produktionsfaktoren mehr als zuvor nachgefragt. Die mehr als zuvor nachgefragten Produktionsfaktoren müssen von anderen Unternehmen abgezogen werden. Dafür muß dieses Unternehmen höhere Entlohnung für Produktionsfaktoren als andere Unternehmen bieten. Die anderen Unternehmen müssen ebenfalls höhere Entlohnung anbieten, um weiter am Markt zu bleiben, oder sie werden gegebenenfalls aus dem Markt verdrängt. Es ist daher unwahrscheinlich, daß die Absatzfähigkeit aller im internationalen Wettbewerb ausgesetzten Unternehmen einer Volkswirtschaft gleichzeitig erhöht werden. Vielmehr ist es wahrscheinlich, daß einige Sektoren gut gehen, während andere schrumpfen. So gesehen kann die Wettbewerbsschwäche eines Teils der inländischen Unternehmen nicht nur auf den besseren und billigeren Produkten ausländischer Konkurrenten, sondern auch auf der erhöhten Wettbewerbsfähigkeit anderer inländischer Unternehmen beruhen.

Es besteht freilich kein Zweifel, daß es eine internationale Wettbewerbsfähigkeit von einzelnen Unternehmen gibt. Unternehmen, die dem internationalen Wettbewerb ausgesetzt sind, müssen durch unablässige Prozeß- und Produktionsinnovationen sich darum bemühen, Kosten und Preise zu senken, neue Produkte zu entwickeln, Marktpositionen auf den bereits erschlossenen Märkten auf- und auszubauen sowie neue Absatzmärkte zu erschließen. Diejenigen Unternehmen, die bei diesem Wettbewerb nicht Schritt halten, müssen die Einbuße an Gewinnen, Umsätzen oder Marktanteilen in Kauf nehmen. Toyotas Stärke auf den Weltautomärkten und sein erhöhter Marktanteil können zurückgehende Absätze und Verluste am Weltmarktanteil von Hyundai zur Folge haben. Im schlimmsten Fall gehen wettbewerbsunfähige Unternehmen sogar in Konkurs, und die dort Beschäftigten werden arbeitslos. Es kann also ein Nullsummen- bzw. Gewinn-Verlust-Spiel sein.

Um die Wettbewerbsfähigkeit einer Volkswirtschaft als ein Aggregat der Wettbewerbsfähigkeit ihrer Unternehmen zu erfassen, muß gelten, daß sich einzelne Staaten auch als Rivalen beim Außenhandel gegenüberstellen, was jedoch nicht der Fall ist.[97] Wenn z.B. in einem Ausland, mit dem das Inland Außenhandelsbeziehung hat, die Wirtschaft gut geht und dort das Realeinkommen steigt, schadet dies der inländischen Wirtschaft nicht. Die guten wirtschaftlichen Erfolge mit steigendem Einkommen im Ausland können es vielmehr dem Inland erlauben, auf diesen Auslandsmarkt mehr zu exportieren als zuvor und damit zu profitieren.[98] Ein bedeutendes Beispiel dafür: Die

---

97 Zur Kritik an der Übertragung der Wettbewerbsfähigkeit von Unternehmen auf die Volkswirtschaften vgl. Krugman, 1996, S. 3-23.

98 In der Welthandelsbeziehung profitiert jedes Land vom Reichtum seiner Partnerländer. Arme Länder hingegen sind schlechte Kunden. Vgl. Watrin, 1998, S. 77; Rettig, 1980, S. 324.

nach der Währungskrise abgeschwächte Wirtschaftsleistung in Japan und Südostasien, die miteinander hart konkurrieren aber zugleich deren Märkte neben dem USA-Markt für einander wichtige Exportmärkte sind, lähmt die wirtschaftliche Erholung dieser Region. Länder, die an dem Welthandel beteiligt sind, sind „each other's main export market and each other's main suppliers of useful imports."[99] Außenhandel ist kein Nullsummenspiel, sondern ein Positivsummenspiel, bei dem alle beteiligten Länder profitieren können.

Auch anders als bei Unternehmen gibt es keinen Konkurs einer Volkswirtschaft in dem Sinne, daß alle Beschäftigte dieses Landes, ein international immobiler Produktionsfaktor Arbeit, arbeitslos werden. Wenn es einer Volkswirtschaft schlecht geht, entstehen allerdings Arbeitslose, aber sie machen nur einen Teil der gesamten Beschäftigten dieses Landes aus. Die meisten davon beschäftigen sich wieder durch Anpassung in Form von Einkommensverzicht oder Strukturwandel, obwohl dieser Anpassungsprozeß schmerzlich ist.[100]

Bei der Gleichsetzung des Wettbewerbs zwischen Volkswirtschaften mit dem Wettbewerb zwischen Unternehmen verbergen sich vielfältige Gefahren. Unter anderem:

Erstens: Die aus unzuverlässigen, zweifelhaften Indikatoren gezogenen Schlußfolgerungen in bezug auf die Wirtschaftspolitik zur Verbesserung internationaler Wettbewerbsfähigkeit einer Volkswirtschaft kann dazu führen, daß kostbare Ressourcen nicht effizient eingesetzt, sondern verschwendet werden;

Zweitens: Jedes Land versucht über protektionistische Handelspolitik Leistungsbilanzüberschüsse oder hohe Marktanteile auf den Weltmärkten zu erzielen, so daß Handelskonflikte bzw. deren Eskalationen entstehen können;

Drittens: Die Schuld für schlechte Wirtschaftserfolge in Form von abgeschwächter Wachstumsrate oder steigender Arbeitslosigkeit wird auf harte internationale Konkurrenz und noch wahrscheinlicher auf unfaire Verhaltensweisen von Handelspartnern verschoben, so daß eigentliche wirtschaftspolitische Problemfaktoren wie versäumte Strukturanpassung und starre Arbeitsmärkte verschleiert werden. Dadurch können Reformbedarf und Reformwille im Problemland weiter abgeschwächt werden. Die Folge wären ein weiter verschleppter Strukturwandel und verschlechterte Wirtschaftserfolge;[101] und schließlich

---

99 Krugman, 1996, S. 9.

100 Vgl. Boroch, 1995, S. 322.

101 Vgl. Krugman, 1996, S. 18.

Viertens: Es besteht immer wieder die Gefahr, insbesondere aufgrund der theoretischen Unschärfe und der konzeptionellen Schwammigkeit, daß die Analyseergebnisse von Wirtschaftspolitikern zugunsten staatlicher Eingriffe in den Wirtschaftsablauf mißbraucht werden.[102] Hinzu kommen auch noch die Eingriffe von Seiten der Interessengruppen. Gerade mangelnde Robustheit der Analysen kann die Interessengruppen in die Lage versetzen, die wirtschaftspolitische Diskussion zu Gunsten ihrer Partikularinteressen zu lenken.[103]

Der Wettbewerb auf den internationalen Märkten um Gewinne, um Marktanteile oder auch einfach ums Überleben ist also der Hauptgegenstand einzelner Unternehmen, jedoch nicht der Staaten.[104] Man muß sich an dieser Stelle auf das Ziel des Wirtschaftens eines Landes zurückbesinnen, um die Ziel-Mittel-Verwechselung zu vermeiden: Das eigentliche Ziel des Wirtschaftens liegt nicht in der Erhöhung von Exporten und Marktanteilen, nicht in dem Erzielen von Leistungsbilanzüberschüssen oder in der Einnahme der Position des Exportweltmeisters – alles unternehmensorientierte Ziele –, sondern vielmehr in der Erhöhung des Lebensstandards und des Realeinkommens des Landes. Kurzum: die Erhöhung der Wohlfahrt der Bevölkerung.[105] Absätze eines Landes, also Exporte sind in diesem Sinne für sich selbst kein selbständiges Ziel, sondern stellen lediglich ein Mittel zum Verdienen von Devisen dar, die zur Befriedigung des Importbedarfs erforderlich sind. Der Bedarf der Importe ausländischer Güter entsteht deshalb, weil diese Güter im Inland zwar dringend nötig sind, aber dort entweder gar nicht oder – aufgrund der Kostennachteile – nur teurer als im Ausland hergestellt werden können. Durch Importe solcher Güter können Inländer ihre Konsummöglichkeit erweitern und notwendige Güter billig kaufen. Damit erhöhen sich das Realeinkommen und der Lebensstandard der Inländer. Exporte haben nur dann ihren Sinn, wenn sie auf diese Weise zur Erhöhung der Wohlfahrt der Bevölkerung beitragen.

In den auf dem Absatzfähigkeitsansatz beruhenden Indikatoren steckt die Gefahr, daß das eigentliche wirtschaftspolitische Ziel „Erhöhung des Lebensstandards und des Realeinkommens“ in den Hintergrund verschoben wird, um stattdessen Leistungsbilanzüberschüsse oder höhere Index-Werte zu erzielen. So kann zur Verbesserung der Leistungsbilanz ein Verzicht auf einen Teil der Einkommen z.B. durch künstliches Niedrighalten der Löhne durch militärische oder diktatorische Regierungen, wie es in Korea bis Ende der achtziger Jahre der Fall war, durchgesetzt werden, oder durch eine marktwidrige Abwertung der heimischen Währung unternommen werden, die eben zur

102 Vgl. Suntum, 1986, S. 502.

103 Vgl. Straubhaar, 1994, S. 34.

104 Vgl. Siebert, 1996, S. 5.

105 Vgl. Boroch, 1995, S. 333.

Reduktion der Realeinkommen führen kann.[106] Es ist auch zu fragen, ob es überhaupt sinnvoll ist, die bisherigen Marktanteile oder Leistungsbilanzüberschüsse aufrecht zu erhalten zu versuchen, obwohl „Veränderungen der komparativen Kostenvorteile vielleicht eine verstärkte Binnenorientierung der eigenen Produktionskapazitäten nahelegen."[107] All dies ist nichts anderes als eine Ziel-Mittel-Verwechselung.[108] Wie bereits erwähnt, ist unter höheren Werten von Indizien bzw. Leistungsbilanzüberschüssen, die durch Wechselkursmanipulationen, durch Exporte zum Dumpingpreis, durch Kostenabwälzung auf inländische Verbraucher oder Sozialisierung von Verlusten etwa in Form von Subventionen erreicht worden sind, auf keinen Fall eine höhere internationale Wettbewerbsfähigkeit eines Landes gegenüber anderen Ländern zu verstehen.

Im Hinblick auf das Ziel des Wirtschaftens einer Volkswirtschaft, nämlich auf die Erhöhung bzw. die Maximierung der Wohlfahrt, stellt sich in bezug auf die Wirtschaftspolitik die Frage, wodurch und wie eine Volkswirtschaft dieses Ziel besser als andere Volkswirtschaften erreichen kann. Die maximale Wohlfahrt einer Volkswirtschaft kann sicherlich dadurch erreicht werden, die zur Verfügung stehenden Produktionsfaktoren am effizientesten, am produktivsten zu nutzen, und zwar nicht nur im statischen, sondern auch im dynamischen Sinne.[109] Entscheidend ist dabei die Frage nach der Schaffung einer guten Wirtschaftsordnung, die in der Gesamtheit der jeweils realisierten Formen besteht, in denen der Wirtschaftsprozeß konkret abläuft.[110] Im Hinblick auf die internationale Wettbewerbsfähigkeit einer Volkswirtschaft ist hier zu sagen, daß die Gewährung der Wohlfahrtsmaximierung durch effiziente Ressourcenallokation diejenige wirtschaftspolitische Aufgabe ist, die unabhängig davon unternommen werden muß, ob eine Volkswirtschaft geschlossen oder offen ist. In diesem Sinne stellt das Erhöhen der internationalen Wettbewerbsfähigkeit einer Volkswirtschaft keinen besonderen wirtschaftspolitischen Aufgabenbereich dar. Wenn es einer Volkswirtschaft gelingt, eine gute Wirtschaftsordnung zu schaffen, werden Ressourcen einschließlich der außenwirtschaftlichen Bedingungen und auch unter dem dynamischen Gesichtspunkt effizient alloziiert. Dann braucht sich niemand um die internationale Wettbewerbsfähigkeit seines Landes zu sorgen.[111] Die Internationale Wettbewerbsfähigkeit einer Volkswirtschaft ist also nichts anderes als die Fähigkeit, eine gute Wirtschaftsordnung zu schaffen und zu bewahren, mit der diese Volkswirtschaft im Vergleich zu

---

106 Krugman spricht in diesem Zusammenhang davon, daß „domestic growth might be outweighed by deteriorating terms of trade." Krugman, 1996, S. 7.

107 Suntum, 1986, S. 497.

108 In diesem Zusammenhang drängt Suntum darauf, „den Begriff der „internationalen Wettbewerbsfähigkeit einer Volkswirtschaft" aus dem Wortschatz der Ökonomie zu streichen, zumindest aber wesentlich sorgfältiger zu verwenden als bisher üblich." Suntum, 1986, S. 503-504.

109 Vgl. Fels, 1982, S. 8-9.

110 Vgl. dazu Kapitel IV in dieser Arbeit.

111 Vgl. Dluhosch u.a., 1992, S. 107.

anderen die Aufgabe besser bewältigt, Ressourcen effizient zu alloziieren und damit den Wohlstand der Bevölkerung zu erhöhen.[112] Der Internationale Wettbewerb zwischen Volkswirtschaften ist so ein „Wirtschaftsordnungswettbewerb".

[112] Vgl. Straubhaar, 1994, S. 43.

IV Zur internationalen Wettbewerbsfähigkeit Koreas

1 Wirtschaftsordnung und Wirtschaftsentwicklung

1.1 Knappheitsproblem und Wirtschaftsordnung

Wie bereits bekannt, ergibt sich die zentrale ökonomische Frage nach effizienter Allokation aus der Knappheit von Ressourcen im Vergleich mit den menschlichen Bedürfnissen, die mit diesen knappen Ressourcen befriedigt werden müssen. Das Knappheitsproblem hat zwei Dimensionen von Effizienz: Erstens geht es um die Frage, wie die für den Endverbrauch verfügbaren Gütermengen durch den Einsatz von vorhandenen knappen Ressourcen maximiert werden können; zweitens handelt es sich um die Frage, welche Güter produziert werden sollen, d.h., daß Güter je nach ihrer Dringlichkeit für die menschliche Bedürfnisbefriedigung hergestellt werden sollen.[1]

Um das Knappheitsproblem wirksam zu mindern, ist es unausweichlich, zu planen und darüber zu entscheiden, wo und wie die knappen Ressourcen und Güter eingesetzt und verwendet werden sollen. Alle wirtschaftlichen Handlungen basieren ja auf Plänen und Entscheidungen. Eine Person entscheidet etwa darüber, jetzt eine Arbeit aufzunehmen oder weiter in die Ausbildung zu investieren, sein/ihr Einkommen für Konsumzwecke auszugeben oder zu sparen, welches Gut und welches Modell in welcher Menge zu kaufen, wo sein/ihr Geld anzulegen usw. Ein Unternehmen entscheidet darüber, welches Produkt in welcher Menge auf welche Weise zu produzieren, welche und wieviel Produktionsfaktoren zu beschaffen, auf welchen Märkten abzusetzen, wie die Produktion zu finanzieren usw.[2]

Im Wirtschaftsprozeß werden aber nicht nur einzelne Entscheidungen getroffen, sondern darüber hinaus sollen all diese einzelnen Pläne und Entscheidungen sinnvollerweise miteinander verzahnt bzw. koordiniert werden. In der arbeitsteiligen Welt, wo sich das Wirtschaftsgeschehen durch unzählig viele Wirtschaftssubjekte vollzieht und wo die vollständige Interdependenz aller einzelnen wirtschaftlichen Handlungen besteht, und wo darüber hinaus noch stets sich dynamischer wandelnde Bedingungen – z.B. Ziele und Wünsche der Menschen, technische und organisatorische Fortschritte – herrschen, wird der Wirtschaftsprozeß so kompliziert, daß es niemandem gelingt, den Gesamtprozeß mit Überblick und mit ausreichenden Informationen über alle für die

1 Vgl. Sohmen, 1992, S. 3. Zur ausführlichen Darstellung des Allokationsproblems siehe etwa Gutmann, 1991, S. 25-28.

2 „All economic activity is in this sense planning." Hayek, 1945, S. 520. Vgl. auch Eucken, 1990, S. 20.

effiziente Ressourcenallokation relevanten Umstände zu lenken und zu koordinieren.[3] Der dynamische Charakter des Wirtschaftsprozesses wird inzwischen durch die Globalisierung der Wirtschaft noch ausgeprägter, was das Lenkungs- und Koordinationsproblem noch komplizierter macht und damit dessen Ausführung weiter erschwert.

Wie dieses komplizierte Problem in einer Gesellschaft gelöst wird, hängt nunmehr entscheidend von der Wirtschaftsordnung ab, die sich die Gesamtheit der jeweils realisierten Formen, in denen der Wirtschaftsprozeß konkret abläuft, darstellt.[4] Wirtschaftsordnungen sollen die Aufgabe erfüllen, „die einzelnen Arbeitsstunden aller arbeitenden Menschen und die unübersehbar vielen sachlichen Produktionsmittel alltäglich so ineinandergreifen zu lassen, daß die wirtschaftliche Knappheit so gut wie möglich überwunden wird."[5] Wirtschaftsordnungen sollen dabei für das grundsätzlich wichtige Problem, nämlich das Entscheidungs- und Koordinationsproblem, Lösung bieten. Es handelt sich dabei um die Frage, wer die wirtschaftlichen Einzelhandlungen plant und unmittelbar die maßgeblichen Entscheidungen trifft und wie sie simultan hinsichtlich sachlicher, räumlicher und zeitlicher Beziehung aufeinander abgestimmt werden. Diese Frage hängt ihrerseits eng damit zusammen, wie die für das Entscheiden und das Koordinieren notwendigen Informationen entstehen, verarbeitet und weitergeleitet werden und inwieweit die Informationen zuverlässig sind in dem Sinne, daß die nach diesen Informationen orientierten einzelnen Handeln sinnvoll koordiniert werden können.

Zur Minderung des Knappheitsproblems ist neben der Informationsfrage auch erforderlich, daß die Wirtschaftssubjekte dazu motiviert werden sollen, ihre beste Leistung zu bringen. Ohne die aktive Leistungsbereitschaft von Menschen kann das Knappheitsproblem gar nicht oder nur sehr langsam überwunden werden.

Je nachdem, ob diese Probleme in einer Volkswirtschaft dezentral oder zentral gelöst werden, sind zwei Grundformen von Wirtschaftsordnungen zu unterscheiden: die Marktwirtschaft und die Zentralverwaltungswirtschaft. In einer Marktwirtschaft werden die Probleme dezentral und automatisch über Märkte und Preise gelöst, welche sich aus dem Zusammenspiel zwischen Angebot und Nachfrage ergeben. Die dezentralisierten Entscheidungen einzelner Wirtschaftssubjekte und die Verfolgung des Ei-

---

3 Eucken hat diese Lenkungsschwierigkeiten in einer arbeitsteiligen, dynamischen Welt bildhaft beschrieben. Vgl. Eucken, 1990, S. 2-6.

4 Vgl. Eucken, 1990, S. 23. Die Wirtschaftsordnung besteht aus jenen Regeln des Rechts und der Konvention, welche das wirtschaftliche Entscheiden und Handeln der Menschen beeinflussen, sowie aus den Formen wirtschaftlicher Erscheinungen und Vorgänge, die die Eigenart des volkswirtschaftlichen Entscheidungsprozesses kennzeichnen. Dazu zählen unter anderem Planungs-, Eigentums-, Preisbildungs-, Geldentstehungs- sowie Zielbildungsformen. Vgl. Gutmann, 1991, S. 39-43.

5 Eucken, 1990, S. 7. Vgl. auch Tuchtfeldt, 1988, S. 327.

geninteresses stehen dabei im Vordergrund. In einer Zentralverwaltungswirtschaft werden sie hingegen Ex-ante und zentral nach den von Planbehörden aufgestellten Plänen gelöst. Den einzelnen Wirtschaftssubjekten werden die Plan- und Entscheidungsbefugnisse entzogen. An Stelle einzelner Wirtschaftssubjekte und deren Eigeninteressen treten nun hierarchisch organisierte staatliche Planungsorgane mit von ihnen festgestellten gemeinsamen Zielen. Die Formen der Planung und der Entscheidung sind wiederum eng mit den Formen des Eigentums an sachlichen Produktionsmitteln verknüpft. In einer Marktwirtschaft wird die Privateigentumsordnung realisiert, während in einer Zentralverwaltungswirtschaft die Kollektiv- bzw. Staatseigentumsordnung die Regel ist.

Je nach der in einer Volkswirtschaft realisierten Wirtschaftsordnung wird das Knappheitsproblem also andersartig gelöst. Die andersartigen Lösungsalternativen werden aber auch in den unterschiedlichen wirtschaftlichen Erfolgen ihren Niederschlag finden. Im Hinblick auf die Frage nach der Überwindung des Knappheitsproblems mit Hilfe der Wirtschaftsordnung liegt die entscheidende Frage dann darin, ob diese oder jene Wirtschaftsordnung das Koordinationsproblem und damit nicht zuletzt das Knappheitsproblem nicht nur „lösen“, sondern darüber hinaus auch „effizient lösen“ kann.

Inzwischen hat es sich allerdings gezeigt, daß die Volkswirtschaften unter der Zentralverwaltungswirtschaft letztlich ihre Leistungsfähigkeit so sehr verloren, daß die ganzen Systeme wirtschaftlich und auch politisch zusammenbrachen. Währenddessen ist in den Ländern, wo eine Ordnung marktwirtschaftlicher Art praktiziert wird, das Wohlstandsniveau ständig gestiegen. Die Ursachen sind ohne weiteres in den unterschiedlichen Ordnungsformen und somit in den unterschiedlichen Funktionsfähigkeiten zur Überwindung des Knappheitsproblems zu finden.

Im folgenden werden zunächst die grundsätzlichen Probleme der Zentralverwaltungswirtschaft, die die zentral gesteuerten Volkswirtschaften lahmgelegt haben, dargestellt, und anschließend daran die Funktionsweise der Marktwirtschaft erläutert. Schließlich werden die Wirtschaftspolitik Koreas in der Vergangenheit und deren Erfolge sowie deren Grenzen aus dem ordnungspolitischen Gesichtspunkt analysiert. Aus der Gegenüberstellung beider Untersuchungsergebnisse wird sich ergeben, worum sich Korea bemühen muß, um seine positive Wirtschaftsentwicklung fortzusetzen.

1.2 Versagen der Zentralverwaltungswirtschaft als Ordnungsprinzip

1.2.1 Zentrale Planung und Ex-ante-Koordination

In einer Zentralverwaltungswirtschaft werden die Entscheidungen in bezug auf den Einsatz von Produktionsfaktoren und die erzeugenden Güterarten und -mengen von hierarchisch gegliederten staatlichen Planungsorganen getroffen, deren Ergebnisse die Wirtschaftspläne sind. Kernstück dieser Wirtschaftspläne ist die sogenannten Mengen-Bilanzen, in denen die Aufkommen und die Verwendung von Gütern mengenmäßig gegenübergestellt werden.[6]

Ausgangspunkt der Wirtschaftsplanung ist die Aufstellung der Mengen-Bilanz für die letzte Periode. Die sich aus dieser Mengen-Bilanz ergebenden Mengendifferenzen von Gütern bilden die Anfangsbestände in der Mengen-Bilanz für kommende Planperiode. Zugleich sammeln die Planungsorgane die von einzelnen Bedarfsträgern geäußerten Anforderungsmengen für die kommende Periode. Den so gesammelten Bedarfsmengen von Gütern werden nun die Anfangsbestände gegenübergestellt. Die sich daraus ergebenden Mengendifferenzen bedeuten die vorläufigen Soll-Produktionsmengen für die kommende Periode.

Im nächsten Schritt werden die vorläufigen Soll-Produktionsmengen von Gütern in die zu ihrer Herstellung benötigten Produktionsmittel umgerechnet. Dadurch wird der Bedarf an Produktionsmitteln für die herzustellenden Güter erfaßt, wobei die Planungsorgane ihre Planungen auf die jeweiligen Engpaßfaktoren abstellen müssen. Entsprechen die unter der Berücksichtigung von Engfaßfaktoren aufgestellten Soll-Produktionsmengen mit den Anfangsbeständen zusammen nicht den Bedarfsmengen, muß der Ausgleich von Unterschiedsbeträgen vorgenommen werden.

Der Ausgleich von Bedarf und Aufkommen ist das Ergebnis langwieriger Kämpfe und Verhandlungen zwischen untergeordneten Planstellen in bezug auf die jeweiligen Produktionsfaktoren. Dabei spielt die von den übergeordneten Planstellen gestellten Richtlinien – „Dringlichkeitsstufen" – eine wichtige Rolle, weil die in Konflikt geratenen Produktionsfaktoren nach diesen Richtlinien zugeteilt werden sollen. Wenn jedoch durch die Verhandlungen zwischen untergeordneten Planstellen keine Einigung zustande kommt, entscheiden die übergeordneten Planstellen selbst. Durch das Ausgleichsverfahren entstehen die endgültigen Soll-Produktionsmengen.

---

6 Zur ausführlichen Darstellung der Arbeitsweise mit den Mengen-Bilanzen vgl. Eucken, 1990, S. 63-67 sowie Gutmann, 1991, S. 149-154.

Nach so aufgestellten Plänen teilen die Planungsorgane den einzelnen Betrieben mit, welche Produkte mit wieviel Arbeitskräften, welchen Arten und Mengen von Rohstoffen sie zu erzeugen haben. Nur im Rahmen dieser von außen her erteilten Aufgaben und Auflagen können einzelne Betriebe den innerbetrieblichen Arbeitsablauf bestimmen. Die Leistungen einzelner Betriebe werden nun durch den Ist-Soll-Vergleich bei den Planungsorganen kontrolliert. Je nach erbrachter Leistung werden Personen bzw. Betreibe belohnt oder bestraft, um ihre Leistungsbereitschaft zu erhöhen.

So sollen in der Zentralverwaltungswirtschaft die Entscheidungs- und Koordinationsfrage durch die Planungsorgane mit ihren Wirtschaftsplänen gelöst werden. Wie im folgenden dargestellt, sehen sich aber die Planungsorgane bei der Planverwirklichung mit kaum lösbaren vielfältigen Problemen konfrontiert, unter anderem mit dem Informations- und dem Motivationsproblem, welche die Überwindung des Knappheitsproblems in der Zentralverwaltungswirtschaft erheblich beeinträchtigen.

1.2.2 Informationsproblem

Um der Koordinationsaufgabe nachkommen zu können, muß eine Wirtschaftsordnung Informationen über die absolute und die relative Knappheit von Gütern und Produktionsfaktoren liefern, an denen sich die Wirtschaftssubjekte orientieren sollen. Anders als in einer Marktwirtschaft, in der die auf den Märkten gebildeten Preise für die Planung und Entscheidungen wirtschaftlicher Handlungen wichtige Informationen über Knappheitsverhältnisse liefern, werden die Informationen in einer Zentralverwaltungswirtschaft aus den Mengen-Bilanzen abgeleitet. So ist der wegen des Vorhandenseins von Engpaßfaktoren entstehende Fehlbestand von Gütern in den Mengen-Bilanzen der Ausdruck für den Knappheitsgrad der entsprechenden Güter.[7] Zu bemerken ist, daß der Knappheitsgrad in einer Zentralverwaltungswirtschaft der Ausdruck der von den zentralen Planungsorganen verfolgten Ziele ist, nicht aber der Ausdruck der Relationen zwischen angebotenen und nachgefragten Mengen, deren Ergebnis in einer Marktwirtschaft im Preis zum Ausdruck kommt.

Aufgrund des Ausfalls der Preise als Informationsträger über Knappheitsrelationen ist es die entscheidende Voraussetzung für das störungsfreie Funktionieren der Zentralverwaltungswirtschaft, daß die Planungsorgane über alle für ihre Pläne notwendigen Informationen verfügen. Sie müssen z.B. wissen, was die Wünsche und die Bedürfnisse der einzelnen Wirtschaftssubjekte sind. Den Planungsorganen müssen auch die Informationen über alle innerbetrieblichen Produktionsbedingungen zur Verfügung stehen, nämlich die Ausstattung mit Produktionsanlagen, die Produktionsfunktionen, die Kapazitätsgrenzen sowie die zwischenbetrieblichen Produktionsverflechtungen. Die

---

7 Vgl. Gutmann, 1991, S. 154.

Planungsorgane müssen darüber hinaus auch die Informationen über den Bestand und die Qualität von Rohstoffen, Arbeitskräften und Kapital, über verfügbares technisches und organisatorisches Wissen in den verschiedenen Wirtschaftsbereichen und auch dessen künftige Entwicklungsrichtungen haben.[8] Nur dann, wenn alle solche Informationen den Planungsorganen zur Verfügung stehen, kann die zentral gesteuerte Planwirtschaft störungsfrei funktionieren, was jedoch in der Realität kaum vorstellbar ist.

Wie können die Planungsorgane die Bedürfnisse und die Wünsche der einzelnen Personen kennen? Sie könnten vielleicht die zu erzeugenden Gesamtmengen von etwa Schuhen mit Hilfe der Bevölkerungsstatistik erfahren. Aber ist es kaum möglich zu wissen, wieviel Menge je nach Typen, Größen, Farben usw. von Schuhen hergestellt werden sollen. Es ist daher in der zentral gesteuerten Wirtschaft unabdingbar, den Bedarf zu bündeln und damit die Güter in einige Gruppen zu standardisieren.[9] Die Präferenzen und die Interessen einzelner Wirtschaftssubjekte sowie die Auswahlmöglichkeit der Konsumenten werden weitgehend vernachlässigt. Es gibt keine Konsumentensouveränität mehr, sondern die nach von den Planungsorganen aufgestellten Plänen hergestellten Güter werden den Konsumenten zugeteilt. Smiths Gedanken „Consumers first“[10] zufolge, ist die Produktion und die Zuteilung von Gütern ohne die genügende Berücksichtigung der Präferenzen der Konsumenten eine Ziel-Mittel-Verwechslung.

Die Typisierung und die Standardisierung werden auch aus anderem Grund vorgenommen. Bei der Aufgabendurchführung der Planungen und deren Erfüllungsüberwachungen würden die Planungsorgane erleichtert, wenn die Betriebe nicht in unübersehbar mannigfaltige Klein- und Mittelbetriebe gegliedert werden, sondern statt dessen in wenige Großbetriebe mit einigen typisierten Produktionsmitteln und Produktionsverfahren. In der Zentralverwaltungswirtschaft besteht daher die Tendenz dazu, möglichst große Betriebseinheiten zu schaffen, und gleichzeitig Produktionsmittel und -verfahren zu typisieren und zu standardisieren.[11] Die riesigen Kombinate in den ehemaligen sozialistischen Staaten sind Beispiele dafür.

Die Informationslücke eröffnet den Betrieben die Möglichkeit, die Planungsorgane über ihre tatsächliche Leistungsfähigkeit und ihren Bedarf an Produktionsmittel zu täuschen. Man versucht, einerseits die Anforderungen für die Zuweisung von Roh-, Hilfs- und Betriebsstoffen, Einrichtungen und Arbeitskräften zu überhöhen, andererseits aber die von den Planungsorganen zu erteilenden Produktionsanforderungen auf

---

8 Vgl. Luckenbach, 1986, S. 115.

9 Vgl. Eucken, 1990, S. 64.

10 „Consumption is the sole end and purpose of all production; and the interest of the producer ought to be attended to, only so far as it may be necessary for promoting that of the consumer.“ Smith, 1976, S. 660.

11 Vgl. Eucken, 1990, S. 78-79.

ein möglichst niedriges Niveau zu drängen, um durch so gewonnene Leistungsreserven ohne ein Übermaß an Anstrengung die Produktionsaufgaben erfüllen oder gar übererfüllen zu können.[12] Bei den Planungsorganen selbst besteht kein besonderes Interesse daran, sich Informationen über die tatsächliche Leistungsfähigkeit von Betrieben zu beschaffen: Denn die Leistung dieser Organe selbst wird an dem Planerfüllungsgrad der ihnen unterstellten Betriebe gemessen. Es ist vielmehr wahrscheinlicher, daß sie an möglichst „weichen Plänen" interessiert sind. Es besteht also eine begrenzte Interessenparallelität zwischen den Betrieben und den Planungsorganen.[13] „Folgen dieses Verhaltens sind geringe Arbeitsproduktivität, fehlende Rentabilität der Produktion und schlechte Versorgung des Gemeinwesens mit Gütern."[14]

Bei der Planaufstellung können die Planungsorgane nicht umhin, die Planung auf den Engpaßfaktor abzustellen. Der Engpaßfaktor wird in der Regel durch die Sammlung von Statistiken während der Aufstellung der Mengen-Bilanzen erfaßt. Da aber Planen Gestalten der Zukunft ist und der Engpaßfaktor fortwährend wechselt, ist die aus der vergangenen Statistik gewonnene Erkenntnis über einen Engpaßfaktor oft nur wenig hilfreich oder sogar irreführend. Wie die Planungsorgane den Engpaßfaktor für eine ungewisse Zukunft richtig erkennen können, ist die Frage. Der Versuch, mit den Kenntnissen aus der alten Statistik die Zukunft vorhersagen zu wollen, „scheint ähnlich gut begründet wie das Ansinnen, aus der Kenntnis des Standortes eines Schiffes auf hoher See vor vier Wochen heute den Hafen vorherzusagen, in dem es sich in einem Monat befinden wird."[15]

Aufgrund des Vorhandenseins von Engfaßfaktoren bestehen Konflikte zwischen mehreren Planstellen, die dann nach den von dem übergeordneten Planorgan gestellten Dringlichkeitsstufen gelöst werden sollen. Bei der Feststellung gewisser Dringlichkeitsstufen, die für die Bewertung und Lenkung der Güter- und der Faktorenströme wesentlich sind, geht es jedoch um die grobe Bewertung aus dem Gesichtspunkt der Ziele des gesamten Wirtschaftsprozesses der Planungsorgane, so daß die aktuelle und konkrete Versorgungslage der Bedarfsträger außer Acht gelassen wird. Die Knappheit von Gütern und Faktoren verlangen aber eine Entscheidung für eine von vielen Verwendungsalternativen, wobei die Opportunitätskosten, der Verzicht auf den Nutzen, den andere Alternativen stiften würden, ein entscheidendes Kriterium sind.[16] In der Zentralverwaltungswirtschaft können diese Opportunitätskosten zwar in die Überlegung einbezogen werden, aber nur grob und als Ganzes: Von Grenzkosten und -

---

12 Vgl. Gutmann, 1988, S. 613; Luckenbach, 1986, S. 183.

13 Vgl. Gutmann, 1988, S. 614 oder auch Gutmann, 1991, S. 207.

14 Gutmann, 1988, S. 613.

15 Watrin, 1978, S. 58.

16 Vgl. Rettig u.a., 1993, S. 6-7.

nutzen, welche sich auf einzelne Einheiten von Gütern und Faktoren beziehen, und von zeitlicher Koordination ist dort keine Rede. „Die Lieferung einiger Schrauben, die zur Fertigstellung einer Serie von landwirtschaftlichen Maschinen allein noch fehlen, ist z.B. weit dringlicher als die Lieferung der gleichen Schrauben mittels einer hohen Dringlichkeitskennzeichnung an einen Panzerbetrieb, der sie jedoch erst in einigen Monaten benötigt. Die Vielfalt der Bedarfsgesichtspunkte, die in einem verknappten Wirtschaftsgefüge auftreten, kann nicht durch Dringlichkeitsordnungen geregelt werden.“[17]

Die unvermeidbare Folge der Informationslücke bei den Planungsorganen ist die Unter- oder Überschätzungen betrieblicher Leistungsfähigkeit. Die nach dem Ablauf einer Planperiode vorgenommenen Vergleiche zwischen Soll- und Ist-Produktionsmengen liefern somit keine schlüssige Information über die von den einzelnen Betrieben tatsächlich erbrachten Leistungen und damit über die Leistungskontrollen, da weiterhin Ungewißheit darüber besteht, ob im Vergleich zu den Planvorgaben höhere/geringere Leistungen auf die hohe/mangelnde Leistungsfähigkeit der jeweiligen Betriebe oder auf die von vornherein falschen Schätzungen der Planungsorgane zurückzuführen sind.[18] Man weiß also nicht, ob die eingesetzten Produktionsfaktoren ökonomisch richtig verwendet wurden oder nicht. Die ohne genaues Wissen über die Ursachen für die Leistungsunterschiede vorgenommene Korrektur, kann, wenn überhaupt, nicht mehr als eine willkürliche Entscheidung bedeuten. In diesem Zusammenhang ist die Behauptung, daß das Plangleichgewicht nach unendlich vielen Anpassungsschritten realisiert werden könne,[19] auch zu verneinen. Vielmehr ist zu sagen, „daß der Wirtschaftsprozeß in der Zentralverwaltungswirtschaft gleichgewichtslos ist.“[20]

1.2.3 Anreizproblem

Um das Knappheitsproblem effektiv zu mindern, muß eine Wirtschaftsordnung die Leistungsbereitschaft von Wirtschaftssubjekten mit Hilfe von Anreizen und Leistungskontrollen motivieren, denn die Art und das Ausmaß menschlicher Leistungen werden maßgeblich durch den Leistungswillen der Menschen bestimmt.[21] Eine Wirtschaftsordnung muß daher so funktionieren, daß sie den menschlichen Leistungswillen motiviert und ihm Anreize gibt, seine Beste zu tun, und gleichzeitig die schlechten

---

17 Siehe und vgl. Eucken, 1990, S. 68.

18 Vgl. Gutmann, 1988, S. 613.

19 Vgl. dazu Luckenbach, 1986, S. 179-181.

20 Eucken, 1990, S. 108.

21 Vgl. Gutmann, 1991, S. 28-29.

Leistungen bestraft. Hier, wie im folgenden dargestellt, versagt die Zentralverwaltungswirtschaft, und zwar aufgrund der Ausschaltung der Einzelinteressen.

In einer Zentralverwaltungswirtschaft werden die Ziele des Wirtschaftens von den zentralen Planungsorganen festgesetzt, wobei die Einzelinteressen der Wirtschaftssubjekte weitgehend vernachlässigt werden. Die einzelnen Wirtschaftssubjekte haben keine Planungs- und Entscheidungsbefugnisse, sie müssen vielmehr der Erreichung des Plans der Planungsorgane dienen. Sind die Pläne der Planungsorgane vollständig erfüllt worden, so hat der Wirtschaftsprozeß sein Ziel erreicht. Ob damit individuelle Wünsche und Ziele auch erfüllt sind, ist jedoch eine andere Frage.

Die einzige Möglichkeit dafür, daß das staatliche Gesamtinteresse den individuellen Einzelinteressen entspricht, besteht nur dann, wenn die Planungsorgane das aus den Interessen von einzelnen Menschen bestehende Gesamtinteresse erkennen können, und wenn sie dieses Gesamtinteresse durchführen wollen und können. Es ist der ökonomischen Theorie allerdings noch nicht gelungen, hinreichend zuverlässige Mechanismen zur Ermittlung eines solchen Gesamtinteresses von Menschen zu entwickeln.[22] In der Zentralverwaltungswirtschaft, in der die Produktion und der Konsum nicht individuell, sondern kollektiv entschieden werden, ist das Free-rider-Verhalten bei der Äußerung von Präferenzen unvermeidbar, so wie es auch bei der Herstellung öffentlicher Güter der Fall ist. Jeder Betrieb würde versuchen, den Planungsorganen einen höheren als den tatsächlichen Bedarf an Produktionsfaktoren zu melden, um mit größeren Reserven disponieren zu können; jeder Haushalt würde versuchen, seine Bedürfnisse übertrieben darzustellen, um auf diese Weise eine möglichst hohe Zuteilung zu erlangen. Nicht auszuschließen ist auch die Gefahr, daß die sogenannten gemeinsamen Ziele selbst je nach den Gesichtspunkten der Planungsorgane willkürlich gesetzt und manipuliert werden. Und auch wenn die staatlichen Planungsorgane das Gesamtinteresse erkennen können, ist es weiterhin fraglich, ob sie es in die Tat umsetzen werden. Nach dem Ansatz der Neuen Politischen Ökonomie ist es vielmehr wahrscheinlicher, daß die staatlichen Planungsorgane ihre Plan- und Entscheidungsmacht für das Durchsetzen ihres eigenen Interesses ausnutzen, oder daß das Gesamtinteresse nur insoweit durchgeführt werden, als es für die Verwirklichung ihres eigenen Interesses benötigt wird.

Die Kluft zwischen den von Planungsbehörden aufgestellten Zielen und den Interessen der einzelnen Wirtschaftssubjekte sind in der Zentralverwaltungswirtschaft selbst schon lange erkannt. In den ehemaligen kommunistischen Ländern wurde daher versucht, das menschliche Verhalten von Einzelinteressen wegzulenken und auf die staatlich gestellten gemeinsamen Ziele auszurichten, indem der Staat durch Erziehung, Ge-

---

22 Zu möglichen alternativen Mechanismen zur Ermittlung des Gesamtinteresses und deren Grenzen vgl. etwa Brümmerhoff, 1989, S. 76-93.

setzgebung und Propaganda die Menschen „umzuformen" versuchte. Der Versuch, die Menschen mit gleicher Intensität den Befehlen der Planungsorgane folgen zu lassen, wie sie den eigenen Interessen folgen würden, ist bekanntlich gescheitert.[23]

Als eine weitere Methode zur Motivierung von Wirtschaftssubjekten ist die Einführung des Belohnungs- und Sanktionssystem in die Zentralverwaltungswirtschaft denkbar. Hier zeigt die Zentralverwaltungswirtschaft aber besonders ihre Schwäche, denn das Belohnungs- und das Sanktionssystem, die ursprünglich zur Motivierung und Erhöhung der Leistungsbereitschaft von Betrieben beitragen sollten, führte zusammen mit den oben erläuterten Informationslücken zu „weichen" Plänen. Es besteht kein Interesse bei einzelnen Wirtschaftssubjekten, die Planungsorgane über ihre tatsächliche Leistungsfähigkeit zu informieren, weil: erstens die Planungsorgane die Leistungsfähigkeit einzelner Wirtschaftssubjekte nicht genau kennen, und zweitens es um so leichter wird, die von den Planungsorganen erteilten, zugleich für die Belohnung relevanten Produktionsaufgaben zu (über-)erfüllen, je niedriger ihre Leistungsfähigkeit von den Planungsorganen eingeschätzt wird und entsprechend niedrig das Niveau des Produktionsziels vorgegeben wird. Auch bei den Planungsorganen besteht die Tendenz zu „weichen" Plänen, denn ihre Leistungen und damit ihre Belohnungen werden an dem Planerfüllungsgrad der ihnen unterstellten Betriebe gemessen. Auch die oberste politische Instanz hat wenig Interesse an „harten" Plänen, denn es ist für sie politisch nicht einfach, die Zielverfehlung zu dokumentieren, die um so wahrscheinlicher wird, je „härter" die Pläne werden. So war in den ehemaligen kommunistischen Ländern immer von der Übererfüllung der Ziele die Rede.

Es fehlt außerdem in der Zentralverwaltungswirtschaft an objektiv zuverlässigen Kriterien, mit denen die erbrachten Leistungen von einzelnen Wirtschaftssubjekten danach zu bewerten sind, ob sie die von Planungsorganen erteilten Aufgaben nicht nur erfüllt haben, sondern auch „ökonomisch" erfüllt haben. Dies ist schwierig, da in der Zentralverwaltungswirtschaft allein der mengenbezogene Vergleich von erbrachten Leistungen mit Plänen vorgenommen wird, und keine marktbestimmten Preise, in denen auch qualitative Eigenschaften von Gütern enthalten sind, existieren. Man weiß nicht genau, ob die faktisch hergestellten Gütermenge etwa mit der Verschwendung von Ressourcen und/oder mit der Qualitätsverschlechterung erkauft ist. Es könnte denkbar sein, Geld und Geldrechnung in die Zentralverwaltungswirtschaft einzuführen, um das Problem bei der Leistungsbewertung mit Hilfe eines Preissystems zu lösen. Dies ist aber nicht unproblematisch, da die Preise von Gütern und Ressourcen in der Zentralverwaltungswirtschaft nicht durch das Zusammenwirken von Angebot und Nachfrage auf den Märkten gebildet werden, sondern von Planungsorganen nach ihren „persönlichen" Schätzungen bestimmt werden. So sind die Preise von vornherein ver-

---

23 Vgl. Eucken, 1990, S. 363.

zerrt und zeigen sie nicht einmal die wahren Knappheitsverhältnisse von Gütern und Produktionsfaktoren. Lassen sich aber die Preise frei auf den Märkten durch das Zusammenspiel zwischen Angebot und Nachfrage bilden, und damit die Informationen über die Knappheitsverhältnisse gewinnen, so sollte man sich fragen, wozu man dort eigentlich Planungsorgane und eine zentral gesteuerte Wirtschaft braucht.

Ein weiteres, mit fehlender Information und Motivation zusammenhängendes Problem ist mangelnder technischer Fortschritt.[24] In der Zentralverwaltungswirtschaft, in der alle wichtigen ökonomischen Aktivitäten von zentralen Planungsorganen entschieden und dirigiert werden, kann die technische Entwicklung keine Ausnahme bilden. Auch hier, wie bei der Produktionsplanung, besteht die Tendenz zu „weichen" Plänen. Infolge der unvollständigen Information bei den Planungsorganen und der fehlenden Motivation von Wirtschaftssubjekten ist es nicht zu erwarten, daß technische Fortschritte bei den Betrieben selbst initiiert werden oder sie in die Praxis gelangen. Die zentral gesteuerte Förderung von Innovationen ist ebenso aussichtslos, denn Innovationen stellen nichts anderes als die Generierung neuen Wissens dar und neues Wissen kann ex-ante nicht bekannt sein. Es ist unmöglich, eine unbekannte Sache im vorhinein zu planen und die „richtige" Menge an Ressourcen entsprechend abzuordnen.[25]

Die Zentralverwaltungswirtschaft versagt so als Koordinationssystem, und ruft Unordnung und Lähmung der Wirtschaft hervor, indem sie den Markt- und Preismechanismus sowie den auf dem Selbstinteresse beruhenden Wettbewerb aufhebt und durch die als unbrauchbar erwiesenen Prinzipien des Planes und des Befehlens ersetzt. Die den Planungsbehörden fehlenden Informationen über die Knappheitsverhältnisse von Gütern und Ressourcen führen immer wieder zur Fehlallokation. Der fehlende Knappheitsmesser verursacht darüber hinaus, daß die Wirtschaftsplanung nicht adäquat korrigiert und nicht an die sich verändernde Umwelt angepaßt wird. Die Planungskorrektur und -anpassung in der Zentralverwaltungswirtschaft wird, wenn überhaupt, ohne Orientierungsindikator wie Preise vorgenommen, und ist mit einem Schiff ohne Navigator auf dem Pazifik vergleichbar. Wenn die nach den Plänen durchgeführten Faktorallokationen den Knappheitsverhältnissen entsprechen, wäre es nur Zufall. Die ineffiziente Ressourcenallokation und die Unterversorgung der Bevölkerung mit Gütern sind die unvermeidbare Folge.

Die Aufhebung des individuellen Interesses und dessen Zuordnung unter dem obersten kollektiven Zweck bringen den erheblichen Motivationsmangel in der Zentralverwaltungswirtschaft mit sich. Statt die Antriebskräfte des persönlichen Interesses zu benutzen, bekämpft die Zentralverwaltungswirtschaft diese wesentliche Seite der menschli-

---

24 Im folgenden vgl. Gutmann, 1991, S. 216-218.

25 Vgl. Fritsch u.a., 1996, S. 49.

chen Natur durch die Anwendung von Gewalt und Propaganda. Das persönliche ökonomische Interesse zu vertreiben und zu verbannen ist jedoch auf die Dauer unmöglich, da es ein unzerstörbares vitales Element ist. Der Kampf gegen eine solche schlechthin vitale Seite der menschlichen Natur erstickt den Wirtschaftsprozeß in Polizeizwang, Bürokratismus, Spitzelwesen und Unlust. Weil sich die Zentralverwaltungswirtschaft nur mit ständiger Gewaltanwendung durchsetzen kann, versagt sie auch „als Freiheitsordnung und erweist sich ... als unvermeidlicher Weg zur Unfreiheit, zur Zerstörung des Rechtsstaates und zur Erstickung alles Individuellen, Spontanen, Persönlichen."[26] Gesetze, Regeln und regelgebundene Verhalten, welche den Individuen Freiheitsräume erlauben, sind mit der Zentralverwaltungswirtschaft nicht vereinbar. Statt dessen wird von Macht, Diktatur, Gewalt und Willkür gesprochen.

Die Zentralverwaltungswirtschaft versagt also nicht nur im ökonomischen Bereich, sondern darüber hinaus auch im gesellschaftspolitischen Bereich. Die Freiheit des Menschen und die Menschenwürde werden in der Zentralverwaltungswirtschaft durch die Anwendung der Gewalt weitgehend beschränkt und verletzt, wie die Geschichte der ehemals kommunistischen Länder zeigt. Das Versagen der Zentralverwaltungswirtschaft sowohl als ökonomisches Koordinationssystem als auch als gesellschaftspolitisches System war so zwingend und katastrophal, daß das ganze politische und wirtschaftliche System der Länder mit zentral gesteuerten Wirtschaftsordnungen zu Beginn der neunziger Jahre zusammenbrach. Daraufhin haben diese Länder auf ihre zentral gesteuerte Wirtschaftsordnung verzichten und sich entschlossen, marktwirtschaftliche Systeme zu verwirklichen.[27]

1.3 Marktwirtschaftliche Ordnung: Dezentrale Planung und Markt- und Preismechanismus

Das von der Zentralverwaltungswirtschaft unterscheidende, zentrale Merkmal der Marktwirtschaft ist, „daß die ökonomischen Aktivitäten von den privaten Wirtschaftssubjekten geplant werden, wobei die Wirtschaftssubjekte im Haushalts- und Unternehmenssektor unabhängig voneinander über ihre ökonomischen Aktivitäten entscheiden."[28] Private Haushalte nicht nur als die Güternachfrager auf den Gütermärkten, sondern auch als die Faktoranbieter auf den Faktormärkten planen die Entstehung und die Verwendung ihres Einkommens. Unternehmen als die Gegenstücke zu Haushalten planen, was, wie und in welcher Menge hergestellt wird. All den wirtschaftlichen Handlungen liegt die Verfolgung der Eigeninteressen der einzelnen Wirtschaftssubjekte zugrunde.

---

26 Siehe und vgl. Röpke, 1997, S. 46-48.

27 Vgl. Thieme, 1994, S. 8.

28 Luckenbach, 1986, S. 105.

Die so dezentralisierten, voneinander unabhängig getroffenen Planungen und Entscheidungen der einzelnen Wirtschaftssubjekte müssen nun zweckmäßig miteinander abgestimmt und zu einem Beziehungsnetz verknüpft werden. Dazu benötigt man Informationen über Knappheitsgrade, ein „Knappheitsmesser", der anzeigt, wie es mit der Knappheit der einzelnen Güterquanten steht und wie die Güter durch die einzelnen Wirtschaftssubjekte disponiert werden müßte, damit ihre eigenen Ziele verwirklicht werden.[29] In einer Marktwirtschaft funktionieren die auf den Märkten durch das Zusammenspiel von Angebot und Nachfrage gebildeten Preise als ein solcher Knappheitsmesser. Ändern sich die Konstellationen von Angebot und Nachfrage, so ändern sich auch die Preise entsprechend. „Die Preisänderungen signalisieren die Verschiebung der Knappheitsverhältnisse, so daß sich sowohl Anbieter als auch Nachfrager der veränderten Lage anpassen können."[30] Das Anpassen an die veränderte Lage bedeutet, daß die Wirtschaftssubjekte ihre Pläne in geeigneter Weise revidieren: Ausdehnung oder Einschränkung der Angebots- und Nachfragemenge. Mittel- und langfristig kommen der Markteintritt neuer Anbieter hinzu oder der Marktaustritt derjenigen Anbieter, die unter bestehenden Marktbedingungen nicht mehr rentabel ihre Produkte herstellen und anbieten können. Dadurch kommt ein Ausgleich von Angebot und Nachfrage zustande. So werden in der Marktwirtschaft solche Planrevisionen durch den Markt- und Preismechanismus quasi automatisch und ständig herbeigeführt.[31]

Der Preis signalisiert nicht nur das absolute Knappheitsverhältnis zwischen Angebot und Nachfrage eines bestimmten Gutes, sondern auch das relative Knappheitsverhältnis zwischen verschiedenen Gütern. Ändern sich die absoluten und die relativen Knappheitsverhältnisse, so werden die Wirtschaftssubjekte versuchen, sich entsprechend der Informationen an die neuen Knappheitsverhältnisse anzupassen. Die Güter mit hohem Knappheitsgrad werden mehr hergestellt, während die Produktion anderer Güter, die nun weniger nachgefragt werden, schrumpfen.

Die Produktionsentscheidungen lösen zugleich die Umstellung von Produktionsfaktoren aus. Mehr Güterproduktion bedeutet mehr Nachfrage nach den dazu nötigenden Produktionsfaktoren und damit erhöhte Faktorentlohnung und umgekehrt bei schrumpfenden Produktionsbereichen. Die Produktionsfaktoren werden den schrumpfenden Bereichen entzogen und in den expandierenden Bereiche eingesetzt. Durch diese Umstellung von Produktionsfaktoren wird gesichert, daß die Produktionsfaktoren jeweils dort eingesetzt werden, wo sie ihre höchste Rentabilität und Produktivität erzielen.[32]

---

29 Vgl. Eucken, 1990, S. 8.

30 Kolb, 1993, S. 716.

31 Vgl. Luckenbach, 1986, S. 111.

32 Vgl. Woll, 1988, S. 128.

Durch diesen Abstimmungsprozeß auf den Güter- und Faktormärkten werden Angebot und Nachfrage zum Ausgleich kommen, Ausgleich nicht nur auf einzelnen Märkten, sondern für die Volkswirtschaft als Ganzer. Beim Ausgleich erzielt jeder Marktteilnehmer den höchst erzielbaren Gegenwert für die von ihm angebotene Güter oder Faktoren. Jedes einzelne Wirtschaftssubjekt entscheidet sich dabei allein mit ihm zur Verfügung gestellten, nur für es relevanten Informationen in Form von Preisen, also ohne die Gesamtprozesse oder Gesamtbeziehungen einer ganzen Volkswirtschaft wissen zu müssen. Denn: die Gesamtprozesse und die Gesamtbeziehungen einzelner Handlungen, die für das einzelne Wirtschaftssubjekt nicht direkt oder nur unzureichend erkennbar sind, spiegeln sich in den Preisen wider. Dies ist das bedeutungsvollste an dem Markt- und Preissystem. Man braucht nicht jede Menge Informationen zu besitzen. Das Markt- und Preissystem ermöglicht es, daß „by a kind of symbol, only the most essential information is passed on, and passed on only to those concerned", was von Hayek die „Economy of knowledge" genannt wird.[33] So wird das Informationsproblem, mit dem die Planungsorgane in der Zentralverwaltungswirtschaft konfrontiert sind, hier in der Marktwirtschaft nicht vorkommen.

In der Marktwirtschaft, in der Einzelinteressen zusammen mit privatem Eigentum bei allen wirtschaftlichen Handlungen im Vordergrund stehen, entfällt das Motivationsproblem ebenfalls. Mit einer höheren Leistungsmotivation ist zu rechnen, wenn man seinen eigenen Interessen folgt, als wenn man fremdbestimmt, den von den Planungsorganen vorgegebenen Plan erfüllen muß.[34] Die Möglichkeit der Einbehaltung der erzielten Ergebnisse seiner Arbeitsleistung motiviert die Leistungsbereitschaft der Wirtschaftssubjekte. Das Streben nach der Erhöhung eigener Erfolgsgrößen wie Gewinn oder Einkommen führt die Wirtschaftssubjekte zur Anpassung an die sich verändernde Umwelt, um die besseren Gewinn- und Einkommenschancen zu nutzen. Ein Unternehmer z.B. wird seinen Gewinn zu erhöhen versuchen, indem er das Fertigungsprogramm auf solche Güter umstellt, die auf den Märkten besseren Absatz finden, oder die Qualität seiner Produkte verbessert, oder auch die Produktionskosten durch die Substitution teurerer durch billigere Produktionsfaktoren senkt. M.a.W.: Das Eigeninteresse an Gewinn und Einkommen ist der Motor für das wirtschaftliche Verhalten der Wirtschaftssubjekte.[35]

Ebenso wichtig wie die Leistungsanreize sind auch die den Leistungszwang begründenden Leistungskontrollen für die Motivationsförderung. Hierzu gehören sowohl Selbstkontrollen etwa in Form des Rechnungswesens, mit dessen Hilfe ein Unternehmen die Entwicklung von Kosten, Erlösen und Ergebnissen fortlaufend beobachten

---

33 Siehe und vgl. Hayek, 1945, S. 525-527.

34 Vgl. Fritsch u.a., 1996, S. 50.

35 Vgl. Gutmann, 1988a, S. 146.

kann, als auch die Kontrollen durch Marktpartner, also durch die Konkurrenten und die Konsumenten. Beim Wettbewerb soll ein Unternehmen auf dem Markt seinen Konkurrenten zumindest ebenbürtig sein oder möglichst überlegen, um damit seine Erfolgschance zu verwirklichen. Die Unternehmen unterliegen somit der Leistungskontrolle durch die Konkurrenten, zu denen nicht nur aktuelle, sondern auch potentielle Konkurrenten zählen. Daneben gibt es auch die Kontrolle durch die Nachfrager. Die Nachfrager kontrollieren die Leistungen von Anbietern, indem sie versuchen, das für sie vorteilhafteste aus vorhandenen Leistungsangeboten auszuwählen.[36]

In der Marktwirtschaft strebt jedes Wirtschaftssubjekt die Maximierung des Eigeninteresses an, indem es auf dem Markt die für sich vorteilhafteste Handlungsmöglichkeit wählt. Zur Realisierung des gewünschten Erfolges aber muß jeder das Interesse seines Marktpartners mit berücksichtigen und eine dementsprechende Leistung anbieten. Der Marktprozeß ist ja nicht ein einseitiger, sondern ein wechselseitiger Handlungsprozeß. Der Austausch von Leistungen und Gegenleistungen findet dann auf dem Markt statt, wenn das Austauschergebnis für beide Marktteilnehmer vorteilhaft ist. Zu betonen ist in diesem Abstimmungsprozeß, daß die Antriebskräfte, die beim Tausch ein für beide Teilnehmer vorteilhaftes Ergebnis mit sich bringen, nicht in dem unmittelbaren Bestreben von Wirtschaftssubjekten bestehen, Vorteile für andere Marktteilnehmer zu schaffen. Im Zentrum des Abstimmungsprozesses steht vielmehr die Verwirklichung des Eigeninteresses. Die einzelnen Eigeninteressen werden aber über die Märkte so miteinander koordiniert, daß alle Beteiligten davon profitieren. Trotz des Fehlens „wohlgemeinter" staatlicher Steuerungsorgane und trotz des Vorrangs von Einzelinteressen vor Gemeininteressen, ohne Absicht der einzelnen Wirtschaftssubjekte, die Interessen von anderen zu verwirklichen, können in der Marktwirtschaft auf diese Weise sowohl die einzelnen Wirtschaftssubjekte als auch die Gesamtvolkswirtschaft im ganzen den Wohlstand maximieren. Diese Funktionsweise des Markt- und Preissystems, in dem die auf dem Eigeninteresse beruhenden individuellen Handlungen und Entscheidungen zum Wohle aller Beteiligten und damit zur Erhöhung der gesamtwirtschaftlichen Wohlfahrt beitragen, bezeichnet man als das Wirken der „unsichtbaren Hand".[37]

Zusammenfassend ist zu sagen, daß die folgenden Problembereiche in der Marktwirtschaft über den Markt- und Preismechanismus quasi automatisch und zufriedenstellend gelöst werden können:[38]

---

36 Vgl. Gutmann, 1988a, S. 146-147.

37 Vgl. Smith, 1976, S. 456.

38 Vgl. Fritsch u.a., 1996, S. 7-8; Berg, 1992, S. 241.

- Effiziente Allokation der Produktionsfaktoren: Produktionsfaktoren werden dort eingesetzt, wo ihre jeweils produktivste Verwendung gewährleistet wird. Damit ist die höchstmögliche Güterversorgung erreichbar;
- Konsumentensouveränität: Die Leistungskontrolle durch die Konsumenten zwingt die Produzenten dazu, den Präferenzen von Konsumenten möglichst entsprechende Produkte anzubieten. Hierdurch wird der Nutzen der Konsumenten im Rahmen der jeweiligen Faktorausstattung und der jeweiligen Einkommensverteilung maximiert;
- Marktgerechte Einkommensverteilung: Produktionsfaktoren werden leistungsgerecht entlohnt, indem die Entlohnung nach der Produktivität bei der Bereitstellung von Gütern und Dienstleistungen bestimmt wird;
- Anpassungsflexibilität: In der Marktwirtschaft müssen Produzenten sich an sich ändernde Bedingungen wie die Veränderung der Nachfragestruktur oder der Produktionstechnik anpassen. Damit wird die fortlaufende Anpassung im Zeitablauf möglichst weitgehend erfüllt; sowie
- Innovationsförderung: Um die Markterfolge langfristig zu verwirklichen, müssen sich die Produzenten ständig darum bemühen, Kosten zu senken, Qualität zu verbessern oder neue Absatzmärkte zu erschließen. Damit ein Produzent weiter auf den Märkten bleiben, den Konkurrenten überlegen sein kann, oder auch neue Absatzchance für sich haben will, ist es unabdingbar, neue Produkte sowie neue Produktionsverfahren zu entwickeln. Der Verdrängungszwang aus dem Markt beschleunigt somit die Produkt- und Prozeßinnovationen.

2 Zur Erhöhung der internationalen Wettbewerbsfähigkeit Koreas

2.1 Die Rolle des Staates in Korea: ein Widerspruch?

2.1.1 Der Staat als Planer und Ressourcenverteiler

In Koreas Entwicklungsprozeß hat der Staat, die koreanische Regierung, eine entscheidende Rolle gespielt, und zwar mit einer starken Interventionspolitik. Der Staat hat in seinen Fünfjahres-Wirtschaftsplänen die Entwicklungs- und Investitionsschwerpunkte festgelegt und nicht nur die ihm zur Verfügung stehenden Maßnahmen – geld-, finanz-, steuer- sowie handelspolitische – in die entsprechende Richtung eingesetzt, sondern darüber hinaus auch die privaten Investitionen durch vielfältige Anreiz- und Sanktionsmaßnahmen dahin gelenkt.[39] Während dieses Entwicklungsprozesses wurden marktwirtschaftliche Ordnungsprinzipien weitgehend vernachlässigt und in den Hintergrund gedrängt.

[39] Zu den Wirtschaftsplänen, deren Zielen und Erfolgen siehe etwa Cho, 1994, S. 27-59.

Die Grundlinien, die die Wirtschaftspläne und deren Durchsetzung beherrschten, sind wie folgt zu formulieren:[40]

- Wirtschaftliche Entwicklung durch selektive Industriepolitik: In jedem Fünfjahres-Wirtschaftsplan wurden die zu entwickelnden Schwerpunktindustrien bestimmt und Ressourcen in diese Bereiche gelenkt;
- Wirtschaftliche Entwicklung unter Regierungskontrolle und Regierungsführung: Wirtschaftliche Entwicklung sollte durch Preiskontrolle und andere Kontrollmaßnahmen, staatliche Investitionen sowie staatliche Finanzierung durchgesetzt werden;
- Bei wichtigen privaten Investitionen sollten die privaten Entscheidungen durch die Regierungsentscheidungen ergänzt oder sogar ersetzt werden;
- Wirtschaftliche Entwicklung durch Exportpromotion.

Kurzum: „In effect, the Korean economic system ... was a variant of authoritarian capitalism, in which enterprises were private owned but management was shared between the government and the owners."[41]

Zur Kontrolle über die privaten Unternehmen und zur Durchsetzung der staatlich festgestellten Wirtschaftspläne hat die Regierung unter anderem zwei wichtige Regulierungsschritte vorgenommen. Einer war die Kontrolle über die koreanische Zentralbank – The Bank of Korea – durch die Änderung des Zentralbankgesetzes. Die koreanische Zentralbank wurde damit dem Finanzministerium untergeordnet. Von der Unabhängigkeit der Zentralbank war nicht mehr die Rede. Fortan hieß es nur noch, daß The Bank of Korea eine Zweigstelle bzw. eine Abteilung des Finanzministeriums sei. Ein Beispiel dafür: Im Jahr 1992 gab es Präsidentenwahl in Korea und der Zentralbankpräsident wurde von dem Kandidaten der Regierungspartei aufgefordert, die Geldmenge zur Erhöhung seiner Wahlchancen zu lockern. Der Zentralbankpräsident hat diese Aufforderung aufgrund der Inflations- und der Manipulationsgefahr seitens der Regierung zurückgewiesen. Er wurde direkt nach dem Wahlsieg des Kandidaten der regierenden Partei und dem darauf folgenden Amtsantritt entlassen mit der Ausrede des neuen Staatspräsidenten „neuen Wein in neue Schläuche", obwohl die gesetzlich festgesetzte, verbliebene Amtszeit des entlassenden Zentralbankpräsidenten noch einige Jahre betrug. Mit der Unterstellung der Zentralbank unter das Finanzministerium hat die Regierung sich den „effektiven" Weg verschafft, ihre Wirtschaftspläne durch zusätzliche Ausgaben durchzusetzen, die über die Geldschöpfung finanziert werden können, und zwar ohne Widerstand seitens der Notenbank.

Der andere Regulierungsschritt war die Kontrolle über die Finanzmärkte entweder durch die Neueinrichtung staatlicher Spezialbanken oder durch die Beschlagnahme

---

40 Vgl. Cho, 1994, S. 32-33.

41 Cho, 1994, S. 33.

von Bankaktien, die bislang in privater Hand lagen, oder auch durch den Entzug des Stimmrechts von privaten Aktionären der Banken.[42] Unter fast perfekter Kontrolle der Regierung sind die Finanzinstitute zu einer Art Kassenstelle der Regierung geworden. Sie gewährten Kredite an diejenigen Unternehmen oder finanzierten diejenigen Projekte, die von der Regierung als unterstützungswürdig bestimmt wurden. Die Banken brauchten nicht die Kreditwürdigkeit von Unternehmen, die Rentabilität und die Risiken von Projekten zu überprüfen. Sie hatten auch kaum die Möglichkeit, je nach der Rentabilität und der Bonität von Unternehmen und von Projekten unterschiedliche Zinssätze anzuwenden, da die Zinsdifferenzierung und der Wettbewerb zwischen den Banken von der Regierung verboten waren. Hinter solcher Praxis steckte das implizite Gesetz, wenn die durch die Regierung eingeleiteten Kredite notleidend werden, die Regierung den Banken den Rücken decken muß. Unter solchen Umständen hatten die Banken kaum Möglichkeit und auch kein Interesse daran, Überprüfungskriterien sowie deren Methoden in bezug auf die Kreditwürdigkeit und die Rentabilität bei der Kreditgewährung zu entwickeln und damit die ihnen zur Verfügung gestellten Geldmittel effizienter zu verwenden. Es ist wohl bekannt, daß der Finanzsektor Koreas der am schlechtesten entwickelte Wirtschaftssektor in diesem Lande ist. Die schwierige Situation im Finanzsektor bedeutet aber zugleich, daß dieser Sektor am stärksten von der Regierung reguliert und damit die Ressourcenallokation stark verzerrt wurde.[43]

Die Kontrolle der Regierung über fast alle Finanzmittel des Landes bedeutet, daß es für die koreanischen Unternehmen sehr schwer oder unmöglich war, Finanzmittel ohne die Mithilfe der Regierung auf dem Finanzmarkt zu erwerben. Die Monopolisierung der Finanzmittel hat der Regierung sogar die Möglichkeit gegeben, Unternehmen zum Tod oder zum Leben zu verurteilen.[44] Nur diejenigen Unternehmen, die sich zur Regierungspolitik konform verhielten, konnten mit einer automatischen Krediterneuerung ihrer Kreditlinien oder mit einer Billigung neuer Investitionsfinanzierung rechnen. Durch diese finanzielle Monopolmacht konnte es die Regierung erreichen, den Druck auf die Unternehmen auszuüben und sie zu einem den staatlichen Wirtschaftsplänen entsprechenden Verhalten zu zwingen.[45] Die Regierungskontrolle über die Kreditinstitutionen war nämlich das wichtigste Instrument in Korea zur Lenkung von

---

42 Vgl. Cho, 1994, S. 26.

43 Vgl. Sakong, 1993, S. 51.

44 Vgl. Sakong, 1993, S. 37. Ein Beispiel dafür: Anfang der achtziger Jahre ist die Kukje-Gruppe, einer der fünf größten Konzerne des Landes, über Nacht in Konkurs gegangen, da alle Banken plötzlich dem Konzern weitere Finanzmittel zu gewähren verweigerten. Der Grund war eigentlich nicht der schlechte Geschäftszustand dieses Konzerns. Es wurde damals vermutet, daß die schlechte Beziehung dieses Konzerns zur Regierung der eigentliche Grund war. Diese Vermutung wurde inzwischen durch ein Gerichtsverfahren zur Rehabilitation dieser Gruppe teilweise bestätigt. Das im Jahr 1979 in Konkurs gegangene Unternehmen Yulsan war von der gleichen Art. Vgl. Kim, 1986, S. 61-62.

45 Vgl. Cole/Park, 1983, S. 284.

Ressourcen und privaten Unternehmen in die vom Staat bestimmte Richtung, wie sie sich in den Wirtschaftsplänen niederschlug. Neben dieser Kontrolle über Finanzmittel gab es auch unzählige Anreiz- und Regulierungsmaßnahmen, die zur Durchsetzung von Wirtschaftsplänen der Regierung beitragen sollten.[46] Die Regierung war der Wirtschaftsplaner und zugleich der Ressourcenverteiler.

Diese Form des Wirtschaftssystems Koreas unterscheidet sich aber von der oben skizzierten Zentralverwaltungswirtschaft. Die Pläne der Gesamtwirtschaft, die als eine Richtschnur der kurz- und langfristigen Wirtschaftspolitik dienen, wurden zwar aufgestellt, aber dadurch wurde primär nur der Staat gebunden. Für die Privaten bedeuteten die Pläne im Prinzip keine unmittelbaren Befehle bzw. Weisungen. Es gab weiterhin Märkte und bewegliche Preise. Die Konsumenten durften kaufen, was ihnen gefiel, die Unternehmen durften produzieren, was sie wollten. Diese waren aber nur scheinbar so. Der Druck auf Unternehmen, sich den Regierungsplänen konform zu verhalten, wurde in der Tat nicht direkt ausgeübt, aber man wußte schon, welche negativen Folgen ein den Wirtschaftsplänen der Regierung widersprechende Verhalten mit sich bringen konnte. Der Regierung und ihrer Wirtschaftspolitik zu gehorchen, gehörte zu den Gepflogenheit der koreanischen Geschäftswelt.[47]

Dieses koreanische Wirtschaftssystem ist wohl als eine „Zentralverwaltungswirtschaft mit staatlicher Marktlenkung" im Sinne von Willgerodt[48] zu bezeichnen. Die privaten Wirtschaftssubjekte behalten formell ihre Planungs- und Entscheidungsfreiheit und verwirklichen sie auf den Märkten. Das Problem der Doppelplanung, also das Problem der Überschneidung privater und staatlicher Planung, wird dadurch gelöst, daß „der Staat mit der Steuerpolitik, der Kreditpolitik, dem Wirtschaftsrecht, mit Subventionen, Staatsaufträgen und vielen anderen mehr die Daten für die private Wirtschaftsplanung so setzt, daß die Privaten schließlich genau das planen, was im Gesamtplan vorgesehen ist. Auf die vom Staat gesetzten Reize hin soll sich die übrige Wirtschaft auf den Märkten reflexartig bewegen wie die Pawlowschen Hunde, formell frei und doch so vom staatlichen Zuchtmeister gedrillt, daß nur die staatlichen Ziele gelten."[49] Die private Planungs- und Entscheidungsfreiheit, die Märkte und die Preise sind zwar vorhanden, aber sie werden ausgehöhlt und denaturiert und dienen dabei allein als staatliches Planungs- und Lenkungsmedium.

---

46 Vgl. dazu Tabelle A-8.

47 Vgl. dazu Jones/Sakong, 1980, S. 282-285.

48 Willgerodt, 1966, S. 201. In einer sehr milderen Form: „guided capitalism".

49 Willgerodt, 1966, S. 202-203. Man spricht in diesem Zusammenhang von einer „Demokratur".

2.1.2 Erfolgsgründe und ihre Grenzen

Korea hat mit seiner wirtschaftlichen Dynamik in den vergangenen Jahrzehnten die Aufmerksamkeit der Welt gewonnen. Insbesondere nach der Einführung des ersten Fünfjahres-Wirtschaftsplans im Jahr 1962 entwickelt sich das Land innerhalb von etwa 30 Jahren vom ärmsten Land der Welt über ein Schwellenland zu einem wichtigen Industrieland. Das Bruttosozialprodukt ist von 1,35 Mrd. Dollar im Jahr 1953 auf 376,9 Mrd. Dollar im Jahr 1994 gestiegen; das Pro-Kopf-Einkommen ist in gleichem Zeitraum von 67 Dollar auf 8483 Dollar gestiegen.[50] Das Pro-Kopf-Einkommen überschritt im Jahr 1995 die 10000 Dollar-Grenze.

In dem Zusammenhang zwischen den starken Staatseingriffen in den Marktprozeß einerseits und den enormen Wachstumserfolgen in diesem Land andererseits wird der Fall Koreas von Interventionsanhängern nicht selten als ein guter Beleg dafür benannt, daß rational intervenierende Wirtschaftspolitik das Wachstum fördern und damit die Wohlfahrt erhöhen könne. Es scheint nämlich ein Widerspruch zu der ordnungspolitischen Auffassung zu bestehen, nach der die Schaffung und die Bewahrung des geeigneten Ordnungsrahmens für die Wirtschaftsentwicklung einer Volkswirtschaft entscheidend sind; und staatliche Markteingriffe und damit verzerrte Ressourcenallokation legen den Wirtschaftsprozeß lahm mit der Folge, daß die nachhaltige Wirtschaftsentwicklung sowie das lang anhaltende Wirtschaftswachstum nicht möglich sind, wie sich bereits in den ehemals kommunistischen Länder gezeigt hat. Dieser scheinbare Widerspruch könnte aber aufgelöst werden, wenn man auch in die Überlegung einbezieht, daß Korea mit anderen ostasiatischen Ländern zusammen im Jahr 1997 abrupt in den Strudel der Währungskrise hineingezogen wurde und den internationalen Währungsfonds um einen Beistandskredit ersuchen mußte.

Wie dargestellt, müssen sich die Entscheidungsträger in einer zentral gesteuerten Volkswirtschaft mit dem Informationsproblem auseinandersetzen; die Wirtschaftssubjekte verlieren ihre Anreize, die beste Leistung zu bringen, und versuchen statt dessen, „Rent-seeking" zu betreiben. In der interventionistischen Volkswirtschaft sind daher die Effizienzverluste aufgrund der Fehlallokation von Ressourcen und die Ressourcenverschwendung unvermeidbare Konsequenzen. Solange aber die Wirkungen von den das Wachstum treibenden Faktoren, die die im Dirigismus immanenten Fehlallokationen bzw. die Effizienzverluste überkompensieren, kann eine Volkswirtschaft positive Wirtschaftserfolge zeigen. Im Falle Koreas sind unter anderem zwei solche Erfolgsfaktoren zu nennen: die Faktorakkumulation und die Weltmarkt- bzw. Export-

---

50 Zu detaillierten Angaben über die Wirtschaftserfolge Koreas siehe Tabelle A-1.

orientierung.[51] Im Laufe des Entwicklungsprozesses haben aber diese Erfolgsfaktoren deutlich schwächer gewirkt. Folglich hat die koreanische Volkswirtschaft ihre Dynamik und ihr Wachstum verloren und ist schließlich in die Krise des Jahres 1997 geraten. In diesem Sinne ist die Krise nichts anderes als ein Deutlichwerden der Grenze der staatlich dirigierten Wirtschaftsentwicklung.[52]

2.1.2.1 Faktorakkumulierte Entwicklung

Die verzerrte Faktorallokation, die Effizienzverluste, die Manipulation des Marktprozesses sowie willkürliche Entscheidungen waren die unvermeidbaren Konsequenzen des Interventionismus in Korea. Trotz all der interventionistischen Phänomenen hat das Land jedoch bislang gute Wachstumserfolge gezeigt. Dies ist aber nicht auf die von sogenannten Strukturalisten behaupteten „effektiven Interventionen" des Staates,[53] sondern auf die explosionsartige Steigerung der Produktionsfaktoren Kapital und Arbeit zurückzuführen.

Die Investitionsrate Koreas seit Anfang der Entwicklungsphase zeigt einen im Vergleich zu anderen z.B. lateinamerikanischen Entwicklungsländern enormen Vorsprung: Koreas Brutto-Investition nahm in den Jahren 1965-1980 jährlich 15,9 vH und in den Jahren 1980-1987 10,0 vH zu, während die jährliche Zuwachsrate der Investition anderer Entwicklungsländer jeweils 8,6 vH und sogar negativ -5,1 vH war.[54] Entsprechend der hohen Investitionsrate Koreas war der Anteil der Investitionen am BSP auch sehr hoch: 22 vH in den sechziger, 30 vH bis zur ersten Hälfte der achtziger Jahren und 37 vH danach.[55] Die Sparquote als der Gegenstück zur Investitionsquote lag auch auf sehr hohem Niveau: sie stieg von 3 vH im Jahr 1961 auf das höchste Niveau mit 38 vH im Jahr 1988 und blieb danach konstant auf 36 vH.[56] Aufgrund der anfänglich niedrigen Sparquote und der Kapitalmängel hat Korea bis Mitte der achtziger Jahre den größten Teil der Investitionen durch ausländische Kredite finanziert. Im Laufe des Entwicklungsprozesses hat aber der Anteil der ausländischen Ersparnisse an der Brutto-Investition kontinuierlich abgenommen: er ging von 47,9 vH der Brutto-Investitionen Anfang der sechziger Jahre auf 8,8 vH in der Mitte der achtziger Jahre

---

51 Die Beiträge von Exporten und Investitionen zusammen zum BSP in Korea machen ca. 60-70 vH aus. Vgl. Koo, 1994, S. 153.

52 In diesem Sinne ist die Auffassung zu kurzsichtig, daß die Krise des Jahres 1997 die Folge einer Fehlreaktion auf die Turbulenzen auf den Devisenmärkten in Ostasien war. Die Krise war vielmehr seit geraumer Zeit aufgrund der Fehlallokation und der Effizienzverluste vorprogrammiert. Ähnliche Meinung vertritt McKinsey, 1998, S. 161-169.

53 Vgl. zu den Erklärungsansätzen der Strukturalisten Hilpert, 1997, S. 534-535.

54 Vgl. Collins, 1990, S. 106.

55 Vgl. Koo, 1994, S. 153.

56 Vgl. Lee, 1997, S. 35 und 69.

zurück; in der zweiten Hälfte der achtziger Jahre war Korea aufgrund der enormen Leistungsbilanzüberschüsse sogar ein Netto-Kapitalexporteur.[57]

Neben der Kapitalakkumulation spielten die „unbeschränkten" Angebote an Arbeitskräften und deren hohe Ausbildungsstände auch eine wichtige Rolle für das Wachstum Koreas.[58] Bis Anfang der sechziger Jahre wurden über 60 vH der Gesamtarbeitskräfte in der Landwirtschaft beschäftigt. Unter Berücksichtigung der Tatsache, daß die Landwirtschaft in Korea nicht geschäftlich, sondern überwiegend für den eigenen Bedarf betrieben wurde, und daß die Arbeitsproduktivität dort sehr niedrig war, war der überwiegende Teil der in der Landwirtschaft Beschäftigten als versteckte Arbeitslose anzusehen.[59] In Städten andererseits betrug die Arbeitslosenrate ca. 16-17 vH. Einer Einschätzung zufolge waren also ca. 40 bis 50 vH der Gesamtarbeitskräfte offene oder versteckte Arbeitslose.[60] Diese Massen von Arbeitslosen haben zu einem vollkommen elastischen Angebot an Arbeitskräften im „modernen Sektor" geführt und dadurch die Löhne niedrig gehalten. Die Arbeitslosen waren immerhin bereit, mit oder sogar unter den Mindestlöhnen bei neu gegründeten Kleinunternehmen – den mit relativ einfachen Technologien arbeitenden, arbeitsintensiven Industrien – zu arbeiten. Dieses „unbeschränkte" Angebot an produktiven Arbeitskräften ermöglichte, daß die Regierung ihre Entwicklungspolitik ohne große Sorge über mögliche Engpässe auf dem Arbeitsmarkt durchsetzen konnte, und die Unternehmen ihre Pläne mit sehr niedrigen Arbeitskosten erfüllen konnten.[61]

Hinzu kam, daß die Arbeitskräfte im Vergleich zu anderen vergleichbaren Entwicklungsländern relativ gut ausgebildet sind. Während des Entwicklungsprozesses stieg das durchschnittliche Bildungsniveau drastisch. Der Anteil derjenigen an der arbeitsfähigen Bevölkerung, die keine formale Ausbildung gehabt haben, betrug 42,3 vH im Jahr 1960; der Anteil der über einen Sekundarabschluß verfügenden Arbeitskräfte nur 15 vH. Im Jahr 1995 verfügten aber 80 vH der arbeitsfähigen Bevölkerung über einen Sekundarabschluß; Absolventen von Gymnasium machten ca. 44 vH der arbeitsfähigen Bevölkerung aus und Hochschulabsolventen ca. 20 vH. Dieses Bildungsniveau der Arbeitskräfte im Jahr 1995 ist dem Niveau Japans beinahe gleich.[62] Als einen Grund für die besonders starke Entwicklung im Bildungsbereich wird zunächst die Bedeutung

---

57 Vgl. Sakong, 1993, S. 11.

58 Zu der Darstellung des Modells des unbegrenzten Angebots an Arbeitskräften und dessen wesentlichen Kritikpunkten siehe etwa Torado, 1989, S. 68-73.

59 Diese versteckten Arbeitslosen in der Landwirtschaft zeigten sich durch massenhafte Flucht der ländlichen Bevölkerung in die Städte in den sechziger und siebziger Jahren.

60 Vgl. Kim/Park, 1985, S. 12 und Cho, 1994, S. 84. Die offizielle Arbeitslosenrate im Jahr 1963 war allerdings 8,2 vH. Vgl. Kim/Park, 1985, S. 13.

61 Vgl. Cho, 1994, S. 83.

62 Vgl. McKinsey, 1998, S. 93 sowie Kim/Park, 1985, S. 16-18.

des Lernens in der konfuzianischen Tradition genannt. Wichtiger ist möglicherweise, daß es einerseits in dem durch die Besetzung durch Japan und den darauf folgenden Koreakrieg zerstörten, traditionellen System der sozialen Klassen und andererseits im stark expandierenden Wachstumsprozeß viel bessere Aufstiegsmöglichkeiten durch Bildung gab.[63] Der Weltbank zufolge war die im Vergleich zu anderen Entwicklungsländern bessere Schulbildung der Arbeitskräfte sicher ein Schlüssel für den Erfolg Koreas und auch anderer ostasiatischer Länder.[64]

Die Faktorakkumulation in Korea ist also beeindruckend: Innerhalb einer Generation hat sich der Anteil der Beschäftigten fast verdoppelt;[65] die Erwerbsquote erreicht 62 vH; die lange Arbeitszeit mit 50 Stunden pro Woche wurde seit 1963 fast kaum reduziert;[66] der mit dem Niveau Japans vergleichbare, verbesserte Bildungsstand der Arbeitskräfte sowie die bereits extrem hohe Spar- und Investitionsquote, die bei 35 vH des BIP liegt. Im Hinblick auf diese gewaltige Vermehrung der Produktionsfaktoren ist unschwer zu erkennen, daß die Faktorakkumulation in Korea zum Wachstum dieses Landes viel beigetragen hat. Untersuchungen zufolge ist in der Tat gut 80 vH des Wachstums in der Vergangenheit der Steigerung der Einsatzmenge zu verdanken.[67] Die Faktorakkumulation war der entscheidende Motor für das Wachstum Koreas. Zu fragen ist aber in dieser Stelle, ob es auch in der Zukunft möglich sein kann, die Produktionsfaktoren Arbeit und Kapital weiter wie früher zu akkumulieren und dadurch den Wachstumsprozeß zu beschleunigen. Berücksichtigt man die oben genannten Tatbestände, ist kaum damit zu rechnen, daß große Spielräume für die weitere Steigerung von Produktionsfaktoren sowie von Wachstumsraten noch übrig bleiben.

Nach der Wachstumstheorie hat die wirtschaftliche Expansion eine weitere Wachstumsquelle: Neben der oben dargestellten Steigerungen der Produktionsfaktoren, zu denen Erwerbsbevölkerung, Bildungsniveau der Arbeitskräfte sowie Sachkapitalbestand zählen, spielt die Steigerung der Produktivität der eingesetzten Faktoren für das Wirtschaftswachstum eine wichtige Rolle. Das letztere ist nichts anderes als die Effizienzgewinne bei der Nutzung der Produktionsfaktoren, welche in der Literatur von totaler Faktorproduktivität gesprochen wird. Es ist in der Wachstumstheorie auch festzustellen, daß das wirtschaftliche Wachstum, das nicht von einer Zunahme der ökonomischen Effizienz begleitet wäre, aufgrund des Gesetzes der abnehmenden Grenzerträge

---

63 Vgl. Mason u.a., 1980, S. 360.

64 Vgl. World Bank, 1999, S. 24-25.

65 Dies ergibt sich daraus, daß die „tatsächliche“ Arbeitslosenrate am Anfang der sechziger Jahre 40-50 vH betrug, während die Arbeitslosenrate in den neunziger Jahren bei ca. 2,5 vH lag.

66 Die durchschnittlichen Arbeitsstunden waren 54,4 im Jahr 1963 und 50 pro Woche im Jahr 1995. Vgl. Lee, 1997b, S. 148.

67 Z.B. 77 vH nach McKinsey, 1998, S. 76 (Untersuchungszeitraum: 1970-1995) und sogar 86 vH nach Kim/Lau, 1994, S. 259 (Untersuchungszeitraum: 1960-1990).

der Produktionsfaktoren langfristig gegen Null tendieren würde. Ein nachhaltiges Wachstum des Pro-Kopf-Einkommens ist daher nur über eine Steigerung des Ausstoßes pro Inputeinheit möglich, was den technischen und organisatorischen Fortschritt notwendig macht.[68] Im diesem Zusammenhang hat Krugman im Jahr 1994 mit Blick auf die „Tigerstaaten" Ostasiens die These aufgestellt: Das Wirtschaftswachstum Ostasiens beruht hauptsächlich auf den einmaligen und damit unwiederholbaren Inputsteigerungen, so daß bei der Abwesenheit wesentlicher Effizientsteigerungen, in Analogie zur früheren Sowjetunion, künftig nur mit abflachender Wachstumsrate gerechnet werden kann.[69]

In diesem Sinne ist der faktorakkumulierte Entwicklungsprozeß Koreas bedenklich: Allein 20 vH des Wachstums sind der totalen Faktorproduktivität, nämlich den Effizienzgewinnen bei der Nutzung von Produktionsfaktoren zuzuschreiben, während die Wachstumsbeiträge der totalen Faktorproduktivität in den Industrieländern hingegen fast zwei Drittel betragen.[70] Wie Krugman gesagt, ist die rasche Wirtschaftsentwicklung Koreas zwar beeindruckend, aber nicht märchenhaft. Die Hauptursache für die Wirtschaftserfolge liegt in der Fähigkeit, Ressourcen zu mobilisieren, nicht aber, sie effizient zu nutzen.

2.1.2.2 Weltmarktorientierung und ihrer Wandel

Aus dem Vergleich der totalen Faktorproduktivität nach Regionen ergibt sich ein interessantes Ergebnis: Die totale Faktorproduktivität Ostasiens liegt zwar unter dem Niveau der Industrieländer, sie ist deutlich höher als in anderen Entwicklungsländern. Im Zeitraum 1960-1992 beträgt sie in der Region Ostasien 0,8, während sie in Lateinamerika nur 0,1 und in Afrika und im Mittleren Osten sogar -0,7 und -0,4 sind.[71] Die bessere totale Faktorproduktivität in Ostasien impliziert, daß die Effizienzverluste wegen des staatlichen Interventionismus zwar groß sind, es aber Faktoren gibt, welche in der Region Ostasien ausgeprägter als in anderen Regionen sind und die Effizienzverluste in gewisse Grenzen halten oder gegebenenfalls sogar die Effizienzgewinne ermöglichen können. Zu solchen sind z.B. kulturell-traditionelle Faktoren, politisch-gesellschaftliche Strukturen, Investitionen in das Humankapital, administrative Eliten, regional- und weltwirtschaftlich günstiges Umfeld und auch Weltmarktorientierung zu zählen.[72] Für den Fall Korea, dessen Wirtschaftspolitik durch den starken Interventionismus – sogar mit stärkeren Markteingriffen als in den anderen Ländern innerhalb der

---

68 Dazu vgl. etwa Abschnitt II.2.3: Die neue Wachstumstheorie dieser Arbeit.

69 Vgl. Krugman, 1994 oder auch Krugman, 1996, S. 167-187.

70 Vgl. Kim/Lau, 1994, S. 259.

71 Vgl. Hilpert, 1997, S. 528.

72 Petri, 1993, z.B. identifiziert zehn Erklärungsfaktoren, einige von denen – beispielsweise selektive Kreditallokation, staatliche Industriepolitik – allerdings nicht unumstritten sind.

Region Ostasien – geprägt ist, sind aber unter anderem die Weltmarktorientierung und deren ordnungspolitische Funktion als ein entscheidender Erfolgsfaktor in der Vergangenheit zu nennen.

Korea hat als eine Entwicklungsstrategie die Weltmarktorientierung gewählt. Allerdings war Korea in seinem Entwicklungsprozeß nicht von Anfang an exportorientiert. Zu Beginn der sechziger Jahre hat das Land versucht, Importe zu substituieren, indem einige große Projekte für die Produktion von Automobilen, Fernsehern und Uhren durchgeführt wurden, die sich aber in kurzer Zeit als Fehlinvestitionen erwiesen. Danach hat sich die Entwicklungsstrategie Koreas von der binnenmarktorientierten „self-sufficient economy" in die weltmarktorientierte Exportförderung gewandelt.[73]

Es ist wenig umstritten, daß die exportorientierte Entwicklungsstrategie eine wesentliche Antriebskraft des Wachstums Koreas war.[74] Empirische Untersuchungen zeigen auch, daß im Gegensatz zur binnenmarktorientierten Importsubstitutionspolitik die weltmarktorientierten Volkswirtschaften mittel- bis langfristig ein schnelleres Wachstum erzielen können.[75] Die Gründe für die besseren Erfolge bei den in das System der internationalen Arbeitsteilung integrierten Volkswirtschaften im Vergleich zu den geschlossenen Volkswirtschaften sind wie folgt zu nennen:[76]

- die weltmarktorientierte Volkswirtschaft kann über die internationale Spezialisierung ihr gesamtwirtschaftliches Produktionspotential stärker ausweiten und die dabei entstehenden Chancen auf Skalen- und Lerneffekte besser nutzen;
- sie kann über erzielbare Exporterlöse Devisen verdienen, mit denen die Importe von Maschinen, Anlagen und Technologie finanziert und auch für die weitere Entwicklung notwendige Infrastrukturinvestitionen durchgeführt werden;
- die inländischen Güter- und Faktormärkte stehen unter intensiverem Wettbewerb, was leistungsfördernd ist, und der Preismechanismus bewirkt eine effizientere Allokation knapper Ressourcen und fördert so den wachstumsnotwendigen Strukturwandel;
- es besteht der unbequeme, aber entwicklungsförderliche Druck zum ständigen Upgrading von Exporten und Standorten sowie der auf die Wirtschaftspolitik einwirkende Zwang zur Korrektur von Fehlentscheidungen.

---

73 Vgl. dazu Cho, 1994, S. 28-29. In Hoffmann, 1988, S. 51-53 sind einige Gründe und Voraussetzungen für den Strategiewechsel dargestellt.

74 Vgl. z.B. World Bank, 1987, S. 37-38. Die Beiträge von Exporten zum realen BSP-Wachstum lagen vor den sechziger Jahren unter 10 vH, in der ersten Hälfte der siebziger Jahre über 20 vH und seit der zweiten Hälfte der siebziger Jahre bei ca. 30 vH.

75 Vgl. z.B. Dollar, 1992; Sachs/Warner, 1995.

76 Vgl. Hilpert, 1997, S. 541 sowie Donges, 1981, S. 7-9.

In bezug auf die wirtschaftspolitische Praxis Koreas, den starken Interventionismus, und auf die Verluste an Effizienz ist den positiven Funktionen der Weltmarktorientierung, insbesondere dem intensiverem Wettbewerb und der Möglichkeit der Vermeidung marktwidriger Wirtschaftspolitik, eine besondere Bedeutung beizumessen.

Die exportorientierte Wirtschaftspolitik hat die Unternehmen von Anfang an dem international harten Wettbewerb ausgesetzt, der dann die Unternehmen dazu gezwungen hat, ihre Produktpalette und ihre Produktqualität ständig zu erneuern und zu verbessern. Der Zwang des Wettbewerbs auf den internationalen Märkten hat vermutlich die wegen der interventionistischen Wirtschaftspraxis und wegen der weitgehenden Ausschließung des Wettbewerbs innerhalb der koreanischen Binnenmärkte entstandenen Effizienzverluste teilweise kompensiert oder zumindest in der Anfangsphase sogar überkompensiert. Es wird auch vermutet, daß die in der internationalen Arbeitsteilung erworbenen Skaleneffekte die verzerrten Faktorpreisrelationen sowie die Fehlallokationen von knappen Ressourcen überkompensiert haben.[77]

Die weitere, vielleicht noch wichtigere, ordnungspolitische Funktion der Weltmarktorientierung wäre die Kontrollfunktion, welche das Betreiben der willkürlichen und den Marktkräften widersprechenden Wirtschaftspolitik der interventionistischen Regierung verhindern kann, wenn auch nicht ganz. Um nicht innerhalb des Landes zu verbrauchende, sondern hauptsächlich auf den internationalen Märkten zu verkaufende Waren herauszufinden, und um die auf den internationalen Märkten tätigen inländischen Unternehmen wettbewerbsfähig zu machen, konnte die Regierung nicht umhin, die internationalen Datenänderungen wie die Nachfragestruktur, die technologische Neuerung und die Veränderung komparativer Vor- und Nachteile ständig im Auge zu behalten und in ihrer Wirtschaftspolitik mit zu berücksichtigen. So hat die weltmarktorientierte Wirtschaftspolitik die Wirtschaftspolitiker dazu gezwungen, beim Gestalten der Wirtschaftspolitik und deren Maßnahmen nach möglichst marktkonformen Lösungen zu suchen. Bei der Weltmarktorientierung konnte die Fehlentscheidung der Wirtschaftspolitiker schnell sichtbar gemacht und daher direkt oder indirekt korrigiert werden. „Maßnahmen, die sich als den Exportinteressen zuwiderlaufend erwiesen, wurden korrigiert oder durch andere Maßnahmen in ihrer Wirkung auf die Exportfähigkeit kompensiert."[78] Nach Sakong verhielten sich die koreanischen Wirtschaftspolitiker pragmatisch, flexibel und nicht ideologisch,[79] was möglicherweise die unvermeidbare, positive Konsequenz der weltmarktorientierten Entwicklungsstrategie war, um überhaupt auf den internationalen Märkten Erfolge erzielen zu können.

---

77 Vgl. Kwon, 1990, S. 40.

78 Siehe und vgl. Hoffmann, 1988, S. 57; Krueger, 1990, S. 110; Collins, 1990, S. 104.

79 Vgl. Sakong, 1993, S. 205.

Die weltmarktorientierte Entwicklungsstrategie hat also für die koreanische Wirtschaft die wichtigen Beiträge im Hinblick auf die Ordnungspolitik, vor allem den internationalen Wettbewerb und die möglichst marktkonforme Wirtschaftspolitik, geleistet. Diese haben dazu beigetragen, die im Dirigismus unvermeidbare Fehlallokation von Faktoren bzw. die Effizienzverluste in gewissen Grenzen zuhalten. Im Laufe des Entwicklungsprozesses haben aber diese Erfolgsfaktoren nicht mehr so gut funktioniert und sich nicht weiter entfaltet. Wann und was das Moment der Abschwächung der Erfolgsfaktoren, vor allem der Weltmarktorientierung, war, ist nicht einfach zu beantworten. Es besteht allerdings Konsens darüber, daß sich der Charakter der Wirtschaftspolitik seit Anfang bzw. Mitte der siebziger Jahre veränderte, nämlich als die Regierung die Schwer- und Chemieindustrien als strategische Industrien selektierte und intensiv förderte.

Bis Anfang der siebziger Jahre verhielten sich die wirtschaftspolitischen Entscheidungsträger mit gewisser Vorsicht bei dem Einsatz der wirtschaftspolitischen Maßnahmen und bei der Machtausübung. Sie waren nicht sicher, ob ihre Pläne tatsächlich durchgeführt und die gewünschten Erfolge erzielt werden konnten. Die Erfolge in den ersten zwei Fünfjahres-Wirtschaftsplan-Perioden haben aber einen gewissen Grad an Selbstbewußtsein bei dem Präsidenten und den Wirtschaftspolitikern gebildet und sie zugleich ermutigt, in den Marktprozeß aktiver und direkter als vorher zu intervenieren. Sie fingen in den siebziger Jahren mit der Selektion und der intensiven Förderung einiger Schwer- und Chemieindustrien.[80] Um den übergroßen Finanzbedarf für Investitionen in Schwer- und Chemieindustrien zu decken, hat die Regierung alle Arten von Sparen unter ihre Kontrolle gestellt und die Finanzmittel gemäß ihren Investitionsplänen gelenkt. Die wichtigen Entscheidungen der Unternehmen – z.B. die Größenordnung und die Kondition von in- und ausländischen Krediten, die Art und der Umfang von Investitionen sowie Preise von hergestellten Produkten – wurden der Regierungsentscheidung untergeordnet.

Durch die Tatsache, daß die wichtigen Entscheidungen von der Regierung gefällt worden sind, hat die Regierung konsequenterweise die Risiken von Investitionen übernommen, welche in der Regel die die Investitionen tätigenden privaten Unternehmen tragen sollten.[81] Die vielfältigen zusätzlichen Fördermitteln und die Übernahme der meisten Risiken durch die Regierung veranlaßten die Unternehmen zur Überinvestition sowie zur überhöhten Fremdfinanzierung, welche ein entscheidender Risikofaktor der koreanischen Wirtschaft waren und es immer noch sind.[82] In den siebziger Jahren

---

80 Vgl. Cho, 1994, S. 38-39.

81 Vgl. Cho, 1994, S. 42-43.

82 Vgl. Balassa, 1990, S. 11. Die durchschnittliche Schulden/Eigenkapital-Quote bei den Chaebols beträgt über 300 vH, während die von Japan, den USA und der Bundesrepublik Deutschland jeweils 250, 171 und 120 vH sind. Vgl. McKinsey, 1998, S. 91.

beispielsweise hat Präsident Park Daewoo, damals ein auf die Textilindustrie spezialisiertes Unternehmen, den „Befehl" gegeben, ein Maschinenbau- und ein Schiffbauunternehmen zu übernehmen und darüber hinaus auch in die Automobilindustrie zu investieren. Um dies zu tun, hat Daewoo erstaunlich große Summe Kredite aufgenommen. Am Ende der siebziger Jahre war die Schulden/Eigenkapital-Quote von Daewoo 900 vH.[83]

In diesem Entwicklungsprozeß haben die Unternehmen ihre Geschäftsschwerpunkte allmählich auf den Binnenmarkt verlegt, da die Regierung die sogenannten „strategischen Industrien" vor den konkurrenzfähigen Auslandsanbietern geschützt hat. Für die Unternehmen wurde die Betätigung auf dem geschützten Binnenmarkt attraktiver als die Bemühung, durch eigene FuE-Tätigkeit Produkte und Produktionsprozesse zu entwickeln und zu erneuern, um in den Auslandsmärkten zu wachsen oder sich in höherwertige Bereichen zu bewegen.[84] Durch zunehmende Konzentration auf den Binnenmarkt hat die exportorientierte Wachstumsstrategie Koreas langsam ihre Bedeutung verloren. Die im Zeitverlauf zunehmende Orientierungsverschiebung zum geschützten Binnenmarkt hat auch den internationalen Wettbewerb, der die Unternehmen zwingt, effizienter als ausländische Konkurrenten zu arbeiten, weitgehend ausgeschaltet.

Die Selektion und die Förderung einiger bevorzugten Industriebereiche führte konsequenterweise zugleich zur Erweiterung der Regulierungen in andere Industriebereiche[85] und in die wirtschaftlichen Entscheidungsfaktoren wie Löhne und Zinssätze. So standen fast alle Waren, sogar inklusive Fast food-Waren, unter Preiskontrolle; die Gewerkschaften waren zwar vorhanden, aber nur auf dem Papier: Die Richtlinie für Lohnsätze wurde von der Regierung unter der Berücksichtigung der Inflationsrate und der Wirkungen auf Exporte vorgegeben; aufgrund der Wirkungen auf die Zinssätze und die Entwicklung des Kapitalmarktes wurde auch die Dividende bei privaten Unternehmen von der Regierung kontrolliert.[86]

Die koreanische Regierung hat allerdings seit Beginn der achtziger Jahre anstelle einer Regulierungs- die Liberalisierungspolitik betrieben. Auf dem Finanzsektor privatisierte die Regierung den Besitz der nationalen Geschäftsbanken zwischen 1981-1983; zwischen 1988-1989 wurden Eintrittsbarrieren weiter gesenkt. Trotz dieser Liberalisierungspolitik ist das Bankensystem immer noch den starken Regierungsinterventionen ausgesetzt. Als Grund für diese weitere Intervention wird die große Last der notlei-

---

83 Vgl. Ecomomist, 3. Juni 1995, S. 14.

84 Vgl. Amsden, 1989, S. 127.

85 Bspw. die für eine Unternehmensgründung im Bereich Elektizität und Elektronik vorzulegenden Dokumente waren von 547 verschiedenen Arten, die Bearbeitungszeit in der Verwaltung betrug 804 Tage. Vgl. Hankook, 18.9.1994: Leerlaufende Deregulierung.

86 Vgl. Cho, 1994, S. 42.

denden Kredite genannt, für die die Regierungsinterventionen bei der Vergabe der Bankkredite in den siebziger Jahren verantwortlich sind.[87] Die Befürchtung, daß die Verluste der inländischen Finanzinstitutionen eine Kettenreaktion auslösen könnten, die den instabilen Finanzmarkt Koreas gefährden würde, hat die Regierung dazu geführt, nach wie vor in den Finanzmarkt zu intervenieren. Die Regierung kontrolliert die Banken nun entweder als Mehrheitsaktionär oder durch den Entzug des Stimmrechts von privaten Mehrheitsaktionären oder auch durch einfache Machtausübung. Bankmanager wurden z.B. niemals von den privaten Aktionären frei berufen, sondern immer explizit oder implizit von der Regierung nominiert.[88]

Auch anders als die Erwartung, daß die Allokationseffizienz sich durch die Liberalisierungspolitik verbessern und dazu beitragen wird, die Marktkonzentration zu reduzieren und mehr Wettbewerb im Binnenmarkt zu schaffen,[89] nahm die Konzentration der Wirtschaft auf einige Chaebols, große Mischkonzerne, in der Liberalisierungsphase weiter zu.[90] Der Grund dafür war die „Industrierationalisierungspolitik“ in den achtziger Jahren, durch die die angeschlagenen Unternehmen von gesunden Unternehmen – die meistens davon Chaebols –, übernommen wurden, und zwar über den staatlichen Fusionsplan.[91] Die Regierung wollte und will immer noch auf ihre Rolle als Risikopartner und als Ressourcenverteiler nicht verzichten.[92] Trotz der mehrfachen Betonungen der Liberalisierung und der freien Marktwirtschaft bleibt die grundsätzliche Attitude der koreanischen Regierung gegenüber dem Marktprozeß bis zum heutigen Tagen fast unverändert: Markteingriffe, Selektion und Förderung einiger gewünschter Industriebereiche, staatliche Risikoübernahme und Ressourcenverteilung gehören weiter zur Tagesordnung.[93]

1.3.2.3 Grenzen der interventionistischen Wirtschaftsentwicklung

In einer Volkswirtschaft, in der die Regierung den Marktprozeß effektiv kontrollieren will, ist es für sie einfacher, wie bereits in der Zentralverwaltungswirtschaft darge-

---

87 Vgl. Nam, 1992, S. 43.

88 Am 23.11.1998 haben die koreanischen Finanzinstitute gemeinsam kundgegeben, irgendwelche Interventionen der Regierung abzulehnen. Ironischerweise wurde aber diese Kundgebung von der Regierung initiiert. Logischerweise hat kurz danach die Regierung in das Auswahlverfahren eines Bankmanagers und sogar in die Einstellung und Entlassung eines Abteilungschefs in einer Investmentfirma interveniert. Vgl. Maeil, 24.11.1998, S. 5; 21.1.1999, S. 5 und 24.2.1999, S. 6.

89 Vgl. z.B. World Bank, 1987a, S. 107.

90 Zu der sich im Zeitlauf ausbreiteten Dominanz der Chaebols in der koreanischen Wirtschaft vgl. Tabelle A-9.

91 Vgl. Amsden, 1989, S. 132-133.

92 Vgl. Nam, 1992, S. 34-36.

93 Zu den letzteren Beispielen vgl. Economist, 3. Juni 1995, S. 15-19.

stellt, daß die Wirtschaft in einigen großen Konzernen organisiert ist.[94] Die Bildung einiger, wirtschaftlich dominierender großer Konzerne ist in einer solchen zentral kontrollierten Wirtschaft die in der Regel beobachtbare Tendenz. In Korea entstanden Chaebols, wie dargestellt, durch die staatliche Unterstützung in den siebziger Jahren. Die Unternehmen wurden ermutigt, die staatlich geplanten risikoreichen Großprojekte, die die großen Chaebols begünstigten, durchzuführen, indem der Staat durch die Praxis, den bei solchen Projekten in Schwierigkeit geratenen Unternehmen Hilfe zu gewähren, einen Teil des unternehmerischen Risikos übernommen hat.[95] Die Regierung war der Meinung, daß „Economies of scale" in der Produktion und in den Exporten es ermöglichen konnte, koreanische Unternehmen auf den internationalen Märkten konkurrenzfähig zu machen.[96] In diesem Unterstützungsprozeß waren einige Mischkonzerne übergroß geworden und bewirkten einen Verlust an Effizienz und Flexibilität. Insbesondere hat die koreanische Regierung die Schwer- und Chemieindustrien überehrgeizig gefördert, was zur Etablierung und Ausweitung der Chaebols sowie damit zu einer starken Ressourcenfehlallokation führte. Die Überinvestition in diesen Bereichen wurde dann Ende der Siebziger Jahre, als ein schleppender Konjunkturverlauf begann, zu einer schweren Belastung nicht nur für die betreffenden Chaebols, sondern auch für den Staatshaushalt, weil diese Industrien ohne Regierungshilfe nicht existieren konnten.[97] Die am Anfang der achtziger Jahre geführte „Industrierationalisierungspolitik" – die staatlich geplante Zwangsübernahmeaktion – war aber nur eine provisorische Heilung. Das Problem der Überkapazitäten in diesen Industriebereichen blieb immer noch, denn die entsprechenden Industrien wurden nicht über den Wettbewerbsprozeß umstrukturiert, sondern durch staatlich initiierte Fusionen allein deren Besitzer ausgetauscht.[98] Dadurch wurden einige Chaebols noch größer mit der Folge eines weiteren Verlusts an Effizienz und Flexibilität.

Bei der Entwicklungsstrategie durch die selektive Förderung von einigen riesig großen Projekten wurden nur die großen Chaebols bevorzugt, denn nur sie konnten diese Projekte verwirklichen. Fast sämtliche, unter Regierungskontrolle stehenden Finanzmittel wurden in einige bevorzugte Projekte bzw. Chaebols gelenkt. Die Verfügbarkeit

---

94 Z.B. in Taiwan, in dem die kleinen und mittelgroßen Unternehmen dominieren, wurden die direkten Interventionen der Regierung weitgehend verhindert. Vgl. Park, 1990, S. 120.

95 Vgl. Lee, 1990a, S. 330.

96 Zur Darstellung der Entwicklung der wichtigen Industrien unter dem Einfluß der staatlicher Lenkung und Kritik an dieser staatlichen Lenkungspolitik siehe etwa Högel, 1993, S. 217-295.

97 Vgl. Kim, 1985, S. 72-73.

98 In diesem Zusammenhang ist es bedenklich, daß die koreanische Regierung zur Zeit unter dem Namen des sogenannten „Big Deal" noch einmal die Chaebols zwingt, nach der Währungskrise finanziell angeschlagene Industriebereiche untereinander auszutauschen. Sie hat dabei bestimmt, wer wessen Firmen bis wann übernehmen soll, und angekündigt, wer diese „staatlich dringende Umstrukturierung" nicht ernst nimmt, muß mit weiteren Folgen seitens der der Regierung unterworfenen Banken rechnen.

von billigen Krediten durch die subventionierten Zinsraten und Steuervergünstigungen[99] hat die großen Chaebols verführt, der Beurteilung ihrer Investitionsprojekte nicht genügende Aufmerksamkeit zu widmen. Sie haben nicht nur in einigen sogenannten Kernbereichen expandiert, sondern darüber hinaus auch dazu tendiert, ihre Geschäftsfelder weit zu diversifizieren.[100] Unter der Dominanz einiger großer Chaebols und deren Diversifizierungsbemühung wurde zugleich die Entwicklung kleiner- und mittlerer Unternehmen weitgehend gedrosselt. Die massiven staatlichen Unterstützungen und die damit verbundene überehrgeizige Expansion und Überkapazität in den großen Mischkonzernen haben zur anormalen Verknappung von Ressourcen, insbesondere von Finanzmitteln und Arbeitskräften, geführt, so daß die kleinen und mittleren Unternehmen höhere Zinsen und höhere Löhne bezahlen mußten als wenn es eine solche Diskriminierung nicht gegeben hätte. Sie hatten nur wenig Zugangsmöglichkeit zu den Krediten der normalen Finanzinstitute, so daß die nötigenden Finanzmittel oft auf dem Privatdarlehensmarkt besorgt werden mußten, dessen Zinssatz viel höher als der auf dem normalen Finanzmarkt war.[101] Diese Diskriminierungen hatten die rückständige Entwicklung und Entfaltung der kleinen und mittleren Unternehmen zur Folge. Die Konsequenz ist, daß die meisten Aufbauteile und Kapitalgüter bei Endproduzenten – bei den Chaebols – wegen der mangelnden Qualität der Zulieferunternehmen – meistens kleine und mittlere Unternehmen – aus dem Ausland, insbesondere aus Japan, importiert werden.[102] Für das Phänomen, daß je mehr die koreanischen Unternehmen exportieren, desto höher das Leistungsbilanzdefizit gegenüber Japan wird, sind die Diskriminierung und die damit verbundene gedrosselte Entwicklung der kleinen und mittleren Unternehmen die wichtigen Gründe.

Die extreme Polarisierung der Wirtschaftsstruktur – die Dominanz der kleinen Zahl entwickelter Chaebols in der koreanischen Volkswirtschaft auf der einen Seite und die unterentwickelten kleinen und mittleren Unternehmen auf der anderen Seite – bedeutet eine doppelte Belastung für den Strukturwandel und die Anpassungsfähigkeit in der sich zur Zeit ständig wandelnden Weltwirtschaft. Die Chaebols müssen auf diejenigen Geschäftsbereiche verzichten, in denen sie ihre Wettbewerbsfähigkeit verloren haben. Sie sind aber zu groß geworden, so daß die Regierung aus Furcht vor Massenarbeitslosigkeit es einfach nicht erlauben kann, sie fallen zu lassen. Die Regierung versucht

---

99 Die staatlichen Eingriffe in den Finanzmarkt sowie in die freie Zinsbildung führten zeitweise sogar zu negativen Realzinsen. Vgl. Sakong, 1993, S. 34.

100 Die Betätigung der Chaebols erstreckt sich von Nahrungsmittel- über Automobil-, Schiffbau- und Computerindustrie bis zum Finanzsektor.

101 Der Zinssatz auf dem Privatdarlehensmarkt war in den siebziger Jahren um ca. 20 vH höher als der Zinssatz des normalen Bankdarlehens. Die Differenz zwischen beiden Zinssätzen ist zwar kontinuierlich zurückgegangen, ist aber immerhin noch ca. 10 vH. Vgl. dazu Cho/Kim, 1997, S. 13.

102 Vgl. Business Week, 31.Juli 1995, S. 35-36.

immer wieder die international wettbewerbsunfähigen Unternehmen durch Schuldenerlaß, Sonderkredite und andere Hilfemaßnahmen am Leben zu erhalten. Auf der anderen Seite ist es schwer für kleine und mittlere Unternehmen, die bislang diskriminiert und daher unterentwickelt sind, mit dem Wandel der internationalen Nachfragestruktur und mit der technologischen Entwicklung Schritt zu halten. Der schlechte Entwicklungsstand und die nur schwer zu schaffenden wettbewerbsfähigen Arbeitsplätze in kleinen und mittleren Unternehmen setzen ihrerseits die Regierung wiederum unter Druck, zu versuchen, die wackligen Arbeitsplätze bei den wettbewerbsunfähigen Großunternehmen durch weitere Hilfsmaßnahmen und Markteintrittsbehinderungen ausländischer Konkurrenten zu erhalten. Nach einer Studie beträgt die tatsächliche Arbeitslosenrate ca. 11 vH im Vergleich zu der offiziell angegebenen Arbeitslosenrate von 2 vH im Jahr 1996.[103] Die Differenz von 9 vH ist so nichts anderes als die auf diese Weise verschleierte Arbeitslosigkeit.

Die Durchkreuzung der privatwirtschaftlichen Pläne, die den staatlichen Zielen nicht entsprechen, und die ständigen Interventionen des Staates in den Marktprozeß zugunsten seiner Ziele könnten nur dann gerechtfertigt werden, wenn unterstellt wird, daß die wirtschaftspolitischen Entscheidungsträger allein am Gemeinwohl interessiert und auch allwissend seien. Aber dieser Staat und diese Wirtschaftspolitiker erliegen in einer Utopie. Niemand kann sich dem Informationsproblem entziehen. Die Befugnisse der Wirtschaftspolitiker, den Wirtschaftsprozeß nach ihrem Willen zu lenken, sind fast ausnahmslos Willkür und mit der Möglichkeit des Mißbrauchs verbunden. Die Wirtschaftspolitiker behaupten allerdings bei jeder Machtausübung, daß es dabei um das Gemeinwohl oder um die soziale Gerechtigkeit oder auch um das nationale Interesse gehe. Nicht selten stecken hinter dieser Machtausübung aber die Partikularinteressen von einigen einflußreichen Interessengruppen, von Parteien oder von Wirtschaftspolitikern. Den Wirtschaftspolitikern die Befugnis einzuräumen, den Wirtschaftsprozeß einflußreich lenken zu können, ist also mit der Einräumung der Möglichkeit des maximalen Mißbrauchs der Staatsgewalt gleichzusetzen.[104] Man muß daran denken, daß fast alle Staatsinterventionen in den Marktprozeß immerhin im Namen des Staates oder des Gemeinwohls oder auch der Gerechtigkeit vorgenommen wird; der eigentliche Grund wird aber wohl mehr das eigene Interesse der Wirtschaftspolitiker, der Parteien oder die Folge der Lobbyaktivitäten von Interessengruppen sein.[105]

Die Entstehung der Rent-seeking-Gesellschaft und ununterbrochener Korruptionsaffären wären die unvermeidbaren Konsequenzen einer solchen von der Regierung manipulierten Wirtschaft. Die Lobbyaktivitäten und die Korruption sind deswegen vorhan-

---

103 Vgl. Booz Allen & Hamilton, 1997, S. 59-63.

104 Vgl. Willgerodt, 1966, S. 158.

105 Vgl. etwa Downs, 1957; Niskanen, 1971.

den, weil der Staat nicht an feste Regeln gebunden ist, sondern die Wirtschaftspolitiker nach ihrem eigenen Ermessen handeln können. Unter diesen Umständen können die Interessengruppen durch Rent-seeking-Aktivitäten auf die Wirtschaftspolitik des Staates zu ihren Gunsten Einfluß nehmen. Solange die wichtigen wirtschaftspolitischen Entscheidungsträger und die Parteifunktionäre die Möglichkeit besitzen, den Wirtschaftsprozeß nach ihren Willen zu lenken, sind die Lobbyaktivitäten von Unternehmen und die nicht selten mit Bestechungsgeld gut gepflegten Beziehungen mit den einflußreichen Personen von einer entscheidenden Bedeutung für die Frage, ein Unternehmen weiterführen zu können oder nicht, sowie eine neue Investition durchgeführt werden zu können oder nicht. In diesem Zusammenhang macht Korea leider keine Ausnahme. Fast kaum ein Tag geht vorbei, ohne in der Zeitung eine neue Korruptionsaffäre zu lesen. Nicht nur hohe Beamte, sondern nun auch kleine Beamte korrumpieren sich, fast in jeder Regierungsstelle, in der die Beamten irgendwelche Regulierungsmacht haben. Unterschiedlich sind dabei nur die Korrumpierungsebene und der damit korrelierende Bestechungsgeldbetrag. Alle moralischen Appelle an Beamte und an Unternehmer, sich nicht zu korrumpieren, und die strafrechtlichen Verhinderungsversuche werden nur wenig Erfolg erzielen, solange man weiß, daß der Wirtschaftsprozeß von einigen einflußreichen Personen beliebig manipulierbar ist. Die Möglichkeit staatlicher Marktintervention und -manipulation sowie die damit verbundene Rente beinhalten zugleich die Möglichkeit der Korrumpierung: Wo es Licht gibt, sammeln sich die Fliegen.

Auch nicht zu unterschätzen ist, daß in den Entwicklungsprozessen die koreanische Regierung die Freiheit und die persönlichen Einzelinteressen nicht selten durch Gewalt unter Druck gesetzt hat, um die staatlich gestellten Wirtschaftspläne „effektiv" durchzusetzen. Unter der autoritären Regierung wurden Widerstände, welche aus dem Gesichtspunkt der Regierung als Hindernisse zur Erreichung von staatlich geplanten Wirtschaftszielen angesehen wurden, unterdrückt. Weil die Administration und Politik keiner oder nur einer eingeschränkten demokratischen/juristischen Kontrolle unterlagen, wurden Gesetze und Regeln, welche eigentlich den Individuen die Freiheitsräume ermöglichen, immer wieder verletzt. Anstelle von Gesetzen, Regeln und Freiheit standen Diktatur, Gewalt, Polizeizwang sowie Willkür.[106]

Die koreanische Wirtschaft kann man wie folgt charakterisieren: Zentralverwaltungswirtschaft mit staatlicher Marktlenkung, Verstaatlichung und starke Kontrolle über Finanzinstitute und damit selektive Kreditallokation, selektive Industriepolitik – pikking the winner – und somit Förderung einiger großer Chaebols und Vernachlässigung von kleinen und mittleren Unternehmen, Rent-seeking und weit verbreitete Korruption

---

[106] Seit Ende der achtziger Jahre hat Korea sozusagen „Zivile Regierungen". Trotzdem verbleiben in manchen Bereichen doch noch die alten autoritären Erben.

sowie Gewalt und Zwang. All diese passen nicht ohne weiteres mit „der Effizienz der Ressourcenallokation und dem wirtschaftlichen Wachstum sowie der Menschenwürde“ zusammen. Die in Korea praktizierte Wirtschaftsordnung versagt insofern sowohl als ein Lenkungsmechanismus als auch als eine gesellschaftspolitische Ordnung.

Markteingriffe, Selektion und staatliche Ressourcenallokation müssen sich ausnahmslos mit dem fast unüberwindlichen Informationsproblem auseinandersetzen, dessen mangelhafte Lösung Willkür, verzerrte Allokation und damit nicht zuletzt Effizienzverluste mit sich bringt.[107] Korea hat aber zwei entscheidende Wachstumsmotoren gehabt, nämlich die Faktorakkumulation einerseits und die Weltmarktorientierung andererseits. Die positiven Funktionen der Weltmarktorientierung als ein Schutz des Wettbewerbs und als ein Hemmschuh gegen den extremen Interventionismus haben allmählich ihre Bedeutung verloren. Die Folge waren ununterbrochene staatliche Markteingriffe und willkürliche, marktwidrige Entscheidungen. Die Effizienzverluste aufgrund des Interventionismus wurden inzwischen durch die erstaunlich massive Mobilisierung von Faktoreinsätzen ausgeglichen. Besorniserregend ist dabei, daß diese Faktorakkumulation mehr oder weniger an Grenzen gestoßen ist, und daß das ein weiteres, auf solcher Faktorakkumulation beruhende Wachstum daher nicht mehr zu erwarten ist. Das bedeutet, daß ohne eine Effizienzsteigerung in großem Umfang bei der Nutzung von Ressourcen die Wachstumserfolge von früher nicht mehr möglich sein können. Schon seit Ende der achtziger Jahre zeigt das Wachstum Koreas eine abflachende Zuwachsrate.

An diesem Punkt liegt die Grenze der interventionistischen, dirigistischen Wirtschaftsentwicklung: denn der ausschlaggebende Grund für die geringe totale Faktorproduktivität ist zweifelsohne die verzerrte Ressourcenallokation infolge der staatlichen

---

107 Einige behaupten allerdings, daß sich Koreas Wirtschaftspolitik mit Selektion und gezielter Förderung von einigen spezifischen Industrien als erfolgreich erwiesen hat, wie die Exporterfolge in diesen Industrien gezeigt haben. Zu sagen ist aber, daß die teilweise Vermeidung der Informationsprobleme und die Erfolge der Vergangenheit nicht auf „effektive“ und „vernünftige“ Interventionspolitik, sondern auf die „Kopie“ dessen zurückzuführen sind, was Japan als ein Vorbild früher gemacht hatte (Vgl. etwa Economist, 29.5.1999, S. 13). Die in Japan selektierten Industrien und Förderungsmethoden wurden etwa 5-10 Jahre später auch in Korea durchgeführt (Zu dem Vergleichen siehe z.B. Komiya u.a., 1988, Chapter 2 und 3 für Japan und Cho, 1994, S. 27-49 für Korea). Japan war ein hervorragendes Musterland für Korea bei der Selektion von zu fördernden Industrien sowie bei der Auswahl von Durchsetzungsmaßnahmen, und zwar sowohl wegen seiner Wirtschaftserfolge und seiner geographischen Nähe als auch wegen der weitgehenden Homogenität von gesellschaftlichen und kulturellen Strukturen. Inzwischen sind aber solche Nachzüglervorteile auch vorbei. Fast alle koreanischen Produkte konkurrieren auf den Weltmärkten mit japanischen Produkten: Es bleibt nur wenige zu kopieren übrig. Die koreanische Regierung muß seit geraumer Zeit selbst suchen, welche Industrien förderungswürdig und welche Förderungsmaßnahmen effektiv sind. Solange die Regierung weiterhin als Planer und Ressourcenverteiler funktionieren will, muß sie sich dem mit zunehmender Komplexität und Reife der Wirtschaft immer größer werdende Informationsproblem stellen.

Markteingriffe und der selektiven Wirtschaftspolitik. Korea hat sich einmal als ein „Wirtschaftswunderland" gezeigt, was aber hauptsächlich auf die einmalige und somit nicht wiederholbare, explosionsartige Faktorakkumulation zurückgeführt wurde. Dieses Land hat aber verpaßt ein Wirtschaftssystem aufzubauen, in welchem der Markt- und Preismechanismus leistungsfähig funktioniert und damit die knappen Ressourcen effizient genutzt werden, was für ein selbst tragendes und somit langfristiges Wachstum von entscheidender Bedeutung ist.

3 Ordnungspolitik als wirtschaftspolitische Aufgabe

Die jüngste Geschichte der kommunistischen Länder aber auch die der ostasiatischen Länder zeigt, daß die Realisierung einer geeigneten Wirtschaftsordnung für die wirtschaftliche Entwicklung von entscheidender Bedeutung ist, und daß dies zu unterschätzen ein fataler Irrtum wäre. Die zentral gesteuerte, manipulierte Ressourcenallokation kann kurzfristig erfolgreich sein, aber ermöglicht niemals eine langfristige, selbst tragende Wirtschaftsentwicklung. Diese kann nur durch eine Effizienzsteigerung bei der Nutzung von Ressourcen erreicht werden, was maßgeblich von der realisierten Wirtschaftsordnung abhängt. Die zentrale Aufgabe der Wirtschaftspolitik muß daher darin liegen, eine geeignete Wirtschaftsordnung, „die ordnungspolitische Gesamtentscheidung",[108] zu schaffen und zu bewahren. Gegenstand dieser ordnungspolitischen Gesamtentscheidung ist die Einrichtung des Prinzips der Lenkung des Wirtschaftsprozesses.

Nach Röpke gibt es nur zwei alternative Prinzipien von Wirtschaftsordnung zur Wahl: „Die Ordnungsaufgabe kann in jedem Falle, auf jedem Markte, nur durch den Preis oder durch die Behörde gelöst werden, und in der Volkswirtschaft im ganzen muß das eine oder das andere dominieren. Zwischen Preis und Behörde gibt es nichts, es sei denn Chaos. ... Hier gibt es keinen Dritten Weg."[109] Wenn eine Volkswirtschaft sich für die Marktwirtschaft als ihrem wirtschaftlichen Ordnungsprinzip entscheidet, muß sie daher darum bemüht sein, daß die Marktwirtschaft richtig funktioniert.

Im bisherigen Entwicklungsprozeß Koreas wurde die marktwirtschaftliche Ordnung durch starke Staatsinterventionen in den Marktprozeß weitgehend verletzt. Die staatliche Marktlenkung, die selektive Kreditallokation sowie die selektive Industriepolitik hatten die verzerrte Ressourcenallokation und damit die Effizienzverluste in der Wirtschaft zur Folge. Die Ineffizienz der koreanischen Volkswirtschaft impliziert aber umgekehrt, daß das Wachstumspotential in diesem Land nicht völlig ausgenutzt wurde. D.h., daß Korea immer in der Zukunft noch große Wachstumserfolge erzielen kann,

---

[108] Eucken, 1990, S. 250.
[109] Röpke, 1997, S. 45.

wenn es dem Land gelingt, die Wirtschaftsprozesse zu liberalisieren, den Wettbewerb intensiv zu fördern und damit die Verzerrungen der Ressourcenallokation zu beseitigen. Anders ausgedrückt: Es bedarf der Schaffung und der Bewahrung der notwendigen Bedingungen für die Realisierung der funktionsfähigen Marktwirtschaft. Dazu müßte Korea sich besonders bemühen, Rahmenbedingungen für die Marktwirtschaft zu schaffen. Dazu gehören insbesondere die Herstellung der Wettbewerbsordnung sowie der dazu notwendigen Voraussetzungen und die Einhaltung der Grundsätze bei jedem wirtschaftspolitischen Akt. Diese Anforderungen sind um so dringlicher, wenn man sieht, daß die Wirtschaftspolitik Koreas heute immer noch die Rahmenbedingungen der Marktwirtschaft verletzt, obwohl die jetzige Regierung von Anfang ihrer Amtszeit an die Förderung und die Etablierung der Marktwirtschaft als ihre wichtigste wirtschaftspolitische Aufgabe angekündigt hat.[110]

3.1 Wettbewerb und Marktwirtschaft

3.1.1 Wettbewerbsordnung als Grundprinzip

In der Marktwirtschaft werden die voneinander unabhängig getroffenen einzelnen Entscheidungen, wie bereits dargestellt, quasi automatisch – nämlich von der „unsichtbaren Hand" geführt – über die Märkte und die Preise miteinander abgestimmt und koordiniert. Damit die auf den Märkten gebildeten Preise als Informationsträger ihre Koordinationsfunktion effektiv leisten können und damit der Wohlstand sowohl für die einzelnen Marktteilnehmer als auch für die Gesamtvolkswirtschaft im ganzen maximiert werden kann, müssen folgende Bedingungen erfüllt sein: die Preise müssen ein zuverlässiger Knappheitsmaßstab sein und die Signale der Preise, also die Änderungen der Knappheitsverhältnisse von Gütern und Faktoren müssen von den Wirtschaftssubjek-

---

110 Bspw. zwingt die Regierung ohne gesetzliche Grundlage die Mehrheitsaktionäre bzw. die Chefs der Chaebols dazu, ein Teil der Verluste von Aktiengesellschaften, die zu den Chaebols gehören, durch ihre privaten Vermögen auszugleichen, wenn die Aktiengesellschaften in Konkurs gehen. Der Grund dafür ist, der Regierung zufolge, daß die Chefs der Chaebols auch einen Teil der Schmerzen der Wirtschaftskrise tragen müssen und daß dies auch dem Volksempfinden entspricht. Dieses Beispiel verletzt etwa den Grundsatz des Rechtsstaates und das Prinzip der Haftung. Anderes Beispiel: Bei der öffentlichen Ausschreibung des Verkaufs der angeschlagenen Daehan-Lebensversicherung hat die Regierung die Teilnahme der LG-Gruppe ausgeschlossen mit dem Argument, daß sie das vom Staat gestellte Umstrukturierungsziel noch nicht abgeschlossen hat. Vor einigen Monaten, als die LG-Gruppe ihre Halbleiter-Industrie im Zuge des sogenannten „Big Deal" an die Hyundai-Gruppe übergeben und zugleich angekündigt hat, sich in der Zukunft auf die Versicherungsindustrie zu konzentrieren, hat die Regierung geäußert, daß es eine gute Entscheidung ist. Kurz nach der Ausschließung der LG-Gruppe hat die Regierung aber auch empfohlen, ein anderes angeschlagenes Versicherungsunternehmen zu übernehmen. Das Beispiel verletzt unter anderem das Prinzip der Marktöffnung und der Konstanz der Wirtschaftspolitik.

ten tatsächlich befolgt werden. M.a.W.: Ein funktionsfähiges Markt- und Preissystem muß verwirklicht werden.

Dieses funktionsfähige Markt- und Preissystem wird aber nur dann erreicht, wenn der freie Wettbewerb auf den Produkt- und den Faktormärkten herrscht, denn:

- Erstens führen die privat oder staatlich initiierten Marktzutrittsbarrieren oder Wettbewerbsbeschränkungen zu verzerrten Knappheitsverhältnissen von Gütern und Produktionsfaktoren. Die verzerrten, manipulierten Preise bringen verzerrte und manipulierte Planungen und Entscheidungen bei den Wirtschaftssubjekten mit sich, deren Folge die suboptimale Ressourcenallokation und nicht zuletzt die suboptimale Knappheitsüberwindung ist. Die knappen Ressourcen würden weiter da bleiben, wo die Güter nicht mehr rentabel sind oder weniger rentabel hergestellt werden können als woanders, wo die Ressourcen gesamtwirtschaftlich effizienter und produktiver benutzt würden; und
- zweitens können sich die Wirtschaftssubjekte ohne den Wettbewerbszwang bzw. ohne den Verdrängungszwang an die verändernde Lage anpassen, müssen es aber nicht. Nach der Erfahrung zeigen die Wirtschaftssubjekte vielmehr die Neigung dazu, sich durch Preisabsprache, Kartellbildung oder Bildung von Interessengruppen dem Wettbewerb zu entziehen. Erst durch den intensiven Wettbewerb werden sie dazu gezwungen, sich an die Verschiebung der Knappheitsverhältnisse anzupassen.

So stellt der Wettbewerb die richtigen Knappheitsverhältnisse von Gütern und Faktoren her und setzt die Wirtschaftssubjekte unter Druck, sich an die verändernde Umwelt anzupassen. Ohne den freien Wettbewerb können die Märkte als ein Informationssystem und die Preise als ein Knappheitsanzeiger nicht mehr richtig funktionieren. Die Folge davon wäre die Verzerrung und die Verfälschung der Funktionsweise des gesamten Wirtschaftsprozesses marktwirtschaftlicher Ordnung – der Planungs- und Entscheidungsfunktion, der Koordinationsfunktion, der Informationsfunktion und der Motivationsfunktion –. Die Gesamtwirtschaft würde dadurch gestört. Wenn ein funktionsfähiges Markt- und Preissystem realisiert werden soll, ist es daher unabdingbar, den freien Wettbewerb auf allen möglichen Märkten konsequent einzuführen und zu intensivieren. Eucken bezeichnet die Herstellung und die Bewahrung der Wettbewerbsordnung, die die entscheidende Voraussetzung für die Realisierung des funktionsfähigen Markt- und Preissystems ist, daher als „das wirtschaftsverfassungsrechtliche Grundprinzip“, in dessen Licht jede wirtschaftspolitische Maßnahme besehen werden muß.[111] „Hier und in allen Zweigen der Wirtschaftspolitik sollte das wirt-

111 Eucken hat von der Wettbewerbsordnung der „vollständigen Konkurrenz“ gesprochen. Dies ist aber ein Fremdkörper im gesamt seiner Überlegungen. Ein konkretes Modell wie die vollständige Konkurrenz, die angeblich aus freiem Wettbewerb resultiert, vorab zu nennen, beschreibt keine Ordnungspolitik, sondern hat einen hoheitlichen Dirigismus zur Folge, vor dem er selbst

schaftsverfassungsrechtliche Grundprinzip bei jeder Maßnahme gegenwärtig sein. Von diesem Satz gibt es keine Ausnahme."[112]

3.1.2 Wettbewerbsordnung als Freiheitsordnung

Das Fundament, von dem jedes wirtschaftliche und gesellschaftspolitische Denken ausgehen muß, ist die Freiheit von Menschen. D.h., „daß die nur in Freiheit mögliche sittliche Persönlichkeit des Einzelmenschen das oberste Ziel sein muß, an dem alles andere als hemmend oder fördernd zu messen ist."[113] Die Menschenwürde und die Freiheit des Menschen sind insofern die im Grundgesetz verankerten Kernaussagen. Das letzte politische Ziel ist die Wahrung der persönlichen Freiheit. Daß dies auch für den ökonomischen Lebensbereich gilt, liegt auf der Hand.

In diesem Zusammenhang wird die Zentralverwaltungswirtschaft als eine alternative Wirtschaftsordnung, welche die Freiheit von Menschen zur Entfaltung bringt, ausgeschlossen. Dort werden dem Wirtschaftssubjekt die Planungs- und Entscheidungsbefugnisse entzogen und an die zentralen Planungsbehörde übergeben. Die freie Auswahlmöglichkeit zwischen Handlungsalternativen wird ausgeschlossen, die individuellen Interessen und Präferenzen werden den fremdbestimmten Zielen unterworfen. Die sich daraus ergebende Kluft zwischen den individuellen Interessen und den von oben befohlenen Zielen, und die damit verbundenen mangelnden Antriebskräfte sind die vorprogrammierten Folgen. Diese führen ihrerseits die Regierung dazu, die von ihr gestellten Ziele mit brutaler Gewalt durchzusetzen. „Das Kommando über die Güterproduktion ist das Kommando über das menschliche Leben schlechthin."[114] Die Zentralisierung und die Verstaatlichung der Planungs- und Entscheidungsbefugnisse sowie des Eigentums an den Produktionsmitteln sind gleichzeitig die Vorbereitung auf den Weg zur Knechtschaft.

Eine Wirtschaftsordnung, die an dem obersten Ziel „der Freiheit des Menschen" orientiert ist, muß es daher jedem Wirtschaftssubjekt ermöglicht, seine Präferenzen zum Ausdruck zu bringen. Jedem muß die Möglichkeit offenstehen, ob er konsumieren oder sparen, was er konsumieren, ob er arbeiten oder die Freizeit genießen, welche Tätigkeit er ausüben, was er produzieren und wie er produzieren möchte. Einzelne Wirtschaftssubjekte sind sich selbst die besten Anwälte: sie werden den Nutzen und die Kosten ihrer Entscheidungen abwägen, das damit verbundene Risiko bewerten so-

---

immer wieder gewarnt hat. Freier Wettbewerbsprozeß heißt, daß er nicht von Menschen willkürlich beschränkt ist und somit dessen konkrete Ergebnisse prinzipiell niemandem vorab bekannt sind. Vgl. dazu Hoppmann, 1995, S. 51-52.

112 Siehe und vgl. Eucken, 1990, S. 254-255.

113 Röpke, 1997, S. 28.

114 Hayek, 1952, S. 119.

wie einen starken Anreiz dazu haben, sich die für ihre Entscheidungen relevante Information zu besorgen und sich an die ständig verändernde Wirtschaftsumwelt anzupassen.[115]

In der Marktwirtschaft ermöglicht eine dezentralisierte Autonomie der Entscheidung und Privateigentum an Produktionsmitteln dem einzelnen Wirtschaftssubjekt, das zu tun, was es will – also freie Entscheidungen zu treffen über Einkommenserzielung und Einkommensverwendung, Produktion und Investition –. Die Möglichkeit zur Verwirklichung des eigenen Interesses motiviert die Leistungsbereitschaft. Je effizienter er wirtschaftet, desto größer werden seine Erfolgsgrößen wie Gewinn oder Einkommen. Dadurch wird auch die ineffiziente Ressourcenverwendung vermindert. Die Leistungsanreize sorgen nicht nur für eine statische Effizienz, sondern auch für eine dynamische Effizienz, nämlich für neues technisches Wissen sowie Prozeß- und Produktinnovationen.

Für die Entfaltung der Freiheit des Menschen sind die Dezentralisierung der Planungs- und Entscheidungsbefugnisse sowie das Privateigentum an Produktionsmitteln somit notwendige Bedingungen. Sie sind aber noch nicht hinreichend. In der Marktwirtschaft, in der die eigenen Interessen und das Recht auf Privateigentum im Vordergrund stehen, besteht die Gefahr, daß die Einzelinteressen durch die Gründung wirtschaftlicher Machtpositionen auf Dauer zu Lasten der Interessen anderer verwirklicht werden könnten. Erst durch den Wettbewerb ist es möglich, die Machtausübung des einen gegenüber dem anderen Wirtschaftssubjekt in Grenzen zu halten: Wenn also der Wettbewerb zwischen verschiedenen Anbietern besteht, können die Konsumenten ihre Souveränität behalten. Die Anbieter einer Arbeitsleistung z.B. können zahlreiche Alternativen haben, wenn sich das Produktionsmitteleigentum nicht in einer oder in einigen wenigen Händen befindet, sondern in den Händen vieler, und wenn die Eigentümer miteinander konkurrieren.[116] Die Leistungskonkurrenz ist zugleich die Machtkontrolle durch die Konkurrenten und die Konsumenten.

Der Wettbewerb ermöglicht also, nicht nur eine gute Marktversorgung zu gewährleisten – ökonomische Funktion des Wettbewerbs –, sondern auch den am Marktgeschehen Beteiligten Freiheitsräume zu eröffnen – gesellschaftspolitische Funktion des Wettbewerbs –.[117] „In der Tat ist der Wille zur Wettbewerbsordnung mit dem Willen zur Freiheit eng verbunden."[118] In diesem Sinne ist die Wettbewerbsordnung das unverzichtbare, zentrale Ordnungsprinzip, dessen Realisierung nicht nur für ökonomi-

115 Vgl. Siebert, 1990, S. 2-3.
116 Vgl. Watrin, 1990, S. 17.
117 Vgl. Berg, 1992, S. 241.
118 Eucken, 1990, S. 250.

sche Effizienz, sondern darüber hinaus auch für die gesellschaftspolitisch wichtige, freiheitliche Lebenshaltung entscheidend ist.

3.1.3 Notwendige Bedingungen für die Wettbewerbsordnung

Die entscheidende Voraussetzung für die Herstellung des funktionsfähigen Markt- und Preismechanismus ist die Schaffung der Wettbewerbsordnung. Die Realisierung der Wettbewerbsordnung ist aber wiederum davon abhängig, ob bestimmte Anforderungen an den Ordnungsrahmen erfüllt sind, welche die freie Wettbewerbsordnung insgesamt konstituieren und die einzelnen Wirtschaftssubjekte in die Lage versetzen, selbständig zu planen und zu entscheiden. Die allererste Aufgabe der Wirtschaftspolitik zur Schaffung einer freien Wettbewerbsordnung liegt nämlich darin, diese notwendigen Bedingungen bzw. die Voraussetzungen für die Wettbewerbsordnung zu schaffen, zu bewahren und durchzusetzen, unter denen der Wettbewerb sich zum Wohl aller und so störungsfrei wie möglich auswirken kann.[119]

Zu diesen notwendigen Voraussetzungen für den freien Wettbewerb gehören: Geldwertstabilität, offene Märkte, Privateigentum, Vertragsfreiheit, Haftung und Konstanz der Wirtschaftspolitik. Eucken bezeichnet sie als die „konstituierenden Prinzipien" der Wettbewerbsordnung.[120] Wichtig bei diesen konstituierenden Prinzipien ist allerdings, daß sie zwar einzeln entwickelt und erwähnt werden, aber einander ergänzend und komplementär sind. „Die Zusammengehörigkeit der Prinzipien geht soweit, daß einzelne von ihnen bei isolierter Anwendung ihren Zweck völlig verfehlen. Erst ihre gemeinsame Anwendung stellt die Bedingungen dar, welche die Wettbewerbsordnung zur Entfaltung bringt."[121] Würde nur eine von diesen Rahmenbedingungen nicht erfüllt, so würden die Wettbewerbsordnung und damit der Markt- und Preismechanismus nicht richtig funktionieren.

(1) Währungspolitik

Zur Realisierung der freien Wettbewerbsordnung ist eine Währungspolitik nötig, die den Geldwert stabilisiert, denn die inflationären oder die deflationären Prozesse können die Fähigkeit der Preise zur Vermittlung von Informationen über Knappheitsverhältnisse beschränken oder gar aufheben: Geldwertänderungen steigern oder senken die Preise von einzelnen Gütern zeitlich und ihrer Höhe nach unterschiedlich und verzerren daher die Preisstruktur. In den Unternehmen entstehen Scheingewinne oder Scheinverluste, die sich nicht aus der zutreffenden Lenkung des Wirtschaftsprozesses,

---

119 Vgl. Hayek, 1954, S. 4.

120 Vgl. Eucken, 1990, XVI. Kapitel.

121 Hoppmann, 1995, S. 43.

sondern aus der Inflation oder der Deflation ergeben. So kann es z.B. der Fall sein, daß die Schulden eines Unternehmens unverändert bleiben, während die Preise der Produkte und der Produktionsmittel steigen oder sinken. Die Herstellung von Gütern wird noch aufrechterhalten oder bereits eingestellt, obwohl sie sich bei Geldwertstabilität als nicht mehr rentabel oder noch als rentabel gezeigt hätten.[122] Bei hoher Inflationsrate werden so gut wie alle in die Zukunft reichenden wirtschaftlichen Entscheidungen, unter anderem langfristige Investitionspläne von Unternehmen und Zukunftssicherungspläne von Haushalten, erst gar nicht oder nur zögernd im Angriff genommen. Die Investitionen zum Zweck der Produktion und die Ersparnisbildungen gehen zurück. Statt dessen ist eine Flucht in Sachwerte wie Grundstücke zu beobachten.[123] Der Auf- und Ausbau von Wachstumspotential für eine Volkswirtschaft wird davon weitgehend beeinträchtigt. Die Geldwertstabilität rückt damit ins Zentrum einer marktwirtschaftlichen Ordnung.[124] Ohne die gesicherte Stabilität des Geldwertes sind alle Bemühungen, eine Wettbewerbsordnung zu verwirklichen, umsonst. Für die Wettbewerbsordnung besitzt die Währungspolitik daher ein Primat.[125]

Zur Geldwertstabilität ist die Unabhängigkeit der Zentralbank eine unabdingbare Voraussetzung. „Für die Politik ist es allemal der bequemere Weg, dem Druck von Interessengruppen nachzugeben und deren Forderungen durch zusätzliche Ausgaben zu entsprechen, die letztlich über die Geldschöpfung der Notenbank finanziert werden."[126] Wenn die Regierung den direkten Zugang zur Notenpresse hat, kann sie die zusätzlichen staatlichen Ausgaben leicht etwa in Form von Krediten aus der Notenbank finanzieren. Das Gleiche gilt in den Ländern, in denen die Notenbankleitung den Weisungen der Regierung unterworfen ist und daher ihre Geldpolitik an den häufig inflationär wirkenden Interessen der Regierung ausrichten muß.[127] Zur Geldwertstabilität muß der Notenbank daher garantiert werden, ihre geldpolitischen Entscheidungen unabhängig von den Weisungen der Regierung selbständig zu treffen und allein auf das Ziel der Geldwertstabilität verpflichtet zu sein.

Zu bemerken ist dabei, wie auch im Zusammenhang mit dem Status der EZB diskutiert wird, daß eine Übertragung von oder eine Orientierung an Gesetzen derjenigen Länder, in denen die Zentralbanken ihre Unabhängigkeit weitgehend genießen wie z.B. die Deutsche Bundesbank, eine notwendige, wenn auch nicht hinreichende Bedingung

---

122 Vgl. Gutmann, 1988a, S. 142.

123 Vgl. Issing, 1990, S. 151-152.

124 „Um die bürgerlichen Gesellschaft zu stören, muß man ihr Geldwesen verwüsten.". Dieser Satz von Lenin betont paradoxerweise die entscheidende Bedeutung der Geldwertstabilität für eine marktwirtschaftliche Ordnung. Der Satz wurde zitiert aus Eucken, 1990, S. 255.

125 Vgl. Eucken, 1990, S. 256.

126 Issing, 1990, S. 158.

127 Zu Fall Koreas vgl. etwa Lee, 1990.

darstellt.[128] Denn anders als in der Bundesrepublik, deren Bevölkerung die Hyperinflation erfahren hat und daher die erste Priorität der Geldpolitik auf die Geldwertstabilität legt, kann in Ländern, wo die Unabhängigkeit der Zentralbank sowie die Geldwertstabilität nicht die volle Unterstützung der Bevölkerung bekommt und die Geldpolitik bislang immer wieder durch die Regierungen manipuliert wird, der im Gesetz verankerte Status für den gesellschaftlichen und politischen Druck anfällig sein. Erforderlich ist daher, die Regeln für die Unabhängigkeit strenger und konkreter zu bestimmen als in den Ländern, deren Zentralbanken bereits weltweit guten Ruf genießen.

(2) Offene Märkte

Bei offenen Märkten handelt es sich um die Forderung, daß die Wettbewerbsfreiheit, die eine Voraussetzung für den wettbewerblichen Marktprozeß ist, weder seitens Privater noch seitens des Staates beschränkt werden soll. Die privat oder staatlich errichteten Markteintrittsbarrieren ermöglichen es, die Märkte für potentielle in- und ausländische Wettbewerber teilweise oder ganz zu schließen. Das geschieht von staatlicher Seite her z.B. durch die selektive Genehmigung von Investitionsplänen, die Bedürfnisprüfungen bei beabsichtigten Unternehmensneugründungen, die Einrichtung von Einfuhrzöllen oder -kontingenten; seitens der privaten Anbieter durch die Festlegung von Preisbindungen, die Preis- oder Mengenabsprache, die Kartellbildung und andere Instrumente. Solche privat und staatlich errichteten Wettbewerbsbeschränkungen verzerren die Preise als Informationen über die Knappheitsverhältnisse von Gütern und Faktoren. Es werden falsche Informationen vermittelt und damit die Wirtschaftssubjekte zu Fehlanpassungen veranlaßt. Die Funktionen des Markt- und Preissystems, die Informationen zu vermitteln und die einzelnen Entscheidungen zu koordinieren, werden gestört.[129] Anzumerken ist dabei, daß die Funktionsstörung im Markt- und Preissystem durch Wettbewerbsbeschränkung nicht auf den betreffenden Markt beschränkt bleibt, sondern sich vielmehr auf alle anderen Märkte verbreitet, in denen doch freier Wettbewerb herrscht.[130] Je offener die Märkte sind, d.h. je niedriger die Markteintrittsschranken für die potentiellen in- und ausländischen Konkurrenten sind, desto dynamischer verläuft der Wettbewerbsprozeß und desto funktionsfähiger wird das Markt- und Preissystem. Die offenen Märkte sind eine weitere unabdingbare Voraussetzung für die Konstitution der Wettbewerbsordnung.

---

128 Vgl. etwa Issing, 1993, S. 185; FAZ, 17.6.1999, S. 18: Geldwertstabilität braucht gesellschaftlichen Konsens.

129 Vgl. Hoppmann, 1995, S. 44 und Gutmann, 1991, S. 77-78.

130 Vgl. Eucken, 1990, S. 265-266.

(3) Privateigentum

Der Wettbewerb setzt voraus, daß die aktuellen und die potentiellen Konkurrenten gewisse Freiheit besitzen müssen, sich durch spontane Entscheidungen über die Nutzung von Ressourcen an die dauernd wechselnde Lage der Märkte anzupassen. Dies kann nur unter der Bedingung von sicheren privaten Eigentumsrechten erwartet werden, denn nur sie können dem Eigentümer exklusive Rechte auf die Nutzung seiner Ressourcen materieller und immaterieller Natur einräumen und dadurch die Beeinträchtigung dieser Rechte durch Dritte verhindern.[131] Je sicherer und konkreter diese Exklusivität der Eigentumsrechte festgesetzt wird, desto größer werden die Chancen zur spontanen und raschen Anpassung an die ständig wechselnde Umwelt, weil man keine Zustimmung anderer zu seiner Disposition braucht. In einer Gesellschaft, in der allgemeines Kollektiveigentum herrscht und wo Beamte die Produktionsmittel verwalten, sind diese Spontaneität und Flexibilität nicht zu erwarten, die notwendig sind, um im Wettbewerb zu bestehen.[132] Die Wettbewerbsordnung in einer solchen Gesellschaft einzubauen, ist kaum durchzuführen. Privateigentum ist eine der wichtigen Voraussetzungen der Wettbewerbsordnung.

Anzumerken ist dabei allerdings, daß das Privateigentum allein zwar wesentlich ist, aber als solches allein kein brauchbares Instrument für den Aufbau einer Wettbewerbsordnung sein kann. Entscheidend ist, daß das Privateigentum und die damit stark verbundene Verfolgung von Eigeninteressen im Rahmen des Wettbewerbs nicht nur dem Eigentümer, sondern auch dem Nichteigentümer Nutzen stiften können. Je härter die verschiedenen Privateigentümer konkurrieren, d.h. je gehorsamer sich die Eigentümer gegenüber den Marktkräften verhalten, desto geringer wird die einseitige Abhängigkeit der Nichteigentümer von den Eigentümern. Ohne den harten Wettbewerb und ohne die Verdrängungsgefahr werden die Eigentümer die einmal aufgebaute Monopol- und Sonderstellung zuungunsten der Nichteigentümer ausnutzen. Das Privateigentum muß also durch die Konkurrenz zwischen verschiedenen Eigentümern kontrolliert werden: „Deshalb ist Wettbewerb auch umgekehrt zugleich eine Voraussetzung für eine gesellschaftlich nützliche Funktion des Privateigentums.“[133]

---

131 Vgl. Alchian/Demsetz, 1973, S. 17.

132 Vgl. Eucken, 1990, S. 270-271. In diesem Zusammenhang ist der Gesetzentwurf der koreanischen Regierung bedenklich, nach dem die Hälfte von Board-Mitgliedern eines Unternehmens unbedingt durch unternehmensexterne, neutrale Personen besetzt werden, um die eigenmächtigen Entscheidungen eines größten Aktionärs zu verhindern.

133 Siehe und vgl. Hoppmann, 1995, S. 45.

(4) Vertragsfreiheit

Die Tauschverkehr auf dem Markt ist erst durch Vereinbarungen zwischen Marktteilnehmern möglich. Bei der dezentralen Planung ist die Vertragsfreiheit also eine Voraussetzung für den Marktprozeß und dadurch für die erreichbare Koordination von Einzelplänen. Sie ist auch für das Zustandekommen des Wettbewerbs unentbehrlich, weil die Konkurrenz erst gar nicht bestehen kann, wenn die einzelnen Wirtschaftssubjekte nicht selbst wählen, nicht die Möglichkeiten prüfen und die Verträge nicht frei abschließen können, sondern fremdbestimmte Befehle durchführen oder Anweisungen in Empfang nehmen müssen.[134]

Die Vertragsfreiheit kann aber auch dazu verwendet werden, um den Wettbewerb zu beseitigen oder zu beschränken, um Marktmacht herzustellen, zu sichern und auszunutzen. Die Vertragsfreiheit darf aber nicht zu dem Zwecke gewährt werden, um solche Verträge zu schließen, welche die Vertragsfreiheit selbst und damit den Wettbewerb beschränken oder beseitigen. Die Vertragsfreiheit erhält erst im Rahmen der Wettbewerbsordnung ihren eigentlichen Sinn.[135]

(5) Haftung

„Wer den Nutzen hat, muß auch den Schaden tragen."[136] D.h., wer für die Pläne und die Handlungen der Unternehmen und der Haushalte verantwortlich ist, muß auch die Konsequenzen – nicht nur positive, sondern auch negative – seiner Pläne und Handlungen tragen. Dieses Haftungsprinzip hat im Aufbau der Wettbewerbsordnung wichtige Funktionen. Es funktioniert zuerst zur Auslese, indem eine Fehlleistung durch den Verlust von Vermögen und schließlich durch den Konkurs bestraft wird. Diese Auslesefunktion der Haftung führt ihrerseits die Wirtschaftssubjekte dazu, sich bei ihren Planungen und Entscheidungen vorsichtig zu verhalten.[137] Eine Wirtschaftsordnung soll daher dafür sorgen, daß man bei Selbstbestimmung nicht nur die Erfolgschancen, sondern auch die damit verbundenen Risiken ins Auge fassen muß. Dies kann im Rahmen der Wettbewerbsordnung nur durch die Haftung der Entscheidungsträger ermöglicht werden.

---

134 Vgl. Eucken, 1990, S. 275.

135 Vgl. Gutmann, 1988a, S. 141 und auch Hoppmann, 1995, S. 45.

136 Eucken, 1990, S. 279.

137 Vgl. Eucken, 1990, S. 280-281.

(6) Konstanz der Wirtschaftspolitik

Für langfristige Planungen und Entscheidungen bei Unternehmen und Haushalten benötigen die Wirtschaftssubjekte die Plandaten, die Erwartungen. Ein Unternehmer etwa führt eine große und langfristige Investition durch, wenn sie unter gewissen Erwartungen in bezug auf die künftige wirtschaftliche Entwicklung, die mehr oder weniger auf den jetzigen Wirtschaftsdaten inklusive Preise und Preisrelationen basiert, positiv erscheint. Dabei muß er schon eine gewisse ökonomische Unsicherheit in seine Überlegung einbeziehen, denn die Zukunft ist auf keinen Fall sicher. Wenn er aber darüber hinaus auch damit rechnen muß, daß die jetzt geltenden Rahmendaten, wie Marktein- und -austrittsregelungen, Ein- und Ausfuhrregelungen, Regelungen über Währung und Devisen, Steuersatz, Arbeitsmarktpolitik usw. durch die Regierungspolitik plötzlich verändert werden können, wird das Risiko seiner Investition enorm erhöht.[138] Die Unternehmen verhalten sich zurückhaltend und Investitionen gehen damit zurück. Der schnelle und überhastete Kurswechsel der Wirtschaftspolitik bringt die Unsicherheit bei den Wirtschaftssubjekten und die Verzerrung intertemporaler Ressourcenallokation sowie nicht zuletzt den Vertrauensverlust der Wirtschaftspolitik mit sich. Die nervöse Unrast der Wirtschaftspolitik, die oft heute verwirft, was gestern galt, muß zugunsten einer Stabilisierung der einzelwirtschaftlichen Rahmen- und Entscheidungsbedingungen vermieden werden.[139]

3.2 Anforderung an Grundsätze des wirtschaftspolitischen Handelns

3.2.1 Grundsatz des Denkens in Ordnungen

Ein in der wirtschaftlichen Debatte immer wieder auftauchender Meinungsgegensatz ist: Auch wenn man sich darüber einig ist, daß das Ziel der Wirtschaftspolitik die Schaffung einer gut funktionierenden Wettbewerbsordnung ist, gibt es doch noch einen wichtigen Unterschied zwischen jenen, die hier die Rolle des Staates auf die Schaffung eines angemessenen permanenten rechtlichen Rahmen, also auf die Schaffung der Rahmenbedingungen für funktionsfähige Wettbewerbsordnung beschränken möchte, und jenen, die glauben, daß die Erhaltung des Wettbewerbs über die Schaffung der Rahmenbedingungen hinaus noch ständige staatliche Eingriffe ins Marktgeschehen erforderlich macht.[140] Die Forderung nach den staatlichen Eingriffen ergibt sich dabei in der Regel aus einer bestimmen Modellvorstellung oder aus dem Gedan-

---

[138] Solche Unsicherheit nennt man „institutionelle Unsicherheit", die von der normalen ökonomischen Unsicherheit zu unterscheiden ist. Institutionelle Unsicherheit ergibt sich allgemein dann, wenn die Regeln, unter denen sich die Wirtschaftssubjekte verhalten, nicht stabil sind, sondern ganz bewußt als Variable behandelt werden. Vgl. Brunetti, 1992, S. 57-60.

[139] Vgl. Thieme, 1994, S. 19 und Eucken, 1990, S. 287-289.

[140] Vgl. Hayek, 1954, S. 6.

ke, daß die so kontrollierten Marktergebnisse gesamtwirtschaftlich wünschenswert wären.

So wird behauptet, daß der Wirtschaftsablauf durch den Staat so gesteuert werden soll, durch Spezialmaßnahmen bestimmte Ergebnisse der Marktprozesse, etwa vollständige Konkurrenz zu sichern. Würde auf einem Markt die vollständige Konkurrenz nicht sichergestellt, so müßten Preise durch spezielle Aufsichtsbehörden so kontrolliert werden, daß sie denjenigen Ergebnissen entsprechen würden, welche bestünden, wenn die vollständige Konkurrenz herrschte.[141]

Zu bedenken ist aber zuerst, daß der Preis, der durch die Aufsichtsbehörden unter der fiktiven Vorstellung der vollständigen Konkurrenz festgestellt wird, nichts anderes als eben eine fiktive Größe ist. Es ist daher „eine reine Illusion zu glauben, daß irgendeine Marktaufsicht oder Marktkontrolle es zustande bringen könnte, daß die Marktpreise denen entsprechen,“[142] die eintreten würden, wenn vollständige Konkurrenz herrschen würde. Dies nicht zu erkennen und daher mit dirigistischen Maßnahmen in den freien Marktprozeß zu intervenieren ist nichts anderes als die Anmaßung von Wissen seitens des Staates insbesondere der wirtschaftspolitischen Behörden.

Weiter ist zu bedenken, daß die Wirtschaftspolitik die Verwirklichung eines konkreten Modells wie etwa der vollständigen Konkurrenz anstreben und den Wirtschaftsprozeß dorthin lenken soll. Die freie Marktwirtschaft und der freie Wettbewerb sind deswegen „frei“, weil die wirtschaftlichen Handlungen einzelner Wirtschaftssubjekte weder seitens anderer Menschen noch seitens der staatlichen Gewalt eingeschränkt werden, solange die Wirtschaftssubjekte nicht gegen geltende Gesetze verstoßen. Der freie Wettbewerb bedeutet auch, daß die unabhängigen Wirtschaftssubjekte nicht nur auf voraussehbare Weise, sondern auch auf eine sich ständig verändernde Umwelt „frei“ und spontan (re-)agieren, so daß die Ergebnisse von diesem Wettbewerbsprozeß niemandem vorab bekannt sein können. Wie Hayek erläutert, ist der Wettbewerb ein Entdeckungsverfahren, mit dessen Hilfe ökonomisch effiziente Lösungen erst gefunden werden.[143] D.h., daß effiziente Lösungen erst durch den Wettbewerbsprozeß entdeckt werden müssen, und nicht umgekehrt. Jeder Versuch, eine „effiziente“ Lösung vorab festzusetzen und sie gezielt zu erreichen, muß daher scheitern.[144] In dem auf dem Eigeninteresse beruhenden Wettbewerb streben die Wirtschaftssubjekte gerade danach, daß sie den Konkurrenten überlegen werden und damit überdurchschnittliche Gewinne erzielen. Die sich aus diesem Wettbewerbsprozeß möglicherweise ergebende Oligo-

---

141 Vgl. Blum, 1988, S. 153-154.

142 Hayek, 1954, S. 11-12.

143 Vgl. Hayek, 1968. Vgl. auch Gutmann, 1988a, S. 151-152.

144 Vgl. Hillebrand, 1991, S. 187.

pol- oder gar Monopolstellung zu erzielen, ist eben eine wichtige Antriebskraft zur Anpassung an die sich verändernde Umwelt und für den technischen Fortschritt.[145] Wichtig ist dabei nicht, ob die universelle Konkurrenz besteht, sondern, ob die universelle Möglichkeit der Konkurrenz besteht. Solange es jeder Zeit jedem, der noch effizienter, billiger und/oder qualitativ höherwertiger als die etablierten Oligopol- oder Monopolisten produzieren kann, frei steht, in die Konkurrenz einzutreten, wäre es nicht nur überflüssig, sondern sogar schädlich für den wirtschaftlichen Anpassungs- und Entwicklungsprozeß, sich um die bestehende, oligopolistisch oder monopolistisch organisierte Marktstruktur zu sorgen und daher in den Marktprozeß mit spezifischen Lenkungsmaßnahmen zu intervenieren.[146]

Die Auffassung, daß die Hauptaufgaben der Wirtschaftspolitik in der Ordnungspolitik liegen solle, d.h. darin, die institutionellen Rahmenbedingungen für die Marktwirtschaft festzulegen und durchzusetzen, schließt allerdings die Tatsache nicht aus, daß einzelne Länder und auch einzelne Wirtschaftsbereiche innerhalb eines Landes je nach ihrem wirtschaftlichen Entwicklungsstand und ihrer Marktkonstellation besondere Bedingungen aufweisen. Diese Besonderheiten müssen in die Wirtschaftspolitik einbezogen werden. Dies nicht zu tun, stellt die Gefahr eines unrealistischen Festhaltens an einer Doktrin dar. Andererseits aber besteht die Gefahr eines Punktualismus, wenn man auf grundsätzliche Überlegungen verzichtet und die Wirtschaftspolitik zu einem Durcheinander unzusammenhängender oder einander widersprechender Maßnahmen macht.[147] Entscheidend für die Vermeidung beider Gefahren ist, daß die einzelnen wirtschaftspolitischen Maßnahmen wie Industrie-, Außenhandels-, Agrar-, Wohnungs-, Währungspolitik usw. sinnvoll ineinandergreiffen und einer Gesamtentscheidung „freie Wettbewerbsordnung" untergeordnet werden, und daß damit eine wirtschaftspolitische Einheit erhalten wird. Alle wirtschaftspolitischen Maßnahmen müssen also mit der Wettbewerbsordnung konform sein, da sonst die Erhaltung der Wettbewerbsordnung gefährdet wird. Ein anfänglich bescheidener Staatseingriff in den Marktprozeß zieht aber, wie im Dominoverfahren, nach einer ihm innewohnenden Gesetzlichkeit schnell eine andere nach sich:[148] Eine staatliche Intervention läßt sich nicht auf ein spezielles Produkt bzw. einen speziellen Markt beschränken, sondern breitet sich aufgrund der Interdependenz der Märkte auch auf andere Märkte aus. Letzten Endes wird auch das marktwirtschaftliche System an sich selbst von einer Intervention betroffen, indem sie die grundlegenden Eigenschaften dieses Systems verändert.[149]

---

145 Vgl. Schumpeter, 1993, 8. Kapitel.

146 Vgl. Hayek, 1954, S. 12.

147 Vgl. Eucken, 1990, S. 250-251.

148 Vgl. Rupp, 1988, S. 147.

149 Vgl. Siebert, 1990, S. 9-10.

Aus diesen Gründen muß sich die Wirtschaftspolitik zuallererst auf die Schaffung und die Erhaltung der Wettbewerbsordnung ausrichten und jede wirtschaftspolitische Maßnahme ausschließlich innerhalb des Rahmens dieser Wettbewerbsordnung überdacht werden. So werden wirtschaftspolitischen Maßnahmen den breiteren Kreisen von Wirtschaftssubjekten verständlich, und dadurch ihre Realisierungschance wesentlich erhöht.[150] Jede Wirtschaftspolitik, die nicht diesem Grundsatz des Denkens in Ordnungen entspricht, zerstört die Wettbewerbsordnung und das ganze marktwirtschaftliche System und bringt eine Vertrauenskrise in einer Gesellschaft mit sich.[151] Statt der „unsichtbaren Hand" würde dann eine staatliche, „sichtbare Hand" die wirtschaftliche Lenkungsfunktion übernehmen, und zwar mit immer wachsendem Druck seitens Staates auf einzelne Menschen.

3.2.2 Grundsatz des Rechtsstaates

Das Leitbild der marktwirtschaftlichen Ordnung ist die Wettbewerbsordnung, die erst durch die Erfüllung der oben skizzierten Voraussetzungen bzw. Bedingungen als ganze zur Entfaltung gebracht werden kann. Der Schaffung und der Erhaltung der Wettbewerbsordnung sowie deren konstituierenden Prinzipien liegt die Vorstellung zugrunde, daß die Freiheit im Sinne der individuellen Entscheidungs- und Handlungsautonomie nicht dem willkürlichen Zwang seitens anderer Menschen oder der Staatsgewalt unterworfen werden darf. Dies kann nur unter der Herrschaft des Gesetztes verwirklicht werden.[152] Unter dem Ausdruck „Herrschaft des Gesetzes" bzw. „Rechtsstaat" ist zu verstehen, daß das einzelne Wirtschaftssubjekt bei seinen wirtschaftlichen Handlungen nur durch jene Regeln gebunden ist, „die in gleicher Weise für alle Menschen und zu jeder Zeit gelten, und daß er keinerlei an ihn persönlich oder nur an eine bestimmte Gruppe von Menschen gerichteten Befehlen oder Verboten zu gehorchen" hat.[153]

Jedes wirtschaftliche Handeln ist mehr oder weniger mit der Unsicherheit behaftet,[154] die eine Folge der Arbeitsteilung ist, und verursacht daher Transaktionskosten. Unter den Transaktionskosten sind diejenigen Kosten zu verstehen, die bei der Informationsgewinnung und -verarbeitung, bei der Verhandlung und Entscheidung, sowie bei der

---

150 Vgl. Eucken, 1990, S. 308.

151 „Der Verfall der Ordnungen (beginnt) mit dem Verstoß gegen die Prinzipien." Eucken, 1990, S. 252.

152 Vgl. Gutmann, 1991, S. 74-75.

153 Hayek, 1954, S. 7.

154 Keiner weiß mit Sicherheit, wer zu welchen Bedingungen jedes Gut kauft oder verkauft, ob der Handelspartner einer fällig gewordenen Vereinbarung nachkommt usw. Zu solchen Marktunsicherheiten siehe Hirshleifer/Riley, 1979, S. 1376.

Überwachung und Durchsetzung von Vertragsbestimmungen entstehen.[155] Ausschlaggebend ist dabei, daß die Höhe der Transaktionskosten nicht unwesentlich davon abhängt, ob die gegebenen institutionellen Rahmenbedingungen das Zustandekommen und die Absicherung von Transaktionen begünstigen.[156] Die Wirtschaftspolitik sollte daher danach streben, die Marktunsicherheit und somit die Höhe der Transaktionskosten möglichst niedrig zu halten. Diese Anforderung an die Wirtschaftspolitik ist von nicht zu unterschätzender Bedeutung wenn man sieht, daß die Transaktionskosten einigen Schätzungen zufolge bis zu 50-60 vH des Nettosozialprodukts erreichen.[157] Die außerhalb der Bewahrung und Durchsetzung der langfristig geltenden allgemeinen Regeln liegende willkürliche staatliche Interventionstätigkeit auf einzelnen Märkten, die über Wohl und Wehe einzelner Wirtschaftszweige entscheidet, erhöht aber die Marktunsicherheit und damit auch die Transaktionskosten. Damit vertut der Staat nicht nur seine wichtige Aufgabe, Ungewißheit bei den Wirtschaftssubjekten mit dem Festhalten und dem Durchsetzen von langfristig geltenden Rahmenbedingungen auf ein Minimum herabzusetzen, sondern er wird vielmehr selbst zum großen Unsicherheitsfaktor.[158] Höhere Unsicherheit verlangt eine höhere Risikoprämie, mit der die Wirtschaftssubjekte bei den Transaktionen rechnen müssen. Dies würde den komplexen Tausch weitgehend unterbinden und damit die Möglichkeit eines Wirtschaftswachstums einschränken.[159]

Willkürliche Staatsintervention in den Marktprozeß, aus welchen Gründen auch immer getätigt, verletzen die marktwirtschaftlichen Ordnungsprinzipien, mit denen die Marktwirtschaft funktionsfähig bleiben kann und die einzelnen Interessen zum Wohl der Gesellschaft beitragen können. Wenn der Staat in der Anwendung seiner Zwangsgewalt nicht an feste allgemeine Regeln gebunden ist, sondern sich an spezielle Forderungen von Interessengruppen oder der Wählerschaft orientiert, versuchen diese Interessengruppen durch Einflußnahme auf Staatsorgane ihre speziellen Partikularinteressen, die fast immer auf die Wettbewerbsbehinderung wie etwa Zollerhebung oder Subventionsvergabe abzielen, durchzusetzen. Es kommt nun statt der „Profit-seeking-Gesellschaft" zur „Rent-seeking-Gesellschaft". In der Rent-seeking-Gesellschaft werden spezielle Interessen auf Kosten aller anderen durchgesetzt und Ressourcen – inklusive Humankapital – unproduktiv und verschwenderisch verwendet. Wird der Wirtschaftsprozeß im einzelnen willkürlich durch den Staat gelenkt, so wird es für die wirtschaftlichen Interessengruppen sogar zur Lebensfrage, bei der wirtschaftspolitischen Willensbildung mitzuwirken. Die Lobbyaktivitäten und die Korrumpierung der Partei-

---

155 Vgl. dazu Richter/Furubotn, 1996, S. 50-53.

156 Vgl. dazu etwa North, 1990 sowie Pelikan, 1986.

157 Vgl. Richter/Furubotn, 1996, S. 45-46 sowie 56-61.

158 Vgl. Willgerodt, 1966, S. 156-157.

159 Vgl. North, 1990, S. 33.

en, der Parlamente und teilweise auch der entscheidenden Regierungsstellen sind dann an der Tagesordnung, was die Einheitlichkeit und die innere Folgerichtigkeit der staatlichen Entscheidungen beeinträchtigen muß.[160] Die Folge wäre der Wirtschaftsniedergang.

Aus diesen Überlegungen ergibt sich der Grundsatz des Rechtsstaates. Der Staat sollte nicht beliebig in die freien Marktprozesse intervenieren, sondern vielmehr seine Kräfte darauf konzentrieren, allgemein geltende Regeln zu schaffen und seine Zwangsgewalt fest an diese Regeln gebunden auszuüben. So werden die Regeln nicht beliebig dehnbar, sondern zu einem festen Maßstab, an den sich die einzelnen Wirtschaftssubjekte bei ihren wirtschaftlichen Handlungen orientieren. Dies wird den Wirtschaftssubjekten die Freiheit sichern, sich unter allgemein geltenden Regeln die für ihre Zwecke günstigsten Alternativen zu entscheiden und danach zu handeln. Das ist gerade das Wesen der freien Wettbewerbsordnung, die ein wichtiger Bestandteil des Rechtsstaates ist.[161]

160 Vgl. Willgerodt, 1966, S. 157.

161 Vgl. Gutmann, 1991, S. 74-75.

V Fazit

In den letzten Jahrzehnten haben sich die weltwirtschaftlichen Rahmenbedingungen dramatisch geändert. Diese Veränderungen faßt man unter dem Stichwort „Globalisierung“ zusammen. Die Verflechtung der Märkte ist enger geworden und die Mobilität der Produktionsfaktoren Arbeit und Kapital über nationale Grenze hinweg hat enorm zugenommen. Ein außenwirtschaftlich bedingter Wettbewerbsdruck fordert Unternehmen und Arbeitnehmer zu einem Strukturwandel heraus: Sie müssen sich an die sich verändernde Lage – nämlich den technischen Fortschritt, die Veränderungen in den Faktorknappheitsrelationen und den Wandel in den Nachfragepräferenzen – ständig anpassen.

In diesem Globalisierungsprozeß gerät Korea als ein semi-industrialisiertes Land in die sogenannte „Sandwich-Situation“. Im Bereich der Hightech-Industrien, in den Korea mit großer Anstrengung vorzudringen versucht, existieren nach wie vor riesige Technologierückstände gegenüber den Industrieländern. In diesem Bereich hat Korea noch keine Konkurrenzfähigkeit. Andererseits wird Korea von aufstrebenden Entwicklungsländern, insbesondere China und einigen südostasiatischen Staaten, herausgefordert. China z.B., das bevölkerungsreichste Land der Welt, erobert mehr und mehr die arbeitsintensiven, standardisierte Produkte herstellenden Industrien, in denen bislang Korea aufgrund seiner Kostenvorteile die absolute oder relativ sichere Führungsposition behauptet hat. Außerdem muß Korea auch seine Binnenmärkte, die bislang unter staatlichem Schutz vor ausländischen Konkurrenten stehen, nach außen öffnen.

Der durch die Globalisierung und den härter gewordenen internationalen Wettbewerb sowohl auf den Exportmärkten als auch auf den importkonkurrierenden Binnenmärkten erzwungene Anpassungsdruck gibt der koreanischen Regierung Anlaß dazu, durch gezielte Förderung der Hightech-Industrien die koreanische Wirtschaftsstruktur aktiv neu zu gestalten. Die koreanische Regierung ist der Auffassung, daß die bisher das koreanische Wachstum vorantreibenden, arbeits- und sachkapitalintensiven Industrien mit dem Eintritt Chinas und anderer südostasiatischer Länder in die internationale Arbeitsteilung allmählich ihre Absatzchancen verlieren und künftig neue Wachstumsfelder in den Hochtechnologieindustrien gefunden werden sollen. So betreibt die koreanische Regierung seit Anfang der neunziger Jahre die „Verstärkungspolitik der internationalen Wettbewerbspolitik der koreanischen Wirtschaft“, nach der unter anderem einige selektierte Hightech-Industrien massiv gefördert werden.

Dahinter steckt der Gedanke, daß die Hightech-Industrien – charakterisiert als Wachstumssektoren der Produktion und des Exports sowie als strategisch entscheidende Branchen für die Wettbewerbsfähigkeit anderer Industriebereiche – für das Wachstum und die Wettbewerbsfähigkeit einer Volkswirtschaft von großer Bedeutung sind. Die theoretische Grundlage dafür, daß der Staat in den Marktprozeß eingreifen und damit Ressourcen in die sogenannten Schlüsselindustrien lenken soll, beruht unter anderem auf der neuen Konzeption des Protektionismus bzw. Interventionismus, nämlich der strategischen Industrie- und Handelspolitik. Die strategische Industrie- und Handelspolitik geht dabei von dem Vorliegen eines Marktversagens aus, das auf die steigenden Skalenerträge und die Netzwerkexternalitäten sowie die externen Effekte im FuE-Sektor bzw. in den Hightech-Industrien zurückgeführt wird.

So kann, der strategischen Industrie- und Handelspolitik zufolge, der strategisch motivierte Staat den heimischen Unternehmen dazu verhelfen, in den oligopolistisch strukturierten Markt einzutreten und/oder beim Wettbewerb mit ausländischen Konkurrenten eine günstige Wettbewerbsposition einzunehmen und damit die dort vorhandene Rente auf sich zu ziehen. Oder der Staat kann durch die Intervention in den freien Marktprozeß die Produktionsfaktoren, insbesondere das Humankapital, in die Hightech-Industrien lenken, in deren FuE-Aktivitäten externe Effekte entstehen, und damit die Wachstumsrate erhöhen.

In bezug auf das Marktversagen in den Hightech-Industrien zeigt es sich zunächst, daß das Vorliegen des Marktversagens nicht automatisch die staatlichen Markteingriffe begründet. Da die Ursachen der Externalitäten in einer Folge unzureichend definierter oder nicht hinreichend durchsetzbarer Verfügungsrechte liegen, können in manchen Fällen die Externalitäten durch die Festlegung der Verfügungsrechte über Märkte bzw. marktkonforme Mechanismen internalisiert werden. Im Fall der Externalität bei der FuE sind bspw. Patentierung und Lizenzierung von Forschungsergebnissen als ein solcher marktkonformer Lösungsweg anzusehen. Darüber hinaus spielen auch die in jüngster Zeit häufigeren strategischen Allianzen als Versuche zur privat initiierten marktkonformen Internalisierung externer Effekte eine wichtige Rolle. Erst bei den über solche privatwirtschaftliche, dezentralisierte Internalisierungsmechanismen nicht lösbaren Fällen der Externalitäten könnten staatliche Eingriffe als letzte Auffangmechanismen in Betracht kommen.

Die Ergebnisse der Wohlfahrtserhöhung der strategischen Industrie- und Handelspolitik gelten aber nur unter den in den jeweiligen Modellen angenommenen Bedingungen. Wenn man die in den Modellen der strategischen Industrie- und Handelspolitik zugrunde liegenden Annahmen variiert, errechnet man unterschiedliche oder sogar gegensätzliche Wohlfahrtsentwicklungen. Dies bedeutet, daß dem wirtschaftspolitischen Entscheidungsträger eindeutige Informationen hinsichtlich der Auswahl der förderungswürdigen Sektoren, der Wahl des richtigen wirtschaftspolitischen Instruments und dessen optimalen Dosierung sowie der Festlegung des richtigen Umfangs der Externalität zur Verfügung stehen müßten. Darüber hinaus müßten sogar auch solche Informationen, welche eigentlich individuell und subjektiv und daher objektiv nicht feststellbar sind – wie Unternehmensverhalten, Wettbewerbsstrategien von Unternehmen usw. –, dem wirtschaftspolitischen Entscheidungsträger zur Verfügung stehen. Die staatlichen Entscheidungsträger müßten auch die sich aus der sektorspezifischen Förderung ergebenden Diskriminierungseffekte bzw. Wohlfahrtsverluste bei anderen, nicht-geförderten Industrien in die wirtschaftspolitische Überlegung einbeziehen. Das Glauben daran, daß all diese für die erfolgreiche Industrie- und Handelspolitik benötigenden Informationen den wirtschaftspolitischen Entscheidungsträgern zur Verfügung stehen könnten, stellt nichts anderes als Hayeks „Anmaßung von Wissen“ dar.

Außerdem wird die Effektivität der national orientiert operierenden strategischen Industrie- und Handelspolitik durch multinationale Unternehmen oder strategische Allianzen zwischen konkurrierenden, in- und ausländischen Unternehmen beeinträchtigt. Berücksichtigt man dann auch noch die ausländischen Reaktionen auf inländische protektionistische Maßnahmen, wird die Erreichung des mittels der strategischen Industrie- und Handelspolitik angestrebten Zieles, nämlich der Wohlfahrtserhöhung des Inlandes, sehr bezweifelt. So können die protektionistischen Maßnahmen eines Landes andere Länder dazu provozieren, ebenfalls protektionistisch zu reagieren, so daß alle Länder schlechter gestellt werden.

So stellt man fest, daß die Probleme der strategischen Industrie- und Handelspolitik, nämlich die mangelnde Robustheit der Modelle und die Informationsprobleme bei den wirtschaftspolitischen Entscheidungsträgern, dazu führen, daß keine konsistenten und generell anwendbaren wirtschaftspolitischen Empfehlungen aus den Ansätzen der strategischen Industrie- und Handelspolitik gezogen werden können. Vielmehr ist es wahrscheinlicher, daß die Ressourcen durch die staatliche Intervention willkürlich alloziiert und verschwenderisch genutzt werden.

Die Auffassung, durch staatliche Markteingriffe und Ressourcenlenkung zugunsten der in der Zukunft erfolgversprechenden Industrien die Wohlfahrt und die Wachstumsrate einer Volkswirtschaft erhöhen zu können, hängt eng mit dem Gedanken zusammen, daß die internationale Wettbewerbsfähigkeit einer Volkswirtschaft aus der Absatzfähigkeit dieses Landes abzulesen sei. So wird die Abwertung der eigenen Währung als eine wirksame Maßnahme für die Erhöhung der Absatzfähigkeit und die Verbesserung der Leistungsbilanz betrachtet. Es zeigt sich aber, daß ein enger Zusammenhang zwischen Wechselkursänderungen und Leistungsbilanzsalden nur unter kurzfristigen und eng gefaßten Bedingungen besteht. Unter der Berücksichtigung der Substitutions- und Komplementärbeziehungen zwischen Gütern und der langfristigen (Rück-)Wirkungen der Preisniveau- und Einkommensänderungen sind keine nennenswerten Effekte der Wechselkursänderungen auf die Leistungsbilanz zu finden. Außerdem ist zu bemerken, daß der Wechselkurs nicht diejenige Größe darstellt, die autonom die Wettbewerbsfähigkeit einer Volkswirtschaft beeinflußt, sondern lediglich eine Folge der Anpassung an Datenänderungen und auch an die Veränderungen internationaler Wettbewerbsverhältnisse ist.

Es zeigt sich auch als fraglich, daß die Überschüsse der Leistungsbilanz, in der allein die internationalen Ströme von Gütern und Dienstleistungen erfaßt werden, als Zeichen der hohen internationalen Wettbewerbsfähigkeit eines Landes betrachtet werden können. Nach dem intertemporalen Ansatz der Zahlungsbilanz sind internationale Kapitalbewegungen ausschlaggebend für die Saldenbildung der Leistungsbilanz. So sind Netto-Kapitalimporte und die damit verbundenen Leistungsbilanzdefizite auf die höhere Attraktivität eines Landes im Vergleich zum Ausland als Investitionsstandort zurückzuführen. In diesem Sinne ist ein Leistungsbilanzüberschuß nicht als Zeichen für die hohe internationale Wettbewerbsfähigkeit einer Volkswirtschaft zu betrachten, sondern vielmehr als Zeichen einer verschlechterten Standortqualität.

Wenn man die nach Ländern bzw. Ländergruppen disaggregierten Teilleistungsbilanzen nicht getrennt ansieht, sondern ihre interdependenten Beziehungen in die Überlegung einbezieht, bedeuten die Salden der Teilleistungsbilanzen nicht die jeweilige Wettbewerbsfähigkeit einer Volkswirtschaft gegenüber anderen Volkswirtschaften. Die in der Regel teils Überschüsse und teils Defizite aufweisenden, disaggregierten Leistungsbilanzsalden sind vielmehr ein Zeichen der Spezialisierung dieser Volkswirtschaft innerhalb der Welthandelsbeziehungen.

In der RCA- und CMS-Analyse als weiteren Versuchen der Untersuchung internationaler Wettbewerbsfähigkeit werden die Indexwerte durch handelspolitische Maßnahmen und statistische Bedingungen stark verzerrt. Zu bedenken ist unter anderem, daß ein wesentlicher Bestandteil der Wettbewerbsfähigkeit, nämlich die Fähigkeit einer Volkswirtschaft, sich rechtzeitig und flexibel an die sich verändernde, regionale und sektorale Datenänderungen anzupassen, nicht in die Überlegung der internationalen Wettbewerbsfähigkeit einer Volkswirtschaft einbezogen wird. Schließlich ist anzumerken, daß der Charakter der RCA- und CMS-Analyse der einer Ex-post-Analyse ist. Bei der Betrachtung der internationalen Wettbewerbsfähigkeit ist in erster Linie die künftige Entwicklung einer Volkswirtschaft von Interesse, nicht jedoch der gestrige Erfolg. Die momentan hohe Wettbewerbsfähigkeit ist die Folge der guten Wirtschaftspolitik und der guten Leistungen der Unternehmen in der Vergangenheit. Künftige Entwicklungen hängen von der heutigen Wirtschaftspolitik und von den Bemühungen seitens der Unternehmen ab, was aber nicht vorab indexiert werden kann. Somit sind diese Analysen ebenfalls sehr unvollkommene Entscheidungshelfer.

Weiterhin zeigt sich, daß das Hauptproblem der Auffassung der internationalen Wettbewerbsfähigkeit als Absatzfähigkeit darin liegt, daß eine einfache Übertragung des Wettbewerbs zwischen Unternehmen auf den Wettbewerb zwischen Volkswirtschaften vollzogen wird. So wird die gesamtwirtschaftliche Interdependenz zwischen Unternehmen bzw. Sektoren einer Volkswirtschaft weitgehend vernachlässigt. Darüber hinaus wird der Außenhandel als ein Nullsummenspiel aufgefaßt, obwohl er aber eigentlich ein Positivsummenspiel ist, bei dem alle beteiligten Länder profitieren können.

Aus den auf dem Absatzfähigkeitsansatz beruhenden Indikatoren kann man somit keine zuverlässigen, schlüssigen Folgerungen im Hinblick auf die internationale Wettbewerbsfähigkeit einer Volkswirtschaft ziehen. Die aus den wenig aussagekräftigen Indikatoren abzuleitenden wirtschaftspolitischen Empfehlungen zur Erhöhung der internationalen Wettbewerbsfähigkeit einer Volkswirtschaft können nur dazu führen, daß kostbare knappe Ressourcen nicht effizient, sondern verschwenderisch verwendet werden. Durch die Betonung bzw. die Priorisierung der unternehmensorientierten Ziele – Erhöhung von Exporten und Weltmarktanteilen, Erreichung von Leistungsbilanzüberschüssen oder von hohen Indexwerten – kann das eigentliche Ziel des Wirtschaftens, nämlich die Erhöhung des Lebensstandards und des Realeinkommens, in den Hintergrund gedrängt werden. Es besteht also die Gefahr einer Ziel-Mittel-Verwechselung. Das Ziel des Wirtschaftens, die maximale Wohlfahrt einer Volkswirtschaft, kann mit Sicherheit dadurch erreicht werden, daß die knappen Ressourcen effizient genutzt werden. Dies setzt wiederum eine geeignete Wirtschaftsordnung voraus, in der die Produktionsfaktoren in diejenigen Sektoren fließen, wo sie am produktivsten eingesetzt und damit am höchsten entlohnt werden. Wenn dies geschieht, braucht sich niemand um die internationale Wettbewerbsfähigkeit seines Landes zu sorgen.

Die Hauptaufgabe der Wirtschaftspolitik eines jeden Staates liegt also nicht darin, durch Interventionen in den Marktprozeß die unternehmensorientiert konzipierte internationale Wettbewerbsfähigkeit zu erhöhen, sondern darin, eine zur effizienten Ressourcenallokation geeignete Wirtschaftsordnung zu schaffen und zu bewahren.

Es gibt nur zwei alternative Prinzipien von Wirtschaftsordnung zur Wahl: Ressourcenallokation entweder durch den Markt- und Preismechanismus oder durch Planungs- und Steuerungsmaßnahmen von Behörden. Die durch behördliches Planen und Steuern bestimmte Wirtschaftsordnung versagt, wie die Zentralverwaltungswirtschaft der ehemals kommunistischen Länder zeigt, sowohl als ein Mechanismus der Ressourcenallokation als auch als ein gesellschaftspolitisches System. Sie ruft Unordnung und Lähmung der Wirtschaft hervor, da Informationen über Knappheitsverhältnisse von Gütern und Faktoren sowie Motive zu höheren Leistungen fehlen. Die durch die Aufhebung des individuellen Interesses und Unterordnung unter dem kollektiven Zweck demotivierten Menschen können nur immer wieder durch ständige Gewaltanwendung zur Erreichung des von Behörden bestimmten Planes geführt werden.

In der Marktwirtschaft – anders als in der Zentralverwaltungswirtschaft – geben die auf den Märkten durch das Zusammenspiel von Angebot und Nachfrage gebildeten Preise Informationen über Knappheitsverhältnisse, die signalisieren, wo Ressourcen effizienter eingesetzt werden und damit höhere Entlohnung erzielen können. Indem die Verwirklichung der Eigeninteressen, die der Motor für das wirtschaftliche Verhalten der Wirtschaftssubjekte sind, im Vordergrund steht, werden die Wirtschaftssubjekte dazu motiviert, ihre besten Leistungen zu erbringen. Auffällig ist dabei, daß in der Marktwirtschaft das Streben nach der Verwirklichung einzelner Eigeninteressen über die Märkte so miteinander koordiniert wird, daß alle Beteiligten davon profitieren. So können in der Marktwirtschaft durch das Wirken der sogenannten „unsichtbaren Hand“ sowohl die einzelnen Wirtschaftssubjekte als auch die Gesamtvolkswirtschaft im ganzen den Wohlstand mehren.

In Koreas Entwicklungsprozeß hat der Staat, die koreanische Regierung, eine entscheidende Rolle als Planer und Ressourcenverteiler gespielt, wobei die Ordnungsprinzipien der Marktwirtschaft weitgehend verletzt wurden. Allerdings hat die weltmarktorientierte Entwicklungsstrategie mit ihrer ordnungspolitischen Rolle als einem Mittel zur Verstärkung des Wettbewerbs und auch als einem Hemmschuh gegen den extremen Interventionismus dazu beigetragen, eine willkürliche, verzerrte Ressourcenallokation und damit Effizienzverluste in Grenzen zu halten. Im Laufe der Zeit, insbesondere seit der Selektion und Förderung einiger Schwer- und Chemieindustrien in den siebziger Jahren, intervenierte die koreanische Regierung immer aktiver und direkter in den Marktprozeß und allmählich verlor die Weltmarktorientierung ihre Bedeutung. Die Folge waren die erheblichen Effizienzverluste bei der Nutzung von Ressourcen. Zudem entstanden auch die Folgewirkungen des Interventionismus, nämlich die Überinvestitionen in die geförderten Industriesektoren, die Unterentwicklung kleiner und mittlerer Unternehmen, Rent-seeking und Korruption. Nicht unwichtig ist außerdem, daß die koreanische Regierung die von ihr gestellten Wirtschaftspläne durch die Anwendung von Gewalt und Zwang durchgesetzt und damit die Freiheit der Menschen und deren Würde verletzt hat.

Trotz des koreanischen Wirtschaftssystems als einer sogenannten „Zentralverwaltungswirtschaft mit staatlicher Lenkung“ hat das Land enorme Wachstumserfolge erzielt. Diese Erfolge sind aber nicht auf die „effektive und rationale Intervention“ des Staates, sondern vielmehr auf die explosionsartige Steigerung der Produktionsfaktoren Kapital und Arbeit zurückzuführen: die Verdoppelung des Anteils der Beschäftigten an der Bevölkerung; die hohe Erwerbsquote von 62 vH; die seit 1963 kaum reduzierte, lange Arbeitszeit mit 50 Stunden pro Woche; der hohe Bildungsstand der Arbeitskräfte; die extrem hohe Spar- und Investitionsquote von 35 vH des BIP. Diese gewaltige Faktorvermehrung hat ca. zu 80 vH des koreanischen Wachstums beigetragen. Die Faktorakkumulation war der entscheidende Wachstumsmotor Koreas.

Währenddessen hat die Effizienzsteigerung bei der Nutzung von Produktionsfaktoren, die neben der Faktorakkumulation eine weitere, wichtige Wachstumsquelle ist, nur eine geringfügige Rolle gespielt. Im Zusammenhang mit der künftigen Wirtschaftsentwicklung ist das hauptsächlich auf der Faktorvermehrung beruhende Wirtschaftswachstum Koreas als problematisch anzusehen, denn es gibt keine großen Spielräume mehr für die Steigerung von Produktionsfaktoren und zusätzlich bleibt die Fähigkeit zur effizienten Nutzung von Ressourcen, die für ein selbst tragendes und lang anhaltendes Wachstum ausschlaggebend ist, auf sehr niedrigem Niveau. Gerade hier zeigt sich aber die Grenze der interventionistischen, dirigistischen Wirtschaftsentwicklung: die durch die Staatsintervention gesteuerte, manipulierte Ressourcenallokation kann einen kurzfristigen Erfolg ermöglichen, aber niemals eine langfristige, selbst tragende Wirtschaftsentwicklung. Diese kann nur durch die Effizienzsteigerung bei der Nutzung von Ressourcen erreicht werden.

In diesem Zusammenhang bedeutet die Ineffizienz der koreanischen Wirtschaft – ausgedrückt durch das niedrige Niveau der totalen Faktorproduktivität – aber umgekehrt, daß Korea noch große Wachstumserfolge in der Zukunft erzielen kann, wenn es diesem Land gelingt, ein Wirtschaftssystem aufzubauen, in dem die knappen Ressourcen effizient genutzt werden. Dazu muß die Verzerrung der Faktorallokation seitens der staatlichen Intervention beseitigt und der Wirtschaftsprozeß weithin liberalisiert werden. Anders ausgedrückt: Eine funktionsfähige marktwirtschaftliche Ordnung muß aufgebaut werden, so daß der Markt- und Preismechanismus die Planungs- und Entscheidungsprobleme, Koordinations-, Informations- und Motivationsprobleme effizient und störungsfrei lösen kann, was nicht zuletzt optimale Ressourcenallokation mit sich bringen wird.

Für die Realisierung des funktionsfähigen Markt- und Preissystems ist der freie Wettbewerb auf den Güter- und Faktormärkten die entscheidende Voraussetzung. Der Wettbewerb stellt die richtigen Knappheitsverhältnisse von Gütern und Faktoren her und zugleich zwingt er die Wirtschaftssubjekte dazu, sich an die verändernde Umwelt anzupassen. Darüber hinaus wird es erst durch den Wettbewerb ermöglicht, die Machtausübung des einen gegenüber dem anderen Wirtschaftssubjekt in Grenzen zu halten, und zwar durch die Leistungskontrolle seitens der Konkurrenten und der Konsumenten. In diesem Sinne ist die Realisierung der Wettbewerbsordnung nicht nur für ökonomische Effizienz, sondern darüber hinaus auch für die freiheitliche Lebenshaltung eine unabdingbare Voraussetzung.

Die Realisierung der Wettbewerbsordnung ist aber wiederum davon abhängig, ob die die freie Wettbewerbsordnung konstituierenden Prinzipien erfüllt sind, zu denen Geldwertstabilität, offene Märkte, Privateigentum, Vertragsfreiheit, Haftung und Konstanz der Wirtschaftspolitik gehören.

Die wirtschaftspolitischen Erfahrungen lehren, daß eine anfänglich bescheidene Staatsintervention in den Marktprozeß nach einer ihr innewohnenden Gesetzlichkeit schnell eine andere nach sich zieht, so daß letzten Endes das marktwirtschaftliche System an sich selbst durch Interventionen betroffen wird. Darum muß jede wirtschaftspolitische Maßnahme im Rahmen der Marktwirtschafts- bzw. Wettbewerbsordnung überdacht werden. Sonst würde die staatliche „sichtbare Hand" statt der „unsichtbaren Hand" die Lenkungsfunktion übernehmen. Die Volkswirtschaft würde ihre Dynamik verlieren und die Menschen würden unter immer wachsenden Druck seitens des Staates gesetzt.

Die nicht auf langfristig geltenden allgemeinen Regeln beruhenden, willkürlichen Staatsinterventionen entziehen den Wirtschaftssubjekten ihre Entscheidungs- und Handlungsautonomie und verunsichern die wirtschaftlichen Transaktionen. Die Transaktionskosten erhöhen sich, so daß die Möglichkeit eines Wachstums weitgehend eingeschränkt wird. Darüber hinaus veranlassen die willkürlichen Entscheidungen des Staates die Wirtschaftssubjekte dazu, durch Einflußnahme auf Staatsorgane ihre speziellen Partikularinteressen durchzusetzen. Die Lobbyaktivitäten und die Korruption sind an der Tagesordnung mit der Folge des Wirtschaftsniedergangs.

Die Hauptaufgabe der koreanischen Wirtschaftspolitik muß somit darin liegen, eine funktionsfähige marktwirtschaftliche Ordnung aufzubauen. Der Staat darf sich nicht darum bemühen, durch die Intervention in den Marktprozeß Ressourcen zugunsten der vom Staat als förderungswürdig angesehen und daher selektierten Industrien zu lenken, sondern vielmehr darum, die notwendigen Bedingungen für die Realisierung der funktionsfähigen Marktwirtschaft zu schaffen und zu bewahren. Zu den Bedingungen gehören unter anderem: die Herstellung der Wettbewerbsordnung als Grundprinzip des funktionsfähigen Markt- und Preissystems, die Verwirklichung der die Wettbewerbsordnung konstituierenden Prinzipien sowie die Einhaltung der zwei Grundsätze der Wirtschaftspolitik, namentlich des Grundsatzes des Denkens in Ordnungen und des Grundsatzes der Rechtsstaatlichkeit.

Die aktuelle koreanische Wirtschaftspolitik zur Verstärkung der internationalen Wettbewerbsfähigkeit durch die Förderung einiger selektierten, sogenannten förderungswürdigen Schlüsselindustrien kann die gewünschten Erfolge wie technische Fortschritte, hohe Wachstumsrate und Wohlfahrtserhöhung nicht mit sich bringen. Diese Wirtschaftspolitik ähnelt vielmehr der selektiven Förderungspolitik der Schwer- und Chemieindustrien von früher. Die Auffassung, daß ein Marktversagen in den Hightech-Industrien vorliegt und daß der Staat mit interventionistischen Maßnahmen das Marktversagen korrigieren und damit die gesamtwirtschaftliche Wohlfahrt maximieren kann, setzt die allwissenden und wohlwollenden Entscheidungsträger voraus.

Diese Voraussetzung ist aber in der Realität kaum zu erfüllen, wie bereits mehrmals betont. Das Staatsversagen wird dann an die Stelle des Marktversagens treten.

Zu berücksichtigen ist auch, daß jede Handlung – private oder staatliche – mit Kosten verbunden ist. In einer Welt knapper Ressourcen stellt sich zwingend die Frage nach der Effizienz der Handlungen. Die Versuche des Staates, den gesamtwirtschaftlichen Wohlstand durch dirigistische Maßnahmen zu erhöhen, erweisen sich als ineffizient und damit zu kostspielig.

Die Überlegenheit des marktwirtschaftlichen Lenkungssystems gegenüber dem staatlich-dirigistischen liegt darin, daß dort das Preissystem als Vermittler von Informationen fungiert. Auf dem Markt erhält jedes Wirtschaftssubjekt durch Preise Informationen, die ihn dazu führen, seine Planungen und Handlungen den Marktsignalen anzupassen und schrittweise aufeinander abzustimmen. Das marktwirtschaftliche Koordinationssystem ist dabei offen in vieler Hinsicht: gegenüber zukünftigen Veränderungen und gegenüber technischen Fortschritten. Durch die Experimente – unabhängig von Erfolgen oder Mißerfolgen einzelner Experimente – wird der Stand des gesamtwirtschaftlichen Wissen verbessert. Im Gegensatz dazu neigt das staatliche, interventionistische Lenkungssystem dazu, die Veränderungs- und Innovationsexperimente zu vermeiden, um die Kontrolle und Übersicht zu behalten und überraschende Einwirkungen auf das gesamte Wirtschaftssystem zu minimieren. Damit würde der von Schumpeter „schöpferische Zerstörung" genannte Prozeß, der eigentlich technische Fortschritte hervorbringt, behindert.

Insgesamt zeigt sich also, daß wirtschaftlicher Strukturwandel, technischer Fortschritte und Wachstumsdynamik durch staatliche Intervention nicht gefördert, sondern eher behindert werden. Ohne Wettbewerbs- und Anpassungsdruck versäumen die Unternehmen, neue Erfolgschance zu erschließen, indem sie neue Technologien, neue Produkte, neue Produktionsverfahren sowie neue Organisationsformen entdecken und anwenden. Die Unternehmen, die wegen des Versäumnisses bei FuE und Anpassungen eigentlich vom Markt verdrängt werden müßten, versuchen statt der Mobilisierung eigener Kräfte und eigener Initiative zur Krisenüberwindung weitere staatliche Hilfe und Schutzmaßnahmen zu bekommen und auch genießen. In einer solchen Wirtschaft wird der Status Quo zementiert und geht der Pioniergeist von Unternehmen verloren. Sie dürfen mit interventionistischen Maßnahmen vom Staat nicht geholfen bekommen, sondern müssen von den Marktkräften hart bestraft werden. Der effizienteste Strafmechanismus ist somit der Wettbewerb selbst. Wettbewerb ist die wichtigste Triebkraft der FuE und des Wachstums. In einer nicht nur im Inland, sondern auch nach außen offenen Wirtschaft erlaubt das marktwirtschaftliche System durch den freien Wettbewerb, FuE- und Anpassungswille von Unternehmen zu aktivieren somit auch die langfristige Wachstumsaussicht zu erhöhen.

Wenn Korea also seine wirtschaftspolitische Tätigkeit auf die Gestaltung der Wettbewerbsordnung bzw. auf die Schaffung und die Bewahrung der zur Realisierung der Wettbewerbsordnung notwendigen Rahmenbedingungen richtet – und nicht auf die Lenkung des Wirtschaftsprozesses –, kann man die Zukunft Koreas optimistisch sehen.

Anhang

Tabelle A-1 Koreas Wirtschaftserfolge, 1953-1994 (Mrd. Dollar)

	1953	1994	x-Fache
BSP	1,35	376,9	279,2
Pro-Kopf-Einkommen[a]	67	8483	126,6
Außenhandel	0,39	198,4	508,7
Export	0,04	96,1	2402,5
Import	0,35	102,3	292,3
Währungsreserven[b]	0,11	25,7	233,6

Quelle: KSY; Hankook, 7.11. und 16.8.1994.

[a] Dollar

[b] Devisen+Gold+Sonderziehungsrechte+Reserveposition in IWF

Tabelle A-2 Ausgewählte Wirtschaftsdaten Koreas (Mrd. Dollar)

	BSP	Wachstums-rate[a]	Zuwachsrate von Exporten	Zuwachsrate von Importen	Leistungs-bilanzsaldo	Auslands-verschul-dung
1981	66,2	6,6	21,4	14,6	-4,6	-
1982	69,3	5,4	2,8	-7,1	-2,6	-
1983	76,0	11,9	11,9	8,0	-1,6	-
1984	82,4	8,4	19,6	16,9	-1,4	-
1985	83,7	6,5	3,5	1,6	-0.9	46,8
1986	95,1	11,6	14,6	1,4	4,6	44,5
1987	133,4	11,5	36,2	29,9	9,9	35,6
1988	179,8	11,3	28,4	26,3	14,2	31,2
1989	220,4	6,4	2,8	18,6	5,1	29,4
1990	251,8	9,5	4,2	13,6	-2,2	31,7
1991	292,0	9,1	10,5	16,7	-8,7	39,1
1992	305,7	5,1	6,6	0,3	-4,5	42,8
1993	330,8	5,8	7,3	2,5	0,4	43,9
1994	376,9	8,6	16,8	22,1	-4,5	57,2
1995	451,7	8,9	31,5	32,1	-8,9	78,4
1996	480,0	7,1	4,1	12,2	-23,7	102,0

Quelle: KSY.

[a] Wachstumsrate des BIP

Tabelle A-3 Jährliche Durchschnittszuwachsrate des Output 1970-1980 (volumenmäßig)

High Growth		Medium Growth		Low Growth	
Electronics	8,1	Electrical Machinery	2,8	Oil Refining	1,7
Computers	7,5	Food	2,8	Wood/Cork/Furniture	1,6
Drugs	6,8	Shipbuilding	2,4	Ferrous Metals	1,4
Automobiles	5,7	Other manuf. Industry	2,3	Non-ferrous Metals	1,3
Chemicals	5,0	Paper-printing	2,1	Manufacturing of Metal	1,3
Instruments	4,9	Stone, Clay, Glass	2,0	Textiles, Footwear/ Leather	0,8
Rubber/Plastics	4,3				

Quelle: OECD, 1986, S. 66.

Tabelle A-4 Instrumente der strategischen Industrie- und Handelspolitik

I. Preisbezogene Maßnahmen
a) Wertzölle
b) Staatliche Beihilfen und Subventionen an inländische Wirtschaftszweige oder einzelne Unternehmen, einschließlich Exportsubventionen
c) Technologieförderung
d) Wechselkursbeihilfen

II. Mengenbezogene Maßnahmen
a) Einfuhrkontingente
b) Freiwillige Exportselbstbeschränkungsmaßnahmen
c) Freiwillige Einfuhrsteigerungsabkommen

III. Administrative und sonstige Handelshemmnisse
a) Staatliche Auftragsvergabe zugunsten heimischer Produzenten
b) Anti-Dumping-Verfahren und Ausgleichszölle
c) Neues handelspolitisches Instrument
d) Fusionskontrolle
e) Local-content-Vorschriften
f) Regulierungssysteme

Quelle: Freytag, 1995, S. 11.

Tabelle A-5 Die Bedingungen für vollständige Konkurrenz

1. Gegebene Ressourcenausstattung
2. Kostante Produktionstechnik (keine Verfahrensinnovationen) und konstante Produktpalette (keine Produktinnovationen)
3. Gegebene und im Zeitablauf konstante Präferenzen
4. Formale Freiheit der Wahl zwischen Alternativen (Produktionsfreiheit, Investitionsfreiheit, Freiheit der Berufswahl, freie Konsumwahl)
5. Homogenität der Güter (keine sachlichen, persönlichen und räumlichen Präferenzen)
6. Atomistische Marktstruktur (sehr viele kleine Anbieter und Nachfrager mit jeweils geringem Marktanteil)
7. Vollständige Markttransparenz (vollständige und kostenlose Information sämtlicher Marktakteure über Gutseigenschaften und Preise)
8. Unbegrenzte Mobilität sämtlicher Produktionsfaktoren und Güter; insbesondere freier Marktzu- und Marktaustritt
9. Unbegrenzte Teilbarkeit sämtlicher Produktionsfaktoren und Güter
10. Unendliche Reaktionsgeschwindigkeit (kein Zeitbedarf für Anpassungsprozesse)
11. Keine unfreiwilligen Austauschbeziehungen (Abwesenheit technologischer externer Effekte)

Quelle: Fritsch u.a., 1996, S. 18.

Tabelle A-6 Weltwirtschaftliches Wachstum und Handel (Durchschnittliche jährliche Zuwachsrate, volumenmäßig)

	1953-1963	1963-1973	1973-1983
Welthandel	5,6	8,5	3,0
Output	4,1	6,0	2,0

Quelle: Dornbusch/ Frankel, 1987, S. 83.

Tabelle A-7 Übersicht: Neue versus neoklassische Außenhandelstheorie

Neoklassische Außenhandelstheorie	**Neue Außenhandelstheorie**
Produktionsfunktitonen mit konstanten Skalenerträgen Steigende Grenzkosten Standardisierte, homogene Welthandelsgüter	Produktionsfunktionen mit steigenden Skalenerträgen Konstante oder sinkende Grenzkosten, sinkende Durchschnittskosten Homogene oder heterogene Welthandelsgüter
Vollkommene Weltmärkte im stationären Gleichgewicht: - kein Ressourceneinsatz in Forschung und Entwicklung, keine Produkt- und Prozeßinnovationen - keine Markteintritts- und -austrittshemmnisse - einheitlicher Weltmarkt mit in allen Freihandelsländern übereinstimmenden Gleichgewichtspreisen homogener Güter	Marktunvollkommenheiten: - Innovationskonkurrenz mit Möglichkeit temporärer Monopolpositionen aus technologischem Vorsprung - Markteintrittshemmnisse - Marktsegmentierungen mit Preisdivergenzen zwischen räumlich getrennten Teilmärkten bei Freihandel
Mengenanpasserverhalten	Monopolistische Preispolitik Sicherung von Monopolpositionen durch strategische Markteintrittsblockaden Produktdifferenzierung mit monopolistischer Konkurrenz Cournot-Mengenpolitik im homogenen Oligopol Bertrand-Preispolitik im heterogenen Oligopol
Allgemeines Gleichgewicht bei vollständiger Konkurrenz und freiem Marktein- und –austritt mit Preis = Grenzkosten = Durchschnittskosten	Partielles Gleichgewicht bei monopolistischer oder oligopolistischer Konkurrenz mit (a) Preis > Durchschnittskosten > Grenzkosten, wenn Marktzutrittsschranken bei exogener Anbieterzahl Monopolrenten sichern (b) Preis = Durchschnittskosten > Grenzkosten, wenn freier Marktein- und -austritt Monopolrenten auflöst

Quelle: Bender, 1994, S. 8.

Tabelle A-8 Hauptexportförderungsanreize

Types of Incentives	**Duration**
Tax Incentives	
Commodity tax exemption	April 1950-1973
Business tax exemption	January 1962-1973
Reduction of corporation and income tax by 50 percent on earnings from exports	January 1961-December 1972
Accelerated depreciation on allowance for fixed capital directly used for export production in mining, fishing, and manufacturing	January 1961-1973
Tax credit for foreign market development expenditures	August 1969-1973
Foreign market development reserve system expanded	1973
Overseas business loss reserve system established	1973
Overseas investment loss reserve system established	1973
Tariff Incentives	
Tariff exemptions on capital for export production	March 1964-December 1973
Tariff payments on an installment basis for capital equipment used in export production	January 1974-
Tariff exemptions on raw material imports for export production	April 1961-June 1975
Tariff drawback on imported raw material used for export production	July 1975
Wastage allowance	July 1965-
Deferred payment system for tariff	July 1975-October 1988
Financial Incentives	
Financing for export sales	February 1948-July 1955
Export shipment financing	June 1950-July 1955
Export promotion fund financed by counterpart fund	November 1959-January 1964
Financing imports of materials to be used in export production	October 1961-February 1972
Export credits (Trade credit before 1961)	June 1950-
Financing suppliers of U.S. offshore military procurement	September 1962-
Fund to promote the export industry	July 1964-September 1969
Fund to convert small- and medium-size firms into export industries	February 1964-
Fund to prepare exports of agricultural and fishery products	September 1969-
Foreign currency loans	May 1967-

(Fortsetzung folgt)

Fortsetzung Tabelle A-8

Types of Incentives	Duration
Financing exports on credits	October 1969-
Automatic export financing ceiling for large exporters	1976-
Overall export financing system introduced	October 1985-
Differentiated export financing for large versus small and medium companies	October 1986-
Other Promotion Schemes	
Foreign exchange deposit system	June 1949-January 1961
Trading license based on export performance	January 1953
An export bonus with preferential foreign exchange	1951-May 1961
Payment of export subsidy	1954-1955 and 1960-1965
Discount on railroad freight rates	1958-
Monopoly rights on exports of specific items to specific areas	April 1960-November 1980
Creation of exporters associations for various export products	September 1961-
Financing KOTRA	March 1962-
Export-Import link system	November 1962-March 1965 1966-
Discount on electricity rates	1965-1976
Waiver issuance for shipping	1965-
Local L/C system	March 1965-
Differencial treatment of traders based on export performance	February 1967-
Export insurance	January 1969
General trading company	May 1975
Export-import bank	June 1976-
Special loan privileges for small and medium exporters' raw material imports	August 1987-
Export financing for big corporations discontinued	February 1988-

Quelle: Sakong, 1993, S. 238-239.

Tabelle A-9 Umsätze der Top Ten Chaebols, in vH des BSP[a], 1974-1984

Gruppen	1974	1975	1976	1977	1978	1979	1980	1981	1982	1983	1984
1	4,9	4,3	4,7	7,9	6,9	8,3	8,3	10,5	10,4	11,8	12,0
2	7,2	7,5	8,1	12,5	12,9	12,8	16,3	19,1	19,0	21,2	24,0
3	9,0	9,8	11,3	16,0	16,9	17,6	23,9	27,6	27,4	30,6	35,8
4	10,3	11,4	12,9	18,2	20,7	22,1	30,1	35,2	35,6	38,7	44,3
5	11,6	12,8	14,5	19,8	22,9	24,6	35,0	41,3	42,2	46,7	52,4
6	12,7	14,1	16,1	21,3	24,7	26,6	38,2	44,9	46,0	51,0	56,2
7	13,5	15,3	17,5	22,8	26,4	28,5	41,0	48,0	49,2	54,2	59,4
8	14,3	16,2	18,4	24,0	27,7	30,3	43,6	50,9	52,2	57,1	62,1
9	14,7	16,7	19,3	25,2	28,9	31,6	46,0	53,3	55,1	59,8	64,8
10	15,1	17,1	19,8	26,0	30,1	32,8	48,1	55,7	57,6	62,4	67,4

Quelle: Amsden, 1989, S. 116.

[a] (Aggregierte Nettoumsätze der größten zehn Geschäftsgruppen/BSP)*100

Abbildung A-1 Strategische Allianz in bezug auf die Entwicklung von 1-Giga-DRAM

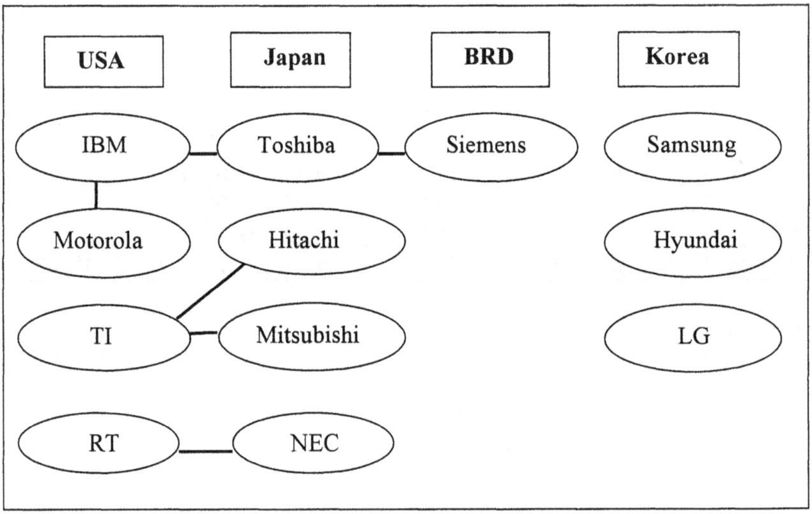

Quelle: Maeil, 5.2.1997, S. 9.

Abbildung A-2 Elemente der internationalen Wettbewerbsfähigkeit in dem Absatzfähigkeitsansatz

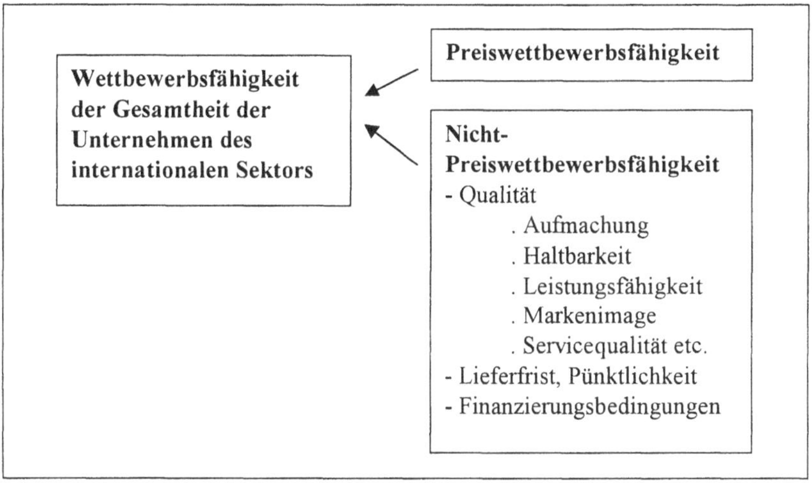

Quelle: Orlowski, 1982, S. 14.

Literaturverzeichnis

Abramovitz, Moses (1956): Resource and Output Trends in the United States since 1870, in: American Economic Review, Vol. 46, Papers and Proceedings, S. 5-23.

Aghion, Philippe/Howitt, Peter (1992): A Model of Growth through Creative Destruction, in: Econometrica, Vol. 60, S. 323-351.

Alchian, Armen A./Demsetz, Harold (1973): The Property Rights Paradigm, in: Journal of Economic History, Vol. 33, S. 16-27.

Amsden, Alice (1989): Asia's Next Giant: South Korea and Late Industrialization, New York.

Andel, Norbert (1990): Finanzwissenschaft, 2. Aufl., Tübingen.

Arrow, K.J. (1962): Economic Welfare and the Allocation of Resources for Invention, in: NBER (Hrsg.): The Rate and Direction of Inventive Activity: Economic and social factors, Princeton, S. 609-626.

Backhaus, K./Piltz, R. (1990): Strategische Allianzen – eine Form kooperativen Wettbewerbs?, in: Backhaus, K./Piltz, R. (Hrsg.): Strategische Allianzen, Sonderheft 27 der Zeitschrift für betriebswirtschaftliche Forschung, S. 1-10.

Baerlocher, E. u.a. (1982): Internationale Wettbewerbsfähigkeit. Eine Literaturübersicht mit besonderer Berücksichtigung der Schweiz, in: Schelbert-Syfrig, H./Inderbitzin, W. (Hrsg.): Internationale Wettbewerbsfähigkeit, S. 5-121.

Balassa, Bela (1964): Competitiveness of American Manufacturing in World Market, in: Balassa, B. (Hrsg.): Changing Patterns in Foreign Trade and Payments, S. 26-33.

Balassa, B. (1965): Trade Liberalisation and „Revealed" Comparative Advantage, in: Manchster School of Economic and Social Studies, 33, S. 99-123.

Balassa, Bela (1990): Korea's Development Strategy, in: Kwon, Jene K. (Hrsg.): Korean Economic Development, Contribution in Economics and Economic History, Nr. 108, Westport: Greenwood Press, S. 3-17.

Baldwin, Richard (1988): Evaluating Strategic Trade Policies, in: Aussenwirtschaft, 43. Jg., S. 207-230.

Bank of Korea (1996): Economic Statistics Yearbook 1996.

Barro, Robert J../Sala-i-Martin, Xavier (1995): Economic Growth, New York u.a.

Baumol, W.J. (1982): Contestable Markets: An Uprising in the Theory of Industry Structure, in: American Economic Review, Vol. 72, S. 1-15.

Baumol, W. (1987): Entrepreneurship: Creative, Unproductive and Destructive, in: Schweizerische Zeitschrift für Volkswirtschaft und Statistik, 123, S. 415-422.

Bender, Dieter (1988): Finanzmarkttheorie des Wechselkurses, in: HdWW, Stuttgart u.a., Bd. 9, S. 748-764.

Bender, Dieter (1994): Neuere Entwiklungen der Theorie internationaler Handelsbeziehungen, in: Jahrbuch für Sozialwissenschaft, Bd. 45, S. 1-49.

Berg, Hartmut (1992): Wettbewerbspolitik, in: Bender, D. u.a. (Hrsg.): Vahlens Kompendium der Wirtschaftstheorie und Wirtschaftspolitik, München, Bd. 2, 5. Aufl., S. 239-300.

Bhagwati, Jagdish (1988): Protectionism, Cambridge, Mass.

Blaich, Fritz (1988): Merkantilismus, in: HdWW, Stuttgart u.a., Bd. 5, S. 240-251.

Bletschacher, G. (1991): Ansätze strategischer Handels- und Industriepolitik: Ein Überblick, Kieler Arbeitspapier, Nr. 487.

Bletschacher, G./Klodt, H. (1992): Strategische Handels- und Industriepolitik. Theoretische Grundlagen, Branchenanalysen und wettbewerbspolitische Implikationen, Kieler Studien, 244, Tübingen.

Blum, Reinhard (1988): Marktwirtschaft, Soziale, in: HdWW, Stuttgart u.a., Bd. 5, S. 153-166.

Booz Allen & Hamilton (1997): Revitalizing the Korean Economy toward the 21st Century, Booz Allen & Hamilton Institute, Seoul, Korea.

Boroch, W. (1995): Internationale Wettbewerbsfähigkeit, Innovationswettbewerb und Wirtschaftspolitik, in: Hamburger Jahrbuch für Wirtschafts- und Gesellschaftspolitik, 40. Jg., S. 315-336.

Bössmann, Eva (1979): Externe Effekte (I), in: WISU, 2/79, S. 95-98.

Bössmann, Eva (1979a): Externe Effekte (II), in: WISU, 3/79, S. 147-151.

Brander, J.A./Spencer, B.J. (1985): Export Subsidies and International Market Share Rivarly, in: Journal of International Economics, Vol. 18, S. 83-100.

Brunetti, Aymo (1992): Politisches System und Wirtschaftswachstum, Chur; Zürich.

Brümmerhoff, Dieter (1989): Finanzwissenschaft, 4. Aufl., München; Wien.

Buchanan, J.M./Tollison, R.D./Tullock, G. (Hrsg.) (1980): Toward a Theory of the Rent-Seeking Society, College Station.

Business Week, lfd. Ausgabe.

Carlton, Dennis W./Perloff, Jeffrey M. (1994): Modern Industrial Organization, 2. Aufl., New York: HarperCollins.

Chamberlin, Edward H. (1962): The Theory of Monopolistic Competition, 8. Aufl., Cambridge, Mass.

Chiang, Alpha C. (1984): Fundamental Methods of Mathematical Economics, 3. Aufl., Hamburg u.a.

Cho, Soon (1994): The Dynamics of Korean Economic Devolopment, Institute for International Economics, Washington, D.C.

Cho, D.C./Kim, I.C. (1997): Auswirkungen der Kapitalmarktliberalisierung auf makroökonomische Indikatoren, in: KDI Journal of Economic Policy, 1/1997, Seoul, S. 3-39. (koreanisch)

Coase, R.H. (1960): The Problem of Social Cost, in: The Journal of Law and Economics, Vol. 3, S. 1-44.

Cole, David C./Park, Yung Chul (1983): Financial Development in Korea 1945-1978, Cambridge, Mass.

Collie, D. (1990): Export Subsidies and Countervailing Tariffs, Warwick Economic Research Papers, Nr. 353.

Collins, Susan M. (1990): Lessons from Korean Economic Growth, in: American Economic Review, Vol. 80, Papers and Proceedings, S. 104-107.

Constant, Edward W. (1980): The Origins of the Turbojet Revolution, Baltimore.

Dieckheuer, Gustav (1991): Internationale Wirtschaftsbeziehungen, 2. Aufl., München; Wien.

Dixit, Avinash (1980): The Role of Investment in Entry-Deterrence, in: Economic Journal, Vol. 90, S. 95-106.

Dixit, Avinash (1984): International Trade Policy for Oligopolistic Industries, in: Economic Journal, 94, Conference Papers, S. 1-16.

Dixit, A.K./Grossman, G.M. (1986): Targeted Export Promotion with Several Oligopolistic Industries, in: Journal of International Economics, Vol. 21, S. 233-249.

Dixit, Avinash/Kyle, Albert S. (1985): The Use of Protection and Subsidies for Entry Promotion and Deterrence, in: The American Economic Review, Vol. 75, S. 139-152.

Dluhosch, B./Freytag, A./Krüger, M. (1992): Leistungsbilanzsalden und internationale Wettbewerbsfähigkeit, Köln.

Dollar, David (1992): Ourward-oriented Developing Economies really do Grow more Rapidly: Evidence from 95 LDCs, 1976-1985, in: Economic Development and Cultural Change, Vol. 40, S. 523-544.

Donges, Juergen B. (1981): Außenwirtschafts- und Entwicklungspolitik, Berlin; Heidelberg; New York.

Donges, Juergen B. (1988): Möglichkeiten und Grenzen staatlicher Technologiepolitik, in: Streit, Manfred (Hrsg.): Wirtschaftspolitik zwischen ökonomischer und politischer Rationalität, Festschrift für Herbert Giersch, Wiesbaden, S. 143-160.

Donges, Juergen B. (1989): Ist das Freihandelspostulat noch zeitgemäss?, Kieler Arbeitspapiere, 355, Institut für Weltwirtschaft an der Universität Kiel.

Donges, Juergen B. (1995): Deutschland in der Weltwirtschaft. Dynamik sichern, Herausforderungen bewältigen, Mannheim u.a., Meyers Forum 30.

Donges, Juergen B./Freytag, Andreas (Hrsg.) (1998): Die Rolle des Staates in einer globalisierten Wirtschaft, Stuttgart.

Dornbusch, R./Frankel, J. (1987): Macroeconomics and Protectiton, in: Stern, R.M. (Hrsg.): U.S. Trade Policies in a Changing World Economy, Cambridge, S. 77-130.

Dosi, Giovanni (1984): Technical Change and Industrial Transformation, London.

Downs, Anthony (1957): An Economic Theory of Political Action in a Democracy, in: Journal of Political Economy, 65, S. 135-150.

Eaton, J./Grossman, G.M. (1986): Optimal Trade and Industrial Policies under Oligopoly, in: The Querterly Journal of Economics, Vol. 101, S. 383-406.

Economist: Englische Wochenzeitschrift, lfd. Ausgabe

EPB (1993): Neuökonomischer-Fünfjahres-Wirtschaftsplan 1993-1997. (koreanisch)

Eucken, Walter (1990): Grundsätze der Wirtschaftspolitik, 6.Aufl., Tübingen.

FAZ: Frankfurter Allgemeine Zeitung, lfd. Ausgabe.

Fehl, Ulrich (1993): Die Preisbildung im homogenen Dyopol als Lernprozeß, in: WISU, 11/93, S. 952-957.

Fels, G. (1982): Internationale Wettbewerbsfähigkeit, in: zfbf, 34. Jg., Heft 1, S. 8-24.

Fels, Gerhard (1988): Der Standort Bundesrepublik Deutschland im internationalen Standortwettbewerb, in: Hamburger Jahrbuch für Wirtschafts- und Gesellschaftspolitik, 33. Jg., S. 9-25.

FKI (1986): Korean Economic Yearbook. (koreanisch)

Flam, H./Helpman, P.E. (1987): Industrial Policy under Monopolistic Competition, in: Journal of International Economics, Vol. 22, S. 79-102.

Freeman, Christopher (1982): The Economics of Industrial Innovation, 2. Aufl., London.

Frey, Bruno S. (1981): Theorie demokratischer Wirtschaftspolitik, München.

Freytag, A. (1995): Die strategische Handels- und Industriepolitik der EG: eine politökonomische Analyse, Köln: Institut für Wirtschaftspolitik an der Universität zu Köln.

Frisch, Armin J. (1993): Unternehmensgröße und Innovation: die Schumpeterianische Diskussion und ihre Alternativen, Frankfurt/M; New York.

Fritsch, Michael/Wein, Thomas/Ewers, Hans-Jürgen (1996): Marktversagen und Wirtschaftspolitik: mikroökonomische Grundlagen staatlichen Handelns, 2. Aufl., München.

Gabisch, Günter (1992): Konjunktur und Wachstum, in: Bender, D. u.a. (Hrsg.): Vahlens Kompendium der Wirtschaftstheorie und Wirtschaftspolitik, München, Bd. 1, 5. Aufl., S. 323-382.

Glismann, Hans H. u.a. (1992): Weltwirtschaftslehre I: Außenhandels- und Währungspolitik, 4. Aufl., Göttingen.

Grossman, Gene M. (1986): Strategic Export Promotion: A Critique, in: Krugman, P. R. (Hrsg.): Strategic Trade Policy and the New International Economics, Cambridge, S. 47-68.

Grossman, Gene M./Helpman, Elhanan (1989): Comparative Advantage and Long-Run Growth, NBER Working Paper 2809, Cambridge, Mass.

Grossman, Gene M./Helpman, Elhanan (1990): Comparative Advantage and Long-Run Growth, in: American Economic Review, Vol. 80, Nr. 4, S. 796-815.

Grossman, Gene M./Helpman, Elhanan (1990a): The `New' Growth Theory: Trade, Innovation, and Growth, in: American Economic Review, Vol. 80, Papers and Proceedings, S. 86-91.

Grossman, Gene M./Helpman, Elhanan (1991): Innovation and Growth in the Global Economy, Cambridge.

Grossman, Gene M./Helpman, Elhanan (1994): Endogenous Innovation in the Theory of Growth, in: Journal of Economic Perspectives, Vol. 8, Nr. 1, S. 23-44.

Grossman, G.M./Richardson, J.D. (1985): Strategic Trade Policy: A Survey of Issues and Early Analysis, Special Papers in International Economics, Nr. 15, Princeton: Princeton University, International Finance Section.

Größl-Gschwendtner, Ingrid (1990): Wechselkurstheorien, in: WISU, 8-9/90, S. 524-530.

Gutmann, Gernot (1988): Zentralgeleitete Wirtschaft, in: HdWW, Stuttgart u.a., Bd. 9, S. 599-616.

Gutmann, Gernot (1988a): Marktwirtschaft, in: HdWW, Stuttgart u.a., Bd. 5, S. 140-153.

Gutmann, Gernot (1991): Volkswirtschaftslehre: eine ordnungstheoretische Einführung, 4. Aufl., Stuttgart; Berlin; Köln.

Gutowski, A. (1983): Internationale Wettbewerbsposition und Realeinkommen, Volkswirtschaftliche Korrespondenz der Adolf-Weber-Stiftung, 22, Nr. 9.

Hamm, Walter (1985): Innovationsförderung gegen den Markt, Schriftenreihe des Vororts des Schweizerischer Handels- und Industrie-Verein, Nr. 40, Zürich.

Han, Sung-Soo (1996): Neue Wirtschaftspolitiklehre, Seoul. (koreanisch)

Han, Young-Sung (1997): Wirtschaftspolitischer Hauptpunkt für die Erhöhung der Wettbewerbsfähigkeit von Wissen und Technologie, in: HESRI (Hrsg.): 21. Jahrhundert – Strategie für die Stärkung von ökonomischen Grundlagen, S. 1-33. (Koreanisch)

Hankook: Hankook-Ilbo. (Korea-Tageszeitung)

Hauser, H./Schanz, K.-U. (1995): Das neue GATT: die Welthandelsordnung nach Abschluß der Uruguay-Runde, München; Wien.

Hayek, F.A.von (1945): The Use of Knowledge in Society, in: Americann Economic Review, Vol. 35, S. 519-530.

Hayek, F.A.von (1952): Der Weg zur Knechtschaft, Erlenbach; Zürich.

Hayek, F.A.von (1954): Marktwirtschaft und Wirtschaftspolitik, in: ORDO, Bd. 6, S. 3-17.

Hayek, F.A.von (1968): Der Wettbewerb als Entdeckungsverfahren, Kieler Vorträge, N.F. 56, Kiel.

Hayek, F.A.von (1975): Die Anmaßung von Wissen, in: ORDO, Bd. 26, S. 12-21.

Heitger, Bernhard (1983): Strukturwandel und realer Wechselkurs. Ein Zwei-Sektoren-Modell im Test, Kieler Studien, 183, Tübingen.

Hillebrand, Wolfgang (1991): Industrielle und technologische Anschlußstrategien in teilindustrialisierten Ländern: Bewertung der allokationstheoretischen Kontrovers und Schlußfolgerungen aus der Fallstudie Republik Korea, Schriften des Deutschen Instituts für Entwicklungspolitik, Bd. 100, Berlin.

Hilpert, H.G. (1997): Die ostasiatische Wachstumsdebatte, in: ifo-Studien, 43. Jg., S. 521-548.

Hirshleifer, Jack (1989): Price Theory and Applications, 4. Aufl., University of California.

Hirshleifer, J./Riley, J.G. (1979): The Analytics of Uncertainty and Intermediation – An Expository Survey, in: Journal of Economic Literature, Bd. 17, S. 1375-1421.

Hoffmann, Lutz (1988): Binnenmarktorientierung versus Weltmarktorientierung – Entwicklungsstrategien im Spannungsfeld zwischen Ökonomie und Politik, in:

Streit, Manfred (Hrsg.): Wirtschaftspolitik zwischen ökonomischer und politischer Rationalität, Festschrift für Herbert Giersch, Wiesbaden, S. 45-59.

Holler, M.J./Illing, G. (1993): Einführung in die Spieltheorie, 2. Aufl., Berlin u.a.

Hoppmann, Erich (1995): Walter Euckens Ordnungspolitik – heute, in: ORDO, Bd. 46, S. 41-55.

Horstman, Ignatius J./Markusen, James R. (1986): Up the Average Cost Curve: Inefficient Entry and the New Protectionism, in: Journal of International Economics, 20, S. 225-247.

Högel, Wolfram (1993): Modell Korea? Evolution und Erosion des koreanischen Entwicklungskonzepts, Frankfurt/M. u.a.

Irwin, D.A./Klenow, P.J. (1994): Learning-by-Doing Spillovers in the Semiconductor Industry, in: Journal of Political Economy, Vol. 102, S. 1200-1227.

Issing, Otmar (1990): Geldwertstabilität, in: BZfPB (Hrsg.): Wirtschaftspolitik, Schriftenreihe Bd. 292, S. 147-159.

Issing, Otmar (1993): Disziplinierung der Finanzpolitik in der Europäischen Union, in: Duwendag, Dieter/Siebke, Jürgen (Hrsg.): Europa vor dem Eintritt in die Wirtschafts- und Währungsunion, Schriften des Vereins für Sozialpolitik, Bd. 220, Berlin, S. 181-194.

Issing, Otmar/Masuch, Klaus (1989): Zur Frage der normativen Interpretation von Leistungsbilanzsalden, in: Kredit und Kapital, 1/1989, S. 1-17.

Jarchow, H.-J./Rühmann, P. (1991): Monetäre Außenwirtschaft I: Monetäre Außenwirtschaftstheorie, 3. Aufl., Göttingen.

Jarchow, H.-J./Rühmann, P. (1993): Monetäre Außenwirtschaft II: Internationale Währungspolitik, 3. Aufl., Göttingen.

Johnson, Harry G. (1976): Aspects of Patents and Licenses as Stimuli to Innovation, in: Weltwirtschaftliches Archiev, Vol. 112, S. 417-428.

Jones, Hywel G. (1975): An Introduction to Modern Theories of Economic Growth, London.

Jones, L.E./Manuelli, R. (1990): A Convex Model of Equilibrium Growth: Theory and Policy Implications, in: Journal of Political Economy, Vol. 98, S. 1008-1038.

Jones, L.P./Sakong, Il (1980): Government, Business and Entrepreneurship in Economic Development. The Korean Case, Cambridge, Mass.

Kaldor, N. (1961): Capital Accumulation and Economic Growth, in: Lutz, F.A./Hague, D.C. (Hrsg.): The Theory of Capital, New York, S. 177-222.

Kasper, Wolfgang (1988): Das Anpassungsverhalten der Anbieter als Zielvariable der Wirtschaftspolitik, in: Streit, Manfred (Hrsg.): Wirtschaftspolitik zwischen ökonomischer und politischer Rationalität, Festschrift für Herbert Giersch, Wiesbaden, S. 123-141.

Katz, Michael L./Shapiro, Carl (1985): Network Externalities, Competition, and Compatibility, in: American Economic Review, Vol. 75, S. 424-440.

Kerber, W. (1991): Zur Entstehung von Wissen. Grundsätzliche Bemerkungen zu Möglichkeiten und Grenzen staatlicher Förderung der Wissensproduktion aus der Sicht der Theorie evolutionärer Marktprozesse, in: Oberender, P./Streit, M. (Hrsg.): Marktwirtschaft und Innovation, Baden-Baden, S. 9-52.

Kim, Kwang-suk (1985): Lessons from South Korea's Experience with Industrialisation, in: Corbo, V./Krueger, A.O./Ossa, F. (Hrsg.): Export-oriented Development Strategies: The Success of Five Newly Industrializing Countries, Londen.

Kim, Dae-Jung (1986): Mass-Participatory Economy: A Democratic Alternative for Korea, Seoul. (Koreanisch)

Kim, Kwang-Suk/Park, Joon-Kyung (1985): Sources of Economic Growth in Korea: 1963-1982, KDI, Seoul.

Kim, J./Lau, L.J. (1994): The Sources of Economic Growth of the East Asian Newly Industrialized Countries, in: Journal of Japanese and International Economies, Vol. 8, S. 235-271.

Kirsch, Guy (1993): Neue Politische Ökonomie, 3. Aufl., Düsseldorf.

Klepper, Gernot (1990): Entry into the Market for Large Transport Aircraft, in: European Economic Review, Vol. 34, S. 775-803.

Klodt, Henning (1995): Grundlagen der Forschungs- und Technologiepolitik, München.

Klodt, H./Schmidt, K.-D. u.a. (1989): Weltwirtschaftlicher Strukturwandel und Standortwettbewerb, Kieler Studien, 228, Tübingen.

Klodt, Henning/Stehn, Jürgen u.a. (1994): Standort Deutschland: Strukturelle Herausforderungen im neuen Europa, Tübingen.

Klump, Rainer (1989): Einführung in die Wirtschaftspolitik, München.

Kolb, G. (1993): Funktionen der Wirtschaftsordnungen, in: WISU, 8-9/93, S. 713-718.

Komiya, Ryutaro (1988): Introduction, in: Komiya, Ryutaro u.a. (Hrsg.): Industrial Policy of Japan, Tokyo, S. 1-22.

Komiya, Ryutaro u.a. (Hrsg.) (1988): Industrial Policy of Japan, Tokyo.

Kommission der EG (1993): Weißbuch: Wachstum, Wettbewerbsfähigkeit, Beschäftigung. Herausforderungen der Gegenwart und Wege ins 21. Jahrhundert, Brüssel.

Koo, Suk Mo (1994): Korea's Big Business Groups and International Competitiveness, in: Kwack, Sung Young (Hrsg.): The Korean Economy at a Crossroad: Development Prospects, Liberalization, and South-North Economic Integration, Westport, Connecticut, S. 151-166.

Kösters, W. (1994): Neue Wachstumstheorie und neue Außenhandelstheorie. Frische Argumente für eine staatliche Industriepolitik?, in: WiSt, 3/1994, S. 117-122.

Krueger, Anne O. (1974): The Political Economy of the Rent-Seeking Society, in: American Economic Review, 64, S. 291-303.

Krueger, Anne O. (1990): Asian Trade and Growth Lessons, in: American Economic Review, Vol. 80, Papers and Proceedings, S. 108-112.

Krugman, Paul (1983): New Theories of Trade among Industrial Countries, in: American Economic Review, Vol. 73, Papers and Proceedings, S. 343-347.

Krugman, P.R. (1984): Import Protection as Export Promotion: International Competition in the Presence of Oligopoly and Economies of Scale, in: Kierzkowski, H. (Hrsg.): Monopolistic Competition and International Trade, Oxford, S. 180-193.

Krugman, P.R. (1986): Introduction: New Thinking about Trade Policy, in: Krugman, P.R. (Hrsg.): Strategic Trade Policy and the New International Economics, Cambridge: MIT Press, S. 1-22.

Krugman, Paul R. (1987): Strategic Sectors and International Competition, in: Stern, Robert M. (Hrsg.): U.S. Trade Policies in a Changing World Economy, Cambridge, S. 207-232.

Krugman, Paul R. (1987a): Is Free Trade Passé?, in: Journal of Economic Perspectives, Vol. 1, Nr. 2, S. 131-144.

Krugman, Paul R. (1993): The Narrow and Broad Arguments for Free Trade, in: American Economic Review, Papers and Proceedings, Vol. 83, S. 362-366.

Krugman, P. (1994): The Myth of Asia's Miracle, in: Foreign Affairs, November/Dezember 1994, S. 62-78.

Krugman, Paul R. (1996): Pop Internationalism, Cambridge: MIT Press.

Krugman, Paul R./Obstfeld, Maurice (1994): International Economics: Theory and Policy, 3. Aufl., New York.

KSY: Korea Statistical Yearbook, lfd. Jg., hrsg. von NBSK/NSOK. (koreanisch)

Küchle, Martin (1988): Südkoreas Weg zum Industriestaat. Technologischer Fortschritt als Grundlage zukünftiger wirtschaftlicher Erfolge, in: ifo-Schnelldienst, 11/88, S. 14-25.

Kwon, Jene K. (1990): The Uncommon Characteristics of Korea's Economic Development, in: Kwon, Jene K. (Hrsg.): Korean Economic Development, Contribution in Economics and Economic History, Nr. 108, Westport, S. 33-49.

Lambsdorff, Otto Graf (1996): Hätten wir doch eine Job Creation Maschine, in: FAZ, 02. Februar 1996, S. 14.

Lee, Bang-Sik (1990): Die Probleme der Staatsfinanzierung durch die Notenbank unter Berücksichtigung ihres Handlungsspielraumes in Korea, Dissertation an der Universität zu Köln.

Lee, Young-Ki (1990a): Conglomeration and Business Concentration in Korea, in: Kwon, Jene K. (Hrsg.): Korean Economic Development, Contribution in Economics and Economic History, Nr. 108, Westport, S. 325-339.

Lee, K.Y. (1997): Wachstum und Entwicklung der koreanischen Wirtschaft, Seoul. (koreanisch)

Lee, G.O. (1997a): Die gegenwärtige Lage und die Erhöhungsmaßnahmen der internationalen Wettbewerbsfähigkeit von koreanischen Schlüsselindustrien, in: HESRI (Hrsg.): 21. Jahrhundert – Strategie für die Stärkung von ökonomischen Grundlagen, S. 35-86. (Koreanisch)

Lee, Kyu-Sung (1997b): Aufbau von Rahmenbedingungen für entwickelte Wirtschaft im 21 Jahrhundert, in: HESRI (Hrsg.): 21.Jahrhundert - Nationale Managementstrategie, S. 131-175. (Koreanisch)

Lindecke, A. (1993): Selektive staatliche Förderung innovativer Bereiche: eine kritische Diskussion traditioneller und handelsstrategischer Erklärungsansätze, Göttingen.

Lucas, R.E. (1988): On the Mechanics of Economic Development, in: Journal of Monetary Economics, Vol. 22, S. 3-42.

Luckenbach, Helga (1986): Theoretische Grundlagen der Wirtschaftspolitik, München.

Maas, C. (1986): Zur ökonomischen Begründung der Forschungs- und Technologiepolitik, Diskussionspapier 111 der Wirtschaftswissenschaftlichen Dokumentation der TU Berlin, Berlin.

Maeil: Maeil Kyungje Shinmun (Wirtschafts-Tageszeitung). (koreanisch)

Maggi, Giovanni (1996): Strategic Trade Policies with Endogenous Mode of Competition, in: American Economic Review, Vol. 86, Nr. 1, S. 237-258.

Mason, E.S./Kim, M.-J./Perkins, D.H./Kim, K.-S./Cole, D.C. (1980): The Economic and Social Modernization of the Republic of Korea, Cambridge, Mass.

McKinsey (1998): Productivity-led Growth for Korea, McKinsey Global Institute, Seoul; Washington, D.C.

Meyer, Mathias (1994): Forschungssubventionen aus wettbewerbspolitischer Sicht, Baden-Baden.

Meza, D. De (1979): Commercial Policy towards Multinational Monopolies-Reservations on Katrak, in: Oxford Economic Papers, Vol. 31, S. 334-337.

Michalski, Wolfgang (1991): Support Policies for Strategic Industries: An Introduction to the Main Issues, in: OECD: Strategic Industries in a Global Economy: Policy Issues for the 1990s, Paris, S. 7-14.

Mirow, Michael (1994): Wettbewerbsbedingungen in der Elektronikindustrie – Notwendigkeit einer Industriepolitik?, in: Oberender, Peter (Hrsg.): Industriepolitik im Widerstreit mit der Wettbewerbspolitik, Schriften des Vereins für Socialpolitik, N.F., Bd. 231, Berlin, S. 79-106.

Monopolkommission (1993): Wettbewerbspolitik oder Industriepolitik, Hauptgutachten 1990/91, Baden-Baden.

Morasch, Karl/Welzel, Peter (1994): Strategische Allianzen: Wettbewerbsbeeinflussung durch Kooperation, in: WiSt, 8/1994, S. 395-400.

Murphy, Kevin M./Shleifer, Andrei/Vishny, Robert W. (1991): The Allocation of Talent: Implications for Growth, in: Querterly Journal of Economics, Vol. 106, S. 503-530.

Musgrave, R.A./Musgrave, P.B./Kullmer, L. (1990): Die öffentliche Finanzen in Theorie und Praxis, Bd. 1, 5. Aufl., Tübingen.

Nam, Sang-Woo (1992): Korea's Financial Reform since the Early 1980s, KDI Working Paper 9207, Seoul.

Neumann, Manfred (1987): Theoretische Volkswirtschaftslehre II: Produktion, Nachfrage und Allokation, 2. Aufl., München.

Neumann, Manfred (1994): Theoretische Volkswirtschaftslehre III: Wachstum, Wettbewerb und Verteilung, 2. Aufl., München.

Niskanen, William (1971): Burocracy and Representative Government, Chicago.

North, Douglass C. (1990): Institutions, Institutional Change and Economic Performance, Cambridge.

Oberender, Peter/ Daumann, Frank (1995): Industriepolitik, München.

Oberender, Peter/ Väth, Andreas (1989): Von der Industrieökonomie zur Marktökonomie, in: Oberender, P. (Hrsg.): Marktökonomie: Marktstruktur und Wettbewerb in ausgewählten Branchen der Bundesrepublik Deutschland, München, S. 1-27.

OECD (1986): OECD Science and Technology Indicators, No. 2: R&D, Invention and Competitiveness, Paris.

OECD (1991): Strategic Industries in a Global Economy: Policy Issues for the 1990s, Paris.

OECD (1992): Technology and the Economy: The Key Relationships, Paris.

Ohr, Renate (1999): Auf den Weltmärkten zum Wohlstand, in: FAZ, 10.4.1999, S. 15.

Okuno, M./Postlewaite, A./Roberts, J. (1980): Oligoply and Competition in Large Markets, in: American Economic Review, 70, S. 22-31.

Orlowski, Dieter (1982): Die internationale Wettbewerbsfähigkeit einer Volkswirtschaft, Göttingen.

Park, Yung Chul (1990): The Role of Government in South Korea and Taiwan, in: American Economic Review, Vol. 80, Papers and Proceedings, S. 118-121.

Paqué, Karl-Heinz (1995): Technologie, Wissen und Wirtschaftspolitik - Zur Rolle des Staates in Theorien des endogenen Wachstums, in: Die Weltwirtschaft, 3/1995, S. 237-253.

Patrick, Hugh (1986): Japanese High Technology Industrial Policy in Comparative Context, in: Patrick, Hugh (Hrsg.): Japan's High Technology Industry, University of Washington Press, S. 3-33.

Paulsen, E. (1989): Strategische Handelspolitik und hochtechnologische Industrien, München.

Pelikan, Pavel (1986): Institutions, Self-Organization, and Adaptive Efficiency: A Dynamic Assessment of Private Enterprise, The Industrial Institute for Economic and Social Research, Working Papers, 158, Stockholm.

Petri, P.A. (1993): The Lessons of East Asia. Common Foundations of East Asian Success, World Bank, Washington D.C.

Pfähler, W./Wiese, H. (1990): Eine einfache Einführung in die Spieltheorie, in: WISU, 1/90, S. 52-57.

Piazolo, M. (1994): Das neue Infant Industry Argument, in: WiSt, 4/1994, S. 194-197.

Raaflaub, Patrick (1994): Subventionsregeln der EG und des GATT für die Hochtechnologie – Theorie und Politik, Dissertation der Hochschule St. Gallen.

Ramser, Hans Jürgen (1993): Grundlagen der „neuen" Wachstumstheorie, in: WiSt, 3/1993, S. 117-123.

Rebelo, S. (1991): Long-Run Policy Analysis and Long-Run Growth, in: Journal of Political Economy, Vol. 99, S. 500-521.

Rettig, Rolf (1980): Arbeitsteilung mit Entwicklungsländern und Strukturveränderungen in Industriewirtschaften, in: Dewendag, D./Siebert, H. (Hrsg.): Politik und Markt. Wirtschaftspolitische Probleme der 80er Jahre, Stuttgart u.a., S. 309-327.

Rettig, Rolf/ Hoyer, Werner/ Rothe, Klaus-Dieter (1993): Grundlagen der mikroökonomischen Theorie, 3. Aufl., Düsseldorf.

Richardson, David J. (1971): Some Sensitivity Tests for a „Constant-Market-Shares" Analysis of Export Growth, in: Review of Economics and Statistics, Vol. 53, Nr. 3, S. 300-304.

Richardson, David J. (1988): Empirical Research on Trade Liberalisation with Imperfect Competition: A Survey, OECD Working Papers, Nr. 58.

Richter, Rudolf/Furubotn, Eirik (1996): Neue Institutionenökonomik: eine Einführung und kritische Würdigung, Tübingen.

Romer, P.M. (1986): Increasing Returns and Long-Run Growth, in: Journal of Political Economy, Vol. 94, S. 1002-1037.

Romer, Paul M. (1990): Endogeneous Technological Change, in: Journal of Political Economy, Vol. 98, S. s71-s102.

Romer, Paul M. (1994): The Origins of Endogenous Growth, in: Journal of Economic Perspectives, Vol. 8, Nr. 1, S. 3-22.

Rose, Klaus (1988): Wechselkurs, in: HdWW, Stuttgart u.a., Bd. 8, S. 576-605.

Rose, Klaus (1989): Theorie der Außenwirtschaft, 10. Aufl., München.

Rosenberg, Nathan (1963): Technological Change in the Machine Tool Industry: 1840-1910, in: Journal of Economic History, Vol. 23, S. 414-446.

Rothschield, K.W. (1975): Export Structure, Export Flexibility and Competitiveness, in: Weltwirtschaftliches Archiv, 2/1975, S. 222-242.

Röpke, Wilhelm (1997): Kernfragen der Wirtschaftsordnung, in: ORDO, Bd. 48, S. 27-64.

Rupp, Hans Heinrich (1988): Wirtschaftsordnung I: Wirtschaftsverfassung, in: HdWW, Stuttgart u.a., Bd. 9, S. 141-149.

Sachs, J.D./Warner, A.M. (1995): Economic Convergence and Economic Policies, NBER Working Paper 5039, Cambridge.

Sakong, Il (1993): Korea in the World Economy, Institute for International Economics, Washington, D.C.

Salant, S.W./Switzer, S./Reynolds, R.J. (1983): Losses from Horizontal Merger: The Effects of an Exogenous Change in Industry Structure on Cournot-Nash Equilibrium, in: Quarterly Journal of Economics, Vol. 98, S. 185-199.

Samuelson, Paul A./Nordhaus, William D. (1989): Economics, 13. Aufl., New York u.a.

Sauernheimer, K. (1994): Die Grundgedanken der Theorie der strategischen Handelspolitik, in: Hamburger Jahrbuch für Wirtschafts- und Gesellschaftspolitik, 39, S. 375-394.

Scherer, F.M./Ross, D. (1990): Industrial Market Structure and Economic Performance, 3. Aufl., Boston.

Schumann, Jochen (1987): Grundzüge der mikroökonomischen Theorie, 5. Aufl., Berlin u.a.

Schumpeter, J.A. (1993): Kapitalismus, Sozialismus und Demokratie, 7. Aufl., Tübingen; Basel.

Seitz, K. (1994): Die japanisch-amerikanische Herausforderung: Deutschlands Hochtechnologie-Industrien kämpfen ums Überleben, 6. Aufl., München.

Siebert, Horst (1987): Protektionismus und Wechselkurs, in: Wirtschaftsdienst, 67. Jg., 4/1987, S. 476-480.

Siebert, H. (1988): Strategische Handelspolitik. Theoretische Ansätze und wirtschaftspolitische Empfehlungen, in: Aussenwirtschaft, Bd. 43, S. 549-584.

Siebert, Horst (1990): Prinzipien des deutschen Wirtschaftssystems, Kieler Arbeitspapiere, Nr. 445, Institut für Weltwirtschaft an der Universität Kiel.

Siebert, Horst (1994): Außenwirtschaft, 6. Aufl., Stuttgart; Jena.

Siebert, Horst (1996): Hundert Punkte für mehr Beschäftigung, Kieler Diskussionsbeiträge, Nr. 264, Institut für Weltwirtschaft an der Universität Kiel.

Siebert, Horst (1997): Weltwirtschaft, Stuttgart.

Smith, Adam (1976): An Inquiry into the Nature and Causes of the Wealth of Nations, Oxford University Press.

Smith, Alasdair (1987): Strategic Investment, Multinational Corporations and Trade Policy, in: European Economic Review, Vol. 31, S. 89-96.

Sohmen, Egon (1992): Allokationstheorie und Wirtschaftspolitik, 2. Aufl., Tübingen.

Solow, Robert M. (1956): A Contrubution to the Theory of Economic Growth, in: Quarterly Journal of Economics, Vol. 70, S. 65-94.

Solow, Robert M. (1957): Technical Change and the Aggregate Production Function, in: Review of Economics and Statistics, Vol. 39, S. 312-320.

Spencer, Barbara J. (1986): What should Trade Policy Target?, in: Krugman, P.R. (Hrsg.): Strategic Trade Policy and the New International Economics, Cambridge, S. 69-89.

Spencer, Barbara J./Brander, James A. (1983): International R&D Rivalry and Industrial Strategy, in: Review of Economic Studies, 50, S. 707-722.

Stegemann, K. (1988): Wirtschaftspolitische Rivalität zwischen Industriestaaten: Neue Erkenntnisse durch Modelle strategischer Handelspolitik, in: Streit, M.E. (Hrsg.): Wirtschaftspolitik zwischen ökonomischer und politischer Rationalität, Festschrift für Herbert Giersch, Wiesbaden, S. 3-26.

Stern, N. (1991): The Determinants of Growth, in: Economic Journal, Vol. 101, S. 122-133.

Stolpe, M. (1992): Ansätze der neuen Wachstumstheorie – ein Literaturüberblick, Kieler Arbeitspapiere, Nr. 508, Kiel.

Stolpe, M. (1993): Industriepolitik aus Sicht der neuen Wachstumstheorie, in: Die Weltwirtschaft, 3/1993, S. 361-377.

Straubhaar, Thomas (1994): Das Konzept „internationale Wettbewerbsfähigkeit einer Volkswirtschaft“ auf dem analytischen Prüfstand: Grundsätzliche Bemerkungen zu einem vielfach (miß-)verwendeten Begriff, in: Albach, H. (Hrsg.): Globale Soziale Marktwirtschaft. Ziele-Wege-Akteure, Wiesbaden, S. 33-52.

Suntum, Ulrich van (1986): Internationale Wettbewerbsfähigkeit einer Volkswirtschaft. Ein sinnvolles politisches Ziel?, in: ZWS, Bd. 106, S. 495-507.

SVR (1993): Jahresguttachten 1993/94 des Sachverständigenrates zur Begutachtung der gesamtwirtschaftlichen Entwicklung.

Swan, Trevor W. (1956): Economic Growth and Capital Accumulation, in: Economic Record, 32, S. 334-361.

Teece, David J. (1991): Support Policies for Strategic Industries: Impact on Home Economies, in: OECD: Strategic Industries in a Global Economy: Policy Issues for the 1990s, Paris, S. 35-50.

Teichmann, U. (1987): Grundlagen der Wachstumspolitik, München.

Thieme, Jörg (1994): Soziale Marktwirtschaft: Ordnungskonzeption und wirtschaftspolitische Gestaltung, 2. Aufl., München.

Torado, Michael P. (1989): Economic Development in the Third World, New York; London.

Tuchtfeldt, Egon (1988): Wirtschaftssysteme, in: HdWW, Stuttgart u.a., Bd. 9, S. 326-353.

Turnovsky, S.J. (1986): Optimal Tariffs in Consistent Conjectural Variations Equilibrium, in: Journal of International Economics, Vol. 21, S. 301-312.

UN: International Trade Statistics Yearbook, lfd. Jg., New York.

U.S. Department of Commerce (1983): An Assessment of U.S. Competitiveness in High Technology Industries, Washington, D.C.

Varian, Hal R. (1993): Intermediate Microeconomics: A modern Approach, 3. Aufl., New York; London.

Venables, Anthony (1985): Trade and Trade Policy with Imperfect Competition: the Case of Identical Products and Free Entry, in: Journal of International Economics, Vol. 19, S. 1-19.

Vernon, Raymond (1966): International Investment and International Trade in the Product Cycle, in: The Quarterly Journal of Economics, Vol. 80, S. 190-207.

Voigt, Stefan (1993): Strategische Allianzen: Modisches Schlagwort oder Antwort auf globale Herausforderungen?, in: WiSt, 5/1993, S. 246-249.

Watrin, Christian (1978): Wie gefährdet ist die marktwirtschaftliche Ordnung?, in: Wirtschaftspolitische Chronik, 27. Jg., Heft 1, Institut für Wirtschaftspolitik an der Universität zu Köln, S. 55-69.

Watrin, Christian (1986): Marktversagen und Staatsversagen, in: Schriftenreihe des Vororts, Nr. 42, Schweizerischer Handels- und Industrieverein, Zürich, S. 3-29.

Watrin, Christian (1990): Soziale Marktwirtschaft – ihr Programm und die aktuellen Probleme, in: BZfPB (Hrsg.): Wirtschaftspolitik, Schriftenreihe Bd. 292, Bonn, S. 13-30.

Watrin, Christian (1998): Die Herausforderung der Globalisierung: Chancen und Notwendigkeit, in: Soziale Orientierung, Bd. 12, S. 69-86.

Weizsäcker, C.C.von (1980): Leistet der Markt die optimale intertemporale Allokation der Ressourcen?, in: Resourcen, Erschöpfbare, Berlin, S. 795-814.

Weizsäcker, C.C.von/Waldenberger, F. (1992): Wettbewerb und strategische Handelspolitik, in: Wirtschaftsdienst, VIII/1992, S. 403-409.

Welzel, P. (1991): Strategische Handelspolitik – Nationale Anreize und internationale Koordinationsaufgaben, Heidelberg.

Wied-Nebbeling, Susanne (1993): Markt- und Preistheorie, Berlin u.a.

Willgerodt, Hans (1966): Warum Staatsplanung in der Marktwirtschaft?, in: ORDO, Bd. 17, S. 153-228.

Willms, Manfred (1992): Internationale Währungspolitik, München.

Woeckener, Bernd (1996): Standardisierungspolitik für die Informationsgesellschaft, in: Jahrbücher für Nationalökonomie und Statistik, Bd. 215/3, S. 257-273.

Woll, Artur (1988): Marktordnung, in: HdWW, Stuttgart u.a., Bd. 5, S. 127-139.

World Bank (1987): Korea: Managing the Industrial Transition, Vol. I: The Conduct of Industrial Policy, A World Bank Country Study, Washington, D.C.

World Bank (1987a): Korea: Managing the Industrial Transition, Vol. II: Selected Topics and Case Studies, A World Bank Country Study, Washington, D.C.

World Bank (1999): Weltentwicklungsbericht 1998/99 – Entwicklung durch Wissen, Frankfurt/M.

Yoshitomi, Masaru (1991): New Trends of Oligopolistic Competition in the Globalisation of High-Tech Industries: Interactions among Trade, Investment and Government, in: OECD: Strategic Industries in a Global Economy: Policy Issues for the 1990s, Paris, S. 15-34.

Zweifel, P. (1985): Wettbewerbsfähigkeit im internationalen Handel: Konzeptionelle Klärung, in: Aussenwirtschaft, 40, S. 407-426.

Walter Naggl

Konjunktur

Frankfurt/M., Berlin, Bern, New York, Paris, Wien, 1999. 221 S., zahlr. Abb.
ISBN 3-631-33969-0 · br. DM 69.–*

Dieses Buch soll einen praxisorientierten Überblick der Verfahren zur Konjunkturanalyse und -prognose liefern. Es beginnt mit dem Verlauf der konjunkturellen Entwicklung in den USA und Deutschland seit den zwanziger Jahren. Danach werden das offizielle amerikanische Verfahren und von der Finanzpresse popularisierte Faustregeln der Datierung von Konjunkturzyklen dargestellt. Es folgt ein Abriß der wichtigsten Konjunkturtheorien und ihrer Aussagekraft bezüglich aktueller konjunktureller Fragestellungen. Die Schilderung typischer Muster des Konjunkturverlaufs bildet ein empirisches Pendant zu den Theorien. Es wird gezeigt, wie die Daten des ifo-Konjunkturtests und der Konsumentenstimmung zu Indizes verdichtet werden und welche Aussagekraft sie haben. Methoden zur Konstruktion von Frühindikatorindizes werden vorgestellt und deren Prognoseleistung diskutiert. Das Buch schließt mit einem Kapitel zur Inflation.

Aus dem Inhalt: Konjunkturzyklen in den USA und Deutschland und ihre Messung · Konjunkturtheorie und Muster der Konjunktur · Stimmungen, Erwartungen und Kaufpläne als Einzelindikatoren und ihre Verdichtung in einem Frühindikatorindex · Prognoseleistung von Vorlaufindikatoren · Historischer Überblick und Indikatoren der Inflation